U0830957

# Multi-dimensional Studies on Chinese Proficiency Standards and Tests

# 汉语能力标准与测试多视角研究

王信旻　主　编

王　晖　彭恒利　郭修敏　副主编

北京语言大学出版社
BEIJING LANGUAGE AND CULTURE UNIVERSITY PRESS

© 2021 北京语言大学出版社，社图号 21222

图书在版编目（CIP）数据

汉语能力标准与测试多视角研究 / 王佶旻主编 . —
北京：北京语言大学出版社，2022.3
ISBN 978 - 7 - 5619 - 6046 - 2

Ⅰ. ①汉… Ⅱ. ①王… Ⅲ. ①汉语 - 语言能力 - 测试
- 研究 Ⅳ. ①H19

中国版本图书馆 CIP 数据核字（2021）第 239143 号

汉语能力标准与测试多视角研究

HANYU NENGLI BIAOZHUN YU CESHI DUOSHIJIAO YANJIU

责任编辑：周　鹂　　英文编辑：徐　梦
责任印制：周　燚　　排版制作：闫海涛
封面设计：春天书装

出版发行：北京语言大学出版社
社　　址：北京市海淀区学院路 15 号，100083
网　　址：www.blcup.com
电子信箱：service@blcup.com
电　　话：编 辑 部　8610-82303670
国内发行　8610-82303650/3591/3648
海外发行　8610-82303365/3080/3668
北语书店　8610-82303653
网购咨询　8610-82303908
印　　刷：北京市金木堂数码科技有限公司

版　　次：2022 年 3 月第 1 版　　印　　次：2022 年 3 月第 1 次印刷
开　　本：710 毫米 × 1000 毫米　1/16　　印　　张：26
字　　数：357 千字
定　　价：78.00 元

PRINTED IN CHINA

国家社会科学基金重大项目“汉语交际能力标准与测评体系研究”（项目号：15ZDB101）

# 前　言

国家社会科学基金重大项目“汉语交际能力标准与测评体系研究”于2015年11月立项。课题主要研究内容包括5个方面:（1）语言能力的内在本质和构成要素、语言交际过程的认知特征及其规律;（2）汉语交际能力标准建设的理论与方法;（3）第一语言为汉语的普通公民、兼通民族语和汉语的少数民族、华侨华人、外国汉语学习者语言能力和语言应用现状与水平等级划分;（4）基于实证研究和统计分析的语言能力描述语数据库建设;（5）汉语交际能力测评体系建设。在课题研究过程中，我们不仅要在学术思想理论和技术方面实现突破，同时也要在学科建设和人才培养方面有所建树。因此在课题研究之初，我们就非常重视研究生在课题实践中的学术训练和成长。本书正是研究生围绕研究课题所撰写的学位论文精选，其中包括博士论文3篇、硕士论文10篇。

文集分为4个板块，分别是普通话水平测试研究、少数民族国家通用语言标准与测试研究、汉语作为第二语言的标准与测试研究、测试技术研究。普通话水平测试是母语者语言能力测试的重要领域，具有广泛的应用价值和社会影响力。该板块收录了2篇博士论文，探讨了普通话水平测试的依据和学科体系，梳理了普通话水平测试的学术发展史。少数民族国家通用语言标准与测试研究是面向少数民族群体的国家通用语言能力标准和测试的研究。该板块收录了4篇硕士论文，研究了不同语言技能等级量表的构建、语言测验与语言能力量表的对接、命题文本和语料等问题。汉语作为第二语言的标准与测试研究面向的是国际中文教育，收录了1篇博士论文和3篇硕士论文，分别涉及语言能力及描述语研究、诊断性测试及影响因素研究等领域。最后一个板块是测试技术研究，作为课题的支撑研究，测试技术是研究生比较关注和乐于实践的领域，本次收录了3篇硕士论文，内容涉及主观评分的误差来源研究、基于计算机自动评分的雷同卷甄别以及评分趋中态势控制研究。书中所选论文均是在硕士论文、博士论文基础上修改而成的。

本书依托国家社科基金重大项目研究，用课题研究引领人才培养和学科建设，锻炼研究生思考问题、探索问题和解决问题的能力，充分发挥研究生的科研能动性和创造力，这既是本书的特点，也是出版的初衷。我们始终秉持并践行这样的研究理念：国家社科基金重大项目研究不仅要在学术理论上有所创新，而且也要在团队培养和学科发展上有所作为。

编者

2021年7月2日

# 目　录

# 普通话水平测试研究

# 普通话水平测试依据研究

王 晖

**提 要** 普通话水平测试是载入《国家通用语言文字法》的大规模国家通用语言口试，在我国语言文化建设中具有重要作用，在语言测试领域也以其鲜明的特点独树一帜。本文旨在通过对普通话水平测试依据的研究，丰富普通话水平测试学科体系，为完善普通话水平测试提供学理支持，为推广和规范使用国家通用语言文字工作提供学术建议。

本文以普通话水平测试依据为研究对象，共分六章。第一章为绪论，阐述选题缘由、研究对象、现状、框架以及思路、方法、意义。第二章是理论部分，界定测试依据的内涵、外延，构建测试依据层级系统，论述测试依据的三级范畴及特征。第三章是史论，梳理测试依据发展历程，为本文研究树立纵向参照系。第四章、第五章是专论，分别研究测试管理依据、学术依据及其二级、三级范畴。第六章为结语。

本文对普通话水平测试活动要素进行解构和建构，并将测试依据置于“测试中介”的核心要素中加以研究，提出测试依据的三级范畴体系，首次将测试管理依据纳入研究范畴，确立了管理依据与学术依据并立的新格局。本研究提出一系列测试依据术语，如管理依据、学术依据、宏观管理依据、微观管理依据、基础学术依据、具体学术依据、法律法规依据、政策文件依据、业务管理依据、命题依据、评分依据等，初步构建测试依据术语子系统，增强了测试依据研究的理论张力。本文提出测试依据发展历程“两阶段五时期”划分法，为测试发展史研究提供了新思路。本研究对测试依据的内容、特点和作用等进行专门探讨，对《国家通用语言文字法》《普通话水平测试管理规定》《普通话水平测试等级标准（试行）》《普通话水平测试大纲》以及命题依据、评分依据等进行重点研究，分析其特点、现状及存在的问题，并提出完善建议。

本文以普通话水平测试要素构成理论为参照，运用文献研究法、比较研究法、定性定量综合研究法，对测试依据进行描述、归纳、阐释、分析和建构，探究测试依据的内在规律和发展动因，使测试依据成为独立的、系统化和理论化的研究界域，为普通话水平测试学科理论和工作实践提供参考。

**关键词** 普通话；普通话水平测试；测试依据；管理依据；学术依据

# 一 引言

## 1.1 选题缘由

普通话水平测试已有30余年的研究历程和20余年的工作实践，这项具有显著中国语言规划特质的、专门测试汉语母语者标准语水平的大规模口试，以其鲜明的特点在语言测试领域独树一帜。作为语言学及应用语言学专业的一个分支学科，近年来普通话水平测试学术研究取得了一批重要成果，学科体系初具雏形。

普通话水平测试研究领域相当广泛，姚喜双等《普通话水平测试概论》将测试活动中涉及的众多因素归纳为四个方面：测试主体、测试对象、测试依据和测试手段，奠定了普通话水平测试研究的理论基础和框架，具有学科的理论指导意义和方法论意义。王晖《普通话水平测试阐要》在继承、借鉴此理论架构的基础上进行了局部调整，将普通话水平测试实践活动归纳为施测主体、受测对象、测试中介三要素，测试中介又细分为两个子要素：测试依据和测试手段。

本文的研究对象聚焦在"普通话水平测试依据"方面，主要基于以下考虑：测试依据是测试活动基础要素之一，是测试活动开展所凭借和依循的规则，是其他要素活动和发挥作用的前提，在测试活动体系中居基础性地位，因此测试依据研究是普通话水平测试研究的重要领域。目前学术界对施测主体、测试手段等均已有专门性研究成果，如孟晖《普通话水平测试员评价标准研究》、周梅《普通话水平测试手段探究》。但学术界对测试依据的研究多集中于具体的微观性研究，且限于学术依据一隅，作为完整、独立学术范畴的专门研究尚属空白。测试依据作为测试活动要素，其范畴体系、内部层级，发展历程、发展特点与内在规律，对测试活动的作用与影响，未来发展的方向等问题都缺乏深入研究，本研究将在这些方面进行全方位的探索。

## 1.2 文献综述

### 1.2.1 理论框架性文献（存目，内容略）

### 1.2.2 具体性研究文献（存目，内容略）

### 1.2.3 综括

总括而言，学术界关于测试依据的研究，涉及范畴较广，但比较分散，系统性不强，且成果分布不均；普通话水平测试依据研究形成了一些热点，存在一些冷门，尚有一些空白。具体而言，评分依据研究，尤其是语音要素评分依据研究一直广受关注，成果远超其他领域，可谓是“显学”，但仍有深入挖掘和探讨的空间；词汇、语法评分依据研究相对滞后，命题依据研究方面，特别是试卷编制、题库建设和测试长度研究，更是成果寥落，亟待加强；管理依据和测试依据范畴的专题研究则是未开垦的“处女地”，评分依据与测试主体、测试对象、测试手段等测试活动要素如何关联互动，如何共同推动测试活动发展的规律也鲜有探究，这为本课题研究提出了需求和方向。

## 1.3 研究设计

### 1.3.1 研究范畴

本研究以普通话水平测试依据为研究对象，在普通话水平测试活动要素构成理论框架下构建“测试依据”研究的范畴体系。

测试依据指测试活动开展所凭借和依循的规则，是其他要素活动和发挥作用的基础。关于测试依据的外延，学术界目前有广狭之分，狭义的理解仅指评分标准，广义的理解则把等级标准、测试大纲、评分标准、语言要素的规范标准和命题依据（题型、测试长度、试卷、试题题库等）等涵盖在内。本研究着眼于更宏阔的范畴，首次把管理依据，包括宏观的法律法规依据、政策文件依据和微观的业务管理依据等纳入研究范畴，尝试构建一个相对完整的、包含三级范畴的测试依据研究层级系统，并以此为基础搭建研究框架。

### 1.3.2 研究框架（存目，内容略，参考本文各章节）

### 1.3.3 研究方法

#### 1.3.3.1 文献研究法

测试依据以具体文本为基本呈现方式，因此，文献研究法是本文采用的基本研究方法。通过对测试依据文献的全面搜集和梳理，使测试依据以条理化、系统化、简明化的样貌呈现，总结以往相关研究所使用材料、方法以及所得出的结论，为本研究提供借鉴，在此基础上对测试依据进行描述、阐释、分析和建构。

1.3.3.2 比较研究法

本文以测试依据发展历程为纵断面，通过测试依据历时形态的比较，探究其发展脉络和规律；以测试依据系统的构造类型为横断面，通过测试依据共时形态的比较，分析其异同，比较其优长与缺陷，探究测试依据的普遍规律和特殊规律。

1.3.3.3 定性定量综合法

本文采用定性定量综合研究法，以描写、归纳、解释等定性研究方法为基础，同时结合必要的定量研究方法。测试依据体系的建构、构造类型的定义、具体内容的解读、相互关系的分析和作用的归纳等，以定性研究为主；具体测试依据的比较、改进建议等内容，辅以统计分析、比较分析、问卷调查等定量研究支撑。

## 1.4 研究意义

### 1.4.1 理论意义

（一）本研究旨在探索普通话水平测试依据体系，搭建测试依据研究的理论框架，提出相对完整的测试依据研究范畴和术语子系统，描述测试依据主要特征，阐释测试依据内在规律，填补测试依据专门研究的空白。

（二）本研究有助于拓展普通话水平测试新的学科研究方向，丰富普通话水平测试学科体系，促进学科建设。

（三）本研究有利于丰富语言测试理论和语言规划理论。

### 1.4.2 实践意义

（一）本研究有利于促进普通话水平测试工作的健康、规范、持续发展，对修订普通话水平测试的《管理规定》《测试大纲》《实施纲要》，推动普通话水平测试的改革、完善和创新具有现实意义。

（二）本研究可为构建全方位的语言文字能力测评体系提供学术支撑，为提升语言测试服务能力发挥积极作用。

（三）本研究有助于推动语言本体研究、语言教学研究和语言立法实践研究，为“推广和规范使用国家通用语言文字”工作提供参考。

# 二　普通话水平测试依据的内涵、范畴体系及特征

## 2.1　普通话水平测试依据的内涵

### 2.1.1　测试活动要素理论框架

#### 2.1.1.1 测试活动“四要素”框架

测试依据是本文的研究对象，2011 年，姚喜双等首次提出测试活动“四要素”构成理论，将测试活动要素分为测试主体、测试对象、测试依据和测试手段四大类，并对其进行理论界定和阐释[①]，认为测试是由“四要素”构成的统一的活动系统。该理论从唯物辩证法的高度分析测试活动的矛盾运动过程，研究测试内部要素之间相互联结、相互依赖、相互影响、相互作用等关系，探讨测试活动系统的整体性、相关性及动态性，揭示测试发展的动

① “测试主体指测试员，测试员在整个测试活动中处于主导地位；测试对象是测试活动的客体，指参加测试的应试人，他们在测试活动中是不可或缺的一部分；测试依据包括试卷、大纲、评分标准、评分方法以及等级认定标准等，测试主体根据这些测试依据对测试客体的普通话水平做出客观、公正的评定；测试手段既包括测试设施，也包括测试活动的组织、管理手段，还包括测试的技术手段，测试手段是测试活动进行的物质保障。……普通话水平测试系统是由各种要素构成的，但这个系统不是各种要素简单相加，而是按照一定规律、模式组织运行的，各个要素在运行过程中互相联系、互相作用。”见姚喜双、韩玉华、聂丹、黄霆玮、孟晖:《普通话水平测试概论》，高等教育出版社，2011 年，第 75 页。

因和规律。测试活动要素理论，既是对测试宏观工作内容的全面提炼，也是对测试活动在语言哲学层面的抽象概括，使得普通话水平测试研究在理论上有了现代系统论的建构视角，对普通话水平测试研究具有重要的学科方法论意义。

2.1.1.2 测试活动“三要素”框架

我们赞同姚喜双等提出的测试活动要素构成理论架构，同时提出两点修正意见：一是“测试主体”和“测试客体”的术语名称问题。测试活动是施测与受测间的一种对象性交互活动，在测试实践活动中，二者互为主客体，互为存在的条件。因此我们认为概括为“施测主体”和“受测对象”可能更为恰当。二是“测试活动四要素”建议修改为“测试活动三要素”。姚喜双等《普通话水平测试常用术语》阐述了“普通话水平测试活动基本规律”，可通过图 1 表示：

**图 1　普通话水平测试活动“四要素”图解**

马克思主义实践论认为，实践是由主体、客体、中介三者构成的。我们认为作为一种实践活动，测试活动要素可以归纳为施测主体、受测对象、测试中介三要素，测试中介是联系主客体的“系体”，可细分为测试依据和测试手段两个子要素。普通话水平测试实践活动“三要素”可通过图 2 表示：

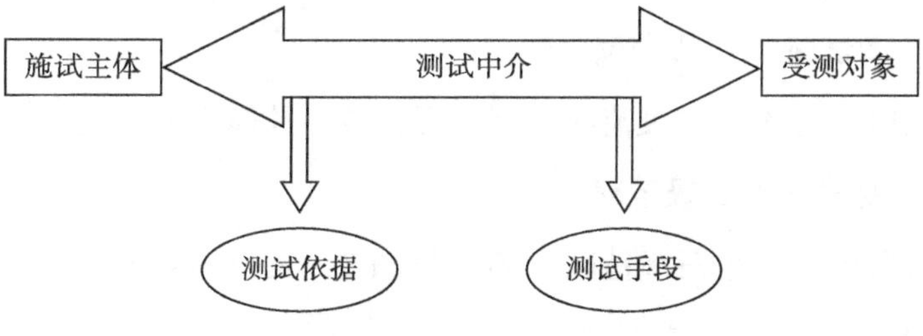


**图 2　普通话水平测试活动“三要素”图解**

相较测试活动“四要素”，测试活动“三要素”理论架构更加简明，理论建构力更具优势。

### 2.1.2 测试依据的内涵

测试依据是姚喜双等在测试活动要素理论框架下提出的，其内涵也须放到测试活动要素框架下进行理论解析。测试依据的概念有广狭之分，姚喜双等认为:“测试依据指的是测试主体对测试对象评分时所依据的标准和规定等。在普通话水平测试中，测试依据有大纲、试卷、评分标准以及等级确定的规定等”[①]，这是着眼于狭义的理解。从广义的角度来说，测试活动涉及的运行流程主要包括但不限于“评分”环节，除了评分依据，它还应包括管理规程等方面的实施依据，因此我们可以从广义的角度定义测试依据，即：施测主体对受测对象进行语言测评时所依凭的文本化的制度性规则和标准，包括测试法律法规、管理规定和规程、等级标准、测试大纲、实施纲要、命题规则、评分标准及方法等。本文采用广义上的测试依据概念。

## 2.2 普通话水平测试依据的范畴体系

普通话水平测试依据是一个体系，但不是一个平面的系统，而是一个立体的、具有层级性特征的范畴体系。普通话水平测试范畴体系可分为 3 个层级，包含 2 个一级范畴、4 个二级范畴和 9 个三级范畴。

### 2.2.1 测试依据一级范畴

测试依据包含 2 个一级范畴：管理依据和学术依据（具体内容略）。

### 2.2.2 测试依据二级范畴

测试依据包含 4 个二级范畴（名称见图 3，具体内容略）。

### 2.2.3 测试依据三级范畴

测试依据包含 9 个三级范畴（名称见图 3，具体内容略）。

---

① 姚喜双、韩玉华、聂丹、黄霆玮、孟晖:《普通话水平测试概论》，高等教育出版社，2011 年，第 80 页。

普通话水平测试依据范畴体系以图 3 表示如下：

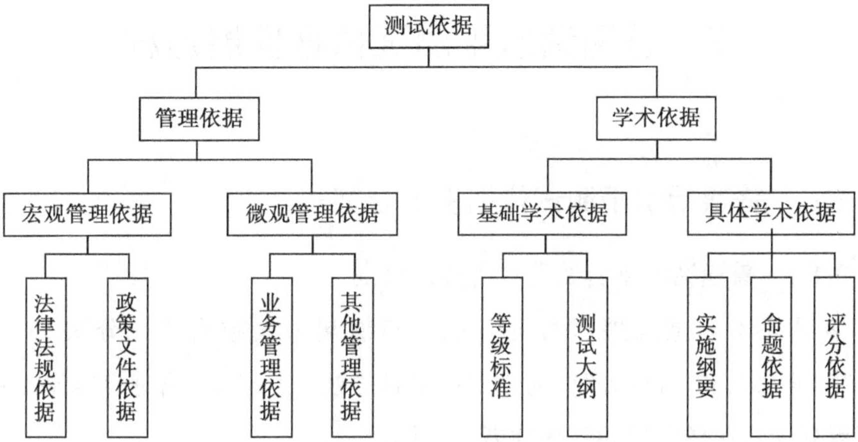


**图 3 普通话水平测试依据范畴体系**

## 2.3 普通话水平测试依据的特征

测试依据作为测试活动的核心中介要素，具有以下主要特征：凭信性、规约性、层次性。

### 2.3.1 凭信性

凭信性指两方面特征：一是可凭性，二是可信性。（具体内容略）

### 2.3.2 规约性

规约性体现为两个方面：一是强制性，二是调适性。（具体内容略）

### 2.3.3 层次性

层次性包含两个方面：等级性和类型性。（具体内容略）

# 三 普通话水平测试依据发展历程

## 3.1 普通话水平测试依据发展分期

### 3.1.1 普通话水平测试发展历程的分期

学界关于测试发展历程的分期，归纳起来大致有“二分法”“三分法”“四分法”和“两阶段四时期”等分期方法[①]。表 1“普通话水平测试发展历程分期法比较”反映了研究者的不同看法：

**表 1 普通话水平测试发展历程分期法比较**

| 内容分期法 | 提出时间 | 提出者 | 文献 | 分期 |
|---|---|---|---|---|
| 二分法 | 2009 年 | 韩其洲 | 《国家普通话水平测试回顾与展望——纪念开展普通话水平测试 15 周年》 | 课题研究（1994 年前）<br>组织实施（1994 年后） |
| 早期三分法 | 1998 年 | 国家语委普通话培训测试中心<br>《语言文字应用》编辑部 | 《普通话水平测试的理论与实践》 | 议论酝酿（1988 年前）<br>研制等级标准和测试大纲（1988 年—1994 年）<br>开展测试工作（1994 年后） |
| 新三分法 | 2011 年<br>2012 年 | 姚喜双 韩玉华<br>聂 丹 黄霆玮<br>孟 晖 | 《普通话水平测试概论》<br>《普通话水平测试发展历程研究》 | 酝酿研制阶段（1982 年—1994 年）<br>组织实施阶段（1994 年—2001 年）<br>发展创新阶段（2001 年至今） |
| 四分法 | 2012 年 | 聂 丹 | 《普通话水平测试研究概说》 | 酝酿期（1982 年—1993 年）<br>初创期（1994 年—1999 年）<br>发展期（2000 年—2005 年）<br>深化期（2006 年—2011 年） |

① 王晖、曹昭、云天骄:《普通话水平测试发展历程的分期》,《语言文字应用》2013 年第 3 期，第 115—126 页。

续表

| 内容分期法 | 提出时间 | 提出者 | 文献 | 分期 |
|---|---|---|---|---|
| 两阶段<br>四时期法 | 2013 年 | 王　晖<br>曹　昭<br>云天骄 | 《普通话水平测试发展历程的分期》 | 第一阶段　酝酿探索阶段（1982 年—1994 年）<br>萌芽酝酿时期（1982 年—1988 年）<br>立项研制时期（1988 年— 1994 年）<br>第二阶段　实施发展阶段（1994 年至今）<br>起步初创时期（1994 年—2000 年底）<br>规范拓展时期（2001 年至今） |

学界关于测试发展历程分期的上述成果，各有优长和理据，也存在各自的不足，为本文研究提供了很好的基础。

3.1.2　测试依据发展历程的分期

从逻辑上讲，测试依据发展历程分期与普通话水平测试发展历程的分期是一致的，而且由于是普通话水平测试活动的核心要素，测试依据还往往是普通话水平测试发展阶段的界标性成果。本文对“两阶段四时期法”进行必要的修正，提出“两阶段五时期”的新分法，并以此构建研究的纵向框架。具体分期以图 4 表示如下：

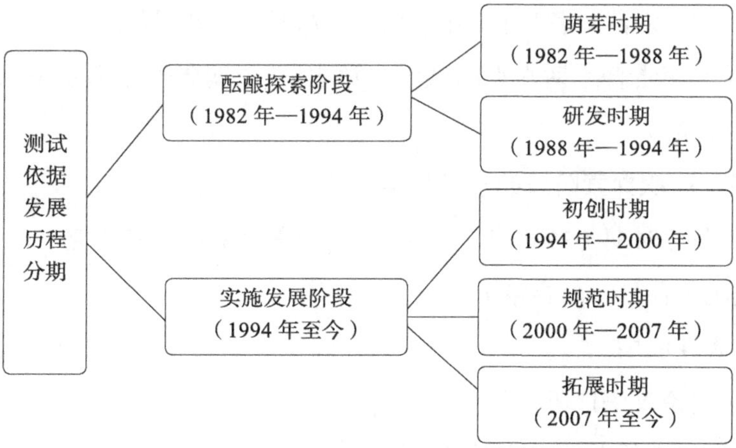


**图 4　普通话水平测试依据发展历程分期**

## 3.2 酝酿探索阶段的普通话水平测试依据

在酝酿探索阶段，普通话水平测试依据尚处于萌发期。管理依据方面，宏观管理依据以顶层设计的面貌出现，全国性微观管理依据尚未出台，但开始出现地方性探索。学术依据方面，基础学术依据开展得最早也比较充分，经过专家及地方机构的自发研究和国家主管机构有组织的自觉研发两个时期的相继推进，全国性基础学术依据最终成型，具体学术依据开始初步探索，但不够系统和深入。

### 3.2.1 酝酿探索阶段的管理依据

（一）萌芽时期（1982 年—1988 年）的管理依据

1. 概况（存目，内容略）

2. 代表性成果

（1）《中华人民共和国宪法》（下文简称《宪法》）（存目，内容略）

（2）《新时期的语言文字工作》（存目，内容略）

（二）研发时期（1988 年—1994 年）的管理依据

1. 概况（存目，内容略）

2. 代表性成果

（1）《国家语言文字工作十年规划和“八五”计划纲要》（存目，内容略）

（2）《云南省普通话水平测试中心章程》《云南省普通话水平测试规程》（存目，内容略）

### 3.2.2 酝酿探索阶段的学术依据

（一）萌芽时期（1982 年—1988 年）的学术依据及其研究

1. 概况（存目，内容略）

2. 代表性成果

（1）《略论汉语口语规范》

此文是普通话水平测试研究的“破题”之作，也称得上是研究普通话水平测试基础学术依据的开篇之作和扛鼎之作。

（2）《语文建设》杂志的系列文章（存目，内容略）

（3）地方语言文字工作机构的探索性实践

① 云南省普通话水平测试实践（存目，内容略）

② 河北师范大学普通话水平测试实践（存目，内容略）

（二）研发时期（1988 年—1994 年）的学术依据

1. 概况（存目，内容略）

2. 代表性成果

（1）《普通话水平测试等级标准（试行）》（下文简称《等级标准》）

《等级标准》是普通话水平测试最基础、最根本的学术依据。1988 年国家语委“普通话水平测试等级标准”课题组成立，孙修章和于根元为负责人，1992 年由国家语委原普通话推广司印发试行，标志着普通话水平测试“三级六等”等级框架正式确立，构筑了实施测试的第一块基石。

（2）《普通话水平测试大纲》（下文简称《测试大纲》）

1992 年国家语委组织《测试大纲》研制课题组和学术委员会，1994 年 6 月《测试大纲》定稿，为保证测试实施提供了操作蓝本，标志着普通话水平测试最终“定型”。

（3）地方实践探索

研发时期，除了国家语委研发团队，地方的探索实践也发挥了“试验田”的作用，尤以云南省的贡献最大。

### 3.2.3 综括

纵观酝酿探索阶段，普通话水平测试依据经历了富有成效的探索。《宪法》赋予推广普通话国家基本语言政策的地位，普通话水平测试萌发具备了最主要的催生力量。国家语言文字工作部门积极落实《宪法》要求，从国家宏观语言规划的角度，汇集学界智慧和地方探索经验，以需求为导向，以实践为基础，以学理为支撑，在普通话水平测试路径设计和引导地方实践方面发挥了规划、引领的作用。语言学者和地方语文工作者也进行了积极的探索，为测试研究贡献了学术智慧和实践经验。在这种背景下，普通话水平测试依据取得了重要进展。

测试管理依据方面，宏观管理依据以顶层设计的面貌出现，产生出了《宪法》这样的法律依据和《新时期的语言文字工作》《国家语言文字工作十年规划和“八五”计划纲要》等带有全局规划性的政策文件依据。全国性微观管理依据尚未出台，但开始出现地方性（如云南省）探索，为制定适用于全国的微观管理依据提供了宝贵经验。

学术依据方面，基础学术依据开展得最早也比较充分，经专家及地方机构的自发研究和国家主管机构有组织的自觉研发两个时期的相继推进，全国性基础学术依据最终成型。最具标志性的基础学术依据是《等级标准》和《测试大纲》。具体学术依据开始初步探索，最主要的具体学术依据是《测试大纲》附属的测试内容、范围、题型等部分，另外有代表性的还有云南省制定的评分方法、细则和题库建设方面的探索等。整体来说，测试具体学术依据的研究取得了一些成绩，但尚不够系统和深入，有待进一步挖掘和完善。

整个酝酿探索阶段的测试依据，从社会需求、国家需要，到学者探讨、地方实践，再到纳入国家语言文字工作宏观规划并立项研发，发展脉络明晰。命题—破题—奠基—成型，等级设想—等级标准—测试大纲—细则和题库，可以这样概括：规划有序，科研扎实，实践务实，各种因素协调互动，政府主导、语委统筹、地方配合、学者支持，普通话水平测试依据框架就这样艰辛而又顺理成章地搭建起来了，这堪称我国语言规划富有成效的一个突出范例。管理依据“布局”在前，学术依据“支撑”于后，宏观基础依据“谋全篇”，微观具体依据“下细棋”，可谓是双擎推动，两翼互动。用“出场学”的理论来概括，从“出场路径”来说，酝酿探索阶段管理依据推动是其主要动力；就“出场形态”而言，管理依据和学术依据二合一是其出场的“定妆”形态。

## 3.3 实施发展阶段的普通话水平测试依据

实施发展阶段是普通话水平测试依据全面实践、规范和创新发展的阶段。管理依据方面，宏观管理依据形成体系，全国性和地方微观管理依据出台并不断完善。学术依据方面，基础学术依据有了充分的发展，具体学术依据探究不断深入并渐成体系。

### 3.3.1 实施发展阶段的管理依据

（一）初创时期（1994 年—2000 年）的管理依据

1. 概况（存目，内容略）

2. 代表性成果

（1）宏观管理依据代表性成果

① 三部委《关于开展普通话水平测试工作的决定》（下文简称《决定》）

1994 年国家语言文字工作委员会、国家教育委员会、广播电影电视部的《决定》是测试实施的第一份政策文件依据，也被学术界认为是普通话水平测试工作正式启动的肇端。

②《开拓语言文字工作新局面，为把社会主义现代化建设事业全面推向 21 世纪服务》

作为 1997 年全国语言文字工作会议的主题报告，该报告是世纪之交的重要时期开展普通话水平测试的重要政策文件依据。

（2）微观管理依据代表性成果

①《普通话水平测试实施办法（试行）》（下文简称《实施办法》）

该《实施办法》是三部委《决定》三个附件之一，是全国范围内第一个具体的测试业务管理依据。

②《国家语言文字工作委员会关于普通话水平测试管理工作的若干规定（试行）》（下文简称《若干规定》）

1997 年 6 月颁布的《若干规定》，对测试工作管理和测试流程提出了较为全面和明确的制度性要求，是测试早期重要的规范指导性文件依据。

（二）规范时期（2000 年—2007 年）的管理依据

1. 概况（存目，内容略）

2. 代表性成果

（1）宏观管理依据代表性成果

①《中华人民共和国国家通用语言文字法》（下文简称《语言文字法》）

《语言文字法》于 2000 年 10 月 31 日颁布，2001 年 1 月 1 日正式实施。《语言文字法》是我国语言文字工作立法实践的重要成就，其中有两条（第十九条和第二十四条）专门涉及普通话水平测试，普通话水平测试在国家专门法律中以规定的独特形态呈现，《语言文字法》成为普通话水平测试的直接法理依据。

②《普通话水平测试管理规定》（下文简称《测试管理规定》）

2003 年《测试管理规定》发布，这是普通话水平测试工作法制化进程中的又一重要成果。《测试管理规定》把部委规范性文件上升为具有法律效力的国务院部门规章，是测试宏观管理依据的重要组成部分，为制定地方性法规和规章提供了重要参考，并为普通话水平测试微观依据提供了规约性参照。

③ 省级地方性法规和规章

《语言文字法》的颁布实施带动了地方语言文字的立法实践。据笔者统计，2001 年至 2007 年，全国各省（自治区、直辖市）先后出台了地方性法规 20 部、地方性规章 4 部，在上述 24 部省级地方性法规和规章中，有 23 部对普通话水平测试做出了明确规定和要求，对保障和促进各地测试工作发挥了重要作用。

（2）微观管理依据代表性成果

①《普通话水平测试规程》（下文简称《测试规程》）

教育部语用司 2003 年 5 月下发的《测试规程》是《测试管理规定》的下位文件，对测试管理环节做出了明确的规定。

②《普通话水平测试工作评估指导标准》(下文简称《评估指导标准》)

教育部语用司 2003 年 5 月下发的《评估指导标准》也是《测试管理规定》的下位微观管理依据，该标准用量化的方式对测试工作提出评估要求，是对测试实施监督和指导的重要手段。

③《国家发展改革委、财政部关于普通话水平测试费和国家普通话水平等级证书工本费收费标准的通知》

该通知 2003 年 12 月下发，这是第一次由国家价格管理部门从全国层面，就测试收费项目、收费范围和收费单位的收费行为提出的规范性要求，并核定了收费标准。至此，普通话水平测试管理的基础性文件大体完备，测试管理依据体系初步建立。

（三）拓展时期（2007 年至今）的管理依据

1. 概况（存目，内容略）

2. 代表性成果

（1）宏观管理依据代表性成果

① 省级地方性法规和规章

拓展时期出台省级地方性法规或规章 6 部（其中地方性法规 3 部、地方性规章 3 部），全国范围内普通话水平测试宏观管理依据体系构建基本完备。

②《国家中长期语言文字事业改革和发展规划纲要（2012—2020 年）》（下文简称《规划纲要》）

2012 年 12 月，《规划纲要》出台，对普通话水平测试进行了具体规划，尤其是在“构建语言文字应用能力测评体系”中，对测试提出了详细要求。《规划纲要》是拓展时期最重要的政策文件依据。

（2）微观管理依据代表性成果

①《计算机辅助普通话水平测试操作规程（试行）》(下文简称《机辅测试规程》)

该规程由教育部语用司 2008 年 6 月下发，针对机辅测试的新特点和新需求进行新的规定，是拓展时期开展计算机辅助测试具有全国指导性的微观管理依据。

②《教育部语用司关于推进计算机辅助普通话水平测试工作等有关问题的通知》（下文简称《机辅测试通知》）

该通知由教育部语用司 2010 年 7 月下发，对在全国范围内开展机辅测试试点、实现测试管理信息化，以及启用新版《普通话水平测试等级证书》进行了具体规定。

③《计算机辅助普通话水平测试试点业务指导意见（试行）》（下文简称《机辅测试业务指导意见》）

该指导意见由国家语委普通话与文字应用培训测试中心 2010 年 9 月印发各地，对机辅测试试点工作进行规范和指导。

3.3.2 实施发展阶段的学术依据

（一）初创时期（1994 年—2000 年）的学术依据及其研究

1. 概况（存目，内容略）

2. 代表性成果

（1）基础学术依据代表性成果及其研究

①《普通话水平测试等级标准（试行）》

《等级标准》是最早产生的测试基础学术依据，1992 年由国家语委原普通话推广司印发给各地试行。1994 年国家语委对该《等级标准》进行了修订，1997 年国家语委再次对《等级标准》进行审订，并以部级标准形式予以正式颁布。

②《论普通话水平测试等级标准》（存目，内容略）

③《〈普通话水平测试大纲〉的编制和修订》（存目，内容略）

（2）具体学术依据代表性成果及其研究

评分依据的代表性成果是《测试大纲》关于评分的规定（详见“五、普通话水平测试学术依据”）。有代表性的研究是以下几篇文章：

①《“普通话水平测试”评分中的几个问题》

②《语音评定参照细则框架》

③《普通话水平测试试卷的科学编制及规范使用》

④《普通话水平测试题库建设的理论与实践》

（二）规范时期（2000年—2007年）的学术依据及其研究

1. 概况（存目，内容略）

2. 代表性成果

（1）基础学术依据代表性成果及其研究

① 新《普通话水平测试大纲》（下文简称《测试大纲》）

《测试大纲》是普通话水平测试实施的纲领性学术依据。2003年1月，新《测试大纲》通过国家语委规范标准审定委员会审定，成为新的部颁标准；2003年10月，新《测试大纲》由教育部、国家语委以部颁文件形式正式发布。

②《〈大纲〉修订和〈纲要〉研制的思考》（存目，内容略）

③《〈普通话水平测试大纲〉修订的若干问题》（存目，内容略）

（2）具体学术依据代表性成果及其研究

①《普通话水平测试实施纲要》（下文简称《实施纲要》）

《实施纲要》2004年出版，规定测试的具体内容和实施依据，对于试卷编制和题库建设及指导应试人备考，均有直接的参考作用，它是与新《测试大纲》相配套的最重要的具体学术依据。

② 普通话水平测试国家题库

题库建设是大规模语言测试的重要保障，2004年9月，题库建设课题通过了教育部语用司和语信司联合组织的鉴定。

③《〈普通话水平测试实施纲要〉概述》（存目，内容略）

④《略论普通话水平测试的评分系统》（存目，内容略）

⑤《普通话水平测试国家题库制卷系统研制报告》（存目，内容略）

（三）拓展时期（2007年至今）的学术依据及其研究

1. 概况（存目，内容略）

2. 代表性成果

（1）计算机辅助普通话水平测试依据代表性成果及其研究（存目，内容略）

①《计算机辅助普通话水平测试评分试行办法》（下文简称《机辅测试评分办法》）

②《计算机辅助普通话水平测试实施研究》

③《计算机辅助普通话水平测试试点地区的调查研究》

④《浅析〈计算机辅助普通话水平测试评分试行办法〉》

（2）其他代表性研究成果（存目，内容略）

①《普通话水平测试评分细则论析》

②《基于概化理论的PSC分数误差探析》

③《普通话语音测试中的目标无关性错误研究》

3.3.3 综括

综观实施发展阶段，普通话水平测试先是在教育、广播电视等重点领域启动实施，此后在实践过程中完善发展，并在世纪之交被载入《语言文字法》，之后在《语言文字法》的推动下不断创新，获得了巨大进步。实施发展阶段的普通话水平测试经历了三个波浪式发展时期：初创时期、规范时期和拓展时期，普通话水平测试依据在三次发展浪潮中因势而变，呈现出管理依据和学术依据阶段性递进的发展特征。

测试管理依据方面，宏观管理依据成果丰硕并逐步实现体系化。《语言文字法》是宏观管理依据的统领性成果和总依据，直接推动了测试管理依据的体系化建设。为了贯彻落实《语言文字法》，国家语言文字主管部门和各地进行了立法实践，陆续出台《测试管理规定》以及30个省级地方性法规和规章，测试的法律法规依据体系逐渐完善。在实施发展阶段的不同时期，国家语言文字主管部门先后颁布（或会同相关部委联合颁布）《关于开展普通话水平测试工作的决定》《国家中长期语言文字事业改革和发展规划纲要（2012—2020年）》等全局规划性政策文件依据。微观管理依据方面，普通话水平测试的《若干规定》《测试规程》《评估指导标准》《机辅测试操作规程》《机辅测试业务指导意见》等微观管理依据随着各个时期工作任务的开展陆续出台，全国性微观管理依据在推动工作进程中发展健全。

《语言文字法》的颁布施行也推动了测试学术依据的创新发展。基础学术依据方面，《等级标准》最终审定并以部颁标准形式正式颁布，《测试大纲》重新修订，以部颁标准和教育部文件的双重形式呈现，《等级标准》和新《测试大纲》夯实了测试的基础学术依据。具体学术依据方面，《实施纲要》和“国家题库”是两项最重要的成果。进入拓展时期后，计算机辅助测试为测试带来了前所未有的变革，《机辅测试评分办法》是在此背景下产生的重要的具体学术依据。实施发展阶段测试学术依据的发展还体现在很多学术论文研究方面，如《〈大纲〉修订和〈纲要〉研制的思考》《〈普通话水平测试实施纲要〉概述》《普通话水平测试试卷的科学编制及规范使用》《普通话水平测试题库建设的理论与实践》《普通话水平测试评分细则论析》《浅析〈计算机辅助普通话水平测试评分试行办法〉》等，对普通话水平测试命题依据（包括题型、试题、试卷、题库测试长度等方面）以及评分依据（包括评分体系、评分细则及语音词汇语法等要素评分等方面）进行了多方面有参考价值的探讨，普通话水平测试学术依据步入渐成系统和有序发展的新阶段。

## 四 普通话水平测试管理依据

普通话水平测试管理依据是普通话水平测试的管理规则，与学术依据一起对施测主体、受测对象和测试手段进行管控，使测试活动规范运行。本部分对测试管理依据进行专题研究，分为三个方面：法律法规依据、政策文件依据和业务管理依据。法律法规依据和政策文件依据属宏观管理依据，业务管理依据属微观管理依据。

## 4.1 普通话水平测试法律法规依据

法律法规依据是保障普通话水平测试开展的法律、法规和规章的总和，是测试实施的保障性依据，也是制定其他测试依据的依据，在测试依据体系中具有统辖的作用。在“推进国家治理体系和治理能力现代化”的新时代，法律法规依据在普通话水平测试工作中的作用更加凸显。

### 4.1.1 《中华人民共和国宪法》

新中国成立以来，推广普通话工作一直受到国家的高度重视，国务院、国家语言文字工作部门以及其他相关部门颁布了一系列关于推广普通话的法规、规章或规范性文件。改革开放以来，推广普通话在国家政治、经济、文化和社会生活中的作用更加突出，推广普通话的意义更加彰显，任务更加紧迫。在这种背景下，1982 年《宪法》第十九条第五款明确规定：“国家推广全国通用的普通话”。《宪法》关于推广普通话的条款，为确立新时期推广普通话的工作方针奠定了基础，也为新时期推广普通话的各种创新性举措，包括普通话水平测试，提供了最强大、最根本的法律保障。《宪法》是开展测试的总依据和法理总来源。

### 4.1.2 《中华人民共和国国家通用语言文字法》

制定语言文字专门法律，把语言文字工作纳入法制轨道是提高语言文字工作规范性和权威性的必由之路。2000 年 10 月 31 日《语言文字法》经第九届全国人民代表大会常务委员会第十八次会议审议通过，于 2001 年 1 月 1 日起施行。普通话水平测试作为国家通用语言使用的具体规范条款之一，在这部法律中予以明确，《语言文字法》成为普通话水平测试的直接法律依据。

（一）普通话水平测试作为法律条款研究

1. 法律条款的起草与修改（存目内容略）

（1）《关于〈中华人民共和国国家通用语言文字法（草案）〉的说明》的表述

（2）《全国人大法律委员会关于〈中华人民共和国国家通用语言文字法（草案）〉修改情况的汇报》的表述

（3）《全国人大法律委员会关于〈中华人民共和国国家通用语言文字法（草案）〉审议结果的报告》的表述

2. 法条研究

《语言文字法》关于普通话水平测试的规定体现为两条：第二章第十九条和第三章第二十四条。

（1）关于第十九条的研究（存目，内容略）

（2）关于第二十四条的研究（存目，内容略存）

（二）《语言文字法》作为普通话水平测试法律依据的作用

《语言文字法》成为普通话水平测试直接而具体的法律法规依据，在测试依据体系中具有顶层统辖的核心地位，其重要意义具体可以通过以下四方面的作用予以体现。（存目，内容略）

1. 指引作用

2. 评价作用

3. 强制作用

4. 预测作用

### 4.1.3 国务院部门规章

（一）《普通话水平测试管理规定》

《语言文字法》使普通话水平测试的实施有了基本的法律保障，同时也对测试依法实施提出了更高的要求，与之配套的更加细化的部门规章的制定由此提上了日程。2003 年 5 月，《测试管理规定》发布。

1.《测试管理规定》概述（存目，内容略）

2.《测试管理规定》研究（存目，内容略）

（1）关于第一部分的研究

（2）关于第二部分的研究

① 关于测试管理工作机构和属地管理原则

② 关于测试员和测试视导员

③ 关于应试人

④ 关于测试管理其他方面

3.《测试管理规定》作为普通话水平测试法律法规依据的作用（存目，内容略）

（1）集成作用

（2）具化作用

（3）承上启下作用

（4）示范作用

（二）《〈教师资格条例〉实施办法》

《〈教师资格条例〉实施办法》2000 年 9 月以国务院部门规章的形式对教师资格进行专门的规定。该办法把普通话水平测试规定为申请和认定教师资格的必备条件之一，在第八条、第十二条、第十四条专门规定了普通话水平测试相关内容。既贯彻了《语言文字法》的要求，又实现了与《测试管理规定》等邻接法规的衔接与配合，对在教育领域把测试落到实处具有很大的推动作用。

（三）《汉语作为外语教学能力认定办法》

该办法 2004 年 8 月发布，其中第四条、第六条、第七条、第十条涉及普通话水平测试。该办法对从事汉语作为外语教学的教师的能力和资格认证提出了具体的要求，将普通话水平视为对外汉语教师的能力要素之一，使对从事或申请对外汉语教学人员开展测试并达到相应等级标准（二级甲等）有了具体的依据。

（四）《播音员主持人持证上岗规定》和《广播电视编辑记者、播音员主持人资格管理暂行规定》

《播音员主持人持证上岗规定》2001 年 12 月发布，第六条、第七条涉及普通话水平测试;《广播电视编辑记者、播音员主持人资格管理暂行规定》2004 年 6 月发布，第十六条涉及普通话水平测试。以上两部规定对播音员主持人的岗位资格认定提出了普通话等级标准的明确要求，是广播电视主管部门根据《语言文字法》相关规定，对播音员主持人实施测试的重要规章依据。

### 4.1.4 省级地方语言文字法规规章

地方语言文字法规和规章是一种重要的测试宏观管理依据，学术界以往对该领域关注几为空白，实际上，与国家语言文字专门法律和国务院部门规章一样，地方语言文字法规和规章也有其独特的、不可替代的作用。地方语言文字法规和规章有省级和市级（较大的市）之分，限于篇幅，本文仅对省级语言文字法规和规章进行研究。

（一）省级语言文字法规规章概况

1. 省级语言文字法规和规章基本类别

省级语言文字法规规章根据制定颁布机关的不同和效力的不同，可以区分为两类：省级语言文字法规和省级语言文字规章。截至 2015 年底，全国已制定 30 部省级地方语言文字法规和规章，其中省级语言文字法规 23 部、省级语言文字规章 7 部。

（1）省级语言文字法规（存目，内容略）

（2）省级语言文字规章（存目，内容略）

2. 省级语言文字法规规章名称及其规范（存目，内容略）

3. 省级语言文字法规规章出台时间研究（存目，及图示，内容略）

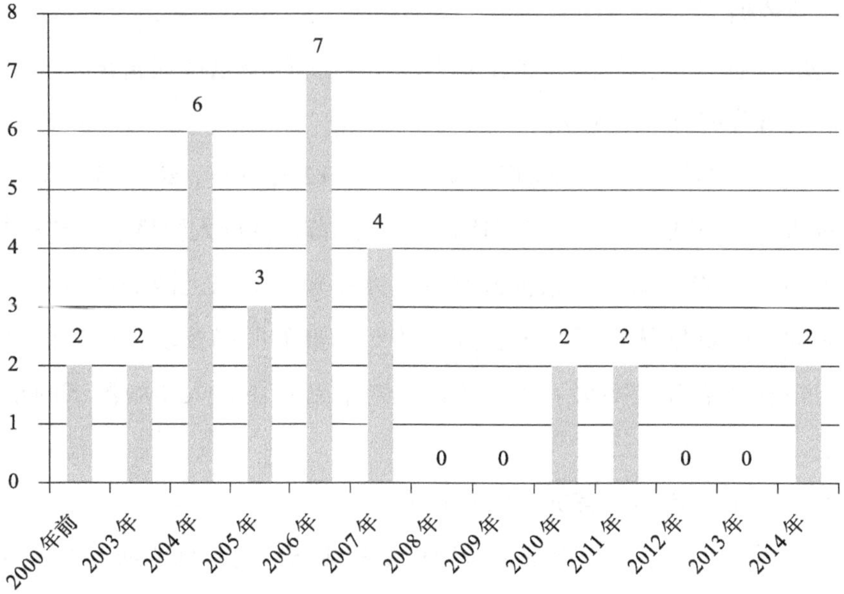


**图5 全国省级语言文字法规规章颁布时间和数量分布图**

（二）省级语言文字法规规章对普通话水平测试的规定

全国30部省级地方语言文字法规和规章，除《新疆维吾尔自治区语言文字工作条例》以外，其他29部均对《语言文字法》进行细化，制定了更为具体的涉及测试的条款，最主要的是对测试对象、等级标准要求和测试机构职责等方面做了更为详细的规定。为了更清晰地反映这方面的状况，我们通过表2进行观察。

**表2 全国省级语言文字法规规章新增普通话水平测试内容简况表**

| 省份（年份） | 应试人 | | | 细化等级要求 | 测试机构职责 | 明晰罚则 |
|---|---|---|---|---|---|---|
| | 扩大范围 | 新录聘人员 | 持证上岗 | | | |
| 北京（2003） | - | + | - | - | - | - |
| 天津（2004） | +（0） | + | - | - | - | +（1、2） |
| 河北（2007） | +（1、2） | + | - | + | + | +（1、2） |
| 山西（2003） | +（1、2） | - | + | + | - | +（1） |

**续表**

| 省份（年份） | 应试人 | | | 细化等级要求 | 测试机构职责 | 明晰罚则 |
|---|---|---|---|---|---|---|
| | 扩大范围 | 新录聘人员 | 持证上岗 | | | |
| 内蒙古（2007） | +（1、2） | - | - | + | + | - |
| 辽宁（2005） | +（2） | - | - | - | - | - |
| 吉林（2005） | +（1、2） | - | - | + | + | - |
| 黑龙江（2002） | - | + | - | - | + | - |
| 上海（2005） | +（1、2） | - | - | + | + | - |
| 江苏（2006） | +（2） | - | - | + | - | - |
| 浙江（2006） | +（2） | + | - | + | + | - |
| 安徽（2006） | +（1、2） | + | - | + | + | +（1、2） |
| 福建（2006） | +（2） | - | + | + | + | - |
| 江西（2010） | +（2） | - | - | + | + | +（2） |
| 山东（2004） | +（1、2） | + | - | + | + | - |
| 河南（2014） | +（2） | - | - | + | + | +（1、2） |
| 湖北（2004） | +（1、2） | + | - | - | + | - |
| 湖南（2006） | +（1、2） | + | - | + | - | - |
| 广东（2011） | +（2） | - | - | - | + | - |
| 广西（2006） | +（1、2） | - | + | - | + | - |
| 海南（2010） | +（1、2） | - | + | + | + | +（1、2） |
| 重庆（2004） | +（1、2） | - | - | + | - | - |
| 四川（2004） | +（0） | - | + | - | + | - |
| 贵州（2007） | +（2） | - | - | + | + | - |
| 云南（2004） | +（1、2） | + | + | + | + | - |
| 陕西（2007） | +（2） | - | - | + | + | - |
| 甘肃（2011） | +（1、2） | - | - | + | + | - |
| 青海（2014） | +（1、2） | - | - | + | + | - |

续表

| 省份（年份） | 应试人 | | | 细化等级要求 | 测试机构职责 | 明晰罚则 |
|---|---|---|---|---|---|---|
| | 扩大范围 | 新录聘人员 | 持证上岗 | | | |
| 宁夏（2006） | +（2） | - | - | - | + | - |
| 新疆（2015） | - | - | - | - | - | - |

注："应试人"下第一列"扩大范围"中，"+（0）"表示仅依据《测试管理规定》扩大应试人范围，"+（1、2）"表示把高等院校、中等职业学校的学生和公共服务行业人员纳入应试人范围，"+（2）"表示把公共服务行业人员纳入应试人范围。本表最后一列"明晰罚则"中，"+（1）"表示明晰应试人罚则，"+（2）"表示明晰测试工作人员罚则，"+（1、2）"表示明晰应试人罚则和测试工作人员罚则。"-"表示无新增内容。

1. 拓展关于应试人的规定（存目，内容略）

（1）扩大应试人范围

（2）对新录（聘）人员提出普通话等级要求

（3）明确持证上岗制度

2. 细化对有关人员的普通话水平要求（存目，内容略）

3. 细化普通话测试机构职责（存目，内容略）

4. 明晰罚则（存目，内容略）

（三）省级语言文字法规规章作为普通话水平测试法律法规依据的作用（存目，内容略）

1. 补充拓展作用

2. 指导操作作用

3. 探索创新作用

4.1.5 普通话水平测试法律法规依据的层级体系（存目及图示，内容略）

普通话水平测试法律法规依据具有典型的层级性特征，根据法律地位和效力的不同，可以排列成若干层级，构成一个完整的体系。其从属关系如图 6 所示：

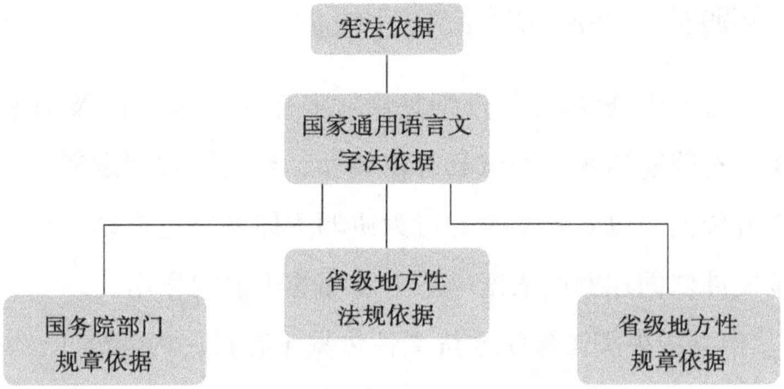


**图 6　普通话水平测试法律法规依据效力等级图**

### 4.1.6　法律法规依据的作用（存目，内容略）

（一）规范作用

（二）保障作用

（三）促进作用

法律法规依据对普通话水平测试的推动促进作用是巨大和显著的。图 7 可以显示出这种作用：

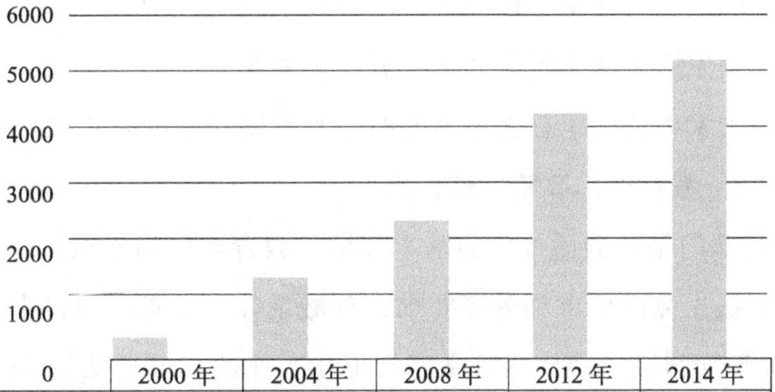


| | 2000 年 | 2004 年 | 2008 年 | 2012 年 | 2014 年 |
|---|---|---|---|---|---|
| 全国累计测试量（万人次） | 300 | 1200 | 2379 | 4075 | 5082 |

**图 7　全国测试量累计变化简图**

## 4.2 普通话水平测试政策文件依据

普通话水平测试政策文件依据是由中共中央、国务院及国家有关部门制定和发布，对普通话水平测试具有权威性、导向性和规定意义的文件的总和。政策文件依据是以党政组织为行为协调主体的规范准则文件，因为这个特质，政策文件依据在测试依据体系中发挥着重要的作用。

### 4.2.1 中共中央和国务院政策文件依据（存目，内容略）

（一）《国务院批转国家语委关于当前语言文字工作请示的通知》

（二）十七届六中全会《决定》和十八大报告

### 4.2.2 语言文字工作部门政策文件依据（存目，内容略）

（一）两次全国语言文字工作会议报告

（二）国家语言文字工作规划性文件

1.《“七五”期间语言文字工作规划（草案）》

2.《国家语言文字工作十年规划和“八五”计划纲要》

3.《国民经济和社会发展第九个五年计划期间国家语言文字工作计划》

4.《国家语言文字工作“十五”计划》

5.《国家语言文字工作“十一五”规划》

6.《国家中长期语言文字事业改革和发展规划纲要（2012—2020年）》

### 4.2.3 教育部门政策文件依据

教育部门是普通话推广的基本阵地，教育部门制定施行了多种文件，对相关人员提出测试要求和等级要求，现撮录如下（具体内容略）：

《关于加强高等院校语言文字规范化工作的几点意见》（教高〔1995〕11号）、《关于印发〈职业中学普通话教学基本要求〉的通知》（教职〔1996〕14号）、《关于对1998年申报对外汉语教师资格人员进行普通话水平测试的通知》（国语管〔1998〕5号）、《关于进一步加强学校普及普通话和用字规范化工作的通知》（教语用〔2000〕1号）、《教育部、国家语委关于开展语言文字规范化示范校创建活动的意见》（教语用〔2004〕4号）、《关于印发〈关于进一步发挥城市的中心作用，全面推进语言文字工作的意见〉的通知》（教语用〔1999〕1号）、《关于印发〈一类城市的语言文字工作评估标准（试行）〉的通知》（教语用〔2000〕2号）、《关于印发〈一类城市的语言文字工作评估标准（试行）〉实施细则〉的通知》（教语用司〔2000〕2号）、《关于印发首届全国推广普通话宣传周宣传提纲、宣传口号的通知》（国语〔1998〕29号）等。

#### 4.2.4 其他行业系统政策文件依据

普通话水平测试具有社会性的特点，涉及诸多领域和行业系统。国家语委统筹协调相关领域，制定出台了多种行业系统开展测试的政策文件，现撮录如下（具体内容略）：

《关于建立广播电影电视系统普通话水平测试工作领导小组和测试站的通知》（广发人字〔1997〕146号）、《关于进一步做好播音员主持人持证上岗工作的几点意见》（广人专字〔1997〕397号）、《关于在检察系统做好推广普通话工作的通知》（〔1999〕高检办发第35号）、《关于开展国家公务员普通话培训的通知》（人发〔1999〕46号）、《关于加强金融系统语言文字规范化工作的通知》（金融工发〔2000〕8号）、《关于进一步加强铁路系统语言文字规范化工作的通知》（铁科教〔2000〕72号）、《关于加强邮政系统语言文字规范化工作的通知》（国邮联〔2000〕304号）、《关于认真做好信息产业系统语言文字规范化工作的通知》（信部联办〔2001〕242号）、《关于在文化系统贯彻实施〈中华人民共和国国家通用语言文字法〉的通知》（文政法发〔2001〕20号）、《关于学习贯彻〈中华人民共和国国家通用语言文字法〉的意见》（〔2001〕政宣字12号）。

#### 4.2.5 政策文件依据的作用

普通话水平测试政策文件依据是党中央、国务院及国家语言文字工作主管机构和行业系统主管机构制定的规范准则文件。党中央、国务院政策文件依据主要着力于充分发挥推广国家通用语言在国家政治、经济、社会和文化发展中的基础性作用，客观上为测试工作了提供引导性、纲领性的顶层依据，起到了为法律法规依据“发先声”和“增力度”的作用。国家语言文字工作主管机构和行业系统主管机构制定的政策文件，以权威的形式对普通话水平测试的工作目标、原则、任务、步骤和措施等进行具体规定，在党中央、国务院政策文件依据和法律法规依据出台前，是测试实施的先导性权威依据，发挥着规划指导作用；在党中央、国务院政策文件依据和法律法规依据出台后，成为配合性、落实性的权威依据，发挥着保障实施作用。政策文件依据是测试管理依据的重要组成部分。

## 4.3 普通话水平测试业务管理依据

业务管理依据属于微观执行依据，是由测试管理机构或实施机构制定发布，对普通话水平测试业务管理工作进行规范的文件依据总和。普通话水平测试业务管理依据是落实宏观管理依据的具体工作程序、工作方式、支撑手段、质量监督等环节的业务性规约。

### 4.3.1 《普通话水平测试实施办法（试行）》

《实施办法》以三部委《决定》附件的形式发布。三部委《决定》是《实施办法》的上位文件依据，相对于前者，《实施办法》属于微观管理依据的范畴。

（一）《实施办法》的主要内容

《实施办法》包括 6 部分共 18 条，主要内容如下（存目，内容略）：

1. 普通话水平测试委员会

2. 普通话水平等级标准和《测试大纲》

3. 测试员

4. 应试人员

5. 普通话等级证书

6. 附则

（二）《实施办法》的作用（存目，内容略）

### 4.3.2 《国家语言文字工作委员会关于普通话水平测试管理工作的若干规定（试行）》

（一）《若干规定》的主要内容

《若干规定》包括 7 部分共 26 条，主要内容如下（存目，内容略）：

1. 普通话水平测试工作的机构和网络

2. 普通话水平测试员

3. 普通话水平测试的标准和大纲

4. 测试成绩的认定和证书

5. 普通话水平测试试卷

6. 测试对象及其达标要求

7. 其他

（二）《若干规定》的作用（存目，内容略）

### 4.3.3 《普通话水平测试规程》

《测试规程》与《实施办法》和《若干规定》既具有前后相承的关系，又“后出转精”，有自身的特色。《实施办法》和《若干规定》中很多测试宏观管理的内容，如工作机构、管理原则、测试员管理、应试人管理、成绩认定、证书、测试时间间隔、申诉、测试纪律、收费等都纳入《测试管理规定》，同时将《测试管理规定》升格为国务院部门规章，测试业务流程中具体微观的管理内容纳入《测试规程》，以《测试管理规定》下位文件的形式由语用司发布，体现出文件依据的体系性特征和层级关系。

（一）《测试规程》的主要内容

《测试规程》包括 7 部分共 28 条，主要内容如下（存目，内容略）：

1. 报名

2. 考场

3. 试卷

4. 测试

5. 质量检查

6. 等级证书

7. 应试人档案

（二）《测试规程》的作用（存目，内容略）

### 4.3.4 《普通话水平测试工作评估指导标准》

（一）《评估指导标准》的主要内容

《评估指导标准》由三级指标体系构成，包括5个一级指标、13个二级指标，二级指标下包含若干具体检测内容，共计43项，满分100分（具体内容略）。

（二）《评估指导标准》的作用（存目，内容略）

### 4.3.5 《计算机辅助普通话水平测试操作规程（试行）》

（一）《机辅测试规程》的主要内容

《机辅测试规程》包括9部分26条，主要内容如下（存目，内容略）：

1. 考点

2. 报名

3. 组织流程

4. 测试流程

5. 试卷

6. 成绩评定

7. 证书

8. 档案管理

9. 附则

（二）《机辅测试规程》的作用（存目，内容略）

### 4.3.6 《教育部语用司关于推进计算机辅助普通话水平测试工作等有关问题的通知》

（一）《机辅测试通知》的主要内容

《机辅测试通知》主要包括以下三方面内容（存目，内容略）：

1. 全面开展计算机辅助测试试点工作

2. 全面实行计算机辅助测试

3. 统一计算机辅助测试技术服务费标准

（二）《机辅测试通知》的作用（存目，内容略）

#### 4.3.7 《计算机辅助普通话水平测试试点业务指导意见（试行）》

（一）《机辅测试业务指导意见》的主要内容

《机辅测试业务指导意见》包括4大部分共18条，主要内容如下（存目，内容略）：

1. 文件出台的目的

2. 对各省（自治区、直辖市）开展机辅测试的业务指导意见

3. 国家语委普通话与文字应用培训测试中心的业务职责规定

4. 附则

（二）《机辅测试业务指导意见》的作用（存目，内容略）

## 五　普通话水平测试学术依据

普通话水平测试学术依据是测试的学术性规则，学术依据规定测试的框架内容、等级设计、命题设计、分数体系、评分规则等，是实施测试所依凭的学科领域性规范标准和执行标准的总和，也是测试目标和测试构想的综合体现，是保障测试活动科学运转的重要依据。本部分以普通话水平测试学术依据为专题，分为两个方面：基础学术依据和具体学术依据。

### 5.1　普通话水平测试基础学术依据

基础学术依据指开展普通话水平测试根本性、支撑性的学术依凭，是对

测试实施具有统摄作用和指导作用的学术规范的总和，是保障测试活动开展的学术基础。在测试学术依据系统架构中，《等级标准》和《测试大纲》层级最高，作用最大，均由国家语言文字主管部门制定和发布，是最根本、最权威的依据。

5.1.1 《普通话水平测试等级标准（试行）》

《等级标准》规定测试等级划分、描述测试等级特征，是覆盖全国的层次分明的标准体系，是测试最基本的学术依据。

（一）《等级标准》的发展流变

关于《等级标准》的探索是一个渐进的过程，《等级标准》在发展过程中经历了三大发展流变阶段（存目，内容略）。

1. 从学术设想到规划研制

2. 从管理文件到规范标准

3. 从部门标准到国家法条规定

（二）《等级标准》的内容

1. 三个级别的描述语

（1）三个级别描述语的必要性（存目，内容略）

（2）对三个级别描述语的具体建议

原有描述语“标准的普通话”“比较标准的普通话”和“不标准的普通话”的概括难说令人满意，修改思路应该是“级”管总体，“等”管具体。本文提出如下解决方案：首先需要跳出“标准”“比较标准”“不标准”的概括描述序列。“标准”是较为具象的程度描述，测试中呈现复杂情况采用比较具象的描述方式，难免会首尾难顾，捉襟见肘。另外，仅从“标准程度”一个维度概括普通话水平等级也不全面。仅就目前考查评价框架而言，普通话水平测试除了“标准程度”的维度，还有“熟练程度”的维度，在朗读和说话测试项中有语调评价。采用相对不太具象的“高级、中级、初级”概括描述序列，辅以量化表达，可以解决以上问题。具体建议如下：

一级：高级水平普通话，测试总失分率不超过 8%；

一级甲等：(《等级标准》具体描述……)

一级乙等：(《等级标准》具体描述……)

二级：中级水平普通话，测试总失分率不超过 20%；

二级甲等：(《等级标准》具体描述……)

二级乙等：(《等级标准》具体描述……)

三级：初级水平普通话，测试总失分率不超过 40%。

三级甲等：(《等级标准》具体描述……)

三级乙等：(《等级标准》具体描述……)

这样处理，增加了级的总描述语，并与现有《等级标准》“六等”具体描述相衔接，解决了级和等的脱节问题。“高级、中级、初级”概括力强，同时规避了各级间的跨度难题；必要的量化表达既丰富了描述语的内容，又实现了与“六等”描述中量化表达方式的套嵌。

2. 三级六等框架

《等级标准》的等级框架设计为三级六等，我们从语言测试本身分析三级六等框架的合理性，有以下几点认识（存目，内容略）：

（1）三级的设计符合普遍认知规律，简洁明了，易于理解和操作；

（2）六等的设计可减少“趋中评分”现象；

（3）三级六等具有等级套叠和层级隶属关系。

我们以普通话水平测试等级树形图显示普通话水平测试的等级套叠和层级隶属关系，见图 8：

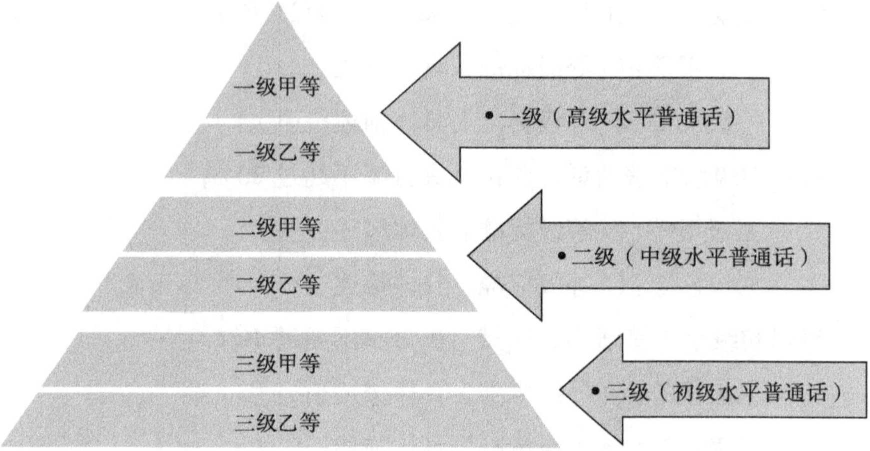


**图 8　普通话水平测试等级树形图**

整体来看，六等可以构成一个连续的统一体，但这个统一体是“三级各自套叠两等”的结构。强调三级六等具有等级套叠和层级隶属关系，是为了突出普通话水平测试的层次特征，以便更准确地把握等级特征，正确评估测试等级。

3.《等级标准》的具体内容

（1）《等级标准》内容概况

《等级标准》采取的是文字叙述而非惯用的等级量表方式，具体表述按一级、二级、三级顺序，分别描述各级别甲等、乙等两个等次的主要语言表征。整体看，《等级标准》实际上是一个连贯的等级量表的文字表述，各等级语言表征的基本评价要素：语音（包括声母、韵母、声调），词汇、语法，语调，流畅程度，各自体现出较为典型的连续序列特征，参见表 3：

**表 3 《普通话水平测试等级标准（试行）》评价要素分析表**

| 等级 | 语音 | 词汇、语法 | 语调 | 流畅程度 | 失分率 |
| --- | --- | --- | --- | --- | --- |
| 一级甲等 | 语音标准 | 词汇、语法正确无误 | 语调自然 | 表达流畅 | 3% 以内 |
| 一级乙等 | 语音标准，偶然有字音、字调失误 | 词汇、语法正确无误 | 语调自然 | 表达流畅 | 8% 以内 |

续表

| 等级 | 语音 | 词汇、语法 | 语调 | 流畅程度 | 失分率 |
|---|---|---|---|---|---|
| 二级甲等 | 声韵调发音基本标准，少数难点音(平翘舌音、前后鼻音、边鼻音等)有时出现失误 | 词汇、语法极少有误 | 语调自然 | 表达流畅 | 13%以内 |
| 二级乙等 | 个别调值不准，声韵母发音有不到位现象。难点音(平翘舌音、前后鼻尾音、边鼻音、fu—hu、z—zh—j、送气不送气、i—ü不分、保留浊塞音和浊塞擦音、丢介音、复韵母单音化)等失误较多 | 有使用方言词、方言语法的情况 | 方言语调不明显 | – | 20%以内 |
| 三级甲等 | 声韵母发音失误较多，难点音超出常见范围，声调调值多不准 | 词汇、语法有失误 | 方言语调较明显 | – | 30%以内 |
| 三级乙等 | 声韵母发音失误多，方音特征突出 | 词汇、语法失误较多 | 方言语调明显 | – | 40%以内 |

(2)《等级标准》内容讨论

① 评价要素描述语讨论

通过以上各要素排列对比和评价要素描述语分析可以看出，设计者力图体现各评价要素在不同等级中的质量梯度，并将各要素评价复合为普通话水平测试的综合评价体系。客观而言，如着眼于宏观，《等级标准》不失为一个特征较为明晰、富有概括性和协调性、易于标准参照的评价体系。但如果对每一评分要素描述语进行微观观照，则会发现各评价要素等级序列具有一定的不均衡性。为便于进一步分析，本文提出“区别特征指数”的概念。“区别特征指数”指反映普通话水平测试评价要素区别特征程度的量化数据，区别特征指数等于有区别性的特征组别数量。普通话水平测试等级标准为三级六等，“区别特征指数”最高为6，各评价要素区别特征指数见表4：

**表 4 《普通话水平测试等级标准（试行）》评价要素区别特征指数表**

| 评价要素 | 语音评价要素 | 词汇、语法评价要素 | 语调评价要素 | 流畅程度评价要素 |
|---|---|---|---|---|
| 区别特征指数 | 6 | $4^+$ | 4 | 2 |

表 4 反映出，区别特征指数最高的是语音评价要素，最低的是流畅程度评价要素，词汇、语法评价要素区别特征指数确定为 $4^+$，是因为二级乙等“有使用方言词、方言语法的情况”和三级甲等“词语、语法有失误”区别特征不显著，不作为单独的区别特征处理，以附加符号“+”体现。《等级标准》区别特征指数差异过大使得整个评价体系有失衡之感，在科学性上仍有提升的空间。

出现以上问题的原因是流畅程度和词汇、语法规范是与语音（包括语调）规范程度不同质的要素，与语音规范性要素在一个等级框架内并列并以相连成序的描述语呈现，难以做到周延。笔者提出如下解决建议：第一，调整评分要素构成，把语音和语调评分要素合而为一，形成语音、语调规范程度，词汇、语法规范程度、流畅程度等 3 类评分要素；第二，对以上 3 类评分要素分别赋予恰当的区别特征指数并分别描述；第三，3 类评分要素描写与三级六等不直接挂钩，而是通过分数赋值系数与三级六等最终产生关联，三级六等的描述尽量向描写语言能力转化，不再局限于 3 类评分要素的相连成序的传统描述方式。

② 其他问题讨论（存目，内容略）

讨论一：总括性限定内容“朗读和自由交谈时”是否有必要之疑

讨论二：一级甲等、一级乙等“词汇、语法正确无误”是否准确之辨

讨论三：三级乙等“外地人听其谈话有听不懂的情况”之解

（三）《等级标准》的作用（存目，内容略）

1. 先导作用

2. 统摄作用

3. 指导作用

### 5.1.2 《普通话水平测试大纲》

《测试大纲》是由国家语言文字主管部门制定和发布，规定普通话水平测试名称、性质、方式，阐明测试内容和范围，明确试卷构成、评分和应试人普通话水平等级确定方式的规范性文本，《测试大纲》是依据《等级标准》制定的具有实施“蓝本”性质的基本学术依据。

（一）《测试大纲》的发展流变

《测试大纲》经历了两个发展阶段，出现过两个版本。学术界一般把1994年的《测试大纲》称为原《测试大纲》，把2003年颁布的大纲称为新《测试大纲》。

1.《测试大纲》的研制（存目，内容略）

（1）《测试大纲》研制缘起和过程

（2）原《测试大纲》的内容

2.《测试大纲》的修订（存目，内容略）

（1）《测试大纲》的修订原因

（2）《测试大纲》的修订过程

（二）新《测试大纲》的具体内容（存目，内容略）

1.《测试大纲》的制定依据

2. 测试的名称、性质和方式

3. 测试内容和范围

4. 试卷构成和评分

5. 应试人普通话水平等级的确定

6.“选择判断”测试项的免测说明

（三）《测试大纲》的作用（存目，内容略）

1. 奠基作用

2. 规范作用

3. 指导作用

## 5.2　普通话水平测试具体学术依据

具体学术依据是指开展普通话水平测试详细的操作性的学术依凭，是测试实施具有执行性作用的学术规范的总和，是保障测试活动开展的细节明确的应用性学术依据，具体包括《普通话水平测试实施纲要》、命题依据和评分依据。

### 5.2.1 《普通话水平测试实施纲要》

（一）《实施纲要》编制概况（存目，内容略）

（二）《实施纲要》的框架和内容（存目，内容略）

1.《实施纲要》的框架（存目，内容略）

2.《实施纲要》的主体内容

（1）普通话水平测试用普通话词语表

①“词语表”的结构（存目，内容略）

②“词语表”的规模（存目，内容略）

③“词语表”的语料选择和加工方法

为了克服原《测试大纲》在选词方面的缺陷，《实施纲要》课题组提出语料选择的两条原则：词频原则和通用性原则，低频度的非基本词语、专业术语、行业用语、方言词语不收入“词语表”。在“词语表”编制的技术路线上，课题组创新思路，充分利用国家语委现代汉语语料库，采用“词频＋规范”的手段，具体做法如下：

步骤一，选用国家语委现代汉语语料库作为“词语表”的基础语料来源，把该语料库 2000 万字熟语料中的词语以降频顺序排列，取词频前 30000 的词语形成“基础词语表”；

步骤二，对“基础词语表”进行必要的人工干预（主要是删除地名、人名、机构名等专用名称词）；

步骤三，将干预后的“基础词语表”（27000 余条）与权威的规范性辞书《现代汉语词典》（按：指当时版本，即 1996 年第 3 版）做“交集”，形成约21000词的“备选词语表”；

步骤四，根据通用性原则、“适测性”原则、“避重”原则进行删汰，形成“词语表（草表）”；

步骤五，根据规范性原则要求，对“词语表（草表）”进行语音、字（词）形规范化加工和结构处理，最终形成“词语表”及其3个附表。

④“词语表”的主要数据（存目，内容略）

（2）普通话水平测试用普通话与方言词语对照表（存目，内容略）

（3）普通话水平测试用普通话与方言常见语法差异对照表（存目，内容略）

（4）普通话水平测试用朗读作品（存目，内容略）

（5）普通话水平测试用话题（存目，内容略）

（三）《实施纲要》的作用（存目，内容略）

1. 文本支撑作用

2. 应试指导作用

### 5.2.2 普通话水平测试命题依据

命题依据规定普通话水平测试试题设计和试题编制，是试题生产程序中学术规范的总和。《测试大纲》是命题的根本依据，规定命题依据的框架，在实施层面，命题依据通过试题生产环节具体体现。本研究重点讨论题型、测试长度、覆盖与分布、分值比重、试卷编制和题库建设等问题。

（一）题型

1. 普通话水平测试题型的早期探讨（存目，内容略）

（1）关于笔试题型

（2）关于听力题型

（3）关于汉语拼音题型

2.《测试大纲》题型讨论（存目，内容略）

（1）读单音节字词、读多音节词语、朗读短文题型

（2）选择判断题型

（3）命题说话题型

（二）测试长度

1. 读单音节字词、读多音节词语测试长度

笔者认为，测试长度应当充分综合测试测查要素要求、题目质量（信度、效度、难度、区分度）要求、操作性要求（如评分方式）和经济性要求，超考试效度也是一个不容忽视的因素。就读单音节字词而言，该题型以测查应试人孤立音节声、韵、调读音的标准程度为目的，需要首先进行详细的测查要素分析。普通话语音系统有 22 个声母（含零声母）、39 个韵母，从抽样统计的角度看，测 100 个单音节字词，可以保证每个声母平均测查不少于 3 次，每个韵母平均测查不少于 2 次，基本能够满足抽样的最低需求。如果测试长度为 50 题，则普通话的所有声母最多出现 2 次，韵母则只能出现 1 次，再加上测试员评分随机因素，测试的信度、效度很容易受到影响。这还只是孤立地着眼于音位层面，考虑到普通话声韵结合构成的 400 个左右的基本音节，题量如果仅为 50 题，那么试卷只占音节总量的 1/8，应该说，题量偏小。

就读多音节词语而言，该题型除测查声、韵、调读音的标准程度，还要测查变调、轻声、儿化，测查要素比单音节字词更为综合和复杂。在音节测查要素层面，既要满足与读单音节字词同样的声韵调抽样要求，又要与读单音节字词题型的音节形成互补，另外还要满足变调、轻声、儿化等音变系统的测查要求。综合科学性、可操作性和经济性诸因素，读多音节题型 100 个音节的测试长度是较恰当的选择。

2. 朗读短文测试长度

朗读短文属于考核综合能力的题型，在测查声韵调标准程度的同时，重点测试连读音变、停连、语调以及流畅程度，以力度测试为主要目标，兼具速度测试功能。综合科学性、可操作性和经济性诸因素，《测试大纲》最终

确定的朗读短文测试长度为 400 个音节。

朗读短文的篇数也是一个值得探讨的问题。云南省普通话培训测试中心相关研究表明，1 篇模式（300 音节）和“1+1”模式（1 篇规定篇目 +1 篇临场篇目，600 音节）信度差别并不显著。综合考虑各个题型测试长度的均衡和测试的科学性、经济性、可操作性等问题，从操作层面上讲，新《测试大纲》考 1 篇的设计更经济，操作性更强。不过，朗读短文考 1 篇还是考 2 篇，仍有深入讨论的必要。目前新《测试大纲》60 篇朗读篇目是封闭的，朗读篇目是改进学习者语音面貌，培养语感，提高语言表达能力的有效训练材料，设置规定篇目，可以有效发挥测试对普通话培训和教学的反拨作用，调动应试人普通话学习的积极性。考核临场朗读篇目，可以获取相对真实的抽样表征，更加有效地测查应试人用普通话朗读书面作品的内化能力，从教育测量数据的角度来看，效度更为理想。其缺点是测试的反拨作用受到抑制。

我们建议兼取两种测试的长处，控制各自的不利因素，提出以下改进方案：朗读短文测试设定为 2 篇（400 个音节）——1 篇规定篇目（200 个音节），1 篇临场篇目（200 个音节）。

3. 命题说话测试长度

命题说话是综合性最强的题型，效度高，实施难度大。命题说话测试长度需要讨论两个问题：一是话题时间，二是话题数量。

命题说话是典型的产出型题型，在可行性允许的情况下，话语输出量越多效度越高。话题时间首先要满足语言样本抽样的需求，我们以 200 音节 / 分钟计算，结合普通话 400 个左右基本音节数量，说话话题不宜少于 2 分钟。考虑到口语表达常见的冗余、重复、衔接、连贯等因素，3 分钟左右较为适宜。

命题说话话题数量目前采用的是 1 个话题，由封闭性的 30 个话题构成，本旨是引导应试人练习，但就测试实践而言，话题内容雷同已非个例，特别是计算机辅助测试开展以来，此弊端日益凸显。在“考辅产业”发达的今天，各种话题的“范本”很容易找到，说话题型日渐蜕变为“背话”，单向命题说话的局限性日益显现。

笔者认为，可尝试通过调整题量的方式对说话题型加以改善。具体建议为：说话题型话题数量改为“1+1”模式，1 个为指定话题，1 个为现场话题。在命题方式上，第二个话题可设计交际情景和任务，使说话更加接近真实语境，交际能力的三个范畴（语言能力、语篇能力、语用能力）都能得到更有效的测查，同时有效避免背稿的现象。“1+1”的设计有利于兼顾测试中语言运用真实性和测试的反拨作用，使测试的说话题型在保持自身特色的同时，更加符合现代语言测试的发展方向。综合考虑测试科学性、经济性和可操作性，说话的测试时间建议保持 3 分钟，两个话题各 1 分 30 秒。

（三）覆盖与分布

普通话水平测试命题要考虑三方面的覆盖问题：语言要素全覆盖、语音要素均衡覆盖、词语和字种覆盖。

1. 语言要素全覆盖

普通话水平测试试题通过不同题型设计实现了语音、词汇、语法的“全要素”覆盖（具体内容略）。

2. 语音要素均衡覆盖分布

普通话水平测试语音测查全面而细致，对语音要素的覆盖有专门的规定。命题说话语料输出自主性强、随意性大，难以对语音要素覆盖提出明确要求；朗读短文是自然语料，对语音要素覆盖可以有大体的要求，但做到均衡覆盖有一定困难。因此，测试的语音要素覆盖主要通过读单音节字词、读多音节词语来实现，朗读短文对语音要素覆盖起补充作用。

学术界对声母、韵母、声调均衡覆盖存在不同观点，一些学者认为，试卷对覆盖率的要求“应该接近现代汉语使用客观的语言概率”[①]。这种观点孤

---

① 王渝光、杨瑞鲲、李洪平：《语言信息处理与普通话水平测试》，云南大学出版社，2010 年，第 27 页。

立地看，有其合理性，但应当看到，普通话水平测试实际上是一种经过设计的语言抽样片段，与纯粹的客观语言并不完全等同。朗读短文和命题说话测试是基于自然语料的测试题型，不易实现对语料的控制，这种限制在命题说话题型中尤为突出。加大现有题型的测试长度是解决上述问题的一个途径，但需付出增加测试成本的代价。备用状态的声韵调，甚至变调、轻声、儿化等测查要素，可通过读单音节字词、读多音节词语两个题型较容易地实现均衡控制，并可与朗读短文、命题说话的自然语料形成有效互补。因此，用系统和整体的眼光看待语音覆盖与分布，参考语言学频度统计，对试卷中的声母、韵母覆盖进行适当的分级要求，但不完全拘泥于数据，才是更为可取的态度。

3. 词语和字种覆盖分布（存目，内容略）

（1）词语覆盖分布

（2）字种覆盖分布

（四）分值比重

分值比重也是命题设计的一个重要方面，测试的目标、性质和信度、效度往往体现在各题型的分值比重上，而且分值比重设计还通过测试反拨效应影响到普通话教学和学习。

1. 语音、词汇和语法分值比重

《测试大纲》规定测试内容包括语音、词汇和语法，但这并不意味着语言构成三要素在普通话水平测试中分值比重“鼎足为三”。《实施纲要》语音分值比重占 85%，词语和语法分值比重占 15%；免测“选择判断”项后，语音分值比重进一步加大，达到 90%，词语和语法分值比重减少为 10%。

从分值比重来看，语音是普通话水平测试的首要测查要素，不仅分值高，而且语音测试贯穿测试始终。总的思路上，普通话水平测试侧重语音的测查有其合理之处。在三要素中，语音系统是物质外壳，是最容易感知的和方言区学习者最感困难的部分；词汇系统和语法系统是语言的意义系统，汉语方言与普通话之间的词汇语法虽然从研究的角度看差异也不小，但从感知的角度看不像语音系统那样直接和敏感。从学习过程来讲，学习者词语语法的“化石化”程度（板结程度）远不像语音那样普遍和严重。从命题的角度看，在以口试方式进行的语言测试中，语音系统比较容易命制试题，而词汇和语法题目的命制难度则大很多。因此普通话水平测试把语音当作首要测查要素是有道理的。但诚如佟乐泉所言：“从整体来看，语音所占比重较大，与词语和语法部分似乎不够协调。……这三个要素的比例应当怎样掌握，值得研究，并且应当把这个研究成果用到普通话水平测试上。”①

2. 各题型分值比重（存目，内容略）

（五）试卷编制和题库建设

语言测试作为测试工具，其最终体现形式是试卷。试卷是测试实施最直接的依凭，是测试研发者、应试人、测试员的有形中介。试卷编制一般要经过选材、命题、审题、拼卷等技术环节，计算机技术在大规模语言测试试卷编制中发挥着日益重要的作用。普通话水平测试试卷编制经历了分散编制和建设全国性统一题库的发展历程。

1. 原《测试大纲》时期的分散编制（存目，内容略）

2. 新《测试大纲》时期的国家题库建设

（1）概况

2002 年“普通话水平测试国家题库建设”课题立项，2004 年 9 月通过了教育部语用司和语信司组织的成果鉴定，为顺利实施新《测试大纲》发挥了积极作用。（具体内容略）

（2）题库的系统架构（存目及图示，内容略）

---

① 佟乐泉：《不断提高普通话水平测试的科学水平》，《语言文字应用》1997 年第 3 期，第 21—22 页。

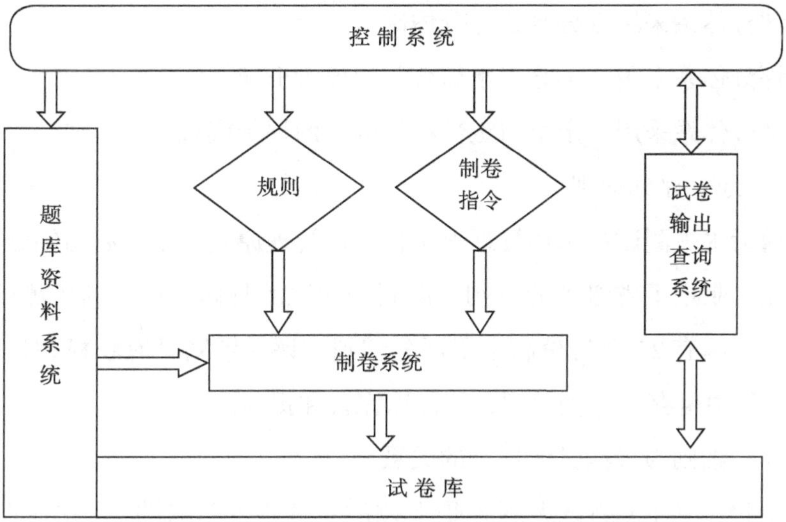


**图 9　普通话水平测试题库系统架构图**

（3）题库试卷主要参数（存目，内容略）

5.2.3　普通话水平测试评分依据

评分依据是指由国家和地方测试机构制定，规定普通话水平测试评分体系、评分要素、评分规则的学术依凭。评分是测试实践的成果实现环节，评分工作“是关系到考试的信度的最要害的一个环节”①。对于大规模主观性测试而言，制定统一的评分依据，规定明确的评分体系、评分要素、评分规则是保证测试信度的重要前提。

（一）《普通话水平测试大纲》是评分依据之源

《测试大纲》是普通话水平测试的基本学术依据，它详细规定了普通话水平测试的分值、评分要素和评分规则。《测试大纲》建立了测试评分系统的框架，为测试评分确立了根本依据。普通话水平测试系统的总体特点如下（存目，内容略）：

1. 评分系统是《等级标准》的量化指标系统

① 李筱菊：《语言测试科学与艺术》，湖南教育出版社，1997 年，第 109 页。

2. 评分体系采用百分制的计分体制

3. 评分体系采用“半分立半综合”的评价框架

4. 评分体系采用“定量与定性相结合”的评价模式

（二）地方评分细则

普通话水平测试在工作管理上实行属地管理原则，不少省份结合各自的区域特点，制定了省级评分细则，以利于测试的具体实施。新《测试大纲》颁布后，全国有 23 个省份制定了评分细则，评分细则具有积极的作用，但在实践过程中也存在一些问题，须加以完善和提高。

1. 评分细则与《测试大纲》的关系

从层级上讲，《测试大纲》是上位的主体性测试依据，评分细则是下位的辅助性测试依据，必须严格遵循《测试大纲》，符合《测试大纲》评分体系的学理逻辑，以保证测试的权威性和统一性。从功能上讲，评分细则和《测试大纲》各有其用，《测试大纲》是基础测试依据，对评分进行系统规定；评分细则属于具体测试依据，对评分标准进行阐释、细化和补充。从特点上讲，《测试大纲》具有纲领性和框架性，评分细则具有从属性和补充性。

2. 评分细则热点问题讨论

各省份评分细则中有一些内容是被普遍关注的，具有共性，分别讨论如下：

（1）读单音节字词、读多音节词语的评分细则问题

① 语音错误与语音缺陷的概念

区分语音错误和语音缺陷是普通话水平测试的一个理论和实践贡献，这个贡献是语音评定操作层面的，更是语言观即语言哲学范畴的，“正确—缺陷—错误”连续统对语言测试、语言教学、语言规划乃至语言本体都具有认识论的指导意义。就普通话水平测试而言，厘清语音错误和语音缺陷这两个基本概念对于语音评定具有重要意义。但遗憾的是，虽有 14 个省份对两个

概念进行了阐释，却存在不少认识误区。

“普通话音位”是划定语音错误和语音缺陷的一个基本界性标准，但在实际评定时，复杂程度远甚于此，必须依靠具体的分辨和厘定工作，这也正是评分细则的价值所在。对音位学方法的忽视或误用，还会直接导致对具体语音错误、语音缺陷类型的归纳出现偏差，篇幅所限，此不详述。

② 读多音节词语的轻重音格式

有 7 个省份细则明确对此做出了规定，轻重音格式处理不当，均按语音缺陷评定。问题是轻重音格式虽是一种客观存在，在实验语音学领域也有一些经典的研究报告，但一直存在争论。双音节词语的轻重音格式，存在“前重”“后重”“前后等重”的认识分歧，三音节词语、四音节词语就更为复杂。轻重音格式就感知范畴而言，“一些变化在声学上有所表现，但在正常情况下人耳是很难分辨出来的”[①]，一些具体的词语也因词语结构、语速、语体甚或个人风格等原因存在一定的可变性和复杂性。轻重音格式“重音、中音、次轻音、轻音”四度标示法，从操作角度看，可行性也不高，我们不能提供“轻重音韵律词语表”可资参考。因此，目前条件下将轻重音格式列为测试要素的方案并不可取。

（2）关于朗读短文评分细则的问题

①“视程度”解析

“视程度”就其表述而言，属于模糊评价。各地在评分细则中着眼于操作，进行了细密化的规定，有便于操作的一面，但忽视或淡化了“视程度”模糊评价的价值。“处理模糊概念是人的大脑的能力。……语言理论的某些方面是可以用来自模糊集论的方法进行分析的。”[②] 模糊评价体现了普通话水

① 沈倍蕾、毛世桢:《普通话双音节非轻声词的轻重格式和声调组合》，第三届全国普通话水平测试学术研讨会论文（未刊），2007 年。

② L. A. Zadeh（札德）: A Fuzzy-Set-Theoretic Interpretation of Linguistic Hedges（“对语言限制词的模糊集论的解释”），载 *Journal of Cybernetics*（《控制论杂志》），1972 年第 2 卷第 3 期，第 4—5 页。转引自伍铁平:《模糊语言学》，上海外语教育出版社，1999 年，扉页。

平测试定量与定性相结合的原则，加之采用“等次定位”扣分方式，4 个测查要素中除了“声母或韵母系统性语音缺陷”分为 0.5 分 /1 分两个扣分等次外，其余测查要素均分为 0.5 分 /1 分 /2 分三个扣分等次，这种“等次定位”评分是不难把握的，太拘泥于所谓“量化”“精确”，反而影响科学性和操作性。

② 语气词“啊”的音变

有 7 个省份的评分细则把“啊”未根据具体语境变读判定为语音错误。学术界对“啊”音变有很多成果，林焘先生和胡明扬先生对“啊”音变的复杂关系以及影响因素进行了深入调查和分析，对普通话教学和测试尤具启发意义。受两位先生启发，笔者撰文《必然性与或然性——论“啊”音变的教学与测试》，详细讨论了“啊”音变的问题，并提出具体建议，兹引述于下：“1. 书面材料不是‘啊’的，应按照书面字形读。……2. 书面材料是‘啊’的，应区分‘必然性’音变和‘或然性’音变。属于‘必然性’音变的‘啊’必须按照音变规则变读，如 [-n] 之后的‘啊’变读为‘哪’[nA]，[-i][-y][-ɑ] 之后的‘啊’变读为‘呀’[iA]……其余的‘或然性’音变可以不发生音变，仍读作‘啊’[A]；也可以根据语速、语体读出各种变化，但是一定要读得符合音变规律，否则应当视为语音错误。3. 表胪列关系或强调语气的‘啊’，无论书面字形写作‘啊’还是‘呀’，均应当读作‘呀’[iA]。”① 笔者认为，各省评分细则对“啊”音变的规定失之于简单，不够科学，应当修正。

（3）关于命题说话评分细则的问题

① 语音标准程度

在语音归档处理方面，为避免对高等级应试者扣分过严，不少省份的扣分起分点尝试从 0.5 分开始，并增设了 1.5 分的扣分档次。四项测试（免

① 王晖：《必然性与或然性——论“啊”音变的教学与测试》，《长江学术》2012 年第 2 期，第 126—127 页。

测选择判断测试）和五项测试对比实验表明，这种处理有其合理性。新《测试大纲》语音归档，采取定量与定性相结合的评价方式，一些省份对于计量比较重视，在《测试大纲》之外，规定了16—30次、20次、30次等诸多情形。我们认为，计量并非越细密越好，量的统计以能对应试者整体语音面貌进行定性评价为宜。有的省份除了规定错误数量，还规定缺陷类型数量。但语音系统具有层次性，系统性语音错误类属的统辖范围并不能确定，不利于操作，这种规定不值得提倡。个别省份把一档对应于一甲，二档对应于一乙及二甲的高分段，三档对应于二甲及二乙的高分段，四档对应于二乙及三甲的高分段，五档对应于三甲，六档对应于三甲低分段及三乙。普通话水平测试是“半分立半综合”的评价，每个题型都与最终等级相关，单凭一个测试项与等级相关联的做法是错误的，应当纠正。

② 词汇、语法规范程度

各地评分细则关于词汇、语法规范程度的主要问题，首先体现为对“偶有不规范的情况”和“屡有不规范的情况”的量化指标差异明显。有的省份失之于宽，有的省份较严；还有些省份对定量与定性原则的掌握比较机械。我们认为，这种对失误情形不加区别，仅以量的维度评定的方法不够科学，定量定性相结合才是正解。

③ 缺时

各地评分细则关于缺时问题的处理问题有二：一是量化指标机械，第二个问题更为严重，某些省份突破了《测试大纲》的框架，规定说话时间不足，“语音面貌”“词汇语法规范程度”和“自然流畅程度”降档处理。《测试大纲》缺时的规定具有提示作用，若出现缺时情况，“判罚”已属重判，再给予降档处理不仅过于严苛，而且于法无据。

④ 离题

《测试大纲》规定：“如发现应试人有明显背稿、离题、说话难以继续等表现时，主试人应及时提示或引导。”[①] 但离题本身并非测试的评分要素。一些省份的评分细则把离题列为测试要素，而且各地对于离题评分的量化指标差异较大。在面测模式下，测试员可以通过提问、告知等方式引导应试人对话题进行修正和补充，多数应试人一般也会有所矫正和补充，这种情形可以酌情扣 1—3 分。在计算机辅助测试模式下，无测试员引导干预，离题问题需要设计新的评分方案，下文将专门讨论。

3. 建议

（1）明确评分细则制定的原则（存目，内容略）

①“上有所依”原则

②“下有所系”原则

③ 科学性与操作性相结合的原则

（2）明确评分细则制定的工作主体

评分细则制定的工作主体是省级测试机构还是省级语言文字工作机构，在测试管理依据中未予明确，责权利不明晰，不利于此项工作的开展。评分细则制定是具体的业务工作，学术属性突出，省级测试机构为工作主体较为适宜，建议今后在《测试管理规定》中对此补充规定。

（3）规范评分细则制定程序，加强质量监控（存目，内容略）

（三）计算机辅助测试评分细则

2009 年《计算机辅助普通话水平测试评分试行办法》对需要人工评分的“命题说话”题型的评分进行补充性规定，与《测试大纲》相比最突出的变化是增加了“离题、内容雷同”和“无效话语”两个评分要素。一些省份机辅测试评分细则对此变化做出了相应的调整。

1. 主要内容（存目，内容略）

（1）对《机辅测试评分办法》内容的阐释

---

① 《普通话水平测试大纲》，详参教育部语言文字应用管理司编《新时期语言文字法规政策文件汇编》，语文出版社，2005 年，第 225 页。

（2）对《机辅测试评分办法》评分的细化

2. 讨论和建议

各省机辅测试评分细则是对《机辅测试评分办法》的进一步阐释和补充，为各地计算机辅助测试评分提供了可以操作的依据，具有积极的作用。但是各省机辅测试评分细则也存在一些不足，主要问题如下（存目，内容略）：

（1）释义适恰性

（2）评分规范性和操作性

（3）评分要素系统性

《机辅测试评分办法》增加的评分要素是基于计算机辅助测试模式进行的统一规范性微调，基本与《测试大纲》的评分系统相协调。不过有的省份机辅测试评分细则反映出评分要素的系统性问题。如“离题”和“内容雷同”因“同属说话内容失当”[①]，《机辅测试评分办法》将其一并考虑为一个测查要素，在赋值上是“视程度扣 4 分、5 分、6 分”，而有的省份把二者分立为两个独立的评分要素，均“视程度”扣“1—2 分、3—4 分、5—6 分”，这无疑在评分系统的权重上进行了改变，这种做法是错误的。

“离题”和“内容雷同”统一为一个评分要素抑或分立为两个评分要素值得讨论。有的省份规定“离题和内容雷同不重复扣分”，有的省份则规定“离题和内容雷同可以重复扣分，但两项合计最高扣 6 分”。在操作中，各省份均是分立式操作，即“离题”和“内容雷同”各自评价，计分时统一为一个评分要素，这么处理可避免评分体系过于繁复，但也存在二者不同质的弊端。这个问题不是省级机辅测试评分细则造成的，根源在《机辅测试评分办法》。

就评分系统而言，我们认为“离题”和“内容雷同”分离更为合理，“离题”是指向话语有效性及其程度的问题，“内容雷同”背后是考试道德操

① 孙海娜：《浅析〈计算机辅助普通话水平测试评分试行办法〉》，《语言文字应用》2010 年第 4 期，第 96 页。

守问题。为了使评分体系比较简明，笔者建议设立“有效话语不足”评分要素，将人工测试模式的“缺时”、机辅测试模式的“离题”和“无效话语”均归并于此，另外保留“内容雷同”作为阻遏性和惩罚性评分要素。这样可以将两种模式的“命题说话”评分整合简化为包括“语音标准程度、词语语法标准程度、自然流畅程度、有效语料不足、内容雷同”等5个评分要素的统一系统。

以上建议是修补性的“补丁式”建议，并非解决“命题说话”测试项评分的最佳途径。笔者认为，评分系统固然对应试人具有引导性，但更为根本的引导则是题型的变化。说话真实性是制约目前“命题说话”的最大制约因素，现有“命题说话”题型提供了30个测试用话题，某种意义上形成了封闭的话题范围，单向说话的形式又使受试人不易找到交流感，机辅测试“人机交互”的形式加剧了这种无对象感，加之投机心理和侥幸心理，使得传统“面测”几乎不出现的“无效话语”和较少出现的“离题、内容雷同”等现象屡见不鲜。对此，笔者提出以下建议：“说话”题型改为两部分，第一部分是“命题说话”，采取目前的测试方式（具体话题题目需改进和完善），第二部分为临时性“任务型”话题，设置良好的交际情境引导应试人完成话题任务。这种改变保留了“命题说话”的指引性和有效反拨效应，同时增加了“说话”的真实性和有效性，但会带来测试科学性、稳定性、可操作性等方面的问题，对题库建设也提出了更高的要求。但无论如何，这个方向值得深入研究与探讨，这或许是根据测试活动矛盾规律，以系统思维的方法解决普通话水平测试系统性问题的正确思路。

## 六　结　语

本文对普通话水平测试依据进行系统研究，既包括理论研究，也包括史论研究和具体测试依据文本研究。本研究旨在对测试依据的内涵、外延及其范畴体系、内部层级，发展历程、发展特点与内在规律，以及测试依据对测试活动的作用与影响、未来发展的方向等问题进行全方位的探索，在此基础上，形成完整、独立的测试依据学术研究范畴。

## 6.1 主要结论

本文主要研究结论如下：

（一）普通话水平测试活动要素构成理论是测试依据研究的重要理论指导。测试依据的概念来源于姚喜双等提出的测试活动要素理论，该理论把测试活动分为测试主体、测试对象、测试依据和测试手段四个要素，四要素互相联系、互相作用，构成测试实践活动。测试活动要素构成理论从哲学角度阐释普通话水平测试活动，对普通话水平测试研究具有方法论的重要意义，为本文测试依据的专题研究起到了理论指导作用。

（二）测试依据是测试活动的重要中介要素。本文在测试活动要素理论框架下，对测试要素进行重构，将测试活动“四要素”调整为“三要素”—— 施测主体、受测对象和测试中介。测试中介是联系主客体的“系体”，可分为测试依据和测试手段两个子要素。测试依据是重要的测试中介要素，制约和规定着施测主体和受测对象的活动和行为，并对测试手段进行管控，在测试活动中居于核心地位。

（三）测试依据是具有层级特征的立体的范畴体系。普通话水平测试依据范畴体系可分为三个层级，包含 2 个一级范畴：管理依据和学术依据；4 个二级范畴：宏观管理依据、微观管理依据、基础学术依据和具体学术依据；9 个三级范畴：法律法规依据、政策文件依据、业务管理依据、其他管理依据、等级标准、测试大纲、实施纲要、命题依据和评分依据。本文主张把管理依据纳入测试依据范畴框架，形成测试依据的完整格局。

（四）测试依据具有凭信性、规约性和层次性特征。凭信性体现为可凭性和可信性，规约性体现为规约强制性和规约调适性，层次性体现为层次等级性和层次类型性。

（五）测试依据发展历程可概括为“两阶段五时期”。第一阶段是酝酿探索阶段（1982 年—1994 年），第二阶段是实施发展阶段（1994 年至今）。酝酿探索阶段划分为两个时期：萌芽时期（1982 年—1988 年）和研发时期（1988 年—1994 年）。实施发展阶段划分为三个时期：初创时期（1994 年—2000 年）、规范时期（2000 年—2007 年）和拓展时期（2007 年至今）。测试依据发展历程的每个阶段、每个时期，都呈现出管理依据和学术依据“双轮驱动”的发展特征。

（六）管理依据是普通话水平测试的管理规则，对学术依据具有制约作用，而且与学术依据一起对施测主体、受测对象和测试手段进行管控，使测试活动规范运行。法律法规依据是保障普通话水平测试开展的法律、法规和规章的总和，是测试实施的保障性依据，也是制定其他测试依据的元依据，在测试依据体系中具有统辖的作用。政策文件依据是对普通话水平测试具有权威性、导向性和规定意义的文件的总和，在测试依据体系中发挥着规划指导、保障实施的重要作用。业务管理依据属于微观执行依据，是对普通话水平测试业务管理工作进行规范的文件依据总和，是落实宏观管理依据的具体工作程序、工作方式、支撑手段、质量监督等环节的业务性依据。

（七）学术依据是普通话水平测试的学术性规则，学术依据规定测试的框架内容、等级设计、试卷构成、分数体系、命题规则、评分规则等，是实施测试所依凭的学科领域性规范标准和执行标准的总和，是保障测试活动科学有效运转的重要依据。基础学术依据是开展普通话水平测试根本性、支撑性的学术依凭，在测试实施中具有统摄作用和指导作用。具体学术依据是开展普通话水平测试详细的操作性的学术依凭，使测试实施具有应用性、执行性作用。普通话水平测试的《等级标准》《测试大纲》《实施纲要》以及命题依据和评分依据具有相当高的科学性，但仍有改进和完善的空间。

## 6.2 创新之处

（一）本文首次提出普通话水平测试依据框架和三级范畴体系，并进行了较为系统的研究，首次将管理依据纳入测试依据研究范畴，确立了管理依据与学术依据并立的新格局，拓展了测试依据研究的领域。本文提出了测试依据术语子系统，明确了测试依据的学术内涵和外延，增强了测试依据研究的理论张力。本研究初步搭建了较为完整的测试依据研究理论框架，填补了测试依据专门研究的空白，拓展了普通话水平测试的学科研究方向。

（二）本文对测试活动构成要素理论进行再建构，提出了测试活动“三要素”（施测主体、受测对象、测试中介）理论框架，突出了测试依据的“中介要素”特质，理论架构也更加简明，深化了测试活动构成要素理论研究。本文提出测试依据发展历程“两阶段五时期”划分法，不仅为测试依据研究提供了历时参照，也为测试发展史研究提供了新思路。

（三）本文对测试管理依据，包括法律法规依据研究、政策管理依据、业务管理依据的内容、特点和作用进行了初步研究，使得测试管理依据具有了学术意义，这种研究不仅具有学术拓荒价值，而且对完善《国家通用语言文字法》、地方语言文字法规规章，以及修订普通话水平测试的《测试管理规定》《测试规程》等具有现实参考价值。

（四）本文对测试学术依据，包括基础学术依据和具体学术依据进行了较系统的研究，对《等级标准》《测试大纲》《实施纲要》的阐释尤为详细，对其不足也进行了分析，并提出了改进建议。本研究对命题依据和评分依据进行了较为深入的讨论，对测试题型、测试长度、覆盖与分布、分值比重、试卷编制和题库建设的研究，以及对《测试大纲》评分体系、地方评分细则和计算机辅助测试评分细则的研究，既有系统性论述，也有具化分析，还提出了修订和完善建议，为普通话水平测试学科和工作提供了理论和实践参考。

### 6.3 不足及改进方向

受研究能力和条件所限，本研究尚有诸多不足和有待改进之处。

（一）本文以测试活动构成要素理论为指导，并提出测试活动三要素框架，研究主要聚焦于测试依据要素内部，但对于测试依据与施测主体、受测对象两个活动要素以及测试依据与另一中介要素——测试手段之间相互联系、相互作用、相互影响、相互制约的研究涉及不多，挖掘不深，对测试活动整体发展规律以及内部动因的探讨相对薄弱。

（二）普通话水平测试是具有中国语言规划特色的国家通用语言测试，测试依据概念本身也是这一本土化语言测试的产物，本研究以此为基点也合乎实际。但境内外语言测试众多，本文对相关语言测试依据成果的借鉴较少，今后应加强与其他语言测试的比较研究，深化对普通话水平测试依据本质规律的认识，以期获得有价值的新发现。

（三）对测试管理依据和学术依据的探讨尚属框架性探讨，需要进一步完善充实。有的具体测试依据如《测试管理规定》《测试大纲》的论述比较琐碎，需要进一步提炼和总结；在命题依据和评分依据的探讨方面，提出了一些改善性建议，但还需要在理论凝练上下功夫，并在实证研究方面提供进一步的支撑。

以上不足，希望后续研究可以改善和提高。

## ∷ 参考文献 ∷

蔡　冰（2013）“语言能力”是什么？，《语言科学》第 6 期。
巢宗祺（2014）汉语能力测试的现实意义和可能性，《中国考试》第 12 期。

陈开顺（2002）从认知角度重新探讨语言能力的构成与表征，《外语研究》第3期。
戴曼纯（1997）语言学研究中“语言能力”的界定问题，《语言教学与研究》第2期。
戴曼纯（2011）国家语言能力、语言规划与国家安全，《语言文字应用》第4期。
杜占元（2015）提高国家语言能力　服务全面建成小康社会，《教育现代化》第14期。
方绪军、杨惠中（2017）语言能力等级量表的效度及效度验证，《外国语（上海外国语大学学报）》第4期。
方绪军、杨惠中、朱正才（2011）语言能力“能做”描述的原理与方案：以CEFR为例，《世界汉语教学》第2期。
富　丽、陈　菲、张一清、魏　晖（2016）国民语言教育有关问题探讨，《语言文字应用》第4期。
郭明明（2017）建构汉语母语能力测评框架的思考，《考试研究》第5期。
“国民语言文字能力标准与测评体系研究”课题组编（2016）《汉语能力测试的理论与实践》，北京：高等教育出版社。
韩宝成（2006）国外语言能力量表述评，《外语教学与研究》第6期。
《汉语能力标准》研制课题组（2014）汉语能力等级测试构想，《中国考试》第12期。
黄德宽（2016）语言能力与国家现代化建设刍议，《语言科学》第4期。
揭　薇、金　艳（2017）口语能力描述语的语体分析：基于中国英语能力等级量表的研究，《外语界》第2期。
金　檀、刘　力、郭　凯（2016）口语测试评分标准研究与实践三十年，《现代外语》第6期。
李德鹏（2015）论我国公民语言能力的评价标准，《理论月刊》第12期。

李树辉（1996）语言能力的构成与获取方式——语言文化和语言能力之二，《语言与翻译》第3期。

李卫红（2014）提高语言能力 促进文明交流，《世界教育信息》第16期。

连谊慧（2016）“语言能力”多人谈，《语言战略研究》第5期。

刘丹青（2015）语言能力的多样性和语言教育的多样化，《世界汉语教学》第1期。

刘建达、彭 川（2017）构建科学的中国英语能力等级量表，《外语界》第2期。

刘利民（2009）“语言能力合成论”的理论偏差，《外国语文》第1期。

刘淑学、于 亮（2013）汉语语言能力标准制定刍议，《江苏师范大学学报（哲学社会科学版）》第5期。

刘淑学、余光武（2013）汉语语言能力描述语库建设刍议，《语言科学》第6期。

刘延东（2014）促进语言能力共同提升 推动人类文明发展和社会进步——刘延东副总理在世界语言大会开幕式上的讲话，《世界教育信息》第19期。

刘 壮、阎 彤、邱 宁（2013）人的语言能力水平是可比的——Can do理念对汉语能力标准的意义，《语言文字应用》第4期。

陆俭明（2016）要重视语言能力的不断提升——兼说语言教育之创新，《语言科学》第4期。

满在江（2013）二语语言能力描述语库建设的理论与实践，《语言科学》第6期。

王汉卫（2016）华文水平测试（HSC）的基本理念，《语言战略研究》第5期。

王佶旻（2005）语言能力自我评价的效度研究，《语言教学与研究》第5期。

王佶旻（2016）全球化视角下的汉语能力标准研究，《语言战略研究》第5期。

魏 晖（2014）国民语言能力建设刍议，《语言科学》第1期。

魏　晖（2015）国家语言能力有关问题探讨，《语言文字应用》第4期。
文秋芳（2016）国家语言能力的内涵及其评价指标，《云南师范大学学报（哲学社会科学版）》第2期。
文秋芳（2017）国家话语能力的内涵——对国家语言能力的新认识，《新疆师范大学学报（哲学社会科学版）》第3期。
谢小庆（2010）语言能力测试如何适应语言教学方式的发展，《考试研究》第4期。
邢红兵等（2016）学生母语能力的构成及其发展研究，《语言战略研究》第5期。
徐志军（2005）国家职业汉语能力测试介绍，《中国考试》第1期。
杨惠中（2015）关于我国外语能力测评体系建设的几点思考，《中国考试》第1期。
杨　旸、赵守辉（2016）语言能力评估的社会维度，《语言战略研究》第5期。
杨亦鸣（2016）语言能力新视野与社会发展，《语言科学》第4期。
于　亮（2013）汉语语言能力量表制定的相关思考，《语言科学》第6期。
余光武（2014）论汉语语用能力的构成与评估，《语言科学》第1期。
张　强、杨亦鸣（2013）语言能力及其提升问题，《语言科学》第6期。
张先亮、赵思思（2013）试论国民语言能力与人力资源强国，《语言文字应用》第2期。
赵世举（2013）从语言的功能看公民个人语言能力的地位和作用，《云南师范大学学报（哲学社会科学版）》第3期。
赵世举、张先亮、俞士汶、朱学锋、耿立波（2015）语言能力与国家实力，《中国社会科学》第3期。
中华人民共和国教育部制定（2012）《义务教育语文课程标准（2011年版）》，北京：北京师范大学出版社。

中华人民共和国教育部制定（2018）《普通高中语文课程标准（2017年版）》，北京：北京人民教育出版社。
“中文应用能力测评可行性论证”课题组、张一清执笔（2009）建立中文应用能力测评系统的构想和思考，《语言文字应用》第2期。
周建设、陈炳哲（2013）语言能力修养的主体内容与实现途径，《语言文字应用》第3期。
朱正才（2016）中国英语能力等级量表效度研究框架，《中国考试》第8期。

（作者单位：中国社会科学院大学语言文字应用系）

# 普通话水平测试学术发展史研究

周 华

**提 要** 本研究综合运用文献考据法、专家访谈法、比较研究法，从史学角度对自普通话水平测试酝酿研制起至2018年12月31日止，该领域发表的1862篇学术论文、出版的38部学术论著进行全面的梳理和分析，提出了普通话水平测试“三阶段四时期”的学术发展分期，总结了普通话水平测试学术研究领域拓展性、内容螺旋发展性、研究方法“双实”性、科研项目引领性、研究人才迭现性等研究特点。认为在未来的发展中，普通话水平测试应在改进现有测试的同时，开发专项测试；在科学研究的同时，进行成果转化；在加大自身研究力度的同时，寻求与其他学科的共融发展；同时，应坚持服务理念，并在适当的时候进行《普通化水平测试大纲》的修改。

**关键词** 普通话水平测试；学术发展史；三阶段四时期；学者述评

## 一 引 言

普通话水平测试（缩写为PSC）学术发展史是普通话学术研究的重要课

题之一，对该问题的研究有助于摸清普通话水平测试学术发展的基本规律，对国家语言政策的实施具有积极的助推作用，对普通话测试学科的建设和发展具有重要的支持作用，对建立合理的学术评价系统具有一定的促进作用。

尽管 PSC 的发展史研究已经得到学界的关注，但现有研究大多集中于对测试发展的分期和每个阶段学术成果的总结梳理，不同学者对学术成果的判断、分类、选取标准很难做到系统、统一；另外，PSC 研究对于学者（包括学者口述）的研究也显得比较冷清。有鉴于此，本研究力求通过对前几代学人论著的梳理，深入到 PSC 学术发展的内部，探索其作为一门学科发展演进的因果关系；在关注学者学术观念创新和研究领域开拓的基础上，确定 PSC 研究不同发展时期的学术领军人物，并对他们在推动 PSC 学术发展中起到的作用进行探求，同时还对重要的专著、文章进行了评述；另外，专家访谈的方式补充了 PSC 学术发展史中学者口述部分的缺失，使本研究成为迄今为止国内第一个关于 PSC 学术发展的史学研究。

# 二　PSC 学术发展分期

## 2.1　根据学术成果量看普通话水平测试学术分期

学术论文的数量变化是衡量某领域学术发展变化的一项重要指标，对其分布曲线的研究有助于宏观把握该领域的发展动态，也是确定该领域研究分期的重要依据。本研究将中国知网（CNKI）作为样本数据库，以 2018 年以前（含 2018 年）为检索时段，以期刊文章、会议论文、学位论文为检索范围，以“普通话测试”“普通话测评”“普通话水平测试”“PSC”为检索词，分别在“主题”字段进行模糊检索，获得文献记录 2248 条，人工剔除重复发表、残缺不全、简报简讯、篇幅过短（本研究设定为不足一页）及与 PSC

关系不大的文章，剩余文献记录为 1855 条。笔者在此基础上补充了未收入 CNKI 的 PSC 领域博士论文 7 篇，最终获得有效论文记录 1862 条。通过对历年论文发表量的分析，本研究认为，我国 PSC 领域的学术研究可以分为三个时期：从 1983 年至 1994 年为第一个时期，年发文量均为个位数，相关研究成果数量较少，学术研究尚不活跃，测试研究在该时期尚处于萌芽起步阶段；从 1995 年至 2001 年为第二个时期，年均发文数量骤然增多，研究更新加速，学术研究活跃度增强，测试研究在该时期进入了发展探索阶段；从 2002 年至今为第三个时期，论文发表量持续波动上升，并于 2002 年和 2007 年分别达到了年度发文量的次高峰和最高峰。但 2009 年至今，论文发表量呈现出格鲁斯下垂（Groos Droop）的走势，这或许是因为该领域的学术研究在经历了一段时间的快速发展之后，学者们开始进行更加理性的思考，调整研究思路，探寻新的研究方法；或许是因为学者将更多的精力投注到了学术论文集和理论专著中。

笔者于 2018 年 12 月 25 日对国家图书馆馆藏书目进行检索，获得 PSC 论文集和理论著作记录 38 条。在 2002 年以前，PSC 领域的学术出版物数量很少，这一情况从 2002 年开始得到改善，并分别在 2003 年和 2010 年达到学术出版物数量的次高峰和最高峰，在一定程度上证实了笔者前文中所说的该时期学者们开始进行系统深化研究的设想。

## 2.2 根据学术研究实际调整测试研究分期

尽管能够搜集到的最早的期刊论文出现在 1983 年，但对于 PSC 研究元年的界定，学界基本达成了共识，认为 1982 年北京市语言学会上学者们对 PSC 分级和标准的探讨正式拉开了 PSC 研究的帷幕。当然，将 1982 年定为 PSC 研究的学术元年，并不意味着之前没有学者涉及过该方面的问题，而是说此前没有形成该研究的知识域，没有学者根据“普通话水平测试”的学术命题进行研究；而在此之后，一个新的领域出现，并引领着新的知识产出。

学界对PSC分期的时间界定虽有不同，但是其界标指向却基本一致，即1988年底国家语委“普通话水平测试等级标准”课题组的成立，1994年国家语言文字工作委员会、国家教育委员会、广播电影电视部（以下简称“三部委”）《关于开展普通话水平测试工作的决定》（以下简称《决定》）的发布，2000年底《国家通用语言文字法》的颁布及2001年开始着手进行的《普通话水平测试大纲》（以下简称《大纲》）的修改与《普通话水平测试实施纲要》（以下简称《纲要》）的研制，2007年计算机辅助普通话水平测试（以下简称“机辅测试”）的正式试点。

从其界标设置来看，多是重要文件或重大课题的最终颁布时间，或是课题组的开始成立时间。考虑到重大事件对学术发展的影响，结合客观上期刊论文呈现出来的增长样貌，本研究将PSC的学术发展分期划分为以下三阶段四时期：1982年—1994年为萌芽起步阶段，其中以1988年为界，又分为两个时期，前一时期为标准讨论时期，后一时期为标准建立时期；1994年—2001年为发展探索阶段；2001年至今为系统深化阶段。

## 三　普通话水平测试研究萌芽起步阶段（1982年—1994年）

### 3.1　测试标准讨论时期（1982年—1988年）

#### 3.1.1　标准讨论时期研究概览

1982年至1988年，PSC领域并无学术专著问世，能够找到的研究成果主要有：学术论文集1部；期刊论文8篇，年均发文量1篇，且发文期刊比较分散，尚未形成自己的学术阵地。学术探讨主要集中于宏观课题、测试依据、测试界域和测试作用四个领域。该时期的学术成果尽管数量很少，却出现了四个第一：文献记载的探讨普通话水平等级的第一份方案——《普通话等级标准条例草案》；现存文献中论及普通话标准的开篇之作——《略论汉语口语的规范》；第一篇有关普通话测试的研究文章——《关于普通话教学和测试的几个问题》；第一篇题目中包含普通话水平测试字样的学术论文——《普通话水平测试刍议》。该时期，PSC 领域研究成果虽然不多，但代表了此后一段时间的研究趋向，故这零星的学术火花应被视为该领域研究燎原之势的最初火种。

### 3.1.2 标准讨论时期主要学术活动

标准讨论时期比较重要的学术会议有两场，即 1983 年在美国夏威夷举办的“华语社区语文现代化和语言计划学术研讨会”及 1985 年 5 月在中国香港举办的“普通话教学与测试研讨会”。前者是标准的初步提出，尤其是陈章太在夏威夷会议上宣读的论文《略论汉语口语的规范》，成为 PSC 的拓荒之作；后者则可视为第一个普通话测试方面的学术研讨会，学者们在香港会议上对 PSC 理论与实践的讨论使 PSC 研究的问题更加聚焦，具有重要的里程碑式意义。

### 3.1.3 陈章太自我述评

该时期，在 PSC 学术研究中最为突出的研究者是陈章太。2017 年 7 月 3 日，笔者有幸对陈章太进行了访谈。访谈中，他畅谈了自己是如何走上普通话学术研究之路的，并就自己对 PSC 学科的贡献、对学科未来发展的认识进行了总结。现将访谈重点整理如下：

第一，走上语言研究之路。1955 年，陈章太毕业于厦门大学，毕业论文选定语言学方向，开始接触语言研究。1956 年，进入中国科学院语言所工作，为了帮助新入所的大学毕业生打牢语言学基础，时任所长的罗常培要求所有新入职人员都要先行学习。因此，陈章太参加了第三期普通话语音研究班。在那里，陈章太跟随丁声树、李荣、徐世荣、吴宗济系统学习了音韵学、方言调查、北京语音和普通语音学等课程，正式走上了语言研究之路。结束在普通话语音学习班的学习之后，在丁声树和李荣的主张下，陈章太正式进入中国科学院语言所方言组，专研闽语。该时期积累的调查研究经验和方法，为后来的“北方话调查”等研究打下了扎实的基础。

第二，开启普通话研究之门。陈章太在语言所工作期间，有较多机会接触当时语言学界、文改会的专家、领导，因此，对语言文字工作有较多思考。另外，对于社会问题的关注，也让陈章太意识到普通话的推广、简化汉字的推行是国家、社会的需要。1982 年，陈章太被借调到中国文字改革委员会（国家语言文字工作委员会的前身，以下简称“文改会”）；1983 年，关系正式转入。进入文改会之后，陈章太开始更加系统地思考新时期语言文字方针政策的制定等问题，认为应重视口语研究，特别要重视如何将普通话树立为口语标准的研究。对这个问题的不断思考凝结为后来对 PSC 研究具有深远影响的《略论汉语口语的规范》。

第三，对 PSC 研究的贡献。陈章太认为，他对 PSC 的贡献主要有以下四点：一是较早提出了“三级六等”的等级划分标准。二是紧密联系中国的语言实际和语言生活实际，完全结合中国的语言国情和语言生活国情进行研究。三是注重逻辑思维的培养，注重实践的理论总结。当他发现社会语言生活发生变化时，就会想办法对这些变化进行概括，并从语言学理论的角度对这些变化加以解释。四是注重对人才的培养。20 世纪 80 年代中期在语用所工作期间，陈章太培养了 3 名社会语言学专业的硕士研究生；2000 年，他被聘为北京广播学院（现中国传媒大学）兼职教授，在那里招收并培养了 11 名社会语言学专业的博士研究生。在这些博士生中，有 5 名成长为大学教授；1 名供职于商务印书馆，并任该馆总编辑；3 名任职大学副教授；2 名任职讲师。

第四，对 PSC 未来发展的思考。陈章太认为，未来的 PSC 研究，首先应与“十三五”语言文字事业规划和《语言事业规划发展纲要》紧密结合，这两份文件是语言文字工作的重要依据。另外，应尽可能加强 PSC 的理论研究和总结，逐步建立普通话水平测试学，使其作为一门学科，有比较完整的学术体系。

## 3.2 测试标准建立时期（1988 年—1994 年）

### 3.2.1 标准建立时期研究概览

由于“标准研究”课题组成立于 1988 年底，因此，该时期学术成果的统计时段为 1989 年至 1994 年。这段时间，PSC 领域实现了学术论著零的突破，科研立项从无到有，研究成果主要有：学术论著 1 部；学术期刊论文 12 篇，年均发文量 2 篇。尽管该时期的期刊发文量仍然不大，但发文期刊较为稳定，其中 7 篇文章发表在《语文建设》上，2 篇发表在《语言文字应用》上，也就是说，四分之三的文章发表在国家语言文字部门主管的核心学术期刊上，初步形成了自己的学术园地。

对该时期的学术成果进行分析可以看出，这一时期的学术探讨继续围绕测试标准的制定、方式的确定进行，与标准讨论时期相比，还展开了对于测试范围的界定的研究，并且近半数的期刊论文发表主体和全部学术论著研究主体均为国家语委专职研究人员，研究成果以集体性智慧结晶——《普通话水平测试等级标准（试行）》（1992 年发布）和《大纲》（1994 年出版）的形式确定下来。

### 3.2.2 标准建立时期重要学术事件

标准建立时期，全国很多省份开展了普通话教学和考核研讨会，其中比较成功的有云南省语委办 1989 年组织的研讨活动。这次活动中，来自各高校的专家就普通话考核的理论和技术问题进行了探讨，形成了只考口试、集中评分的意见，并于 1990 年开始试行。另外，辽宁省于 1993 年也确立了相关教学项目，探索高师生的普通话教学规律。

标准建立时期，PSC 学术领域的另一个重要事件是 1992 年《语言文字应用》杂志的创刊。该刊物是语言文字应用领域的首份学术期刊，其办刊宗旨为：通过学术研究为国家服务，通过理论探讨提供语言文字政策法令的学术依据（龚千炎，1992）。在创刊伊始，刊物就设置了“汉语规范化”及“普通话与方言”等与PSC相关度高的栏目，且从创刊至今一直注重反映PSC领域的科研成果，是该领域学术成果最重要的发表平台之一，担负着该领域标志性刊物的责任。

### 3.2.3 于根元与刘照雄述评

#### 3.2.3.1 于根元述评

2017年6月21日，于根元在接受笔者访谈时，认为孙修章作为课题组的主要负责人，完成了资料的收集等主要工作。因此，在提到自己在PSC领域所做的贡献时，非常谦虚，没有过多谈论。但是根据于根元自述，以及陈章太访谈的佐证，于根元在测试研制初始阶段的贡献是无可替代的。他参与了第一次全国语言文字工作会议的筹备工作。在大会召开之前，他与陈章太、傅永和、佟乐泉、王凡等几位学者在怀柔水库边上的宽沟招待所进行了一段时间的封闭式研讨，主要负责起草大会的主题报告，撰写新时期汉语规范方针政策的初稿。对PSC研究的未来走向，于根元也进行了一定的思考，认为应该加强在词汇和语法方面的研究。

#### 3.2.3.2 刘照雄自我述评

《普通话水平测试大纲》（修订本）[①]作为一部百万字的学术著作，以课题组主要负责人刘照雄为主编的署名方式本身，就体现出对刘照雄学术贡献的肯定。2017年8月7日，笔者有幸对刘照雄进行了访谈。访谈中，他介绍了自己与普通话研究的渊源，并就自己在PSC方面所做贡献进行了总结。现将访谈重点整理如下：

第一，走上语言研究之路。1951年，刘照雄进入北京大学中文系语言

① 刘照雄主编（1994）《普通话水平测试大纲》（修订本），长春：吉林人民出版社。

专修科开始学习。作为语言研究所专门的人才培养基地，该系开设的多为语言学、语音学、方言学、语言调查实习、民族政策等课程，任课教师是丁声树、陆志韦、郑奠等语言所的老研究员。刘照雄认为，系统专业的学习为其民族语言研究之路打下了扎实的基础。1955 年，语言研究所为了适应国家民族大调查的需要，成立了少数民族语言研究室，刘照雄进入该室并开始从事蒙古语族语言和方言的调查研究。

第二，接触普通话推广工作。1986 年，社会上对于国家语委应负责全国的语言文字工作，而非仅负责汉语文工作的呼声较强，因此，王均由民族所调任至国家语委。为了配合王均的工作，刘照雄于 1987 年调至国家语委，负责推普工作。刘照雄认为，这项工作对当时的他来说，是一个新的知识领域，要重新学习，所以该时期，他是一边学习，一边工作，一边研究。

第三，对 PSC 的贡献。刘照雄认为，他对 PSC 的贡献主要有以下三点：一是主抓中央普通话培训班。语言文字是软任务，要做好宣传工作，就得培养人才、巩固队伍、恢复队伍；要让人们对这份工作尽心尽力，就得让他们知道这项工作的必要性和重要性，而这一切都离不开培训。通过主抓中央普通话培训班，进行了人才的培养，促进了师资水平的提高。二是负责测试准备工作。1991 年，等级标准研制出来以后，必须解决测试范围、测试对象、测试方法、试卷等值等问题，这些工作主要是由他组织开展的。此外，他对具体语音的界定、测试中误读改口问题、国测中心对一甲复审的统一掌握等问题的思考和把握，也有助于 PSC 的顺利推进。三是研制《大纲》。访谈中，刘照雄介绍了他在《大纲》研制过程中对必测对象的确定、《词表》的研制等问题所做的思考。

第四，PSC 研究重点作品。刘照雄认为，他所做的 PSC 研究，大多是工作中急需解决的问题，其中较重要的是《推广普通话的重要举措——普通话水平测试简论》(以下简称《简论》)。他认为，《简论》之所以重要，是因为那是比较纲领性的研究，里面有较多政策性、界限性表述。

第五，对 PSC 未来发展的思考。刘照雄认为，未来的 PSC 研究，应在汉语句法的分析上着力。“万词、千句、标准音”中的“千句”，不是指记住一千句话，这里的“句”指的是句子的结构、句式。PSC 研究者应研制出类似《英语 900 句》那种成果，力求一个句子里包含一个语法现象。

## 3.3 萌芽起步阶段研究特点

第一，研究主体的跨界背景。PSC 作为首个汉语母语标准语测试这一事实，决定了最早从事该研究的学者都非科班出身。尽管该领域的研究者均为语言学及应用语言学领域的专家，但此前基本无人涉足语言测试领域。他们有的以方言研究见长，有的专精民族语言，由于测试工作的需要，他们离开了自己原本的研究领域，开辟了一片崭新的研究天地。作为语言学界的专家学者，他们丰厚的知识储备为 PSC 研制之初的科学性提供了智力保障。作为新研究领域的先行者和开拓者，他们筚路蓝缕，克服重重困难，砥砺前行。

第二，研究内容宏观性强。由于该阶段此领域的主要研究者很多都为国家语委的相关专家，学者兼语委领导的双重身份使得他们的研究既有学理的厚度，又有站位的高度。他们围绕关乎测试根基的重要的、宏观性的命题展开研究，首先论证了测试开发的必要性、测试开展的可操作性和测试的科学性，随之确定了 PSC 等级标准，然后着手词表的研制工作。针对这些问题所做的充分讨论，为后期的研究奠定了理论的基础。

第三，研究成果少而精。衡量 PSC 学术研究应该从“质量”和“数量”两个方面入手，在 PSC 研究萌芽起步阶段，相关研究成果数量不多，但每一项研究成果的质量都相当高，都直指测试的核心问题。《略论汉语口语的规范》《新时期的语言文字工作》《标准（试行）》《大纲》等一系列学术成果均对 PSC 工作和研究产生了深远的影响，或者成为标准性文件，或者成为标准制定的基础。

第四，综合性研究多，专题性研究少。该阶段的学术研究大多包容性强，一篇文章涉及多个内容，针对某个问题开展的专题研究较少。

第五，学术研究领先于工作实践。PSC 作为推广普通话的重要举措，其学术研究和工作开展是分不开的，但二者的发展又具有不同步性。1982 年至 1994 年是 PSC 研究萌芽起步阶段，该阶段尚未出现国家层面的 PSC，但是围绕测试的正式或非正式研究、研讨已经展开，为测试实践工作的开展做好了前期准备，呈现出学术研究领先、引领工作实践的特点。

第六，学科建设的缺位。该阶段，虽然有了部分 PSC 方面的研究成果，甚至出现了在相当长一段时间内对学科发展具有指导意义的《大纲》和《标准（试行）》，但是却没有学者从学科建设的角度对该研究提出要求、展开研究，致使该研究领域在很长一段时间内处于自发式、应对性研究阶段，缺乏自己的学科理论和研究方法，长远来看，不利于学科的整体发展。

## 四　普通话水平测试研究发展探索阶段（1994 年—2001 年）

### 4.1　发展探索阶段研究概览

由于三部委《决定》下发于 1994 年 10 月 30 日，已近年末，为加强统计的可操作性，本研究将发展探索阶段学术成果的统计时段设定为 1995 年至 2001 年。这段时间，PSC 领域的研究热度有所上升，关注领域更加开阔，研究成果主要有：编著类学术作品 1 部；论文集 3 部；学术期刊论文 259 篇，年均发文量 37 篇；硕士学位论文 3 篇，实现了该领域学位论文零的突破。发展探索阶段的 PSC 研究内容丰盈；研究成果涵盖了八大领域，架构初成；部分学者开始运用实证的方法进行测试科研，一些研究方法更科学，理念更先进。

发展探索阶段的发文量出现了大幅上扬，但学术发展并不突出，研究内容大致分为两类：一类是PSC研究类论文，一类是推普总结类论文（屠国平，1995；张家芝、韩少华，1995；许晶敏，2001）。后者对PSC的提及，仅作为检验推普工作的手段，通过测试达标率的统计衡量推普工作的成果。总之，PSC的实施为衡量推普成果提供了一个量化的、客观的标准。

## 4.2 发展探索阶段重要学术事件

发展探索阶段比较重要的学术事件有以下四项：第一，1994年首期“国测员”培训班的开班，为测试的顺利开展提供了人员保障。第二，1995年和1997年云南省普通话水平测试研讨会的召开，推动了测试科研工作有计划、有组织地开展。第三，1995年上海PSC“制卷系统”、1999年国家测试中心“评分标准对比实验”课题组的成立，不仅通过研究提高了测试的科学性，而且通过参加课题锻炼了课题组成员的研究能力，PSC科研队伍初步形成。第四，2000年10月31日《中华人民共和国国家通用语言文字法》的颁布实施，使普通话推广由“软任务”升级为“硬指标”，为PSC研究提供了法律保障，从此，该领域的研究者依法研究、依法测试。

## 4.3 仲哲明自我述评

发展探索阶段的学术研究涉及多个领域，覆盖多方地域，但是最重要的一项研究内容是对《标准（试行）》和《大纲》的解读；另外，测试的开展、学术的推进，还需要有“法”的保障。鉴于这两点考虑，本研究将仲哲明确定为该阶段较有影响力的学者代表，并于2018年4月2日对他进行了访谈。仲哲明在接受笔者访谈时，对自己在PSC和语言规划领域所做的贡献进行了总结。现将访谈重点整理如下：

第一，走上PSC研究之路。1989年，仲哲明调任国家语委常务副主任，从事语言文字管理工作，开始思考、研究语言文字的应用管理、国家的政策规划和现实语言生活问题。其中，语言测试和语言立法这两个语言生活中非常重要的问题是他关注的焦点。据仲哲明介绍，苏联社会语言学及国际教育测量界关于语言测试的理论和考试性质的讨论，对他该时期的研究产生了一定的影响。

第二，对 PSC 研究的贡献。仲哲明认为，他对 PSC 的贡献主要有以下三点：一是推进测试工作的开展。在等级标准和测试方案研制出来之后，时任国家语委常务副主任的仲哲明就联合广电部和教委一起，共同推动测试工作的开展，并得到了这两个部门的支持。三个政府部门以正式文件的形式将测试规定下来并共同推进，对测试工作来说，是跨出了重要的一步。从此，PSC 就不是实验、试点性质的了，而是全国各省市区的规定动作。二是促动语言立法的进程。在语言立法讨论阶段，各界的争议比较大。仲哲明从语言作为交际工具的社会性出发，论证了工具的共同约定问题，提出语言文字法不仅可以立，而且对国家语言管理至关重要。这一观点得到大家认同之后，仲哲明带领国家语委法规处的同志到教育部政策法规司取经，开始了语言文字法律法规调查研究的前期准备。语言文字立法在统一全国语言文字工作、加强国家语言文字管理方面发挥了积极作用。三是参加调研和讲学活动。仲哲明在国家语委任职期间，曾到云南进行普通话、规范字、语言立法问题的调查；并前往德国讲学，向世界展示中国测试和语言规划学术研究成果。

第三，对 PSC 未来发展的思考。仲哲明认为，未来的 PSC 研究应关注农村基础教育阶段的普通话教学、测试，重视农村教育师资的普通话培训测试。随着城市化进程的推进，农村的年轻人开始进城打工，因此，农村的语言生活会受到影响，这些都是日后研究的题目。

## 4.4 发展探索阶段研究特点

第一，研究主体从专家转为教师。如前文所述，萌芽起步阶段的研究主体主要是国家语委的各位专家，进入发展探索阶段，测试的研究主体呈现出多样化趋势，但其中大多数是各师范院校从事普通话教学的教师，研究队伍人员构成的立体层次感不强。研究主体的改变必然造成关注焦点的转变，该阶段学者较少从国家站位高度关注宏观性问题，而是更多地将研究视角投向对具体问题的观察、解决。

第二，研究主体身份的多重性。PSC 研究主体具有测评员、培训员、研究员三重身份。这种身份特征使测试研究成果呈现出一种奇特的现象：测评员根据应试者的测试表现总结出一套专门针对“标准”盲点的应试方案，并形成文字见诸学报，于是应试者在测试中使用这些方法；但这种带有投机色彩的方法引起了另一部分研究者的关注，于是研究应对方案，提出改进测试的建议。PSC 的标准正是在这种较量中更加完善的，漏洞的修补堵住了缺口，使测试的科学性不断提升。

第三，研究范围广、内容碎。发展探索阶段的研究范围比较广阔，测试研究的八大内容领域均有学者涉足，说明研究架构完成了初步搭建。同时本研究发现，该阶段的学术研究多为学者自发进行的散点式研究，缺乏统一规划，导致研究不成体系，呈现出一种零散的、碎片化的研究趋向。

第四，研究成果量多质疏，良莠不齐。由于研究主体的增多，发展探索阶段的研究成果随之大幅上升，学术成果的年均产出量基本与萌芽起步阶段的研究总量持平。但是由于该阶段的成果很多是学者经验体会的总结，所以出现了大量重复性研究，泛泛而谈，不够深入。当然，该阶段也出现了一些运用科学方法指导的高水平研究成果，提出了“分层测试”等在当时比较前卫的理念。

第五，学术研究与工作实践齐头并进。发展探索阶段的学术成果体现出学者较强的问题意识，大多数成果都是归纳工作实践中发现的问题并提出解决方案，也有的研究是为了进一步提升测试的科学性进行的尝试性探讨，呈现出学术研究和工作实践并驾齐驱、共同发展的特点。

第六，学科建设萌发需求，但仍未启动。发展探索阶段虽然出现了针对PSC展开专题研究的硕士学位论文，从多领域、深层次对该领域进行学术观照，说明工作实践和研究实际已经萌生了对测试进行学科建设的要求，但学科建设工作似乎缺少一个启动的契机，尚处于没有明确的路线和学术建设框架的阶段。学科意识的薄弱导致了学科理论的松散、研究成果的碎片化、研究方法的简单化和研究队伍的扁平化。

# 五　普通话水平测试研究系统深化阶段（2001 年至今）

## 5.1　系统深化阶段研究概览

系统深化阶段，PSC 领域的研究热度迅速蹿升，研究成果呈井喷式增长，成果呈现形式多样化，既有宏观指导性巨著，也有在某一方面探索的心得；既有个人专著，也有编著类学术作品；既有期刊论文、会议论文，也有学位论文，学术成果样态丰富。

宏观指导性巨著主要指修订后的新《大纲》和新研制的《纲要》，这两本纲领性巨著是在国家语委组织领导下，在姚喜双、刘照雄召集下，在语言学、测量学、心理学界学者的共同努力下研制成功的集体性学术著作。

专著主要有：《普通话水平测试（PSC）的社会语言学阐释》（李海英，2006），该书主要阐述了 PSC 对我国政治、经济、文化、教育和其他社会生活所具有的重大意义，从社会语言学的角度分析了被试及测试员影响测试的因子，并利用大量统计数据证明了各因子制约下的测试结果；《普通话水平测试研究》（屠国平，2010），该书从 PSC 的性质、内容、评分标准、测试员，测试的实施、管理以及改革与发展的角度，全方位地对测试进行讨论、研究，是作者10多年来对PSC的思考凝结;《语言信息处理与普通话水平测试》(王渝光等，2010)，该书从语言信息处理的角度入手，在广泛吸收现代语言学、教育测量学、计算机科学理论和研究方法的基础上，构建PSC的理论框架，探寻测试的优化方法，具有提高PSC信息化、科学化水平，满足新时期社会对PSC测评体系发展需求的意义;《实验语音学：普通话水平测试等级标准》(王渝光，2011)，该书从语音实验的角度将PSC不同等级的声音特征以直观、可感的多媒体信息数据形式呈现出来，为PSC评分提供了准确、科学、客观的语音样本和声学数据，有效提高了PSC的测评质量。《普通话水平测试概论》(姚喜双等，2011)(以下简称《概论》)、《普通话水平测试研究概说》(聂丹，2012)(以下简称《概说》)、《普通话水平测试阐要》(王晖，2013)(以下简称《阐要》)、《普通话水平测试发展历程》(韩玉华，2014)、《普通话水平测试常用术语》(姚喜双等，2014)、《普通话水平测试手段探究》(周梅，2017)作为系列研究丛书，填补了PSC理论的空白，也标志着PSC理论研究层面的提升。具体内容将在后文详细介绍，在此不再赘述。

编著类学术作品主要有:《语言规划研究》(陈章太，2005)，该书收录了陈章太从1983年到2004年研究语言规划的一些心得，其中不乏对等级标准、测试效度等问题的精彩论述;《香港普通话测试研究与发展》(宋欣桥主编，2007)，该书收录了以宋欣桥的论文为主，包括其他学者研究成果的28篇论文，内容包括对PSC在香港发展情况的介绍，对PSC性质、目的及测试形式的探究，对普通话教学经验的分享和对应试准备及学习难点的分析。此外,《普通话水平测试二十年》(国家语委普通话与文字应用培训测试中心编，2016)按照时间顺序，归纳整理了PSC正式施测20年来所发生的重要事件，收录了1994年至2014年这20年间所颁布的PSC相关法律、法规、规章和文件，编摘了国家语委主任关于PSC工作的重要讲话，为学者了解测试研究的背景提供了重要材料。

系统深化阶段的论文集，有的是学术会议的成果凝结——《全国普通话水平测试学术研讨会论文集》(首届，第二、三、四届)、《汉语（普通话）教学与测试研讨会论文集》、《语海蠡测》，上述论文集分别收录论文 29 篇、38 篇、38 篇、46 篇、35 篇和 24 篇；有的是各省市区发动测评员根据工作实践撰写的论文优选，比如，《广东省普通话水平测试研究优秀论文集》《湖南普通话水平测试实践与理论》《北京市语言文字培训测试研究文集》，上述论文集分别收录论文 20 篇、26 篇和 23 篇，其中发表于各级期刊或被全国 PSC 学术研讨会论文集收录的论文各有 2 篇、7 篇和 0 篇。上海、广西、贵州、北京等地更是不断遴选优秀研究成果，并以系列文集的形式加以呈现——上海的《普通话水平测试研究》《普通话水平测试理论与实践》《语言文字测试与管理研究》分别收录论文 28 篇、30 篇和 44 篇，其中发表于各级期刊或被全国 PSC 学术研讨会论文集收录的论文有 3 篇、11 篇和 7 篇；广西的《普通话水平测试研究》(第一、二、三集)，分别收录论文 45 篇、33 篇和 30 篇，其中发表于各级期刊或被全国 PSC 学术研讨会论文集收录的论文分别有 12 篇、13 篇和 11 篇；贵州的《普通话水平测试研究论文集》(第一、二辑)，分别收录论文 39 篇和 38 篇，其中发表于各级期刊或被全国 PSC 学术研讨会论文集收录的论文分别有 7 篇和 9 篇。这些论文集既是各地 PSC 工作的一个缩影，也是其研究成果的集中展示，充分体现了“以研究促测试”的特点。

系统深化阶段，发表于各级学术期刊的论文共 1506 篇，年均发文量 88 篇；硕士学位论文 61 篇，博士学位论文 12 篇，博士后出站报告 1 份。博士学位论文中，非 PSC 方向，但研究内容与 PSC 相关的有 4 篇，研究方向主要涉及信息处理和普通话教学培训；PSC 方向的有 8 篇，其中第 1 篇博士论文——聂丹的《汉语口语测试任务难度影响因素探究》于 2010 年完成，PSC 方向第 1 份博士后出站报告——朱丽红的《小学生普通话水平测试研究》2015 年完成，PSC 方向的学术论文呈现出多层次性。

## 5.2 系统深化阶段重要学术事件

系统深化阶段的重要学术事件主要体现为组建普通话水平测试学科、申报课题、举办学术研讨会、建立 PSC 学术社团。

PSC 学科的建立，为 PSC 研究持续提供了高层次人才支撑，使人才培养模式实现了从“应急式”到“自主式”的转变，从“培训式”到“学历式”的跨越，人才培养进入了一个有计划的培养通道。“汉语普通话水平测试研究”作为国家语委“十五”重点科研规划课题的确立，标志着 PSC 结束了长期散兵游勇式的发展，跨入了项目规划下的系统性研究阶段。PSC 学术研讨会的召开，为该领域学者提供了思想交流的平台。2009 年 7 月，中国语文现代化学会 PSC 研究分会在天津的成立，意味着 PSC 拥有了自己的学术组织，为 PSC 的科学研究搭建了一个新的平台，使学者们有了更多的相互交流的机会。

## 5.3 姚喜双与王晖自我述评

### 5.3.1 姚喜双自我述评

系统深化阶段，涌现出了很多优秀的学者，但无论从学科建设的推进、理论教材的编写还是从人才的培养、科研团队的组建来看，姚喜双都无愧于系统深化阶段学术领军人物的称号。2018 年 8 月 12 日，笔者有幸对姚喜双进行了访谈。访谈中，姚喜双从以下三个阶段介绍了自己在 PSC 和语言规划领域所做的贡献：

第一阶段（1994 年—2001 年）：搭建平台，做好服务。姚喜双认为，播音和播音教育的工作背景，使他具有比较好的普通话基础；播音主持人才培养和管理工作，使他具有较好的业务基础和管理条件。因此，1994 年，姚喜双开始利用传媒大学广播电视系统的平台，协助语委进行包括测试员在内的人才培养工作，推动《大纲》的实施。因为做了这些工作，2001 年他被调到语用所工作。

第二阶段（2001年—2012年）：正式开始PSC工作。2001年，PSC工作开启了新阶段，恰逢其时，姚喜双也调到了语用所。首先，《国家通用语言文字法》的颁布实施，使PSC上升到“法”的地位，引起了大家的重视。其次，开始着手进行《大纲》的修订。新《大纲》虽然是2003年颁布的，但是研制工作在2001年就开始了。姚喜双认为，自己在召集新《大纲》的研制以及组织实施的过程中，起到了一定的主导作用。新《大纲》颁布以后，全国的PSC工作也有了大规模的发展。这一阶段有以下三个特点：

（1）规模大，事业蓬勃发展。测试的数量比较大，测试员增加了，另外，各个机构也更加重视，在推普过程中形成了重要的抓手。我国各地的语言文字工作部门除了有语委办以外，还有测试中心，证明测试工作已经蓬勃展开。

（2）建立了一支PSC的队伍，培养了PSC的人才。据姚喜双介绍，他在北京广播学院（现中国传媒大学）工作期间，推动建立了硕士点；到语用所之后，又促成了博士点和博士后科研工作站的设立，进行了人才培养，出版了一批著作。另外，姚喜双在任职国家语委普通话培训测试中心主任期间，带领中心研究人员在核心刊物上发表文章，在学术、科研方面取得了一定成就。

（3）推动对港澳测试的开展。姚喜双认为，PSC在香港、澳门的开展，加强了港澳推广普通话的力度，回归以来，增强了港澳同胞对国家的认同感，对他们的就业、对经济社会的发展，自己也做出了贡献。

第三阶段（2012年—2017年）：从管理层面推动、保障PSC工作。2012年，姚喜双调任教育部语言应用管理司司长。他认为，该时期自己主要是从管理的角度推进PSC工作。首先，建立了海外测试中心。姚喜双任职司长期间，在美国、荷兰建立起测试中心，在欧洲、美洲建立起测试点，把PSC推向了全世界。其次，在整个法规的制定、修订上强调PSC。姚喜双具体主持、制定了我国的《国家中长期语言文字事业改革和发展规划纲要（2012—2020年）》《国家语言文字事业“十三五”发展规划》，把PSC作为我们国家整个发展规划一个很重要的部分放置进去，同时也消除了很多来自不同方面的质疑。

### 5.3.2 王晖自我述评

姚喜双在规划PSC学科建设、为测试研究进行人才培养的同时，还非常注重新一代学科带头人的培养。北京语言大学的聂丹，教育部语用所的王晖、韩玉华都是PSC研究新一代的翘楚。2018年，王晖凭借扎实的测试工作和深厚的理论底蕴，被聘为中国社科院研究生院语用系PSC研究方向的博士生导师。2018年4月4日，笔者有幸对王晖进行了访谈。访谈中，王晖介绍了他进入PSC的机缘，总结了他在PSC领域的贡献，现将访谈重点整理如下：

第一，专业背景。据王晖介绍，他硕士研究生期间学习的是汉语史专业。汉语史的学术训练，以及“言而有征，无征不信”的朴学传统，对其学术研究一直很有助益，并持续发挥着作用。1996年毕业后，他在国家语委《语文建设》编辑部做了两年编辑，使其语言文字功底更加扎实。

第二，走上PSC研究之路。国家语委普通话培训测试中心成立后，由于工作需要，王晖被内部调动到该中心，自此开启了PSC研究工作。在研究过程中，对其影响比较大的理论主要是“三个平面”理论和“两个三角”理论。“三个平面”理论启发王晖多视角、多角度地研究普通话规范；“两个三角”理论则直接影响了王晖的PSC研究。要做好PSC研究，离不开“方”和“古”两个轴。“古”，是一条纵轴，从语言发展史角度，在动态中观察语言、评价语言、规范语言；“方”，是一条横轴，指大的方域，方言、民族语言和外语的影响都要关注。纵轴和横轴交叉的基角是普通话，这三者必须兼顾好。另外，“表—里—值”则提醒王晖在做研究的时候，注意从规范度、规范场、规范域等多个角度进行考量。

第三，对PSC研究的学术贡献。王晖认为，他在PSC领域的学术成果主要集中在三个方面：一是测试依据研究方面。测试依据是PSC研究中非常重要的一个方面，既有稳定性，又需要根据变化做出调整，所以在科学性、操作性方面有很多值得研究的问题。二是语言本体和语言教学方面的研究。由于测试带来很多教学的问题，又牵涉到语言本体的研究，因此，王晖在语言本体和语言教学方面也做了一些尝试，延伸出异读词、连读音变、词汇规范等方面的研究。三是结合援疆工作实践，往宏观层面上延伸的研究。这方面的研究主要涉及大的国家通用语言政策，也会涉及民族地区的国家通用语教育。

## 5.4 系统深化阶段研究特点

第一，研究主体的立体层次感增强。系统深化阶段，从事PSC的研究者既有活跃于一线，从事评分、培训等工作，积累了丰富实践经验的测试员，也有在高校和科研院所从事PSC的专业研究人员（含在读硕士生、博士生），还有领导型学者，不同的站位有助于丰富测试研究的视角；从学科背景来看，既有语言学学者，也有语言测试学者，还有计算机信息处理背景的学者，丰富的学科背景有利于他们互相合作，从不同角度共同攻克学术难题。

第二，研究主体年轻化、专业化、团队化。系统深化阶段，PSC研究的主力军是21世纪以来我国自主培养的语言测试研究方向的硕、博士，他们的年龄在30—45岁之间，正处于学术创作的旺盛期；他们接受过系统的语言学、测试学、心理学等相关学科的训练，熟知西方测试领域的最新理论，知识体系完整；他们既能紧跟学术前沿，把握学术发展潮流，又有一定研究经验，系统的学术训练和深厚的学术底蕴使他们的研究视角更加广阔。系统深化阶段，还呈现出明显的团队化研究特点。从整体来看，在国家语委和国家测试中心的组织下，在语委重点科研项目的凝聚下，全国PSC研究者形成了一个整体的研究团队，对“汉语 PSC 研究”等核心问题进行了系统化研究。从具体的研究团队来看，每个团队各有所专，表现比较突出的有姚喜双团队、王渝光团队和叶军团队。姚喜双团队对 PSC 的研究既有整体上的观照，也有针对 PSC 四要素的专题性探讨，还有针对测试技术指标的研究；王渝光团队在机辅测试研究方面做了很多基础性工作；叶军团队的研究重点在于数字化语音语料库的建设。这些团队中的每个成员都各有研究专长，在各自的领域进行深入探究，同时，作为团队的一分子，他们又在系统框架的指导下相互配合，使研究呈现出系统化、体系化特点。这种特点，既避免了过于专业化带来的科学研究的碎片化问题，也避免了因缺乏交流而出现的过多重复性研究，有利于更加合理地分配测试智力资源，更加深入地探讨 PSC 学术问题，使测试研究更加科学地发展。

第三，研究具有全面性，但也体现出不均衡性。全面性指研究主体的地域分布和研究内容的领域分布。据本研究统计，系统深化阶段 PSC 学术成果持有者的单位遍及全国 33 个省、自治区和直辖市，全国参与度高；该时期，PSC 的八大研究领域均有成果出现，研究范围较广。不均衡性指研究质量、数量的不平衡，以及研究内容的失衡。尽管全国大部分地区的学者都参加到了 PSC 学术研究中，但是研究成果的质量良莠不齐，既有具有较大影响力的国家语委重大研究成果，也有自己的经验感想；研究成果的地域分布也不均衡，该时期湖北、北京、湖南、广西等地的发文量均超过了百篇，而澳门、宁夏、西藏等地的发文量却仅为个位数；另外，同一地区在不同年度的发文量也不均衡，以北京为例，在论文发表高峰的 2009 年，年发文量达到 19 篇，而在论文发表低谷的 2003 年、2005 年、2006 年和 2018 年，年发文量仅为 2 篇。从研究内容来看，对测试指标的内涵研究较多，对应试策略关注较少；对教师、学生的研究较多，对其他行业、领域的关注较少；对语音的研究较多，对词汇、语法的研究较少。从研究方法看，定性研究多，定量研究少。

第四，研究成果质、量并重。系统深化阶段，PSC 学术研究不管从量还是从质来说，都取得了飞跃与突破。从量的方面看，系统深化阶段的研究成果数倍于前两个阶段的总和；从质的方面看，该阶段出现了新《大纲》、《纲要》、国家题库系统、《概论》、《阐要》等一系列科研成果。同时，本研究发现，系统深化阶段很多学术成果脱胎于测试实践的经验总结，根据笔者统计，该阶段多达 494 篇期刊文章发表于作者所在单位的学术期刊，且对象定位多为本校师生，写作目的是通过经验分享，提高本校学生的普通话水平和普通话应试能力。由于这类文章针对的是测试实践中的具体问题，学者们常有同样的感觉、共同的认识，因此所研究问题和解决方案的重复度很高。这种粗放型的研究状态容易造成虚假的学术繁荣，不利于 PSC 研究的持续性发展。但这些重复性的研究结果也给了我们这样几点启示：首先，对于问题的共同感知说明，这些是亟待解决的焦点问题，需要科研的跟进，为问题的解决提供思路和依据；其次，对于工作的共同经验说明，这些经验具有一定的可推广性，有待科研数据的支持。

第五，研究方法多元。系统深化阶段，研究者多使用质性和量化方法进行研究。他们以经验性的定性研究为基础，配合精确性更高的定量研究，用丰富的一手材料和实证的方法对来自经验的因素进行验证，使研究方法更加多元。具体而言，PSC 研究作为一项实践性很强的研究工作，学者们通过经验总结的方法形成了大量研究成果；采用问卷调查、访谈、音档分析的方法收集数据，且对样本代表性的考虑更为周全；使用概化理论等统计方法进行数据的整理分析。进入大数据时代之后，学者们更是将语料库同时作为研究对象和研究手段，发表了一系列科研含量较高的学术成果。但是我们也要承认，目前 PSC 的研究成果大多数还是延续以往的思辨性探讨模式，实证研究成果较少。另外，对于前沿问题的探讨也略显不足，目前 PSC 界鲜少出现国际上关注度较高的有关认知诊断、测评素养等问题的研究成果。

第六，测试学科正式确立。系统深化阶段，PSC 研究在高校和研究机构中的广泛开展、对国际学术交流的积极参与，为该领域进一步向前发展为一门学科奠定了良好的基础；PSC 专门学会的建立、教材等理论专著的出版、测试工具书的问世成为 PSC 学科的外在标志；PSC 方向硕士研究生、博士研究生的招收与培养，博士后科研工作站的建立，专业课程的开设，成为 PSC 存在的内在支撑。

## 六 普通话水平测试学术发展展望

PSC 作为世界罕见的母语标准语口语测试，从酝酿至今一直伴随着学者们的思考、研究，近 40 年的学术发展历程走过了萌芽起步、发展探索、系统深化三个阶段，取得了傲人的成绩。在这个过程中，涌现出了大量从事 PSC 研究的学者，其中既有拥有丰富测试经验的测试员，也有初入测试之门的学习者，还有专业的测试科研工作者；产生了大量的教材，其中既有培训类教材，也有供研究者使用的理论著述；发表了近两千篇学术文章，开辟了部分学术园地；设立了硕士点、博士点和博士后工作站，建立了专门的学会，学科地位正式确立。相信在语言政策、法律法规的保障下，在学科发展的带动下，PSC 学术研究定会抓住新的机遇，涌现出更多的成果，取得更大的成绩。同时我们也应看到，21 世纪，世情、国情、语情都发生了变化，PSC 学术研究也应应时而动，进行理论更新、方法改进和工具升级方面的研究。具体来说，要在改进现有测试的同时，开发专项测试；要在科学研究的同时，进行成果转化；要在加大自身研究力度的同时，寻求与其他学科的共融发展；同时，要坚持服务理念，并在适当的时机进行《大纲》的修改。

### 6.1 研制专项测试

近 40 年的 PSC 研究，主要聚焦于现有 PSC 的研制和改进。在今后的研究中，应将眼光投射得更远、更广，研制普通话水平专项测试，着力把PSC打造为成体系的汉语测试精品。其实，关于普通话水平专项测试的理念，早在21世纪初就有学者（吕建国、姬凤霞，2003）提出，只不过当时采用的是“分类测试”的说法。随后不久，屠国平（2007）、吴雪青（2007）分别对此进行了补充，蒋冰冰、王颐嘉（2008）提出了较为可行的操作方案。但当时学者们只注意到了专业、行业及文化针对性，没有考虑到年龄、地域等因素在专项测试中也应占有一席之地。

《普通话水平测试管理规定》第十七条、十八条的表述，将测试对象的范围扩大至全体社会成员，为普通话专项测试的研制提供了法规层面的依据；PSC的科学性、可靠性为其赢得了广大测试使用者和相关决策者的信任、欢迎，使其在应用层面上吸引了中小学生等未达到中等文化水平的汉语母语者。另外，一些汉语二语学习者也希望通过参加PSC检验自己的学习成果。但是这些新兴的测试对象，或者因为年龄、心理发展水平的限制，或者受到知识水平的制约，并不适合参加现有的PSC。测试对象的蓬勃发展和测试适用性的矛盾，对PSC来说，既是机遇也是挑战。作为测试工作者，应该积极应对挑战，研制开发更具针对性的专项测试，为不同的测试使用者提供更好的服务。同时，应加强测试科研，通过实证研究给出不同专项测试间的等级衔接，以确保整个测试体系中各项测试成绩之间的可比性。

#### 6.1.1 中小学生普通话水平测试

1958年，周恩来在谈到推普重点人群时，就明确指出“首先应该在学校里，在儿童和青年中努力推广”。中小学是普通话教学的重要场所，中小学生的测试需求却长期以来没有得到满足。朱丽红（2018）在对中小学生PSC进行需求分析、现状调查的基础上，提出了以等级标准和大纲研制为重点，借鉴、利用PSC成果，结合语文课标、细化应试群体、应用信息技术的研发等观点，且朱丽红（2011）进行了面向低年级小学生的实验研究。朱丽红的研究是具有开创性的，她认识到了少年儿童在知识结构和认知水平方面跟成年人的差异，要求评判推普效果的工具也应有不同的设计。但是研究中关于效标的选取还有待商榷，对于小学中高年级学生和中学生的研究方案也未进一步公布，因此，这些方面还有待进一步研究。

笔者认为，与现有 PSC 相比，中小学生普通话专项测试应重点考虑以下特点：

第一，考生来源相对单一。从年龄上看，参加该专项考试的考生都是处于义务教育阶段的未成年人；从职业背景来看，该专项考试的应试人群均为没有工作经历的学生群体。

第二，测试任务贴近校园生活。语言既是一种社会现象，又是一种心理现象。而将语言作为考查内容的测试，在试题命制过程中应该充分考虑语言的这两个特征。在开发中小学生普通话专项测试的时候，应注意应试人群体所处语境的特点，选取他们更熟悉的与校园生活联系紧密的话题，舍弃他们相对陌生的社会其他生活领域的话题。唯有如此，才能设计出更加符合该部分人群的测试任务，才能更好地引导出能够反映应试人普通话水平的言语产出。

第三，充分考虑中小学生的生理和心理特点，以及他们的知识发展水平。针对中小学，尤其是小学低年级学童的普通话专项测试，既要考虑应试人语言能力的发展，又要考虑其发音器官的成熟，还要考虑识字水平的高低，应力求使其符合中小学生的认知水平，唯有如此，才能获得具有代表性的语言样本。要做到这一点，在测试开发的过程中，需调查不同学段的语文教师，请他们帮忙判断最能引导出口语样本的任务类型。

中小学生作为普通话最大的学习和使用群体，对于能够准确衡量其普通话水平的测试有着迫切的需求，希望研发人员能够早日完成与中小学生各项指标拟合度更高的中小学生普通话专项测试的开发。

#### 6.1.2 海外普通话水平测试

PSC 作为一项应用性极强的母语标准语口语测试，紧跟时代步伐，瞄准社会发展需要，测试定位不仅面向国内，更将视角投向海外，竭力扩大测试对象群体，扩大测试的影响力。

以习近平同志为核心的党中央高度重视语言在传承和弘扬中华语言文化中的作用，党的十九大报告更是明确提出将构建人类命运共同体作为共产党人的使命。在这个过程中，要传递和表达一个国家的文化魅力、一个民族的凝聚力，靠的是语言这把打开“一国之门的钥匙”（姚喜双，2015）。在“大国人文外交”背景下，汉语的国际化已成为一个不可逆的趋势。华人遍布世界各地，他们的语言并不都是普通话，有些学者（陆俭明，2005；李宇明，2014）提出了“大华语”的概念。在这种情况下，要在海外进行汉语推广，有学者认为应“放宽语音标准”（侍建国、卓琼妍，2013）。然而，既然要推广汉语，就应推广通行面最广、最标准、最规范的汉语——普通话；要达到推普目的，应该采用PSC这一辅助手段。在这样的背景下，2006年，国家语委PSC中心与新加坡有关教育机构签订协议，迈出了海外PSC推广的第一步，其后，又于2009年、2010年分别在马来西亚和泰国举行PSC，不断扩大PSC的影响力。

随着我国综合国力的持续增强、国家门户的不断开放、国际影响力的日益提升，我国不仅在海外进行测试，还开始在海外建立PSC站点。2016年12月，国家普通话水平培训测试中心在荷兰建立了第一个海外测试站点。之后，海外测试中心在其他国家相继建立。2017年4月，国家普通话水平培训测试中心在美国建立。海外测试中心的建立，对全球大华语的形成起到了客观的促进作用，成为了汉语国际传播的“传播源和接力站”（李宇明，2017），同时也对海外普通话水平专项测试的构建提出了更高的要求。

由于海外华人的学习背景不同、所处环境不同、语言需求不同，要求他们都说标准的普通话既不现实也不必要，当然，这不是我们放宽普通话标准的借口。普通话的标准只能有一个，但综合考量不同人群的实际需求，可以对他们的普通话水平提出不同的要求。配合对海外华人及汉语学习者普通话的不同要求，应研制开发具有针对性的海外普通话水平专项测试。

开发海外普通话水平专项测试，首先应明确测试对象群体。海外 PSC 主要针对一直保持中文教育的华侨和华裔，以及外籍国际中文教师群体。因此，在测试开发时应树立“大语言观”，用“全球视角”指导具体工作。要建立完整的测试体系，形成与测试相配套的测试大纲，保障 PSC 体系的科学性。

## 6.2 寻求共荣发展

PSC 研究要获得持久的发展动力，就需从国际语言测试的土壤中汲取营养，从计算机等兄弟学科处获取支持。同时，国际语言测试园圃也需 PSC 研究为其增色，计算机等学科的发展也需要 PSC 研究的反哺。

### 6.2.1 与国际语言测试共同发展

PSC 作为现代语言测试的一种，除符合一般语言测试的共性外，其国家通用语口语测试的性质还赋予了其鲜明的中国特色。作为语言测试，PSC 起步较晚，因此在测试研发的时候，引介并择善吸收了国外语言测试的理论、技术和方法。但随着 PSC 研究的不断深入，我们应当从普通话的实际出发，融会贯通，在借鉴的基础上加以发展，建立我们自己的语言测试理论，再进一步反哺国际语言测试界，将我国国家通用语测试的声音传达给世界，将 PSC 界的学术智慧贡献给世界。习近平总书记多次强调，要向世界讲好中国故事。中国故事不仅包括经济的发展、人民生活水平的提高，还包括科学研究的进步。PSC 研究的进步性主要体现在建立先进的母语测试理论体系上。

国外的语言测试多是二语 / 外语测试，而且大多是主客观测试相结合，鲜少如 PSC 这样针对母语者的纯口语测试。测试理论中信度、效度等质量评价指标也都是基于二语测试理论确定下来的。高信度的前提之一是应试者语言能力的异质性，不管是乔姆斯基的“语言能力”理论还是二语测试母语者标准的设定，母语者的语言能力都被看作是同质的。因此，基于异质性确定的考试评价体系对于母语测试的适用性较低。作为母语标准语测试起步较早的国家，我国对母语测试系统的理念、开发、质量的探索已领先于世界上绝大多数国家，但是研究水平还有很大的提升空间。我国的测试研究者应进一步开展对母语评价标准理论建构的研究，填补世界语言测试界母语标准语测试理论体系的空白，并将研究成果传递到国外，让国际语言测试领域分享我国母语标准语测试的研究成果。

首先，应加大母语测试理论研究的力度。目前 PSC 研究无论是经验总结式的，还是实证类的，都主要是为了解决实际问题，也就是说，大多数学术成果都处于应用层面，致力于理论层面探究的学术成果仅占极小的一部分。一门学问要获得突破性发展，必须要有理论的创新。因此，PSC 领域学者未来的研究方向之一，是立足中国国家通用语本质，创造出既有中国特色，又能够超越时代和文化阈限，具有一定普适性的母语测试理论。

其次，应该充分利用网络时代的开放特性，加强 PSC 的网站建设。在 PSC 学术研究进入系统深化阶段后，世界上越来越多的国家也开始着手进行母语标准语测试的研发，我们应及时将 PSC 的前沿成果以中英文形式发布到网站上，让世界各国测试研究人员有更多的机会了解 PSC 的学术发展动态，为世界上其他国家母语标准语测试的开发提供参考依据。

### 6.2.2 与计算机学科共融发展

在以计算机技术为核心的信息化浪潮中，PSC 与信息技术的关系出现了很多新特点。PSC 为信息化的进一步推进提供了评价技术及语音样本库的支持，计算机技术的更新促使 PSC 手段更加现代化。

随着人工智能研究的不断展开，PSC 与计算机科学的共融发展结合得也越来越紧密。人工智能的核心智能是语言智能，即让机器能够学习和习得人类的语言。评价习得效果的时候，一定有一个标准。比如，正确率、流利度、自然度如何，普通话的语音特征，语音的最小辨别度等。以自然度为例，现在虽已实现了人工语音合成，但有时候，我们总感觉机器发出的音不自然，或者说机械感比较重。要解决这个问题，要让机器能发出跟我们自然语言一样优美动听的语音，波形建模技术固然重要，但对于字词间的快慢节拍如何拿捏、在哪儿停顿、停顿时间的长短、轻重音应如何处理等问题的回答，还需要语言测试为其提供标准支持。因此从某种程度上来说，对人工智能的研究需要以语言测试研究为先导。相应的，研究人们普通话标准程度、熟练程度的 PSC 理论和方法也会对信息科学、人工智能科学的研究提供启发，给予推动。

在信息科技时代的今天，PSC 作为一门学科的作用更加凸显。以前人们给机器下指令，需要通过文字输入，文字输入的前提即人们能够比较好地掌握普通话并将之转化为拼音，键入电脑。现在，语音输入技术越来越多地应用于各个领域，对人们的普通话提出了更高的要求。教育部语用司原司长姚喜双在第 19 次推普周期间接受人民网采访时提到一个例子，他在参观时发现，在发音人使用语音给机器下达指令和机器完成语音命令之间，会有一个类似播音员的机器声音进行指令重复。细问之下，原来由于每个人的普通话水平不同，机器对不太标准的普通话不够敏感，因此需要将不太标准的普通话翻译成标准的普通话。试想，如果我们充分利用海量的 PSC 音档材料进行研究，提取出各地方音特征，并通过语图对比、波形对比等方式让机器学会“方言”、听懂方音，那么将为实际工作带来极大的便利。

以上从标准制定和语音语料库运用两方面说明了 PSC 对人工智能的贡献，那么计算机科学的发展对 PSC 又能够起到什么助推作用呢？ PSC 现代化的一个重要标志就是测试的高度自动化。现在，PSC 的前三项实现了机辅评分，最后一项的机辅评测也进入了试用环节，但目前还是以人工评分为主。为了进一步提高测试的效率，将人全面解放出来，我们就需要解决命题说话部分的机辅评分问题。在朗读测试项里，我们可以通过输入语词切分方案，通过语音识别系统来判定应试人的朗读水平。但是，在命题说话部分，应试人要说什么是无法预知的，因此，机辅评分要解决的一大难题就是如何让计算机对未知的话语进行连续性监测和反馈，进而对其准确度、流利度、规范度做出判断，而这些问题的解决都有赖于语言本体研究和计算机科学的进一步发展。

## 6.3 转化科研成果

现在谈到科研成果转化，似乎一定要跟经济挂钩，必须产生经济效益。产学研相结合的确是科研成果转化的一个方面，但另一方面，科研成果如何服务社会、如何让更多的人受益、如何服务公益事业更是我们从事测试研究的人员需要考虑的问题。

### 6.3.1 科研指导实践

目前，我们已经拥有了一支规模庞大的测评员队伍，他们在日常测试工作中发现问题，进行钻研，形成了比较系统的想法，并将之撰写为科研论文，壮大了科研队伍。“科学技术就是第一生产力”，在测试科研成果频出的今天，我们更应该及时整理学术研究成果，将学者的研究成果转化到测试实践中来。以系统深化阶段之初学者提出的“字化”现象为例，我们可以在测评员培训中加入该部分内容，同时辅以语音材料，让测评员建立起“字化”的语音形象，并在评分细则中规定相应的处理方案。真正做到以“科研”指导工作实践，真正实现让测试科研成果为测试发展服务。再比如，机辅测试进入正式使用阶段之后，大量语音信息的获得让学者们开始思考如何利用这一庞大的信息资源。罗威（2015）基于B/S系统、PHP语言设计了语音缺陷信息分析系统，用来提取应试者的语音偏差与测试站的评分偏差。如果能将这一研究成果转化到应用阶段，那么将为广大普通话学习者锁定学习重点提供极大的便利。

### 6.3.2 成果助推发展

科研成果的转化，除用现有研究成果指导实践外，还包括对测试中积累的材料的充分利用。其中一项重要的工作就是建立方言语音语料库，提高语音的自动识别能力。

现在语音智能技术越来越成熟，但是，在具体应用过程中，很多时候要进行指令语言的转化，也就是说，要先把方言转换成普通话，然后才能生成机器听得懂的指令。目前来看，这一技术虽然非常先进，但是在实际作战中，可能一秒钟的优势就能扭转整个战役的结局。因此，在我们短期内无法使每个人的普通话都达到播音员标准的情况下，可以利用 PSC 积攒的大量带有方音色彩的语音样本建立方音语料库，通过对带有方音色彩的普通话和标准普通话的匹配，让计算机完成学习，最终达到自动识别自然语音的目的。

除了方音语料库之外，少数民族地区普通话测试语音语料库的构建也具有重要意义，将对“一带一路”倡议的实施起到积极的助推作用。我国少数民族使用的语言，有许多与“一带一路”沿线国家所用的语言相同或相近，建立这些地区人们普通话测试的语音语料库，分析他们普通话学习中的典型问题，并将其反馈到对“一带一路”国家人民的汉语教学中，将会大大提高这些地区汉语学习的质量和效率。

## 6.4 加强研究力度

虽然 PSC 研究取得了丰硕成果，但由于研究的不平衡和伴随着时代发展而出现的一些新问题，PSC 需要在很多方面加强研究。

### 6.4.1 加强薄弱问题研究

PSC 在测试比较和测试质量方面的研究比较薄弱，而比较能够使测试取长补短，在互相借鉴中获得发展。因此，测试研究者应关注 PSC 与国内外比较成熟的语言测试的对比研究，从中获取自我完善的灵感，从而不断前行。按照现代语言测试理论，评价测试质量的指标主要是难易度、区分度、信度和效度。目前，PSC 在难易度研究方面取得了一些成果，但是在其他三个指标上，无论是研究的数量还是成果的质量都有待进一步提升。尤其是关于构念效度这一涉及测试灵魂的指标，更要加强研究。另外，现在对语言要素的研究虽然比较充分了，但由于PSC以考查应试人的语音面貌为主，因此，在语言要素的研究中，着力点也主要放在语音方面。今后，应加强对词汇、语法因素考查的研究，应重视系统性、综合性的多维研究，力求对PSC的研究更加全面深入。

### 6.4.2 加强动态问题研究

PSC以我国标准语为测查内容，而标准语的形成要经历一个非常复杂的标准化过程；而且由于语言的渐变性，标准语也不是一经形成就不再改变的，而是处于一个动态的发展过程。不同历史时期，标准语的标准也会有所不同，在一个时期错误的说法，在另一个时期可能就是正确的。因此，在“互联网+”时代，面对语言的快速更新，特别是词汇的更新，相关学者需研制出PSC的词汇评估依据，帮助评分员在测试实践中遇到这类问题时统一评判标准，提高测评信度。

### 6.4.3 加强学科建设研究

PSC作为一门学科，与世界上其他学科一样，一定会经历一个由小到大、从弱转强的发展壮大过程。作为一门新兴的学科，PSC要获得快速发展，应在测试实践提供的巨大空间中，围绕普通话水平的界定这一核心理论，探索具有本学科归属性的理论和方法，进行学科建设研究。

PSC作为一门新兴的交叉学科，其学科基础相当广泛，包括哲学、语言学、教育测量学、心理测量学等，这些学科的理论成为PSC学科的理论基础来源。聂丹（2012）将PSC的理论来源划分为内容学科和方法学科，王晖（2013）从理论体系和实践体系两个维度提出了PSC的学科体系模式。PSC学科来源丰富，基础学科众多，各门基础学科之间有着错综复杂的关系。面对众多的研究内容，PSC研究者应理清各学科之间的关系，划定研究层次，确立研究主线。这方面，姚喜双等（2011）做出了一定的探索，将准确区分应试者的普通话水平确定为PSC的研究主线。但是目前学界对于如何围绕这一主线展开研究，如何在研究主线的引领下进行学科建设，还讨论得不够充分。因此，这也是未来研究需进一步加强的方面。

#### 6.4.4 加强学术保障研究

“人”是学术研究的主体，PSC 理论上的突破、方法上的进展、技术上的提高、体系上的完善，均需研究者予以落实。因此，研究团队的建设和研究人才的培养是 PSC 学术研究的保障。尽管目前我们拥有老、中、青三代研究学者，形成了一支以各级测试员为主干的生力军，具备了从硕士研究生到博士后科研工作站的人才培养机制，但是如何保证研究人才不出现断层现象，如何更加高效地进行人才培养，如何吸引优秀人才加入测试研究队伍，仍是 PSC 研究者和教育者需要思考和研究的问题。鉴于上述考虑，本研究认为，学者们应加速探索进行 PSC 研究所必备的基础性、专业性知识的构成，研究从本科生开始的 PSC 专业人才培养方案，建立从本科开始的学科教育体系，以培养专业扎实、知识体系全面的 PSC 研究者。此外，人才的培养必然要求相应资源的投入，如何提高教育投资效益，克服人力资源浪费之弊，使受过专业训练的研究人员能够长期致力于 PSC 研究，也是摆在 PSC 研究者和教育者面前亟待解决的问题。

研究阵地是学者们发表研究成果、交流学术心得的平台。倪海曙说：“没有出版，就没有文改。”这句话也可以借用到 PSC 的发展上来：没有出版，就没有 PSC；没有高水平的学术刊物，就没有高质量的 PSC 研究。尽管现在我们拥有《语言文字应用》《语文建设》等学术阵地，但相对于蓬勃发展的、年测试量 700 万人次的 PSC 来说，还是远远不够的。要扭转这个局面，一方面，PSC 的研究主体要提升自己的科研实力，争取提高研究成果的科研含金量；另一方面，PSC 领域的学者也应研究如何获得更多的学术资源支持，开创学术成果发表的新局面。

### 6.5 增强服务意识

“服务型政府”理念的提出成为服务型测试的契机。2003 年，中共中央十六届三中全会上提出的“服务型”政府经济管理职能的转变，成为服务型社会意识转变的风向标。PSC 作为政府主导的测试，应顺应这一潮流，加强服务意识。

#### 6.5.1 服务国家战略

PSC 研究要为国家战略服务。从新中国成立至今，国家一直将推广普通话作为语言战略之一，PSC 也是为了配合国家的推普工作而研制的。《国家中长期语言文字事业改革和发展规划纲要（2012—2020 年）》更是把大力推广和普及国家通用语言文字列为六大任务之首。为充分发挥语言文字在扶贫攻坚中的作用，消除因语言不通而无法脱贫的现象，2018 年 1 月，教育部、国务院扶贫办和国家语委联合印发了《推普脱贫攻坚行动计划（2018—2020 年）》（以下简称《计划》）。《计划》提出的具体措施中，无论普通话培训、就业脱贫，还是在公务员、学校中进行普通话推广，都需要 PSC 研究的服务和支持。

首先，通过 PSC 研究精准聚焦贫困地区的国家通用语学习重点。PSC 可以作为诊断手段，为贫困地区人们的语言问题把脉，确定国家通用语学习的重点和难点，并据此编制恰当的培训材料，制定适当的培训目标，切实提高青壮年农牧民的国家通用语使用能力。

其次，通过 PSC 监督贫困地区公务员、教师群体的国家通用语达标情况。《计划》对公务员和教师的国家通用语掌握情况做了具体要求，但是提出要求和达到要求中间有一段很长的距离。如果没有相应的监控手段，要求很容易流于形式。PSC 作为权威的国家级测试，可以且必须承担起这一监督职责，确保上述群体对国家通用语的掌握达到要求。

再次，通过 PSC 研究建立贫困地区普通话学习、培训的长效机制。国家推普扶贫攻坚战打响以来，各地推出了一系列大学生暑期社会实践专项活动，点燃了贫困地区人们学习国家通用语言的热情。但语言学习是一个长期的过程，学习热情点燃后，必须有相应的后续跟进措施，以保证学习者能够持续学习，并在使用中巩固学习成果。因此，PSC 研究者应研制过程性检测题目，通过连续性门槛的设置，让贫困地区学习者明确不断追求的目标；通过一个个小目标的实现，让贫困地区学习者在普通话学习中获得成就感，从而产生长久的学习兴趣。

最后，通过 PSC 培训研究，辐射带动整个贫困地区人们国家通用语能力的提升。PSC 研究者应着力关注贫困地区国家通用语学习者的学习心理和特点，摸索适合贫困地区的普通话培训模式，开发特色普通话培训课程，将国家通用语言学习和职业技能提升、农业技术培训结合起来，让学习者真正体会到掌握国家通用语言的实际效用，产生学习国家通用语言的内驱力，并愿意成为普通话的使者，带动其身边人加入到国家通用语言的学习队伍中来，真正实现语言扶志，语言扶智。

### 6.5.2 服务个体需求

PSC 研究要为测试成绩使用者服务。“服务”是我国目前各行业发展的关键词，从我国的经济形态来看，以第三产业为主，人们的主体间性思维方式正在逐渐形成。在不断倡导“服务”意识的当下，“定制”成为服务领域的关键词。这种意识落到普通话测试培训中，应主要体现在以下两个方面：

第一，着力发展测试培训的个性化服务功能。作为国家级测试，PSC 应具有一定的权威性和仪式感，因此，测试的举行还是要有一定的程序。但 PSC 培训作为 PSC 的保障，应适应现代社会的快节奏，为人们能够利用碎片时间进行普通话充电提供机会。这就要求 PSC 研究人员跟上技术翻新的手段，充分利用大数据技术和认知心理学的研究成果，开发出能够在各种电商平台使用的、单元耗时量短且能记录学习者普通话动态变化的学习软件。这样，普通话学习者就可以根据自己的时间安排，随时进行学习，并获得后台提供的普通话水平动态变化记录，了解自己的普通话成就轨迹，领略到运用平台知识解决普通话学习中遇到困难的价值所在，进而对他们日后的普通话学习产生积极的推动作用，坚定他们利用碎片时间有效提高自己普通话水平的信心与决心。

第二，充分挖掘测试的诊断服务功能。PSC“以测促训”的宗旨，提高人们普通话水平的根本目的，决定了其成绩报告应体现测试的发展性功能，能够发现问题，并提供帮助应试人改进、提高普通话水平的方案，从而进一步发展其说普通话的能力。然而目前PSC“分数+等级”的成绩报告方式，仅实现了测试的甄别功能，仅鉴定了应试人的普通话水平等级。在这种分数报告中，获得相同分数的应试者，会被默认为具有一样的普通话水平，而他们各自普通话能力的个体化差异却被掩埋起来，无从体现。因此，PSC研究者应挖掘测试的服务功能，在分数解释上做文章，为成绩使用者提供包括诊断信息在内的多种反馈信息。比如，使应试人对自己的普通话能力有一个更为清醒的认识，为其普通话水平的进一步提高指明努力方向；使普通话培训教师能够更好地了解普通话学习者能力上的不足之处，为训练重点的确定提供参考；使普通话成绩使用单位能够清楚了解应试人的普通话能力构成，帮助其做出准确的决策判断。

## 七 结 论

PSC作为世界罕见的母语标准语口语测试，从酝酿至今一直伴随着学者们的思考、研究，近40年的学术发展历程走过了萌芽起步、发展探索、系统深化三个阶段，获得了傲人的成绩，形成了更加精准、公正、稳定地体现人们普通话水平的共同学术旨趣。通过对PSC学术发展的研究，本研究认为可以得出以下七点结论：

第一，PSC研究具有领域拓展性。PSC萌芽起步阶段的学术研究，仅在宏观课题、测试依据、测试界域和测试作用四个领域进行，研究的内容框架尚未搭建完成，且学术成果多为综合性研究，较少针对某一问题的专题性研究。另外，学术成果数量较少，样态以论文为主，相对单一，学术研究比较薄弱，但也为后续研究留下了巨大的空间。发展探索阶段，PSC 学术研究的触角已探伸至八大领域，研究的内容框架雏形已显，但由于缺乏规划，研究略显细碎。学术成果数量较之萌芽起步阶段有了大幅度上升，且出现了针对特定问题进行深入研究的硕士学位论文，学术成果样态更为丰富。系统深化阶段，在学术会议 / 论坛、科研立项和人才培养这“三驾马车”的推动下，PSC 学术研究更为全面、系统、深入，学术成果更为丰硕，形成了多层次、多规格的普通话测试教育网络，出版了相关的教材和理论著述，夯实了学科的理论基础，培养了一批高层次的 PSC 专业人才，为我国 PSC 事业的迅速发展做出了巨大贡献。

第二，PSC 研究具有螺旋发展性。通过对不同时期学者研究问题的比较，我们发现对同一问题的观照会在不同时期出现，这说明知识的前行并不总是按照线性轨迹运行的。但是若将这些研究置于整个 PSC 研究历程中，我们发现，不同阶段研究问题表面的相同实则蕴含了潜在的变化，体现了 PSC 研究发展的特点。举例来说，各个阶段都有针对测试题型的探讨，但不同阶段的研究深度又各不相同；各个阶段都有对测试标准的研究，但早期重经验总结，而系统深化阶段则出现了大量使用语图等实验语音学手段进行的研究，实证色彩渐趋浓厚。

第三，PSC 研究具有“双实”特性。“双实”之一指实践。从几代测试人的学术实践来看，他们均非只知埋头书斋的学者，而是重视研究与测试实践的结合。PSC 不同发展阶段的研究焦点虽然各有侧重，但都离不开测试工作实际。学者们在充分了解测试实践的基础上，将其中存在的问题作为学术研究的对象，进行深入的思考，并以此为研究动因，进一步向前推进 PSC 的研究进程。“双实”之二指实证。尽管实证研究成果的数量经历了一个由少到多的过程，但是从等级标准的确定，到国家级 PSC 题库的建设，再到机辅测评系统的研制和改进，每一步学者都进行了并在不断进行着大量的实证研究，以确保研究成果的精确性、客观性、科学性。

第四，PSC 研究具有科研项目引领性。自酝酿研制以来，特别是进入系统深化阶段之后，PSC 领域的学者们在各级科研项目的引领下，进行了大量研究，发表于各级期刊上的学术文章中有 336 篇是各类项目的阶段性成果。当然，PSC 的学术发展并不拘泥于某一项或者某几项特定的课题，而是在不断应对时代发展对该研究提出的新情况，回答社会变迁对该研究提出的新问题，迎接历史的演进对该研究提出的新挑战。

第五，PSC 学术观点不断走向全面。随着 PSC 研究的深入、技术条件的改善、学术视野的扩展，学者们看待同一问题的视角日趋多样，对问题的挖掘和现象的解释更加深广，得出的结论也更加全面。对于问题的全面认识，使学者在提供问题解决方案的时候考虑更加周全，对问题的解决更能“药到病除”。

第六，PSC 学术研究人才的迭现性。任何研究的进展都以“人”为本位，人才迭出是学科兴旺的保证。PSC 在不同的发展阶段，均涌现出了一批具有较好研究素质的学术骨干和学术中坚力量。从年龄来看，PSC 学术研究人才可以分为三个层面：老一辈，于 20 世纪 80 年代开启测试研究之门，是 PSC 研究的开拓者，他们中的很多人现在仍保持着学术上的青春，新作不断，起到了学术引路人的作用；中生代，于 20 世纪 90 年代中期踏足 PSC 研究领域，并成为测试研究的主力军，他们将 PSC 发展为一门正式的学科，组建了研究团队，培养了研究人才，研制出了一系列有影响力的学术成果，他们是测试研究的中坚力量；新生代，以 21 世纪培养的 PSC 方向的硕、博士为主体，他们与中生代测试研究者具有一定的师承关系，在老一辈和中生代 PSC 学者的培育指导下，活跃于测试研究的各个领域。

第七，PSC 的学术研究突破了传统的研究范式，正在建立新的研究范式。PSC 充分重视逻辑分析、调查研究、实验实践在学术研究中的重要性，推进了测试学术的渐进历程。

PSC 是 20 世纪 80 年代初才刚刚兴起的一个崭新的研究门类，学术发展获得了一定的成就，且确立了学科地位。作为一门交叉学科，PSC 拥有广泛的研究空间，但是跟其他学科相比还非常年轻。在今后的发展中，应进一步丰厚其理论基础，创新其研究方法，变学术“逆差”为学术“顺差”，使 PSC 作为一门学科，不再是语言学及应用语言学领域中一个微不足道的分支，而是发展成一条宽阔的大河，在学科发展的湍流中不断翻滚前行，滋润更多学者、学子的心灵。

## :: 参考文献 ::


陈章太（1983）略论汉语口语的规范，《中国语文》第 6 期。

陈章太（1997）论普通话水平测试等级标准，《语言文字应用》第 3 期。

陈章太（2005）《语言规划研究》，北京：商务印书馆。

戴梅芳主编（1997）《普通话水平测试研究》，北京：语文出版社。

龚千炎（1992）我们的设想，《语言文字应用》第 1 期。

国家语委普通话与文字应用培训测试中心编（2016）《普通话水平测试二十年》，北京：语文出版社。

国家语言文字工作委员会普通话培训测试中心、《语言文字应用》编辑部合编（1998）《普通话水平测试的理论与实践》，北京：商务印书馆。

韩玉华（2014）《普通话水平测试发展历程》，北京：语文出版社。

蒋冰冰、王颐嘉（2008）普通话水平行业测试可行性调查及方案研究，《中国文字研究》第 2 期。

李海英（2006）《普通话水平测试（PSC）的社会语言学阐释》，济南：齐鲁书社。

李宇明（2014）汉语的层级变化，《中国语文》第 6 期。

李宇明（2017）大华语：全球华人的共同语，《语言文字应用》第 1 期。
刘照雄（1994）推广普通话的重要举措——普通话水平测试简论，《语言文字应用》第 4 期。
刘照雄（1997）《普通话水平测试大纲》的编制和修订，《语言文字应用》第 3 期。
刘照雄（2004）《普通话水平测试实施纲要》概述，《语言文字应用》第 3 期。
鲁允中（1987）普通话水平测试刍议，《语文建设》第 3 期。
陆俭明（2005）关于建立“大华语”概念的建议，载《汉语教学学刊》编委会编《汉语教学学刊》第 1 辑，北京：北京大学出版社。
吕建国、姬凤霞（2003）关于分类实施普通话水平测试的构想，载广东省语言文字工作委员会办公室编《广东省普通话水平测试优秀论文集》，广东省语言文字工作委员会（未正式出版）。
罗　威（2015）普通话语音缺陷信息分析系统的设计与实现，华南理工大学硕士学位论文。
聂　丹（2010）汉语口语测试任务难度影响因素探究，中国社会科学院研究生院博士学位论文。
聂　丹（2011）关于普通话水平测试研究走向的思考，《语言文字应用》第 2 期。
聂　丹（2012）《普通话水平测试研究概说》，北京：语文出版社。
侍建国、卓琼妍（2013）关于国家语言的新思考，《语言教学与研究》第 1 期。
宋欣桥（2000）《普通话水平测试员实用手册》，北京：商务印书馆。
宋欣桥主编（2007）《香港普通话测试研究与发展》，香港：商务印书馆。
屠国平（1995）师范院校“推普工程”的实践与思考，《绍兴师专学报（哲学社会科学版）》第 4 期。
屠国平（2007）实施 PSC 行业分级测试若干问题的思考——兼评《普通话水平测试实施纲要》，《绍兴文理学院学报（哲学社会科学版）》第 4 期。

屠国平（2010）《普通话水平测试研究》，杭州：浙江大学出版社。
王　晖（2004）《普通话水平测试大纲》修订的若干问题，载教育部语言文字应用研究所编《语言文字应用研究论文集Ⅱ》，北京：语文出版社。
王　晖（2013）《普通话水平测试阐要》，北京：商务印书馆。
王渝光（2011）《实验语音学：普通话水平测试等级标准》，昆明：云南大学出版社。
王渝光、杨瑞鲲、李洪平（2010）《语言信息处理与普通话水平测试》，昆明：云南大学出版社。
吴雪青（2007）PSC领域化的初步构想，《绍兴文理学院学报（哲学社会科学版）》第4期。
许晶敏（2001）高等师范院校普通话水平测试工作的实践与思考，《天水师范学院学报》第4期。
姚喜双（2004）《大纲》修订和《纲要》研制的思考，《语言文字应用》第3期。
姚喜双（2011）普通话水平测试若干问题研究，《云南师范大学学报（哲学社会科学版）》第6期。
姚喜双（2015）语言是打开未来之门的钥匙，《人民日报》9月15日第5版。
姚喜双、韩玉华、聂　丹、黄霆玮、孟　晖（2011）《普通话水平测试概论》，北京：高等教育出版社。
姚喜双、韩玉华、孟　晖、聂　丹、黄霆玮（2014）《普通话水平测试常用术语》，北京：语文出版社。
张家芝、韩少华（1995）一次普通话水平等级测试的实践，《语文建设》第10期。
朱丽红（2011）面向小学生的普通话水平测试实验研究，《语言文字应用》第1期。
朱丽红（2015）小学生普通话水平测试研究，北京语言大学和教育部语言文字应用研究所联合培养博士后出站报告。
朱丽红（2018）2012—2017年普通话水平测试研究概述，《浙江师范大学学报（社会科学版）》第6期。
周　梅（2017）《普通话水平测试手段探究》，合肥：安徽人民出版社。

（作者单位：青岛大学）

# 少数民族国家通用语言
# 标准与测试研究

# MHK（三级）阅读分测验与《欧洲语言共同参考框架》的对接研究

高怡雪

**提　要**　能力标准说明对测验具有非常重要的作用，目前 MHK 考试大纲面临修订，其中就包括考生能力标准的完善，因此本研究参照《欧洲语言共同参考框架对接手册》中规定的四个步骤（熟悉框架、内容评定、标准设定、实证效度验证）来研究 MHK（三级）阅读分测验所对应的《欧框》等级。研究结果显示：达到 MHK（三级）阅读分测验及格水平的考生，其阅读能力水平基本可达到《欧框》B1 级别的阅读能力要求。利用此研究结果可对 MHK（三级）考生所应具有的阅读能力进行初步描述，并在《欧框》视角下进一步完善 MHK 考试大纲，具有一定的实践意义。

**关键词**　《欧框》；对接研究；MHK（三级）；实证效度验证

## 一　引　言

中国少数民族汉语水平等级考试（以下简称 MHK）是在第二语言教学

理论的指导下，结合我国少数民族学习汉语的特点，专门测试母语非汉语的少数民族汉语学习者汉语水平的国家级标准化考试，主要考查应考者实际运用汉语进行交际的能力，是一个可靠、有效、权威的汉语水平评价工具。

但 MHK 在发展过程中还存在一些亟待解决的问题，如 MHK 考试大纲中对考生能力标准的描述还有一些需要完善的地方，这主要体现在现有大纲的能力标准较为笼统，可操作性不强；而且对 MHK 这样一项需要以能力标准说明为命题依据的测验而言，能力标准的准确性还会影响到试题质量。与此同时，2013 年 12 月《民族中小学汉语课程标准（义务教育）》（2006 年《全日制民族中小学汉语课程标准》的修订版，下文简称《课程标准》）正式颁布，以该《课程标准》为主要参考依据的 MHK 大纲也面临修订，其中就包括对考生能力标准的完善。

《欧洲语言共同参考框架：学习、教学、评估》（*Common European Framework of Reference for Languages: Learning, Teaching, Assessment*，英文简称 CEFR，以下简称《欧框》）（Council of Europe，2001）是在欧洲一体化的背景下，由欧洲委员会历时 10 年于 2001 年颁布的一套共同语言能力参照标准，该标准旨在为欧洲各国语言教学界的大纲设计、课程设置、教材编写和测试评估等提供一个共同的基础。如今《欧框》已得到欧洲乃至国际语言教学界的广泛认可，被认为是目前为止最具有代表性的语言能力标准。基于此，国际上有越来越多的大型语言测试如雅思、托福等尝试与《欧框》等级进行对接，并在对接的基础上寻求统一的语言能力标准描述和分数解释。

因此，将 MHK 和《欧框》进行对接，不但能参考《欧框》语言能力标准更科学合理地分析考生的语言能力标准，进行统一描述，解释考试分数，还可在量表视角下进一步完善 MHK 考试大纲，为 MHK 考试大纲的修订提供参考性意见，具有较强的研究意义。

MHK 共分为四个级别，其中 MHK（三级）主要是为了满足汉语授课的普通高等院校从少数民族考生中招收学生的需要，具有高校招生作用，因此考生群体规模大，社会影响力广泛，改进的需求也更为迫切。MHK（三级）笔试部分有三个分测验——听力、阅读和书面表达，阅读分测验客观性较强，不受评分员主观判断影响，且易于操作，同时有更为清晰直观的分析架构——DutchGrid，便于进行内容评定。

因此本研究将根据《欧洲语言共同参考框架对接手册》（*Relating Language Examinations to the Common European Framework of Reference for Languages: Learning, Teaching, Assessment*（CEFR），以下简称《手册》）（Council of Europe，2003）中所提供的四个对接步骤，将MHK（三级）阅读分测验与《欧框》进行对接，探索MHK（三级）阅读分测验与《欧框》的对接关系，在此基础上尝试对达到MHK（三级）及格水平的考生所具有的汉语阅读能力进行描述，并对《中国少数民族汉语水平等级考试大纲（三级）》[下文简称《MHK大纲（三级）》]的修订提出一些改进建议。

## 二　国内语言测验与《欧框》对接研究现状

随着《欧框》在欧洲各国语言教育、学习、评估领域的不断推广和应用，其影响也日渐深远，关于《欧框》的研究也越来越广泛、深入。根据笔者搜集到的资料，目前国内关于《欧框》的研究主要集中在以下四个方面：第一类是翻译、介绍和评价类研究，数量较多；第二类是基于《欧框》对其他语言能力标准、大纲以及测验进行的研究；第三类是讨论《欧框》对我国第二语言教学的指导意义；第四类是《欧框》与其他语言测试的匹配或对接研究。在此重点介绍第四类。

通过整理现有文献发现，现有的对接研究虽然采用的对接方法有所差异，但实质上基本都依据《手册》中提供的四个步骤：熟悉框架、内容评定、标准设定、实证效度验证。不过，由于完整地开展这四个步骤需要耗费大量人力、物力和财力，因此较多的研究都只是采用其中一个或几个步骤，而且现有研究的重点都是目标语言测验与《欧框》对接本身，对对接效度（即对接是否有效）的研究还较少，仅有以下几篇文献：刘静观（2012）将某高校英语专业二年级学生的托福成绩作为一个外部效度来验证对接的有效性；邹娅一（2016）通过比较分析被试在高考英语听力测试与托福听力测试中的成绩以及受试者对自身英语水平的评估（即自评量表），来进一步验证等级匹配结果的有效性，但这仅仅是对外部效度的一个收集；姜子芸（2019）通过调查问卷的方式了解整个标准设定过程中各个环节的实施质量，并通过计算分界分数的标准差及运用多面 Rasch 模型来收集标准设定的内部效度证据，但这也仅是从过程效度和内部效度两个方面来收集。总的来说，以上效度收集的角度均不够充分，而李珍等（2010）指出，无论是哪种标准设定方法，都需要研究者尽可能多地提供效度证据来证明该标准设定方法的对接结果是有效的，效度验证的过程就是一个证据累积的过程，也就是说，要想保证整个对接的有效性，就需要从不同的角度来收集效度证据。

因此本研究通过过程性效度、内部效度和外部效度三个角度更加全面地收集效度证据来验证对接结果的有效性，这可为对接效度验证的实证研究提供一定的参考，同时也是本研究的创新点。

## 三　研究方案

### 3.1　专家小组成员

参与对接研究的 11 位专家均具有汉语作为第二语言少数民族教学经验，教龄均为 5 年以上，教学经验丰富；且教授的学生覆盖北京、新疆、青海、内蒙古、四川、吉林等地，学生总体能力水平可基本代表 MHK（三级）目标群体。专家中有 4 位参与过 MHK（三级）的命题和审题工作，对 MHK（三级）阅读分测验的命题思路和要求比较了解；有 2 位具有语言测试背景，对 Bookmark 法的基本原理和具体流程有一定的了解。

## 3.2 具体过程

整个对接过程按照《手册》中提供的四个步骤——熟悉框架、内容评定、标准设定、实证效度验证来进行。

第一是熟悉框架阶段。专家在这一阶段应充分且深入地熟悉《欧框》中的相关语言能力量表，并准确理解各级别的“能做”描述，以保证对接任务的顺利进行。该阶段主要工作是先将相关需要熟悉的材料发放给各位专家，然后对专家进行统一培训，通过讲解、讨论、测试等几个小环节，保证各位专家熟悉量表及各级别的“能做”描述语。

第二是内容评定阶段。这一阶段的主要工作一是基于 DutchGrid 评定框架中的描述维度，对照《欧框》，对 MHK 阅读分测验真题试卷进行内容分析，即实现 MHK 阅读分测验与《欧框》对接的可行性分析；二是将《MHK 大纲（三级）》和《欧框》阅读理解能力描述进行对比分析，初步确定 MHK（三级）阅读理解能力要求与《欧框》等级的匹配关系。

第三是标准设定阶段。这一阶段用 MHK（三级）2018 年 5 月和 11 月全国卷考生的作答反应数据进行实证研究。研究利用 Bookmark 标准设定法建立起《欧框》A2、B1 和 B2 三个级别能力标准说明与 MHK（三级）阅读分测验的对接关系。Bookmark 法作为一种典型的基于 IRT 的标准设定方法，具有其他标准设定法无法比拟的优势：一是 Bookmark 法为专家提供了每道题目的难度值，可减轻专家组成员的任务（陈梦竹、张敏强，2009）；二是一次可设置多个分界分数线。本研究需建立起《欧框》三个级别与 MHK（三级）阅读分测验的关系，选用 Bookmark 法可较大程度地节约时间。

第四是实证效度验证阶段。这一阶段旨在通过收集效度证据来证明对接结果的有效性，本研究从过程性证据、内部证据、外部证据三个角度收集效度资料，了解标准设定结果的效度情况。过程性效度证据通过对专家组成员进行问卷调查的方式了解整个标准设定过程中各个环节的实施质量，问卷第一部分采用的是李克特五级量表，1—5 分表肯定程度加深（题目具体信息详见附录）；内部效度证据主要是运用肯德尔和谐系数来对第三轮专家判断的一致性进行验证，肯德尔和谐系数的一般计算公式为：

$$\omega = \frac{12s}{k^2(n^3-n)} \qquad \text{式（3-1）}$$

其中，$s=\sum R_i^2 - \frac{(\sum R_i)^2}{n}$ 表示每个被评题目等级之和的离差平方和，$k$ 表示评分者人数，$n$ 表示被评的题目数。在本研究中，$k$ 等于 11，$n$ 等于 3，即 A2、B1、B2 三个级别（孙根寿，1994）。

外部效度证据是根据《欧框》所提供的自评量表分别建立 A2 级别和 B1 级别的阅读能力自评表，让参与 MHK（三级）考试的考生对自身阅读能力水平进行自我评估。自评量表仍采用李克特五级量表，且每个级别包含 8 道自我描述，考生需根据自己的汉语阅读能力选择最符合自己的一项。选用的考生样本是新疆医科大学预科班的学生，他们都参加了 2018 年 11 月的 MHK（三级）考试，有效样本数为 120 份。

## 四　研究结果

### 4.1　熟悉框架结果

熟悉框架阶段培训会结束后，收集专家组成员在两个小测试环节中的所有作答数据，利用 SPSS18.0 软件进行分析，计算出每位专家作答的正确率以及与正确答案之间的相关系数。为便于计算，令 A2 级别 =1，B1 级别 =2，B2 级别 =3，选择可用来计算等级变量线性关系的斯皮尔曼等级相关系数（Spearman's rank correlation coefficient，简称斯皮尔曼相关系数）进行计算，具体结果详见表 1、表 2：

**表 1　专家作答正确率**

| 专家 | 第一环节 | 第二环节 | | | | | | | 正确率（%） |
|---|---|---|---|---|---|---|---|---|---|
| | （1） | （1） | （2） | （3） | （4） | （5） | （6） | （7） | |
| 答案 | 231 | 1 | 2 | 3 | 2 | 3 | 1 | 3 | |
| Y 老师 | 231 | 1 | 2 | 3 | 2 | 3 | 1 | 3 | 100 |
| L 老师 | 231 | 1 | 2 | 3 | 2 | 3 | 1 | 3 | 100 |
| D 老师 | 231 | 1 | 2 | 3 | 2 | 3 | 1 | 3 | 100 |
| H 老师 | 312 | 1 | 2 | 3 | 2 | 3 | 1 | 3 | 88 |
| B 老师 | 231 | 1 | 3 | 3 | 2 | 3 | 1 | 3 | 88 |
| S 老师 | 231 | 1 | 2 | 3 | 2 | 3 | 1 | 3 | 100 |
| Q 老师 | 231 | 1 | 3 | 3 | 2 | 3 | 1 | 3 | 88 |
| W 老师 | 123 | 1 | 2 | 3 | 2 | 3 | 1 | 3 | 88 |
| M 老师 | 231 | 1 | 2 | 3 | 2 | 3 | 1 | 3 | 100 |
| X 老师 | 231 | 1 | 2 | 3 | 2 | 3 | 1 | 2 | 88 |
| Z 老师 | 231 | 1 | 2 | 3 | 2 | 3 | 1 | 3 | 100 |

**表 2　第二环节专家作答与正确答案的斯皮尔曼相关系数**

| 专家 | 答案 | 专家 | 答案 |
|---|---|---|---|
| Y 老师 | 1.000** | Q 老师 | 0.896** |
| L 老师 | 1.000** | W 老师 | 1.000** |
| D 老师 | 1.000** | M 老师 | 1.000** |
| H 老师 | 1.000** | X 老师 | 0.900** |
| B 老师 | 0.896** | Z 老师 | 0.896** |
| S 老师 | 1.000** | | |

注：** 表示 在 0.01 水平（双侧）上显著相关。

从表1可看出，有6位专家的正确率为100%，有5位专家的正确率为88%，专家组成员的错误作答题目数均在1道以内；且从表2可知，第二环节各位专家的作答与正确答案之间的斯皮尔曼相关系数至少在0.90附近，且在0.01的水平（双侧）上显著相关。这说明专家对《欧框》A2、B1、B2三个级别阅读理解能力水平说明的熟悉程度是比较理想的。

## 4.2 内容评定结果

本部分从阅读策略、阅读任务、词汇量、阅读速度四个维度，将《MHK大纲（三级）》中对考生阅读理解能力的描述与《欧框》阅读能力要求进行对比分析，主要参照的是《欧框》阅读能力量表，对比结果如表3所示。

**表3 《MHK大纲（三级）》阅读理解能力描述与《欧框》阅读能力要求对比分析表**

| 对比项 | 《MHK大纲（三级）》阅读理解能力描述 | 《欧框》A2级阅读能力要求 | 《欧框》B1级阅读能力要求 | 《欧框》B2级阅读能力要求 |
| --- | --- | --- | --- | --- |
| 阅读策略 | 1. 撷取阅读材料的主要信息，了解阅读材料的主要内容；<br>2. 跨越个别文字和文化知识障碍，根据上下文推断阅读材料中省略的一些非关键性内容 | 1. 能在生活常见的书面资料，如宣传小册子、菜单、广告、清单和时刻表中找到具体的、计划要找的信息；<br>2. 对于日常和具体的主题，能根据简短的文章和语句的大意推测出生词的基本意思 | 1. 能浏览篇幅较长的文章，并从中找到需要的信息，能将一篇文章里不同部分的信息，或者不同文章里的各种信息进行归纳汇总，以完成特定的交际任务；<br>2. 对自己专业、兴趣内、熟悉的主题，能根据上下文猜出生词的意义 | 1. 能快速浏览篇幅长且内容复杂的文章，并能掌握重点；<br>2. 懂得运用不同的理解策略，如根据上下文检查自己的理解 |
| 阅读任务 | 1. 把握和概括阅读材料的主旨、要点或梗概；<br>2. 领会作者的态度、情感、语气、倾向等 | 1. 能读懂语言简单的规章制度，如安全须知；<br>2. 能读懂常用设施的操作指南，如公用电话的操作方法 | 1. 能找出条理清晰的议论文的主要观点，并可找出论述问题的大致框架，但不一定能读懂细节；<br>2. 能看出与日常生活相关的、内容简单的报刊文章的要点 | 1. 能读懂自己领域内非常专业的文章，并从中获得信息、结论和观点；<br>2. 通过查阅字典，能读懂自己领域之外的专业文章 |

续表

| 对比项 | 《MHK 大纲（三级）》阅读理解能力描述 | 《欧框》A2 级阅读能力要求 | 《欧框》B1 级阅读能力要求 | 《欧框》B2 级阅读能力要求 |
|---|---|---|---|---|
| 词汇量 | 把握具体语言环境中大纲规定范围内词语的语义和用法 | 对于经常接触的或与日常生活相关的短文或实用文中的常见词语具有充分的认识 | 能够熟知与年级水平和发展阶段相符的词汇，能够轻松了解包含大量一般性词汇的文章 | 掌握大量的阅读词汇，但是理解比较生僻的词语时可能有困难 |
| 阅读速度 | 阅读速度为 150—190 字 / 分钟 | — | — | 阅读具有相当大的自主性，懂得出于不同目的、采用不同的方法和速度阅读不同的文章 |

MHK（三级）阅读分测验文本题材包括社会文化、经济生活、科技常识、人物活动、地理环境等方面，均与 MHK（三级）考生群体的生活工作息息相关，是考生较为熟悉的话题内容，体裁有记叙文、说明文和议论文，且篇幅有长有短，字数范围在 220—500 之间。词汇大部分限制在 MHK 总词汇表的甲、乙、丙级词中，只允许少量非关键性词语是丁级词，即超纲词。因此从理解策略、阅读任务、词汇量、阅读速度这四个角度进行对比分析，可发现《MHK 大纲（三级）》阅读理解能力描述与《欧框》B1 级阅读能力要求较为相近。

## 4.3 标准设定结果

本次标准设定研究以实际参加 2018 年 5 月和 11 月 MHK（三级）全国卷笔试部分考生的阅读理解分测验作答数据为样本，为便于说明，分别记为 A 卷（正式标定试卷）和 B 卷（模拟标定试卷）。根据内容评定的结果，探究《欧框》A2、B1 和 B2 三个级别能力标准说明与 MHK（三级）阅读分测验的对接关系。

在正式标定前，利用 IRT 单参数逻辑斯蒂模型进行题目难度参数估计，并基于 IRT 参数估计结果，按照难度参数从小到大的顺序将 A 卷和 B 卷阅读理解部分的试题进行排序，组成如图 1 所示的有序测验题目册。有序测验题目册是 Bookmark 法中专家组成员进行判断时主要依据的工具（陈平、辛涛，2013），每一页中包含一道题目的相关信息。第一行“题号”即该题目在试卷中的题目号，页码是在该题目册中的位置，也是专家书签放置位置的页码；第二行“难度”是利用 1PL 模型估计出的题目难度参数；第三行是正确作答的概率在 2/3 时，该题目所要求的考生能力值 $\theta$；接下来是具体的题目信息，包括题干、选项、正确答案；最后一行是该题目在测验册中的页码。MHK（三级）阅读分测验每个语料下带有 3 道或 4 道题目，为便于专家阅读和理解，将所有语料单独汇集，制作成材料册。

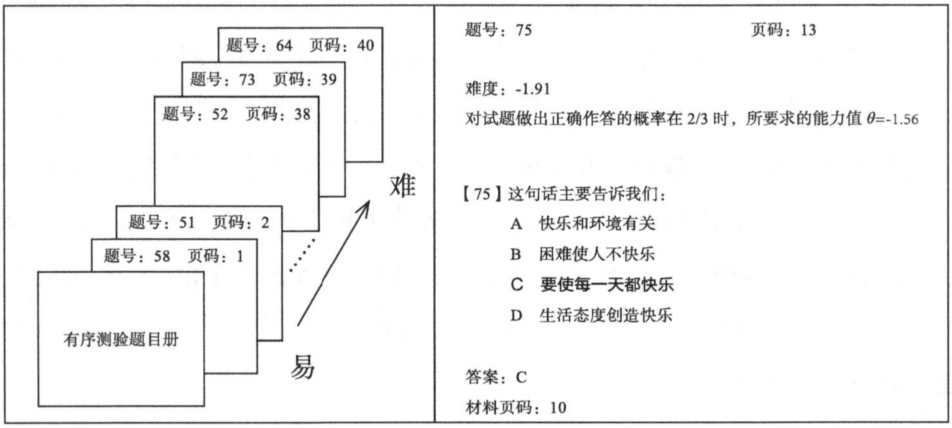


**图 1 有序测验题目册样册**

正式标定时，首先对专家们进行培训，并利用 B 卷进行模拟标定，让各位专家熟悉 Bookmark 法的具体流程并重点掌握如何放置书签。然后，专家们基于自身的教学经验，在 A 卷上进行正式标定。正式标定共分三轮进行，三轮判断结果以对应能力值的形式分级别进行描述性统计分析，结果如表 4、表 5、表 6 所示。

表 4 A2 级别以考生能力值表示的正式标定结果描述性统计分析

| 描述性统计 | 第一轮判断结果 | 第二轮判断结果 | 第三轮判断结果 |
|---|---|---|---|
| 平均值 | -1.40 | -1.34 | -1.25 |
| 标准差 | 0.51 | 0.28 | 0.06 |
| 众　数 | -1.74 | -1.26 | -1.26 |
| 中位数 | -1.74 | -1.26 | -1.26 |
| 最小值 | -1.87 | -1.74 | -1.40 |
| 最大值 | -0.25 | -0.88 | -1.17 |

表 5 B1 级别以考生能力值表示的正式标定结果描述性统计分析

| 描述性统计 | 第一轮判断结果 | 第二轮判断结果 | 第三轮判断结果 |
|---|---|---|---|
| 平均值 | 0.03 | -0.04 | 0.04 |
| 标准差 | 0.51 | 0.46 | 0.37 |
| 众　数 | -0.02 | -0.25 | -0.25 |
| 中位数 | -0.02 | -0.25 | -0.25 |
| 最小值 | -0.89 | -0.89 | -0.25 |
| 最大值 | 0.59 | -0.46 | 0.55 |

表 6 B2 级别以考生能力值表示的正式标定结果描述性统计分析

| 描述性统计 | 第一轮判断结果 | 第二轮判断结果 | 第三轮判断结果 |
|---|---|---|---|
| 平均值 | 2.15 | 1.67 | 1.97 |
| 标准差 | 0.83 | 0.93 | 0.93 |
| 众　数 | 2.64 | 2.64 | 2.64 |
| 中位数 | 2.64 | 1.02 | 2.64 |
| 最小值 | 0.76 | 0.80 | 0.80 |
| 最大值 | 2.64 | 2.64 | 2.64 |

从表 4、表 5、表 6 可知，随着判断次数的增加，专家在 A2、B1 级别上判断结果的标准差均呈下降趋势，B2 级别标准差则基本持平，这说明专家们的判断趋于一致，分歧逐渐缩小。

Bookmark 法专家结果不一致时，以往研究有两种较为常见的处理方法：一是以最后一轮判断结果的均值作为分界分数，该方法运用范围较广，如 Skaggs & Hein（2011）在比较 Bookmark 与“是否法”这两种标准设定法时，就选用原始分数与能力值的均值作为最终的结果；二是以最后一轮判断结果的中位数值作为分界分数，如 Yin & Schulz（2005）鉴于专家第三轮判断结果中存在极端值，因此选择专家判断的中位数作为最终标定的结果，因为中位数可最大限度地减少极端值对结果的影响。

经过综合分析，为避免受到极端值影响，本研究最终确定以第三轮判断结果的能力值中位数作为分界分数，根据此标准，A2、B1、B2 级别所对应的能力值分别是 -1.26、-0.25、2.64。运用 Parscale 软件进行 1PL 模型的参数估计时，除了生成每道题目的难度参数之外，还可生成考生能力值与原始分数的对应表；再根据专家判断的 A2、B1、B2 级别所对应的能力值，即可对接到考生的原始分数上来。MHK（三级）阅读分测验的原始分数是需要经过等值处理的，因此经过等值、导出分数等一系列分数转换之后，可得到三个级别的能力值所对应的导出分数，并与 MHK（三级）阅读理解分测验导出的分数及格线进行对比，具体结果详见表 7。由表 7 可知，《欧框》A2 级别所对应的 MHK（三级）导出分数约为 41，B1 级别所对应的导出分数约为 67，而 B2 级别的能力值为 2.64，大于 MHK 满分所对应的能力值，因此无对应的原始分数和导出分数，这说明《欧框》B2 级别的阅读能力标准要高于 MHK（三级）阅读理解分测验考查的能力范围。MHK（三级）阅读分测验导出分数及格线为 55，在 A2 级别与 B1 级别之间。

表 7 《欧框》三个级别与 MHK（三级）阅读分测验及格线分数对比表

| 级别 | 能力值（RP=0.67） | 原始分数 | 导出分数 |
|---|---|---|---|
| 《欧框》A2 | -1.26 | 20.00 | 41.00 |
| **MHK（三级）** | **—** | **—** | **55.00** |
| 《欧框》B1 | -0.25 | 26.00 | 67.00 |
| 《欧框》B2 | 2.64 | — | — |

## 4.4 实证效度验证结果

### 4.4.1 过程性效度验证结果

将专家们的问卷调查结果运用 SPSS18.0 进行描述统计后，得到每道题目专家得分的均值，结果详见表 8。结果显示，问卷第一部分、第三部分每道题目的均值均大于 4，说明标准设定各个环节都十分清晰、完整、实用，实施质量良好，且专家对最终分界分数基本满意；第二部分第 4 题（自己的教学经验）和第 1 题（对各个等级临界水平考生阅读能力的理解）的平均得分最高，说明这两个因素对专家的判断影响最大，而第 2 题（各个环节间的讨论）和第 3 题（小组其他成员书签放置的位置）的平均得分均低于 4 分，说明这两个因素对专家的判断有一定影响，但是影响较小，这与 Bookmark 法的判断标准基本吻合。总体而言，问卷调查的结果可支持标准设定过程的有效性。

表 8 问卷调查结果的均值

| 第一部分 | | 第二部分 | | 第三部分 | |
|---|---|---|---|---|---|
| 题号 | 得分 | 题号 | 得分 | 级别 | 得分 |
| 1 | 4.82 | 1 | 4.45 | A2 | 4.82 |
| 2 | 4.91 | 2 | 3.91 | B1 | 4.36 |
| 3 | 4.91 | 3 | 3.27 | B2 | 4.64 |

续表

| 第一部分 | | 第二部分 | | 第三部分 | |
|---|---|---|---|---|---|
| 题号 | 得分 | 题号 | 得分 | 级别 | 得分 |
| 4 | 4.82 | 4 | 4.73 | | |
| 5 | 4.82 | | | | |
| 6 | 4.82 | | | | |
| 7 | 4.73 | | | | |

### 4.4.2 内部效度验证结果

根据肯德尔和谐系数计算公式，将每位专家最后放置的书签页码作为每个级别的评定等级，最终计算求得肯德尔和谐系数为0.496，值偏低，但检验专家的评估是否一致仅靠值是不充分的（孙根寿，1994），因此还需进行肯德尔和谐系数的显著性检验。当评分者人数为3—20人，被评题目数为3—7题，即小样本情况时，可利用《肯德尔和谐系数显著性检验时 $s$ 的临界值表》来进行显著性检验（邬庆祥，1984）。本研究中专家判断的 $s$ 值经计算为121，查阅《肯德尔和谐系数 ω 显著性临界值表》可知，当 $k$=11、$n$=3 时，在0.01置信水平下，$s$ 的临界值约为94，121>94，因此该 ω 值在0.01的置信水平是显著的，这说明第三轮专家判断的一致性程度较高，是较为可信的。

### 4.4.3 外部效度验证结果

由于本文要研究的是达到MHK（三级）阅读分测验及格水平的考生对应《欧框》的等级情况，且MHK（三级）阅读分测验的及格分数为55分，因此我们选取了MHK（三级）阅读分测验成绩在55—65分范围内的考生数据。最终符合要求的样本量为35，其中男女性别比为3∶5。

这两个级别的自评量表均为5分量表，颜巧珍（2015）在利用考生语言能力自评量表探究我国英语专业各个年级学生英语语言能力与《欧框》对接关系时，以3.5分作为判断考生能力是否达到《欧框》某一级别要求的评判标准，即考生的自评量表得分在 3.5 以上，即说明该群体考生认为自己可以完成该级别大部分的阅读语言行为，表明他们认为自己具备《欧框》某一级别所要求的阅读能力。本研究也以 3.5 分作为自评量表的评定标准。表 9 为 A2 级别与 B1 级别考生自评量表的结果，是 35 位考生在 8 道题目上的得分均值。由表 9 可知，考生在 A2 级别的得分均值大于 4，B1 级别的得分均值尽管小于 A2 级别，但也大于 3.5，这说明达到 MHK（三级）阅读分测验及格水平的考生，认为自己的阅读能力高于《欧框》B1 级别的阅读能力要求。

**表 9　A2 与 B1 级别自评量表结果**

| 级别 | 均值 | 标准误 |
|---|---|---|
| 《欧框》A2 | 4.18 | 0.19 |
| 《欧框》B1 | 3.97 | 0.21 |

# 五　结　论

Bookmark 标准设定法结果显示：达到 MHK（三级）阅读理解分测验及格水平的考生，其汉语阅读理解能力水平处于《欧框》A2 级别到 B1 级别之间。参考内容评定、外部效度验证的结果，最终确定通过 MHK（三级）阅读分测验的考生，其阅读能力水平可基本达到《欧框》B1 级别阅读能力要求。因此本研究基于此结果，并借鉴《欧框》语言学习者的阅读能力标准和标准评定阶段专家提出的相关意见，在现有《MHK 大纲（三级）》阅读能力标准的基础上，尝试对通过 MHK（三级）阅读分测验的考生所具有的阅读能力进行初步描述，即：

（1）能够浏览字数在 220—500 字范围内的文章，并从中找到所需要的信息或将文章中不同段落的信息进行归纳汇总，以完成特定的交际任务；

（2）能够读懂有关社会文化、经济生活、科技常识、人物活动、地理环境等方面的文章，并根据上下文语境推测阅读材料中省略的一些非关键性内容；

（3）能够找出条理清晰的议论文的主要观点，并找出论述问题的大致框架，但不一定能读懂细节；

（4）能看懂与日常生活相关的、内容简单的报刊文章的要点，并领会作者的态度、情感、语气、倾向等；

（5）能够熟知 MHK 大纲规定的，甲、乙、丙级别范围内的词语的语义和用法，能够轻松了解包含甲、乙、丙级词语的文章，有时文章中会有少量丁级词；

（6）阅读速度为 150—190 字 / 分钟。

本研究结果可为 MHK（三级）大纲的修订提供参考，更加合理地分析 MHK（三级）考生所应达到的阅读能力水平，并为教师教学提供一定的反馈。

此外，今后在制定 MHK（三级）阅读能力标准和完善考试大纲时，可借鉴《欧框》能力标准的制定过程，综合运用定性研究、定量研究、教师判断等研究方法，描述语用语遵循“全面、透明、协调”的原则，从语言学习者的交际活动、交际策略、语言交际能力、应用文本等多个角度来描述考生的语言能力。

本研究的不足之处在于未能收集更多的内部效度证据，在今后的研究中可利用概化理论估计 Bookmark 法分界分数标准误。

## ∷ 参考文献 ∷

陈梦竹、张敏强（2009）Bookmark 法设置划界分数的研究述评，《心理科学进展》第 5 期。

陈　平、辛　涛（2013）Bookmark 标准设定中的分界分数估计方法比较，《北京师范大学学报（自然科学版）》第 1 期。

姜子芸（2019）高考英语阅读与中国英语能力等级量表对接的实证研究——以江苏省高考英语阅读为例，《辽宁科技学院学报》第 1 期。

教育部民族教育司中国少数民族汉语水平等级考试课题组编（2002）《中国少数民族汉语水平等级考试大纲（三级）》，北京：北京语言大学出版社。

李　珍、辛　涛、陈　平（2010）标准设定：步骤、方法与评价指标，《考试研究》第 2 期。

刘静观（2012）英语专业四级测试与欧洲语言共同参考框架的匹配研究，河南师范大学硕士学位论文。

孙根寿（1994）用肯德尔和谐系数法检验评委的评估技术，《西北师范大学学报（自然科学版）》第 1 期。

邬庆祥（1984）等级评定的一致性检验，《教育科研情况交流》第 4 期。

颜巧珍（2015）英语专业学生英语语言能力现状探究——基于《欧洲语言共同参考框架》，重庆大学硕士学位论文。

邹娅一（2016）高考英语（NMET）与欧洲语言共同参考框架（CEFR）的匹配研究，广东外语外贸大学硕士学位论文。

Council of Europe (2001) *Common European Framework of Reference for Languages: Learning, Teaching, Assessment*. Cambridge: Cambridge University Press.

Council of Europe (2003) *Relating Language Examinations to the Common European Framework of Reference for Languages: Learning, Teaching, Assessment (CEFR)*. Manual: Preliminary Pilot Version. Strasbourg: Language Policy Division.

Skaggs, G. & Hein, S. F. (2011) Reducing the cognitive complexity associated with standard setting: A comparison of the single-passage bookmark and Yes/No methods. *Educational and Psychological Measurement,* 71(3): 571-592.

Yin, P. & Schulz, E. M. (2005) A comparison of cut scores and cut score variability from Angoff-based and Bookmark-based procedures in standard setting. Paper presented at the annual meeting of the National Council on Measurement in Education, Montreal, Canada.

## ∷ 附录：过程性效度问卷 ∷

基本情况

姓名：　　　　　　　　　　性别：

单位：　　　　　　　　　　年龄：

教龄：

主要教授课程：

教授学生所属民族：

一、请选出与你情况最相符的一项。

（1 = 非常不同意；2 = 不同意；3 = 不确定；4 = 同意；5 = 非常同意）

| 项目 | 1 | 2 | 3 | 4 | 5 |
|---|---|---|---|---|---|
| 会前阅读的熟悉材料对我的判断很有帮助 | | | | | |
| 我很清楚该研究的目的 | | | | | |
| 主持人的说明和解释清楚明白 | | | | | |
| 标准设定法方面的培训是充分的，可以帮助我完成任务 | | | | | |
| 我很清楚如何放置书签 | | | | | |
| 每轮判断之间的讨论环节对我很有帮助 | | | | | |
| 整个标准设定过程我都可以顺利地完成 | | | | | |

二、以下这些因素对你书签放置的位置是否有影响?

（1 = 非常有影响；2 = 有一定影响；3 = 没有影响）

| 项目 | 1 | 2 | 3 |
|---|---|---|---|
| 对各个等级临界水平考生阅读能力的理解 | | | |
| 各个环节间的讨论 | | | |
| 小组其他成员书签放置的位置 | | | |
| 自己的教学经验 | | | |

三、请选出与你情况最相符的一项。

（1 = 非常不满意；2 = 有些不满意；3 = 比较满意；4 = 非常满意）

| 项目 | 级别 | 1 | 2 | 3 | 4 |
|---|---|---|---|---|---|
| 我对分界分数最终判断结果的满意度 | A2 | | | | |
| | B1 | | | | |
| | B2 | | | | |

（作者单位：北京语言大学）

# 少数民族汉语写作能力等级量表的构建研究

## ——以 MHK（三级）写作能力量表为例

李平成

**提　要**　随着时代的发展与技术的变革，中国少数民族汉语水平等级考试（MHK）原有的等级标准已不适应时代需求，需要重构。这是个系统工程，本研究从写作能力入手，以 MHK（三级）为突破口，尝试构建少数民族汉语写作能力量表。研究明确了构建少数民族汉语写作能力等级量表的影响因素、原则及方法，据此提出了构建量表的理论框架，并构建了 MHK（三级）写作能力量表。对量表定量分析的结果表明，此量表具有广泛适用性，难度适中，区分度高，且各部分描述语难度存在差异。最后，本研究对教师和学生的量表使用提出了建议。

**关键词**　交际语言能力；写作能力量表；描述语；Rasch 模型

## 一　引　言

我国是一个多民族、多语言的国家。由于历史、地理等因素的影响，各民族间的语言交流成为彼此生存和发展的现实问题。2017 年 4 月 1 日，国家民委教育科技司发布《国家民委关于印发“十三五”少数民族语言文字工作规划的通知》（以下简称《通知》），明确提出了健全民族语文水平等级测试标准和少数民族汉语水平等级测试标准的主要任务。显然，中国少数民族汉语水平等级考试（MHK）作为专门测试母语非汉语的少数民族汉语学习者汉语水平的国家级标准化考试，其标准（量表）的构建属于“十三五”少数民族语言文字工作规划的重要组成部分，亦是MHK顺应时代发展的必要之路。

近年来，MHK逐步吸收语言学、计算机科学、心理与教育测量学的最新发展成果，不断修订和完善等级标准。但这是一个系统工程，工作量巨大，需要分级、分能力要素、逐步有序地推进。MHK共有四个级别，其中三级已成为新疆、吉林、青海、四川、内蒙古等少数民族聚集地区的高考科目（谢小庆，2005），是考生人数最多、影响力最大的考试，对其他级别具有辐射作用。新中国成立以来几十年的汉语教学实践表明，写作能力是少数民族汉语教学与学习的重点和难点，也是MHK考查的重点和难点。基于上述因素，本研究从写作能力入手，以MHK（三级）为突破口，尝试构建少数民族汉语写作能力等级量表。

## 二　构建写作能力量表的理论依据

### 2.1　语言能力量表的演变

研制语言能力量表至今已有半个多世纪的历史，国内外测量界都做过许多探索和尝试，相关研究成果颇丰。

从美国外交学院（Foreign Service Institute，FSI）制定的量表（简称FSI量表）发展到《欧洲语言共同参考框架：学习、教学、评估》（简称“CEFR

量表”)，再到国内的《中国英语能力等级量表》(简称“CSE 量表”)，语言能力量表主要依据的交际语言能力逐渐清晰且易于操作，相关语言学、心理学理论不断发展，运用“Can do”(能做)理念描述语言能力得到广泛认可，这为构建少数民族汉语写作能力等级量表奠定了坚实的理论基础。同时，语言能力量表研制的方法也从最初单纯的直观法或定性法发展为直观、定性、定量相结合的方法，定量分析的加入使得量表的制定更加客观、科学。

## 2.2 构建写作能力量表的相关研究

语言使用通过交际活动来体现，语言使用也离不开语言知识和语言使用策略，因此交际活动、语言知识和策略运用的描述就成为三条最基本的量表制定路径(朱正才，2015)。构建写作能力量表，考核学习者在交际中的写作能力，需定义写作能力，明确学习者在写作过程中使用的写作策略，确定典型的写作活动。

写作是使用人为创造的视觉标记或其他符号进行交际和表达的过程(Olson，2009)，它是一种认知过程，主要包含构思、撰写和修改三个环节。构思环节包括生成、组织和目标设置，其中生成是指作者从长时记忆中提取相关知识，组织是根据知识组成写作计划，目标设置是在有关观点和大致结构形成的基础上确定具体写作目标(Hayes & Flower，1980)。撰写环节包括转换和书写，即作者先将形成的观点按语言规则转换成词、句、篇等语言表征，再使用语言标记或符号书写出来(Berninger & Swanson，1994)。修改环节则包含检查和编辑两个阶段，即检查文章并编辑修改其中内容，包括在词汇、短语、句子、段落、篇章等语言层面的删除、替换、插入、转移、重组等操作(Sommers，1980；邓杰、邓华，2017)。在实际考场写作中，由于时间有限，写作的主要环节为撰写，构思与修改在撰写过程中交替进行。在写作过程中，知识是基础，其中写作能力量表主要考查写作者写作过程中体现的语言知识。

写作策略指写作者在写作过程中“为了达到表达目的或提高表达效果而特意采取的写作行为”（邓杰、邓华，2017）。CSE 量表写作策略框架将写作策略分为认知策略和调控策略，在写作的各个阶段产生影响。认知策略在构思阶段包括捕捉要点和厘清思路，在撰写阶段包括生成语言和促进表述，在修改阶段包括发现问题和解决问题；调控策略在构思阶段包括自我规划和素材积累，在撰写阶段包括自我监控、实时交互和工具利用，在修改阶段包括自评与他评、自我调整和自动功能。CSE 量表写作策略框架符合写作过程，全面、具体，更具有操作性，更有利于考查者掌握，对于构建少数民族汉语写作能力等级量表具有重要的参考意义。

写作能力是一种语言交际能力，需要在特定情景下通过具体的写作活动来实现。在“Can do”语句中，描述语主要描述达到某一等级的语言学习者能够在什么样的语言活动中使用什么样的语言来完成语言任务。其中，语言活动特别是典型语言活动的确定是撰写描述语的前提，而典型写作活动即“写什么（文本）”。根据文本的连续性、文本内容及文本功能，可将文本进行分类，各类别间存在重叠。CSE 量表综合文本的连续性与功能，将文本分为连续性和非连续性两大类，连续性文本包括描述性文本、记叙性文本、说明性文本、理论性文本、指示性文本和社会性文本；非连续性文本指图表性文本。同时，CSE 量表将话题分为叙述、描述、说明、论述、指示和交流六类。

## 2.3 少数民族汉语教学的课程标准与考试大纲

构建适合少数民族实际的汉语写作能力等级量表，还需要考虑少数民族课程标准的要求以及 MHK（三级）的等级与作文评分标准。

《民族中小学汉语课程标准（义务教育）》构建了一个集语言知识、语言技能、文化意识、学习策略和情感态度五方面于一体的汉语应用能力标准框架，并对各学段提出了教学与学习目标。学段标准中对交际语言能力的考查与 CEFR 提出的外语教学新理念相契合，共同为少数民族汉语写作能力等级量表的构建提供了借鉴。

根据《中国少数民族汉语水平等级考试大纲（三级）》[以下简称《MHK 大纲（三级）》]，达到三级水平的学生应该能够适应大学的学习与生活，没有语言障碍。《MHK 大纲（三级）》对学生学时、词汇、句子、语言技能、任务复杂程度、语言内容抽象程度等多方面都有要求，对书面表达分测验也做出了具体考查要求。MHK（三级）作文设计了“句首语写作”“提示性写作”和“看图写作”三种题型，这类题型设计有助于减少学生审题障碍，使学生在有限的时间内集中精力完成作文。作文在评分时从低到高分为 1 到 6 六个等级分，不包括 0 分，主要从语言、内容和条理三方面考查学生的写作能力，卷面、书写、标点符号、格式等也会在一定程度上影响评分。

## 三　少数民族汉语写作能力等级量表的构建

### 3.1　量表的理论框架

少数民族汉语写作能力等级量表的理论框架以 CEFR 量表和 CSE 量表为基础，结合交际语言能力模型、认知语言学和系统功能语言学等理论，如图 1 所示。对于少数民族学生写作能力的考查以写作的构思、撰写和修改三个阶段为“骨架”，考查学生语言知识、写作活动和写作策略。根据 Bachman 的交际语言能力模型，可以将语言知识分为组构知识和语用知识，其中组构知识包含语法知识和篇章知识，语用知识包括社会语言知识和功能知识。参考 CSE 量表，从认知语言学的角度可以将策略分为认知策略与调控策略，作用于写作的各个阶段。写作作为一种语言交际活动，对其能力的考查应以典型写作活动为载体，其中文本是写作活动的中心。根据系统功能语言学理论，文本可分为记叙性 / 描写性文本、说明性文本、论述性文本、社交性文本和指示性文本五大类，分别对应文本的叙述、说明、论述、交流和指示五大功能。

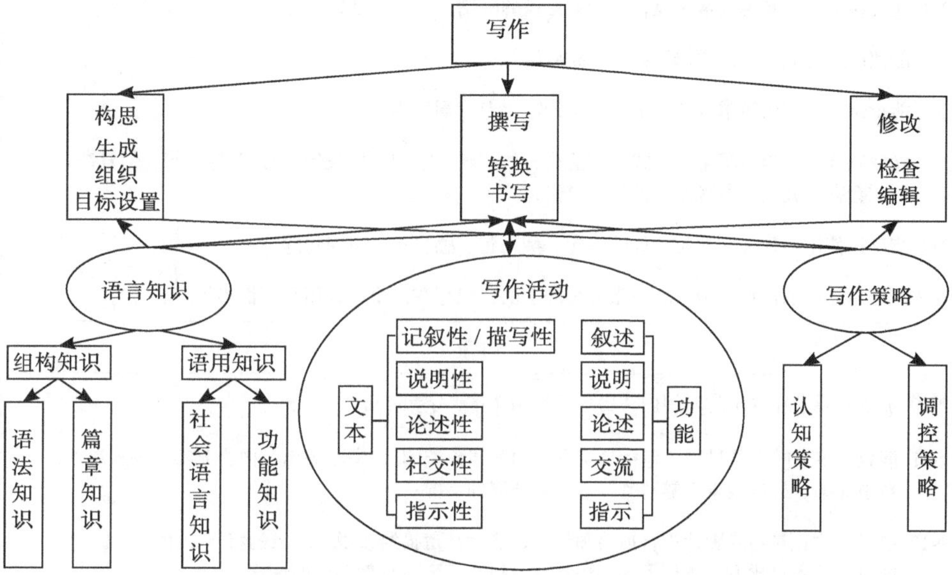


**图 1　少数民族汉语写作能力等级量表理论框架**

根据理论框架，分析少数民族课程标准与 MHK（三级）标准，收集包括 FSI 量表、CLB 量表、CEFR 量表、汉语水平等级标准、CSE 量表等国内外语言能力量表及 GRE、TOEFL、汉语水平考试（HSK）等知名考试大纲，从中筛选出与三级写作能力显性相关的描述语，对此进行分析并归类，合并重复的描述语，删除不符合原则的描述语，统一表述风格，并邀请少数民族汉语教学与测量领域的专家逐条审核并修订，初步构建 MHK（三级）写作能力量表。量表分为写作能力和写作策略两部分，共包含 42 条描述语，详见表 1：

**表 1　MHK（三级）写作能力量表**

| 语言 |
|---|
| N1 能掌握全部 MHK 一至三级词（HSK 的甲级、乙级、丙级词和部分丁级词），表达复杂的思想时存在用词错误，但不影响交际； |
| N2 能够正确书写常用汉字和常用词汇，存在部分偏误，但不影响理解； |

续表

| |
|---|
| N3 能根据所听或所读的材料记录自己认为重要的东西；<br>N4 能变换措辞，避免经常重复，但受词汇量的限制，会采取迂回说法；<br>N5 能使用常见成语、惯用语、谚语和歇后语等；<br>N6 能意识到并使用简单方言词汇、网络词汇、专业词汇等；<br>N7 能较熟练地正确书写常用句式和表达法，如“被”字句、比较句、“把”字句等，但复杂语句会存在冗余、杂糅或小的句序错误；<br>N8 能变换使用多种常用句类，如陈述句、疑问句、感叹句、祈使句等；<br>N9 能使用简单的比喻、拟人、夸张等修辞手法，但存在微小的误用和不恰当情况。 |
| **内容** |
| N10 能按照要求在规定的时间内写出各类实用文本，字数 350 字以上；<br>N11 能叙述事情的发展过程（包括真实发生的和想象类的），中心突出，内容充实，线索清晰，叙事完整；或有线索不够清楚、叙事有缺漏的情况；<br>N12 能对人物、景物或图片进行描绘和刻画，能写清楚描绘或说明对象的特点，条理清晰，能适当使用打比方、举例子等方法；或有描写不全、举例不当的情况；<br>N13 能就一个论点展开论述，观点明确，材料充分，有理有据；或有展开不足、例证使用不恰当的情况；<br>N14 能使用简单的语言解释成语背后的故事或固定词语的意思；<br>N15 能用简单流畅的语言表达感情，如悲伤、生气、高兴等；<br>N16 能理解汉语中的文化背景、价值观并初步地运用于写作，如传统节日的由来、儒家思想、社会主义核心价值观等。 |
| **条理** |
| N17 能突出主要情节或主要观点；<br>N18 条理清晰，能首尾连贯，存在偶尔的冗余、离题或不清晰的连接；<br>N19 能正确使用标点符号；<br>N20 行文语气基本保持前后一致；<br>N21 能使用常见的连接词表示顺序，如“首先”“一开始”“其次”“然后”“接着”“最后”“最终”，等等； |

续表

| |
|---|
| N22 能使用常见的关联词表示逻辑关系，如“因为……所以……”“如果……就……”“……可是……”，等等；<br>N23 能对不同出处的信息和论据进行简单的评价和综述；<br>N24 能按照要求完成归纳、概括、缩写等书面表达任务；<br>N25 能正确使用简单的省略和指代，但复杂的句子存在省略或指代不明，影响理解。 |
| **日常应用** |
| N26 能填写与学习、生活和工作相关的表格，如请假单、报销单、签证表格等；<br>N27 能撰写路线说明、工作流程说明等；<br>N28 能撰写一般的信件，如家书、表扬信、感谢信或工作信件等；<br>N29 能撰写记录、描写日常生活的日记；<br>N30 能撰写简单的个人简历、备忘录等；<br>N31 能使用简单的正式语体撰写通知、活动方案、演讲稿、纪要、报告等。 |
| **认知策略** |
| N32 能捕捉写作要点，展开想象、推理等；<br>N33 能拟写作提纲；<br>N34 能通过同义替换、句式变化等策略帮助表达；<br>N35 能通过复读、审读等方式发现所写文章中存在的问题。 |
| **调控策略** |
| N36 能明确读者定位；<br>N37 能通过查阅、摘录、访谈等方式积累写作素材；<br>N38 能够熟练使用（电子）字典或词典帮助书写；<br>N39 能在写作时注意各部分的分配；<br>N40 在书面实时交互时，能通过提问、澄清、确认等方式达到交际效果；<br>N41 能利用具有联想功能的输入法、图形处理和文字编辑系统等工具提高写作速度与效果；<br>N42 能从标点、词语使用和简单句型等语言知识方面检查并修改他人文章。 |

## 3.2 定量研究及结果分析

### 3.2.1 样本与研究方法

将初步确定的 42 条描述语组成问卷，分为教师版和学生版。问卷在计分方面采用李克特五点计分量表的形式，1 表示未能达到描述语描述能力，2 表示努力后基本达到，3 表示基本达到，4 表示大部分能够达到，5 表示完全能够达到。

为了使问卷所采集的样本具有代表性，在问卷设计和发放时主要考虑了四方面的因素：（1）地区因素，问卷主要收集北京、吉林、内蒙古、青海、四川、新疆等六个地区的数据，涵盖了 MHK 的主要考试地区。（2）性别因素，参与问卷调查的男、女学生比控制为 1∶1。（3）考生类型因素，主要针对高三学生和高校预科生两类群体进行问卷调查。（4）能力水平因素，研究主要采用分层抽样的方法，同比例抽取了高、中、低水平考生。

问卷样本采集自 13 所院校，涵盖州府、县城和农区，其中 7 所以汉语教学为主，2 所以母语教学为主，4 所为两种教学方式的混合。

问卷发放方法：每位教师在自己的学生中随机抽取 2 名高水平、2 名中等水平、2 名低水平的学生（三个等级男女各 1 名），对他们的能力进行评分，并将学生版问卷分别发放给这 6 名学生，让学生对自己的能力进行评分，形成分数的相互验证。最终有效教师问卷和学生问卷均为 192 份。

研究使用 SPSS18.0 对数据前期进行了相关性检验和对比分析。估算描述语难度值主要采用多级计分的 Rasch 模型（RSM 模型），它可将学生能力和描述语难度放置在同一等级量表上进行比较，使量表描述语的等级划分更具科学性。使用的软件为 Bigsteps 2.82。

### 3.2.2 问卷相关性检验

在进行问卷对比分析及描述语难度值分析前，需计算教师评价问卷与学生自评问卷间的相关系数，判断两者评分间是否相关，实现分数的相互印证。

一般来说，学生语言能力水平呈正态分布，判断变量间的相关指标主要采用 Pearson 相关系数。通过计算得出，学生自评与教师评分整体的 Pearson 相关系数为 0.69，在 0.01 水平（双侧）上显著相关，说明两者的评分分数能够相互印证。进一步计算学生自评与教师评分在语言、内容、条理、日常应用、认知策略和调控策略六部分的 Pearson 相关系数，均在 0.01 水平（双侧）上显著相关，统计结果见表 2。可以看出，不论是在问卷整体层面还是在问卷各部分层面，学生自评与教师评价之间都显著相关。

**表 2　问卷各部分间相关性检验**

| 描述语分类 | 语言 | 内容 | 条理 | 日常应用 | 认知策略 | 调控策略 |
|---|---|---|---|---|---|---|
| 学生自评与教师评分相关系数 | 0.697** | 0.654** | 0.632** | 0.631** | 0.688** | 0.693** |

注：** 表示在 0.01 水平（双侧）上显著相关。

### 3.2.3　问卷对比分析

为验证量表是否具有广泛适用性，研究从样本所在地区、性别、考生类型、写作能力水平等四方面入手，对学生自评问卷和教师评价问卷整体及各部分描述语数值进行描述性统计、方差分析及独立样本 T 检验，结果表明：（1）内蒙古地区学生自评数据与教师评价数据显著高于其他地区，这可能与内蒙古地区存在抽样偏差有关，其数据主要来自该地区高考状元中学；（2）男生和女生在整体写作能力和各部分写作能力方面均不存在差异；（3）高校预科生与高三学生之间写作能力不存在显著差异；（4）不同能力水平的学生之间存在显著差异，但在学生问卷中，低水平与中水平学生在内容和条理方面差异不显著，能力水平越高，其数值分布越集中，可能存在低水平评价范围较宽而高水平评价范围较窄的现象。

### 3.2.4　量表信度与适合度分析

研究进一步使用 Bigsteps 对两类问卷进行信度和量表与样本的适合度

检验分析，为估算与验证两类问卷描述语难度值做铺垫。

教师问卷数据结果显示，42 条描述语组成的量表整体信度为 0.97，学生自评问卷计算量表整体信度为 0.95，说明两份量表的内部一致性都很高。

学生问卷与教师问卷统计量表与样本的整体适合度见表 3 和表 4：

**表 3 量表整体适合度检验结果统计表**

| 项目：42 条描述语 | 问卷填写人 | 原始分数 | 样本数 | 难度值 | 残差 | Infit MNSQ（加权均方适合度统计量） | Outfit MNSQ（均方适合度统计量） |
|---|---|---|---|---|---|---|---|
| 均值 | 学生 | 641.0 | 192.0 | 0.00 | 0.12 | 0.98 | 0.98 |
| | 教师 | 620.6 | 192.0 | 0.00 | 0.14 | 0.97 | 0.95 |
| 标准差 | 学生 | 40.4 | 0.0 | 0.60 | 0.00 | 0.24 | 0.26 |
| | 教师 | 42.9 | 0.0 | 0.78 | 0.00 | 0.34 | 0.32 |
| 分离指数 | 学生 | 4.59 | | | 信度 | 学生 | 0.95 |
| | 教师 | 5.37 | | | | 教师 | 0.97 |

**表 4 样本整体适合度检验结果统计表**

| 样本：192 名学生 | 问卷填写人 | 原始分数 | 样本数 | 难度值 | 残差 | Infit MNSQ（加权均方适合度统计量） | Outfit MNSQ（均方适合度统计量） |
|---|---|---|---|---|---|---|---|
| 均值 | 学生 | 141.7 | 42.0 | 1.01 | 0.28 | 0.98 | 0.98 |
| | 教师 | 135.8 | 42.0 | 0.75 | 0.32 | 0.96 | 0.95 |
| 标准差 | 学生 | 41.8 | 0.0 | 2.73 | 0.11 | 0.59 | 0.61 |
| | 教师 | 46.7 | 0.0 | 3.73 | 0.15 | 0.46 | 0.48 |
| 分离指数 | 学生 | 8.40 | | | 信度 | 学生 | 0.99 |
| | 教师 | 10.07 | | | | 教师 | 0.99 |

从表 3 和表 4 可以看出，在学生自评问卷计算结果方面，量表及样本整体 Infit MNSQ 和 Outfit MNSQ 均为 0.98；在教师问卷数据方面，量表整体适合度 Infit MNSQ 为 0.97、Outfit MNSQ 为 0.95，样本整体适合度 Infit

MNSQ 为 0.96、Outfit MNSQ 为 0.95，均接近于 1，说明不论是学生自评问卷还是教师评价问卷，其量表整体符合单维性假设，量表和样本的整体与模型拟合程度高。

### 3.2.5 李克特五点计分量表适合度检验

Bigsteps 软件除了能计算量表信度，对量表与样本的整体适合度进行检验，还可以对问卷采用的李克特五点计分量表适合度进行检验。学生问卷与教师问卷数据分析结果分别见表 5 和表 6：

**表 5 学生问卷五点计分量表适合度检验结果统计表**

| 选项 | 选项频数 | 平均难度值 | Infit MNSQ（加权均方适合度统计量） | Outfit MNSQ（均方适合度统计量） | 难度阈 |
|---|---|---|---|---|---|
| 未达到 | 551 | -4.19 | 1.23 | 1.18 | NONE |
| 努力后基本达到 | 1375 | -1.69 | 1.05 | 1.03 | -3.77 |
| 基本达到 | 2172 | 0.36 | 0.85 | 0.90 | -1.06 |
| 大部分达到 | 2306 | 2.28 | 0.92 | 0.91 | 1.27 |
| 完全能够达到 | 1576 | 4.22 | 1.03 | 1.03 | 3.55 |

**表 6 教师问卷五点计分量表适合度检验结果统计表**

| 选项 | 选项频数 | 平均难度值 | Infit MNSQ（加权均方适合度统计量） | Outfit MNSQ（均方适合度统计量） | 难度阈 |
|---|---|---|---|---|---|
| 未达到 | 875 | -5.63 | 1.22 | 1.17 | NONE |
| 努力后基本达到 | 1513 | -2.66 | 0.83 | 0.80 | -4.63 |
| 基本达到 | 1985 | 0.37 | 0.90 | 0.90 | -1.30 |
| 大部分达到 | 2247 | 2.82 | 0.91 | 0.92 | 1.42 |
| 完全能够达到 | 1444 | 5.46 | 1.15 | 1.12 | 4.51 |

从表 5 和表 6 可以看出，两类问卷项目（描述语）各选项频数均大于 10，项目平均难度值单调递增，Outfit MNSQ 小于 2.0，学生问卷各选项难

度阈约为 2 个 logit，教师问卷各选项难度阈约为 3 个 logit，均满足五点计分量表适合度标准，说明采用李克特五点计分量表是可行的。

3.2.6　描述语难度值与样本能力值估算

Rasch 模型可将项目难度和学生能力放在同一标尺上进行比较。在项目层面上，描述语（项目）logit 越大，说明该条描述语越难；相反则越容易。MHK（三级）写作能力量表 42 条描述语难度值由大到小排列，学生问卷与教师问卷数据分析分别见表 7 和表 8：

表 7　学生问卷 42 条描述语（项目）难度值估算表

| 描述语 | 难度值 | 描述语 | 难度值 | 描述语 | 难度值 |
|---|---|---|---|---|---|
| N16 | 1.06 | N12 | 0.40 | N7 | -0.31 |
| N33 | 0.84 | N6 | 0.37 | N30 | -0.46 |
| N34 | 0.67 | N32 | 0.33 | N3 | -0.54 |
| N42 | 0.67 | N4 | 0.31 | N38 | -0.54 |
| N5 | 0.66 | N23 | 0.31 | N28 | -0.57 |
| N41 | 0.61 | N27 | 0.30 | N2 | -0.58 |
| N31 | 0.59 | N39 | 0.27 | N8 | -0.61 |
| N13 | 0.47 | N24 | 0.20 | N19 | -0.63 |
| N14 | 0.47 | N35 | 0.17 | N10 | -0.75 |
| N40 | 0.47 | N37 | 0.11 | N26 | -0.81 |
| N11 | 0.44 | N17 | -0.09 | N29 | -0.84 |
| N18 | 0.44 | N20 | -0.15 | N15 | -0.98 |
| N36 | 0.43 | N1 | -0.23 | N21 | -1.11 |
| N25 | 0.41 | N9 | -0.28 | N22 | -1.50 |

从表 7 可以看出，描述语的难度值范围在 -1.50 到 1.06 之间，全距为 2.56 个 logit。结合表 3，描述语难度值的均值为 0，标准差为 0.60，分离指数为 4.59（3 以上说明区分能力非常好）。说明学生问卷描述语难度适中，

项目间区分度高。

从学生样本层面来看，学生样本的 logit 越大，说明学生语言能力越高；相反则越低。学生问卷结果显示，学生的能力值范围在 -8.36 到 8.12 之间，全距为 16.48 个 logit。结合表 4，学生能力值均值为 1.01，标准差为 2.73，分离指数为 8.40。可以看出，学生的能力分布要大于描述语的难度分布。研究进一步从教师问卷层面的数据分析进行验证。

**表 8　教师问卷 42 条描述语（项目）难度值估算表**

| 描述语 | 难度值 | 描述语 | 难度值 | 描述语 | 难度值 |
|---|---|---|---|---|---|
| N16 | 1.46 | N14 | 0.50 | N8 | -0.53 |
| N5 | 1.15 | N40 | 0.45 | N20 | -0.62 |
| N31 | 1.01 | N13 | 0.45 | N3 | -0.68 |
| N35 | 0.90 | N37 | 0.41 | N19 | -0.75 |
| N42 | 0.88 | N12 | 0.41 | N26 | -0.79 |
| N6 | 0.83 | N39 | 0.41 | N28 | -0.81 |
| N33 | 0.83 | N32 | 0.31 | N15 | -0.94 |
| N34 | 0.83 | N18 | 0.13 | N2 | -0.99 |
| N25 | 0.68 | N11 | 0.07 | N1 | -1.01 |
| N24 | 0.65 | N36 | 0.02 | N29 | -1.13 |
| N27 | 0.58 | N9 | 0 | N21 | -1.13 |
| N23 | 0.52 | N7 | -0.29 | N22 | -1.17 |
| N41 | 0.50 | N17 | -0.29 | N10 | -1.32 |
| N4 | 0.50 | N30 | -0.47 | N38 | -1.59 |

从表 8 可以看出，教师问卷描述语的难度值范围在 -1.59 到 1.46 之间，全距为 3.05 个 logit。结合表 3，描述语难度值的均值为 0，标准差为 0.78，分离指数为 5.37（3 以上说明区分能力非常好）。总体来说，描述语难度适中且区分度高。教师问卷计算结果显示，学生的能力值范围在 -8.63 到 8.48

之间，全距为 17.11 个 logit。结合表 4，学生能力值均值为 0.75，标准差为 3.73，分离指数为 10.07。可以看出，学生的能力分布要大于描述语的难度分布。

学生问卷与教师问卷数据估算结果均显示，描述语难度适中且区分度高，学生能力分布范围大于描述语的难度分布。通过对两份问卷描述语难度值的逐条对比发现，42 条描述语中，学生问卷描述语难度值低于教师问卷描述语难度值的有 22 条，学生问卷描述语难度值高于教师问卷描述语难度值的有 20 条，且均匀地分布于六个部分，并无特殊规律。

根据前期问卷相关性研究与对比分析可知，两类问卷间整体与部分均不存在显著差异，且彼此相关。研究将两份问卷数据每条描述语难度值的均值作为每条描述语最终的难度值，难度值从大到小排列，见表 9。

**表 9　42 条描述语（项目）最终难度值估算表**

| 描述语 | 难度值 | 描述语 | 难度值 | 描述语 | 难度值 |
|---|---|---|---|---|---|
| N16 | 1.26 | N24 | 0.43 | N30 | -0.47 |
| N5 | 0.91 | N23 | 0.42 | N8 | -0.57 |
| N33 | 0.84 | N4 | 0.41 | N3 | -0.61 |
| N31 | 0.80 | N12 | 0.41 | N1 | -0.62 |
| N42 | 0.78 | N39 | 0.34 | N19 | -0.69 |
| N34 | 0.75 | N32 | 0.32 | N28 | -0.69 |
| N6 | 0.60 | N18 | 0.29 | N2 | -0.79 |
| N41 | 0.56 | N37 | 0.26 | N26 | -0.80 |
| N25 | 0.55 | N11 | 0.26 | N15 | -0.96 |
| N35 | 0.54 | N36 | 0.23 | N29 | -0.99 |
| N14 | 0.49 | N9 | -0.14 | N10 | -1.04 |
| N13 | 0.46 | N17 | -0.19 | N38 | -1.07 |
| N40 | 0.46 | N7 | -0.30 | N21 | -1.12 |
| N27 | 0.44 | N20 | -0.39 | N22 | -1.34 |

表 9 显示，量表最终所得描述语难度值范围在 -1.34 到 1.26 之间，全距为 2.6 个 logit，均值为 0.00，标准差为 0.67。

描述语难度值与学生能力值的关系还可以通过 Person-Item 图直观地体现出来。Person-Item 图的左侧是学生的能力水平分布，X 代表一名学生，右侧是描述语的难度分布，最左侧的数字为 logit 单位。越靠近图顶端表明学生水平越高，描述语越难；反之则学生水平越低，描述语越简单。M 代表学生水平和描述语难度的均值，M、S、Q 两两之间的距离代表学生水平和描述语难度的标准差。图 2 为学生问卷 Person-Item 图，图 3 为教师问卷 Person-Item 图。

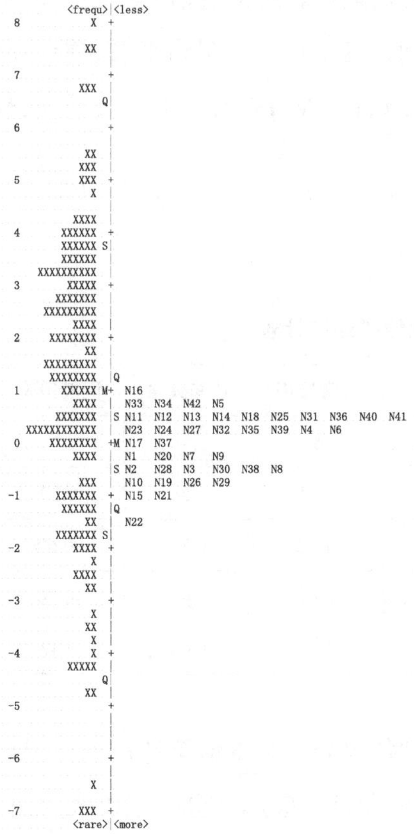


**图 2　学生问卷 Person-Item 图**

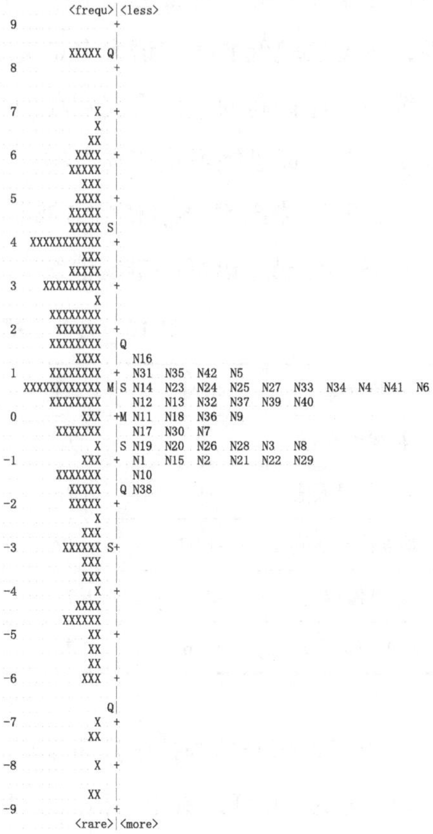


**图 3　教师问卷 Person-Item 图**

从图 2 和图 3 可以看出，学生问卷与教师问卷 Person-Item 图都显示，学生能力的平均值高于描述语难度的平均值，学生能力的分布较广，大于描述语的难度分布。学生能力分布呈现略微的负偏态，说明描述语对于较多学生而言较容易完成，这可能与选择的样本有关。学生样本是高三学生和预科生，大多数学生能够接近、达到甚至远高于 MHK（三级）水平。

无论是学生自评还是教师评价，描述语的难度分布趋势基本一致，每条描述语在 Person-Item 图上的位置相差不大，分布均出现双峰，这可能与描述语的分布框架有关。我们在编写描述语的过程中，将描述语分为语言、内容、条理、日常应用、认知策略和调控策略六个部分，每个部分内的描述语存在难度差异，各部分间的描述语难度出现重叠。对描述语进一步分析发现，难度值较低的描述语大多是《MHK 大纲（三级）》有明确要求或能够通过练习快速提高的，而难度较高的描述语大多是《MHK 大纲（三级）》没有提及或难以通过练习快速提高的。

### 3.2.7 描述语难度值的分布特点

各部分描述语最终难度值统计见表 10：

**表 10 各部分描述语难度值描述统计表**

| 统计量 | 语言 | 内容 | 条理 | 日常应用 | 认知策略 | 调控策略 |
|---|---|---|---|---|---|---|
| 描述语数量 | 9 | 7 | 9 | 6 | 4 | 7 |
| 难度值最大值 | 0.91 | 1.26 | 0.78 | 0.84 | 0.56 | 0.29 |
| 难度值最小值 | -1.07 | -1.34 | -0.96 | -1.12 | 0.32 | -0.69 |
| 难度值均值 | -0.43 | 0.27 | 0.24 | -0.08 | 0.45 | -0.20 |
| 难度值标准差 | 0.66 | 0.77 | 0.56 | 0.71 | 0.08 | 0.42 |

由于各部分的描述语数量不同，只能对各部分的难度值统计量进行粗略比较。从表 10 可以看出，语言、内容、条理和日常应用部分描述语最大值、最小值和标准差相差不大，其中语言、日常应用的均值低于内容和条理，其

描述语难度整体较低，相对简单。认知策略与调控策略相比，难度较大且分布集中，这可能与认知策略描述语数量较小、易产生统计偏差有关。在之后的量表修订中需要补充一些认知策略的描述语，使各部分难度分布更加均匀合理。

# 四 研究结论

根据上述分析，本研究得出如下结论：

（1）结合交际语言能力模型、认知语言学和系统功能语言学等理论提出的少数民族汉语写作能力等级量表理论框架具有可操作性。从该理论框架出发，综合采用直观、定性和定量方法来构建写作能力量表是切实可行的；且定性分析为量表提供了理论支撑，定量分析保障了量表的科学性。

（2）MHK（三级）写作能力量表具有较高的适用性，可广泛适用于不同地区、不同性别、不同类型和不同能力水平的少数民族考生，用来刻画他们的汉语写作能力。量表既可用于教师测量学生的能力，也可用于学生自评。

（3）教师问卷和学生问卷的量表整体信度分别为 0.97 和 0.95，从整体上看，两类问卷量表内部一致性都很高；学生问卷量表及样本整体 Infit MNSQ 和 Outfit MNSQ 均为 0.98，教师问卷量表整体适合度 Infit MNSQ 为 0.97、Outfit MNSQ 为 0.95，样本整体适合度 Infit MNSQ 为 0.96、Outfit MNSQ 为 0.95，均接近于 1，说明两类问卷量表与样本整体同 Rasch 模型拟合度高。

（4）量表描述语最终难度值均值为 0，标准差为 0.67，说明量表难度适中，区分度高；而且各部分描述语难度存在差异，语言、日常应用、调控策略等部分的描述语相对简单，内容、条理和认知策略等部分的描述语相对复杂。

（5）教师问卷与学生问卷的描述语难度全距均小于学生能力全距，量表难度分布范围小于学生能力分布，量表主要指向能力值在 -1.34 到 1.26 之间的学生。因此，教师在使用量表对低水平学生写作能力进行评价时应适当严格，对高水平学生写作能力进行评价时应适当宽松；少数民族学生使用量表自评时，中、低水平学生应注意区分内容与条理的难度差异，高水平学生应避免趋中评价。

## ∷ 参考文献 ∷

邓　杰、邓　华（2017）中国英语能力等级量表的写作策略框架研究，《外语界》第 2 期。

教育部民族教育司中国少数民族汉语水平等级考试课题组编（2002）《中国少数民族汉语水平等级考试大纲（三级）》，北京：北京语言大学出版社。

谢小庆（2005）HSK 和 MHK 的等值，《考试研究》第 1 期。

朱正才（2015）关于我国英语能力等级量表描述语库建设的若干问题，《中国考试》第 4 期。

Berninger, V. W. & Swanson, H. L. (1994) Modifying Hayes and Flower's model of skilled writing to explain beginning and developing writing. In E. C. Butterfield (ed.) *Children's Writing: Toward a Process Theory of the Development of Skilled Writing*. Greenwich, CT: JAI Press.

Hayes, J. R. & Flower, L. S. (1980) Identifying the organization of writing processes. In L. W. Gregg & E. R. Steinberg (eds.) *Cognitive Processes in Writing*. Hillsdale, NJ: Lawrence Erlbaum Associates.

Olson, D. R. (2009) The history of writing. In R. Beard et al. (eds.) *The Sage Handbook of Writing Development*. London: Sage Publications.

Sommers, N. (1980) Revision strategies of student writers and experienced adult writers. *College Composition and Communication*, 31(4): 378-388.

（作者单位：北京语言大学）

# 少数民族汉语口语能力等级量表的构建及应用研究

## ——以 MHK（三级）为例

王少伟

**提　要**　完善能力标准和评价体系已成为共同价值取向，MHK 口试需要细化大纲的口语等级标准描述，丰富分数报告。基于此，本文以 MHK（三级）为例，在建构少数民族汉语口语能力量表的基础上，结合自动评分系统，建立分维度评分模型，改进分数报告。结果显示，MHK（三级）口语能力量表信度、适合度良好，难度适中，区分度良好；从已实现的语音和流利度两个维度的自动评分结果来看，其人机相关系数分别为 0.54、0.65，且具有显著性，可接受分差比例高，分别为 86%、92%。这两项指标说明，初步建立的分维度评分模型具有可靠性，以此为基础可实现个性化的反馈评价。

**关键词**　MHK；口语能力量表；描述语；评分反馈

# 一　问题提出

中国少数民族汉语水平等级考试（以下简称MHK）是由教育部研发的用于评价少数民族地区汉语学习者和使用者汉语应用能力的重要工具，共四个级别，互相衔接，其中三级影响力最为广泛。MHK属于标准参照考试，在设计之初就设定了相应的等级标准，作为教学活动实施、学习目标设置以及MHK试题命制、评分的参照。《中国少数民族汉语水平等级考试大纲（三级）》对笔试部分各分测验的能力标准均做了具体描述，口语部分则无具体能力标准作为导向。这就直接导致MHK口语测试的结果报告比较单一，仅给予考生"合格"或"不合格"的结果评定。模糊的分数报告无法给考生及教师提供更多的参考信息。当下，语言能力标准和相应的学业评价体系的全面构建已成为共同的价值取向。Bennett（2019）指出，改善学习、自动评分、提供更有效的测量报告是未来教育测量发展的重要特征。如何完善能力标准以及提供更多反馈，成为MHK口试面临的新问题。

# 二　相关理论研究

## 2.1　口语能力量表构建理论

### 2.1.1　口语能力

构建口语能力量表，首先要明确应该从哪些方面评价口语能力。随着语言学的发展，人们对"语言能力"的认识已经从关注语言知识本身转变为关注运用语言进行交际的能力（陈敬玺，2012）。从交际视角界定语言能力已被人们普遍接受。

Canale & Swain（1980）提出交际能力模型，认为交际能力包括语法能力、社会语言能力、话语能力、策略能力（转自王振亚，2009：231）。该模型主要涵盖了语言知识和交际策略。

在第二语言教学中，语言的本质在于其交际性。语言交际能力强调在相对真实的交际活动中完成对语言实际运用能力的测量。可见，口语能力不仅包括语言知识和交际策略，同样也包括交际活动。

2.1.1.1 语言知识

语言知识是语言能力最基础的组成部分，故可从语言交际能力模型对语言知识的阐述说明中考查语言知识的内容。

在结合认知科学、心理学以及 Canale 和 Swain 交际能力模型的基础上，Bachman 和 Palmer 对语言交际能力模型进行了修订。

Bachman & Palmer（1996：61）将语言知识划分为组织知识和语用知识。组织知识涉及控制语言的形式结构，以产生或理解语法上可接受的话语或语句，并组织它们形成文本。可见，组织知识可使语言的形式结构具有规则性和可理解性。组织知识可进一步划分为语法知识和文本知识。语法知识涉及构建准确的语句或话语，包括词汇、句法、语音以及书写知识；文本知识涉及产生或理解由两个或多个话语或语句组成的文本，具体来说，包括修辞、衔接知识。语用知识包括功能知识和社会语言知识。功能知识包括概念、操控、启发、想象功能，社会语言知识包括体裁、语言变体、自然表达、文化参照、语域等。

该模型从语言本体、语言与社会的关系、组织语言知识的能力等角度对语言知识做了全面详细的说明，基本符合口语能力的评价角度。

2.1.1.2 交际活动

面向运用的语言能力量表把语言能力视为具有动态性的认知活动，而非静态、抽象的一套规则体系（刘建达、韩宝成，2018）。可见，语言能力只有在语言运用，即语言活动中才能体现。

语言活动往往是为了实现某种交际功能或交际目的。一般说来，“体裁”是实现交际目的一种工具或媒介，语篇的体裁不同，交际功能也不同（秦秀白，1997），因此可以基于体现不同口语交际功能的体裁类型对语言活动进行分类。

中国英语能力等级量表将口头交际活动分为口头表达和口头交流两类，其中口头表达包括口头叙述、口头描述、口头说明、口头论述、口头指示，口头交流则主要指口头互动。该量表对语言交际活动的分类依据为体现不同交际功能的体裁类型，更具有可操作性。

2.1.1.3 交际策略

交际策略是交际能力的重要组成部分。Bachman（1990：81）认为，交际性语言能力中的策略能力包括评价、计划、实施。在实际交际过程中，评价贯穿于整个交际活动，其运用顺序没有严格的区分界限。

CEFR 量表和 CSE 量表均将策略分为规划、执行、评估、补救四类，且认为交际策略贯穿整个交际活动过程中，而不是仅仅局限在语言交际活动的某一个阶段。

### 2.1.2 口语能力描述语量表化

对语言能力进行具体的描述需要借助描述语。“描述语是语言能力的具体表述。”（曾用强，2017）目前，包括 CEFR 量表和中国英语能力等级量表在内的研究中，在对口语能力进行描述时，多采用“Can Do”（能做）模式，并将积极肯定式评语、准确、清晰、简短、独立五项作为编制描述语的标准，同时采用直观、定性、定量相结合的方法采集编制描述语，进而划分语言能力等级，最终实现量表化。

在语言能力量表定量研究中，Rasch 模型应用广泛。该模型可将题目难度、学生能力两个侧面进行对数转换，“放在一个共同的标尺（logit 标尺）上进行量度”（张洁，2014）。因此，可以借助 Rasch 模型将李克特（Likert）

5级量表数据转化为等距量表数据，在同一个标尺上比较题目难度和学生能力。在研制语言能力量表时，则可将描述语难度和语言学习者/使用者的语言能力放在同一标尺上进行比较，“从而使依据量表所做的能力等级划分具有更高的科学性”（王佶旻，2013）。

### 2.2 口语自动评价反馈

反馈是学习者提高语言能力不可或缺的环节。为提高反馈效率，在计算机技术支持下，自动评价系统成为反馈的新来源。

在口语自动评价领域，Ordinate 与 Speech Rater 评价系统被公认为典型代表。二者在报告分数时，可提供总分以及内容、流利度、语音、词汇、语法等分项分数，同时可查看相应能力描述及改进建议。

2015年，MHK口语开放性试题计算机自动评分投入研究，并进行了多次大规模的实评人机对比研究。王妍、彭恒利（2019）基于 Williamson 计算机自动评分效度论证框架对MHK口语开放性试题计算机自动评分效度进行探讨，结果显示，人机评估考查的维度同为内容、语言、流利度三个，大致相同，且计算机自动评分效度较高。

## 三 少数民族汉语口语能力等级量表的构建

### 3.1 口语能力量表构建

根据前文，评价少数民族汉语口语能力应该从语言知识、交际活动、交际策略三个方面进行。

在 Bachman & Palmer（1996）提出的语言交际能力模型中，语言知识包括组织知识和语用知识，组织知识包括语法知识、文本知识，语用知识包括功能知识、社会语言知识。语言能力只有在语言运用，即语言活动中才能体现。CSE 量表根据口语文本体裁类型，将口头交际活动分为口头表达、口头交流两类，其中口头表达包括口头叙述、口头描述、口头说明、口头论述、口头指示、口头互动等六类。交际策略贯穿于整个交际过程，是语言交际能力的核心部分。CEFR 量表和 CSE 量表均包括交际策略，分为规划、执行、评估与补救等内容。

参考以上口语能力评价角度，少数民族汉语口语能力等级量表理论框架应包括上述内容。确定口语能力量表理论框架后，从国内外具有代表性的量表和课程标准中挑选出与三级口语能力相关的描述语，并对此初步进行归并分类，然后依据“Can Do”描述模式和积极肯定式评语、准确、清晰、简短、独立等五项编制标准对口语能力描述语进行修改，同时请具有少数民族汉语教学以及测量经验的专家逐条审核并修订。

经过以上步骤，形成了 MHK（三级）口语能力量表，其架构如图 1 所示，描述语内容详见附录。

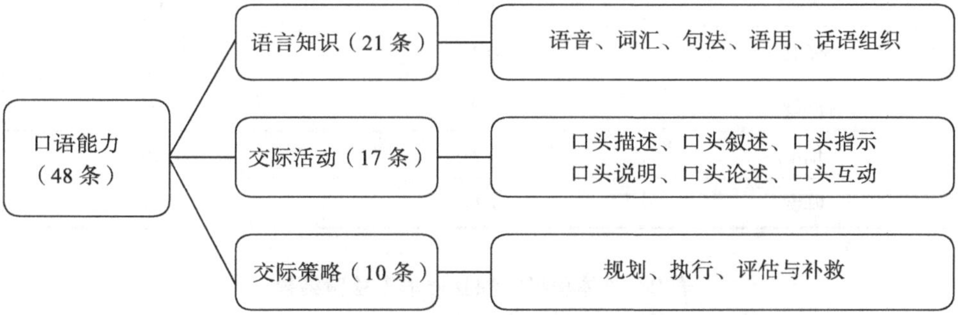


**图 1　MHK（三级）口语能力量表结构图**

## 3.2　定量研究

研究借助问卷调查的形式对描述语质量进行分析，用 48 条描述语组成问卷，各题项采用李克特量表 5 级计分形式，各等级含义如下：1 表示未能达到描述语描述能力，2 表示努力后基本达到，3 表示基本达到，4 表示大部分能够达到，5 表示完全能够达到。

3.2.1 研究样本及工具

MHK（三级）口语能力量表目前主要在教育领域使用，因此问卷调查对象是教师和学生。问卷主要采用口语任课教师评判法，因为教师能够比较准确地把描述语和每个学生的语言能力匹配起来（朱正才，2016）。

样本采集点分别为北京语言大学、北京邮电大学、新疆师范大学、新疆医科大学、新疆财经大学、新疆农业大学、昌吉职业技术学院、新疆建设职业技术学院等 8 所院校。共有 28 位教师参与问卷调查。

实际收到 238 份问卷，经验证，233 个样本有效。样本的 MHK 成绩均在教育部考试中心的分数库中得到了确认。首先对样本和以上 8 所院校的学生总体进行样本代表性检验，结果如表 1、表 2 所示：

**表 1　总体和样本开放性试题分数描述性统计**

| 统计项 | 总体（8 所院校） | 样本 |
|---|---|---|
| 人数 | 44550 | 233 |
| 平均分 | 60.35 | 61.27 |
| 标准差 | 13.95 | 12.31 |
| 偏度 | -0.23 | -0.29 |
| 峰度 | 0.09 | -0.07 |

**表 2　总体和样本独立样本 T 检验结果**

<table>
<tr><th rowspan="3">方差假设</th><th colspan="2">Levene 的变异数相等测试</th><th colspan="7">针对平均值是否相等的 T 测试</th></tr>
<tr><th rowspan="2">F</th><th rowspan="2">显著性</th><th rowspan="2">T</th><th rowspan="2">df</th><th rowspan="2">显著性（双尾）</th><th rowspan="2">平均差异</th><th rowspan="2">标准误差</th><th colspan="2">均值差的 95% 置信区间</th></tr>
<tr><th>下限</th><th>上限</th></tr>
<tr><td>采用相等变异数</td><td>4.34</td><td>.04</td><td>-1.00</td><td>44781</td><td>.32</td><td>-.92</td><td>.92</td><td>-2.72</td><td>.88</td></tr>
<tr><td>不采用相等变异数</td><td></td><td></td><td>-1.14</td><td>235.13</td><td>.26</td><td>-.92</td><td>.81</td><td>-2.51</td><td>.67</td></tr>
</table>

可以看出，总体和样本分数分布相近，其中均差为 0.92，结合独立样本 T 检验结果来看，样本和总体间差异不具有显著性，样本对总体有很好的代表性。

研究工具主要为 Winsteps 3.72.3，这是 RSM 模型的应用分析软件，用于分析量表和样本的整体信度与适合度、描述语难度值与样本能力值对比等。

3.2.2 量表整体信度与适合度检验

考查 MHK（三级）口语能力量表适用性，首先需对量表整体信度、量表与样本的整体适合度进行检验。

在 Winsteps 软件报告结果指标中，信度指标 Alpha 系数用来评估量表题目与样本的可靠性，Infit MNSQ（加权均方适合度统计量）、Outfit MNSQ（均方适合度统计量）两个指标用来检验量表题目（描述语）和样本的整体适合度，具体结果如表 3、表 4 所示：

表 3 MHK（三级）口语能力量表整体信度、适合度

| 题目：48 条描述语 | 原始分数 | 样本数量 | 难度值 | 残差 | Infit MNSQ（加权均方适合度） | Outfit MNSQ（均方适合度） |
|---|---|---|---|---|---|---|
| 平均值 | 743.30 | 233.00 | 0.00 | 0.12 | 0.99 | 0.97 |
| 标准差 | 61.60 | 0.00 | 0.79 | 0.01 | 0.20 | 0.19 |
| 分离指数 | 6.64 | | | 信度 | 0.98 | |

表 4 样本整体信度、适合度

| 样本：233 名被试 | 原始分数 | 样本数量 | 难度值 | 残差 | Infit MNSQ（加权均方适合度） | Outfit MNSQ（均方适合度） |
|---|---|---|---|---|---|---|
| 平均值 | 153.10 | 48.00 | 0.52 | 0.28 | 0.98 | 0.97 |
| 标准差 | 47.70 | 0.00 | 2.85 | 0.06 | 0.70 | 0.72 |
| 分离指数 | 10.06 | | | 信度 | 0.99 | |

从表 3、表 4 可知，量表题目和样本的信度系数分别为 0.98 和 0.99，

接近 1，说明二者估计值的误差小，内部一致性高，具有可靠性；量表和样本的整体适合度 Infit MNSQ、Outfit MNSQ 均接近 1，说明数据与模型拟合度良好，量表与样本适合度很好。

#### 3.2.3 描述语难度与样本能力对比

Rasch 模型可将题目难度和样本能力放在同一标尺上，故可横向比较描述语难度与样本能力。

从表 5 可知，48 条描述语的难度值范围在 -1.60 到 1.85 之间，全距为 3.45。平均难度值为 0.00，标准差为 0.79。综合来看，描述语整体难度适中，分布均匀，区分度较好。

样本能力值最大值为 6.46，最小值为 -5.83，全距为 12.29，平均能力值为 0.52，标准差为 2.85。可以看出，同描述语难度分布范围相比，样本能力分布范围要广一些，在后续量表修订时，需加入更高难度的描述语。

**表 5　描述语难度值与样本能力值对比**

| 统计项 | 难度值 | 能力值 |
|---|---|---|
| 最大值 | 1.85 | 6.46 |
| 最小值 | -1.60 | -5.83 |
| 平均值 | 0.00 | 0.52 |
| 标准差 | 0.79 | 2.85 |

#### 3.2.4 量表使用检验

为检验量表的使用效果，本研究从以上样本采集地点中选取 6 位教师，每位教师重新选取 6 名学生，进行教师评估和学生自我评估。最终确认有 30 份教师问卷和 30 份学生问卷数据有效，且样本的 MHK（三级）口试成绩均在教育部考试中心的分数库中得到了确认。

在使用检验中主要考查两类问卷的相关程度以及信效度。从表 6 可知，两类问卷 Pearson 相关系数为 0.523，且具有显著性。两类问卷各部分的相关性在 0.01 水平或 0.05 水平上显著。两类问卷中，整体及各部分的 α 系数均接近 1，说明量表评估结果具有可靠性。MHK（三级）口试开放性试题在一定程度上体现了对口语交际能力的考查，因此，本研究将试题分数作为效标，考查量表的有效性。结果显示，除去学生自评中的交际策略部分，其余部分均与开放性试题分数在 0.01 水平或 0.05 水平上显著相关。整体来看，MHK（三级）口语能力量表评价结果可较为准确地预测 MHK（三级）开放性试题的分数。

**表 6 量表使用检验结果**

| 描述语问卷 | 评估类型 | 两类问卷相关系数 | α 系数 | 与开放性试题分数相关系数 |
|---|---|---|---|---|
| 整体 | 学生自评 | 0.523** | 0.985 | 0.439* |
| | 教师评估 | | 0.995 | 0.767** |
| 语言知识 | 学生自评 | 0.513** | 0.966 | 0.521** |
| | 教师评估 | | 0.990 | 0.781** |
| 交际活动 | 学生自评 | 0.535** | 0.967 | 0.371* |
| | 教师评估 | | 0.986 | 0.729** |
| 交际策略 | 学生自评 | 0.436* | 0.937 | 0.321 |
| | 教师评估 | | 0.974 | 0.772** |

注：** 表示相关性在 0.01 水平上显著（双尾）。
* 表示相关性在 0.05 水平上显著（双尾）。

## 四 少数民族三级汉语口语能力量表的应用

本研究的主要目的之一就是尝试利用自动评分系统，在量表的基础上实现自动反馈，即分数报告既报告总的分数等级、分项分数等级，同时也给出相应分数等级的能力描述语。据此，首先要确定反馈维度，其次要建立针对各个反馈维度的自动评分模型。建立自动评分模型首先要制定分维度评分量表，在制定分维度评分量表时，要以量表中的描述语为依据，然后依据分维度评分量表进行人工评分，训练自动评分模型。

## 4.1 反馈维度

反馈维度的确定需要考虑已有自动评价系统、MHK 自动评分系统特点、MHK（三级）口语能力量表中体现的口语能力测量的可操作性等因素。Ordinate、Speech Rater、MHK 开放性试题自动评分系统评分维度与人评维度为内容、词汇、句法、语音、流利度。在 MHK（三级）口语能力量表中，交际策略作为一种心理属性很难准确测量，不具备可操作性，而语言知识运用的准确程度和丰富程度、交际活动的完成程度测量具有可操作性，且也是教学重点。综合以上因素，本研究从教学和学习的需求着手，将反馈维度确认为内容、词汇句法、语音、流利度四项。其中内容维度主要是指 MHK（三级）口语能力量表中口头叙述、口头表达等各类交际活动的完成度。

## 4.2 反馈维度自动评分

### 4.2.1 研究样本

样本为 2019 年 11 月份 MHK（三级）口试开放性试题的考生实评分数数据。为了尽可能保证自动评分质量，除去 0 分后，首先将人机评分一致的整数分考生样本筛选出来，然后根据考生总体中各分数等级的分布情况，采用分层抽样法随机等比例抽取 800 份样本，其中 1—6 分的样本数分别是 45、140、200、250、135、30。由于 MHK 每次施测时均包含多个批次（题目），因此在抽样时并未局限于某一批次，样本共包含 10 个批次。

### 4.2.2 反馈维度评分量表

在语言测试中，评分方法主要包括整体评分法和分项评分法。目前，MHK 口试评分采用的是整体评分法。若要提供详尽的反馈信息，分项评分法是比较理想的选择。使用分项评分法，首先要制定各维度的评分量表，制定依据为 MHK（三级）口语能力量表中有关描述语。

根据已构建的 MHK（三级）口语能力量表，将与反馈维度相关的描述语筛选出来。其中内容维度主要指各类交际活动，对应的描述语较多，不再一一列举。词汇句法维度相关描述语有 8 条，语音维度相关描述语有 4 条，流利度维度相关描述语有 1 条。

研究基于与各维度相关的描述语，针对每个维度制定了包括一级和二级两个等级的分项评分量表，并请少数民族汉语教学与测量领域的专家进行修订。每级评分量表均包括 1—6 分六个等级，各个等级代表了考生完成语言任务的程度。其中二级评分量表更为细致，在评分时更具可操作性，有助于评分员的理解与把握；而一级评分量表用综合表达性语言概括了二级评分量表中各个等级的特征，更适合用作反馈评语。

### 4.2.3 反馈维度评分模型

#### 4.2.3.1 反馈维度人工评分

自动评分的前提是人工评分，共有 16 位评分员。出于避免评分员疲劳效应的考虑，我们制定了相应的评分方案。依据评分经验将 16 位评分员等分成 4 组并分别编号，同时将 800 份样本等分成 8 份，标记为 G1、G2、G3、G4 和 A、B、C、D，具体评分方案如表 7 所示：

**表 7　评分方案**

| 组别 | 评分员 | 内容 | 词汇句法 | 语音 | 流利度 |
| --- | --- | --- | --- | --- | --- |
| 一组 | R1（1—4） | G1、A | G1、D | G1、C | G1、B |
| 二组 | R2（1—4） | G2、B | G2、A | G2、D | G2、C |
| 三组 | R3（1—4） | G3、C | G3、B | G3、A | G3、D |
| 四组 | R4（1—4） | G4、D | G4、C | G4、B | G4、A |

#### 4.2.3.2 反馈维度人评分数

多人评分是减小随机误差的常用方法，因此每个样本的每个维度均由 4

位评分员进行评分。在计算最终得分时需制定相应的评分规则，以减少评分误差带来的影响。

需要说明的是，第一组某评分员在针对词汇句法维度进行评分时，由于评分软件出现故障，评分数据丢失。因此，第一组的词汇句法维度缺少一位评分员的分数。

具体评分规则见表 8：

表 8　评分规则

| 评分规则 | 内容 |
|---|---|
| 规则一 | 三位及以上评分员所评分数一致，最终分数取一致的分数 |
| 规则二 | 两两一致且分差不超过 1 分，最终分数取 4 个分数的均值 |
| 规则三 | 两位评分员分数一致，与另两位评分员分差均不超过 1，则取平均数 |
| 规则四 | 其余情况计算平均分，若分数为 1.25 或 1.75，按 1 分和 1.5 分算，其他类似分数适用于此规则 |

我们对第一组词汇句法维度 200 份样本的分数计算重新制定了评分规则。规则一：若三个分数相同，取一致的分数；规则二：若两两相同，且与第三个的分差不超过 1 分，则最终分数为两个一致的分数。经统计发现，共有 164 个样本满足以上两个规则，其余样本经过该评分员重新评分后，按之前的评分规则进行计算。

4.2.3.3 反馈维度评分模型质量

接下来，将人评成绩交由讯飞技术人员进行分维度评分模型训练。由于选取训练集和测试集样本时主要关注的是考生的分数分布以及与机评的一致性问题，并未考虑考试批次的因素，所以 800 份样本在 10 个批次中并非均衡分布，仅 4 个批次的样本超过了最低 100 的训练集要求，导致内容、词汇句法两个维度无法进行自动评分模型训练，故只好选择语音和流利度两个维度进行自动评分模型训练。语音和流利度自动评分模型质量分析如表 9、表 10 所示：

**表 9　人机评分相关系数**

| 维度 | 人机相关系数 |
|---|---|
| 语音 | 0.54** |
| 流利度 | 0.65** |

注：** 表示相关性在 0.01 水平上显著（双尾）

**表 10　机评与人评差异统计**

| 差异分类 | 语音维度 | | | 流利度维度 | | |
|---|---|---|---|---|---|---|
| | 人数 | 百分比（%） | 累计百分比（%） | 人数 | 百分比（%） | 累计百分比（%） |
| 完全一致 | 221 | 27.63 | 22.40 | 198 | 24.75 | 24.50 |
| 可接受差异 | 465 | 58.13 | 85.75 | 537 | 67.13 | 91.88 |
| 不可接受差异 | 114 | 14.25 | 100.00 | 65 | 8.13 | 100.00 |

根据表 9 和表 10，语音和流利度维度的人机相关系数为中等相关，且具有显著性。正式评分时，机评与人评差值小于等于 1 分，视为可接受差异；差值大于 1 分，视为不可接受差异。从人机评分可接受分差来看，两个维度可接受分差比例很高，分别为 86% 和 92%。综合两项指标来看，语音和流利度两个维度的评分模型具有一定的可靠性。

## 4.3　反馈维度分数报告示例

本研究基于各维度相关描述语，制定了各维度的反馈维度评分量表，将其作为少数民族汉语口语能力量表与反馈维度评分的纽带。

反馈维度自动评分模型分析结果显示，语音和流利度两个维度的自动评分模型可靠性较高，因此，可以将自动评分结果作为反馈参考。分维度反馈评价流程如图 2 所示：

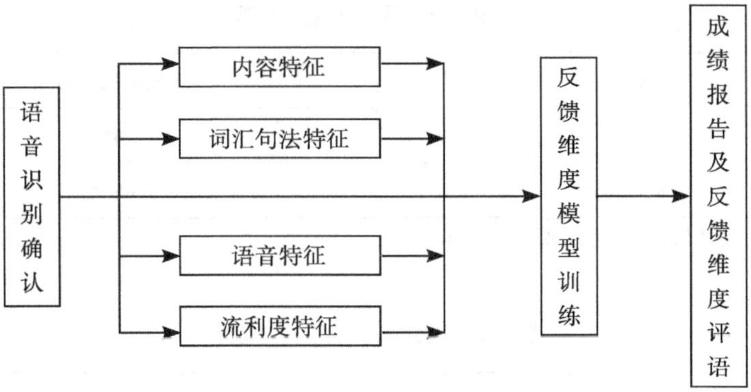


**图 2　分维度反馈评价流程图**

根据分维度反馈模型，考生不仅可以获得总分数报告，还可以获得各维度的分项分数，以及各反馈维度的评语。图 3 为某位考生的分数报告示例。需要说明的是，目前实现的反馈维度为语音和流利度两个维度，分数报告中的内容、词汇句法两个维度仅为示例。若各维度均完成训练，完整的分数报告如图 3 所示：

**中国少数民族汉语水平等级考试**

口语表达成绩单

| 总分 | 内容 | 词汇句法 | 语音 | 流利度 |
| --- | --- | --- | --- | --- |
| 4 | 4 | 3 | 5 | 5 |

**内容**

基本围绕所给题目叙述，中心清楚，覆盖了主要的要点，但表达不够充分，比较简单平淡。

**词汇句法**

使用的词汇和句式比较简单，有较多的词汇、句法问题，用词不当比较明显。

**语音**

语音、语调正确，叙述中有个别口音或不自然之处，但不影响理解，声韵调准确率在 75%—90%。

**流利度**

表达比较流畅，有个别不必要的犹豫、停顿，偶尔重复、自我纠正，但对整体无影响。

**图 3　带有反馈的考生成绩单示例**

从图 3 的反馈成绩单可看出，该考生语音和流利度两个维度表现良好，词汇句法维度表现略差一些，说明考生在词汇句法使用的准确性和丰富性方面相对较差，考生的优势和薄弱之处一目了然。图 3 的下半部分是对各维度分数的描述。据此，教师和学生可以针对分数报告中的不足之处进行有针对性的教学和训练。

# 五 结 论

（1）少数民族汉语口语能力等级量表的定量分析结果显示，量表和样本整体信度、适合度均接近于 1，整体信度、适合度良好，说明基于语言交际能力模型，结合“Can Do”描述模式以及积极肯定式评语、准确、清晰、简短、独立等五项编制标准来构建量表是可行的。

（2）量表描述语的难度值均值为 0.00，标准差为 0.79，分离指数为 6.64，表明量表难度适中，区分度高。但与样本能力分布范围相比，分布范围略窄，说明样本能力分布范围更广，三级考生群体口语能力差异化程度高。

（3）通过量表使用的检验情况来看，学生自评以及教师评估内部一致性较高，评估结果可靠，且评估分数能够较为准确地预测学生的开放性试题分数。

（4）语音和流利度的人机评分呈中等相关，且具有显著性，可接受分差比例较高，分别为 86% 和 92%。综合两项指标，语音和流利度的评分模型具有一定的可靠性，为实现个性化反馈奠定了良好基础。

# 参考文献

Bennett，Randy E.（2019）教育测量的未来趋势，《教育测量与评价》第3期。

陈敬玺（2012）国际汉语语言交际能力的结构模式，《西安电子科技大学学报（社会科学版）》第2期。

刘建达、韩宝成（2018）面向运用的中国英语能力等级量表建设的理论基础，《现代外语》第1期。

秦秀白（1997）"体裁分析"概说，《外国语（上海外国语大学学报）》第6期。

王佶旻（2013）汉语能力标准的描述语任务难度研究——以中级口语能力量表为例，《世界汉语教学》第3期。

王　妍、彭恒利（2019）汉语口语开放性试题计算机自动评分的效度验证，《中国考试》第9期。

王振亚（2009）《现代语言测试模型》，保定：河北大学出版社。

曾用强（2017）中国英语能力等级量表的"阅读量表"制定原则和方法，《外语界》第5期。

张　洁（2014）语言测试研究中的多层面Rasch模型——原理简介和研究综述，《外语测试与教学》第3期。

朱正才（2016）英语能力等级量表描述语量表化的可行性方案探讨，《中国考试》第4期。

Bachman, L. F. (1990) *Fundamental Considerations in Language Testing*. Oxford: Oxford University Press.

Bachman, L. F. & Palmer, A. S. (1996) *Language Testing in Practice: Designing and Developing Useful Language Tests*. Oxford: Oxford University Press.

# :: 附 录 ::

| 一、语言知识描述语 | 能力参数 |
|---|---|
| 1. 能基本掌握声母、韵母、声调，在表达时偶尔会出现错误 | 语音知识 |
| 2. 能掌握常见的音变现象，比如轻声、儿化、变调，偶尔会出现错误 | 语音知识 |
| 3. 能通过词汇或者句子的重音强调特定意义 | 语音知识 |
| 4. 能简单运用句调的升降变化手段表达不同的语义和情感态度 | 语音知识 |
| 5. 能基本掌握与社会生活、学习、工作、时事等日常话题有关的常见词汇 | 词汇知识 |
| 6. 能掌握并运用 MHK 一至三级词以及部分四级词，偶尔误用，但不影响交际 | 词汇知识 |
| 7. 能简单并恰当运用口语中的俗语，比如谚语、歇后语、惯用语和口头上常用的成语 | 词汇知识 |
| 8. 能有意识地了解并运用日常生活中新出现的词汇、流行语 | 词汇知识 |
| 9. 能掌握单句的基本句型，偶尔会出现错误，但不影响交际 | 句法知识 |
| 10. 能掌握复句的句式结构，表达因果、方式、让步、条件等逻辑关系，偶尔出现错误，但不影响交际 | 句法知识 |
| 11. 能运用常见的特殊句式，比如“把”字句、“被”字句、存现句等 | 句法知识 |
| 12. 能运用常见的句类（陈述句、疑问句、感叹句、祈使句）表达不同的语气 | 句法知识 |
| 13. 能基本掌握口头语体的不同形式及其主要特征，如朗读、复述、讲述、演讲、辩论等 | 语用知识 |
| 14. 能运用常见的修辞手法增强表达效果，比如比喻、拟人、排比、反问、设问等，会有不恰当的情况，但不影响交际 | 语用知识 |
| 15. 能根据不同的交际场合和对象，遵循交际礼仪和习俗，变换社交语言，比如称呼、宴请、禁忌等用语 | 语用知识 |
| 16. 能围绕同一焦点展开交流，观点明确，会有个别偏离主题的内容 | 话语组织知识 |
| 17. 能简单运用议论、描述、说明等常见口头文本中用于表达对比、举例、因果的方式 | 话语组织知识 |
| 18. 能使用常见的关联词或连接词，有条理地表达自己的观点 | 话语组织知识 |

续表

| | |
|---|---|
| 19. 能运用简单的衔接手段表示句子或者段落之间的关系，比如比较、递进、转折等 | 话语组织知识 |
| 20. 能在表达中做到语句基本流畅，偶尔出现重复、自我纠正、不当停顿等现象 | 话语组织知识 |
| 21. 能按照某种逻辑顺序（比如时间顺序）组织表达内容，前后重复内容较少 | 话语组织知识 |
| **二、交际活动描述语** | **能力参数** |
| 22. 能就某一话题发表自己的真实感受和认识，不是通过背诵模板或者使用固定套话进行表达和交际 | 口头描述 |
| 23. 能用简单流畅的语言介绍自己的个人情况，比如理想、特长、专业以及职业等 | 口头描述 |
| 24. 能就日常学习、工作事宜进行有效交流，比如介绍学习计划、工作计划、职业规划等 | 口头描述 |
| 25. 能在公共场合进行简单流畅的交流，比如就医时描述自己的症状、在商场询问商品信息等 | 口头描述 |
| 26. 能用恰当的词汇表达喜怒哀乐、礼貌、委婉、谦虚等情感及态度 | 口头描述 |
| 27. 能简单地讨论社会文化类话题，比如介绍传统节日、风俗习惯、历史典故，解释古诗文的意思，并尝试运用到交际当中 | 口头描述 |
| 28. 能够就抽象的话题简单发表自己的看法和感受，比如与幸福、道德有关或含有比喻义的话题 | 口头描述 |
| 29. 能详细讲述某段时期自己的个人经历 | 口头叙述 |
| 30. 能简要叙述某件事情的开始、经过和结局 | 口头叙述 |
| 31. 能在学习和工作中转述简单的指令和要求，内容完整，重点突出 | 口头指示 |
| 32. 能针对某事物或者某事件清楚地说明自己是否支持或者是否喜欢的理由 | 口头说明 |
| 33. 能就社会中的某种现象、某种问题提出建议，并详细地说明理由 | 口头说明 |
| 34. 能针对他人的发言提出问题，发表简单的口头评论 | 口头论述 |
| 35. 能就日常工作、学习、时事热点等话题进行简单的议论性交谈，发表意见，并寻求证据支持，会有举例不充分、不恰当的情况出现 | 口头论述 |
| 36. 能借助电话或者上网咨询等方式解决日常生活事宜，比如预订餐厅、进行投诉等 | 口头互动 |

续表

| | |
|---|---|
| 37. 能简单讨论自己专业或职业领域内的话题 | 口头互动 |
| 38. 能在没有准备的情况下即席发言，表达清晰 | 口头互动 |
| **三、交际策略描述语** | **能力参数** |
| 39. 能选择不同的辅助手段帮助听者更好地理解讲话内容，比如音 / 视频、图片等 | 规划 |
| 40. 能在表达前列好简单的发言提纲或者打腹稿，明确交流重点，做到详略得当 | 规划 |
| 41. 能根据交际主题、听者身份和对话场景等调整音量、语速以及用词 | 规划 |
| 42. 能运用常用句式或固定表达吸引听者注意力，为自己遣词造句换得思考时间 | 执行 |
| 43. 能在表达中简单地概括和总结，从而使交际不偏离主题 | 执行 |
| 44. 能在遇到表达困难时，采用词汇替换、迂回转述、举例解释等方法帮助表达 | 执行 |
| 45. 能在听不懂的情况下，请求讲话者进行解释澄清 | 评估与补救 |
| 46. 能通过提问确认对方是否理解自己的讲话内容 | 评估与补救 |
| 47. 能在被打断或被误解时，及时重新组织语言进行解释，使交际顺利进行 | 评估与补救 |
| 48. 能在表达时注意语法和用词的正确性，发现错误时能自行更正或向他人求助 | 评估与补救 |

（作者单位：北京语言大学）

# 计算机辅助筛选 MHK（三级）阅读理解命题文本系统的构建研究

葛　昕

**提　要**　阅读理解题型的文本是试题命制的基础，文本的质量高低直接影响测试的效度。本研究参照 ETS 自动命题系统 SourceFinder 的研究成果，结合少数民族汉语学习的特点，建立了一个适用于 MHK（三级）阅读理解的命题文本自动筛选模型，包括长度筛选、禁忌话题筛选、可用性概率计算三个模块。经过检验，在可用性概率临界值为 0.95 时，文本筛选的正确率为 43.43%。虽然正确率一般，但可以有效提高命题效率，缩短命题时间。检测结果表明，本研究思路和方法可行，前景可期，功能还有待后续研究进一步拓展和提升。

**关键词**　阅读理解；命题文本；自动筛选；MHK（三级）

## 一　引　言

目前，MHK 作为少数民族的汉语水平等级考试，已广泛应用于少数民族地区的预科结业考试、大学语文考试、大学结业考试、学业水平质量检测、中考、高考以及各类教学评价、职称评价等社会化考试中。MHK 分为听力、阅读、口语和写作四个分测验，这四个分测验在命题过程中都涉及寻找命题文本的问题，且大多数命题员都会面临文本选择耗时长、效率低、命题难等困难，而利用计算机技术则可在一定程度上缓解命题压力。本研究以 MHK（三级）阅读理解题型为例，来探讨利用计算机辅助命题的可能性与潜能。

## 二 计算机辅助命题系统相关研究

### 2.1 国外相关研究

美国教育考试服务中心（Educational Testing Service，ETS）于上世纪 90 年代研发了一套计算机辅助命题系统 SourceFinder，用于筛选美国研究生入学考试（Graduate Record Examinations，GRE）的阅读理解文本。该系统利用爬虫程序，从网络上搜集大量的文章储存在自己搭建的数据库中，并对数据库中的文章进行处理分析，命题员可以根据自身需求，挑选出满足限定条件的文章。

SourceFinder 的文本筛选系统主要包括三部分：文本收集（Text Gather）、文本提取（Text Extractor）、可用性预测（Acceptability Prediction Module）。其中，可用性预测模块是筛选文本的核心环节，资源数据库中的文章在经过这一模块的混合运算后，会得出一个综合的可用性概率，即表示文章可用于命题这一事件发生的可能性。这一模块的运算融合了阈限模型和回归模型两种方法。其中阈限模型是指为筛选出适合命题的文章，系统设置了敏感程度（Sensitivity）、易接受程度（Accessibility）、论证的等级（Level of Argument）三个条件，计算机提取出能代表这些条件的 50 多项文本特征，利用文本特征值计算出每篇文章在这三个条件上的分数，当三个分数均达到某一标准时，文章方可进入下一个回归模块。回归模块采用的方法是 logistic 回归。在模块中，文章按照其内容被分为物理、人文、社会等多种类别，针对不同类型的文章分别进行回归运算，计算其可用性概率。

SourceFinder 在初版系统搭建成功之后，曾进行过多次性能评估与模型改进，其分类的准确性也在逐步提高。2006 年 ETS 关于 SourceFinder 的研究报告显示，在采用了阈限筛选模型与 logistic 回归模型融合方法的情况下，SourceFinder 对物理科学文章的分类精确率可达到 0.81（Sheehan et al. 2007b）。

## 2.2 国内相关研究

由于在中文领域没有此类研究的先例，我们只能根据文献总结出较为宽泛的命题规则，即在筛选命题文本时遵循真实性、代表性、规范性、新鲜性、普适性和丰富性的原则，而具体的规则制定则结合实际命题经验加以总结归纳。无论如何，计算机需要提取出多项文本特征来代表这些抽象的命题规则，所以文本特征是否具有典型性是确保模型分类精确度的首要保证。

在特征的设立与选择上，由于中英文在语言性质上有所不同，在文本特征提取上不能完全参照 SourceFinder，需要建立一个针对中文的文本特征表。我们发现丁广文（2008）、邱劲（2010）、彭莹莹等（2017）在分析阅读理解测试文本时，都将文本易读度作为衡量文本质量好坏的因素。因此，易读度公式中所用的文本特征可作为本研究参考的对象。陈阿林（2000），王蕾（2005），郭望皓（2009），赵宁宁、韩晓媛（2017）都先后用不同方法建立了中文易读度公式，所用的文本特征大多属于字、词、句、篇章层面，如字数、等级词数、标志词数等。但这些文本特征是否能用于筛选命题文章，以及它们能在多大程度上代表抽象的命题规则还有待进一步研究。

# 三 实证研究

## 3.1 研究设计

综合 SourceFinder 的文本筛选方法与中文领域相关研究现状，本研究主要分为以下几个步骤：

1. 选择某一网站作为命题待选文本的主要来源，然后利用爬虫程序从该网站爬取文章，建立阅读命题文章待选库；

2. 从库中抽取一定比例的文章组成用于训练模型的样本，由资深命题员对文章是否可用于阅读命题进行打分；

3. 确定所需要的文本特征，编写 Python 程序进行提取；

4. 建立文本筛选模型；

5. 根据检验结果，对模型进行适当的修正，并进一步探讨模型优化方案。

## 3.2 阅读命题文本待选库的建立

命题文本待选库中的文章来源通过历年真题文章的出处来确定。本研究统计了 2018 年与 2019 年 MHK（三级）真题和 2016 年度新疆高考汉语试卷的阅读文章来源，在来源明确的 63 篇文章中，来源于人民网的文章数量最多，分别属于人民网的食品、新疆、科技、科普中国、广西频道、教育、社会这 7 个频道。为保证文章的多样性和丰富性，本研究最终从人民网的财经、国际、教育、科技、科普中国、社会、时政、体育、文化和新疆这 10 个频道中，利用八爪鱼爬虫程序穷尽式爬取文本，共获得 2783 篇文本。

## 3.3 文本的可用性评分

本研究从 2783 篇爬虫获取的文章中按比例抽取 142 篇文章，与 47 篇真题文本所对应的原始文章一起组成训练文本集。抽取出的 142 篇文章由 3 名 MHK（三级）阅读命题经验丰富的命题员进行可用性打分，评分量表如表 1 所示：

**表 1　文章可用性评分量表**

| 可用性等级 | 可用性 | 评分说明 |
|---|---|---|
| 0 | 不确定 | 评分员不确定此文章是否合适，需要其他专家评判 |
| 1 | 完全不可用 | 因不满足一些原则，完全不可作为三级阅读文本，如字数太少、内容不积极、文体不合适等 |
| 2 | 基本不可用 | 从某一个或某些维度上衡量，文章不适合用作三级阅读命题文本，但又不是“一无是处”，可能需要较大的改动 |
| 3 | 基本可用 | 文章基本可作为三级阅读文本，虽有些不合适的地方，不能完全符合标准，但在命题时可作为备选 |
| 4 | 完全可用 | 文章可作为三级阅读文本，且质量较好，略微修改后即可满足命题的基本需求 |

在获得命题员的评分后，需将文章的 1—4 可用性等级归纳为 0、1 计分的可用性等级，0 表示文章不可用于 MHK（三级）阅读命题，1 表示文章可用。归纳规则如下：在 3 名命题员给出的等级中，若有 2 名或 2 名以上给出等级 1 或等级 2，则该文章的可用性取值为 0，即不可用于命题；反之，若有 2 名或 2 名以上的命题员给出等级 3 或等级 4，则该文章的可用性取值为 1，即可用于命题；若命题员给出 0 分，即没有等级，则由第 4 位命题员补充评分。训练集文本的分数统计结果如表 2 所示：

**表 2　命题员对文章可用性的评分统计表**

| 命题员编号 | 可用文章数量 | 比例（%） | 不可用文章数量 | 比例（%） | 无效评分数量 |
|---|---|---|---|---|---|
| 命题员 1 | 45 | 32.14 | 95 | 67.86 | 26 |

续表

| 命题员编号 | 可用文章数量 | 比例（%） | 不可用文章数量 | 比例（%） | 无效评分数量 |
|---|---|---|---|---|---|
| 命题员 2 | 55 | 38.73 | 87 | 61.27 | 24 |
| 命题员 3 | 19 | 13.38 | 123 | 86.62 | 20 |
| 最终取值 | 32 | 22.54 | 110 | 77.46 | / |

注：命题员 1 有 2 篇给出等级 0，经第 4 位命题员打分后计入可用文章。

无效评分数量是指评分员给出的可用性等级与最终等级不符的文章数量。从此项指标来看，命题员 3 的无效评分数量最少，为 20 例；命题员 1 和命题员 2 的无效评分数量在 25 例左右，说明两人的评分存在一定误差，可能是评分过于宽松导致的。从最终取值来看，可用文章占总体的 22.54%，虽高于命题员 3 的可用比例，但远低于命题员 1 和命题员 2 的可用比例，说明此评分方法可以有效控制评分误差，确保评分的准确性。

此外，本研究还收集了命题员的命题意见，发现命题员在挑选阅读命题文本时主要使用了以下两种策略：策略一，从内容角度出发，衡量文章内容是否适合考试，主要从是否涉及民族禁忌、是否适合青少年阅读、是否可用于考试场景这三方面考虑；策略二，从命题角度出发，衡量文章是否可提供丰富的信息用于命题，主要从出题点的多寡、逻辑是否清晰来考虑。

根据该命题策略，本研究将文本筛选模型分为三个模块，分别为：长度筛选模型、禁忌词筛选模型与可用性计算模型。其中前两个为强制性的过滤筛选模型，只有通过了这两项筛选的文本，才可进入第三个可用性计算模型。

## 3.4 提取文本特征

文本特征是指影响命题文本可用性的若干变量。本研究初步确定了 27 个文本特征，其中建立筛选过滤模型所需文本特征为平均每段禁忌词数和总字符数，训练回归模型时使用的文本特征为总词数、句子数、中文字符数、段落数、段落间平均相似度、词汇丰富度、字种比、平均每句字数、平均每句词数、实体词比例、财经专业词比例、化学专业词比例、物理专业词比例、医疗专业词比例、政治专业词比例、生物专业词比例、段落平均字数、段落平均词数、连词比例、平均每段机构团体名数、甲级词比例、乙级词比例、丙级词比例、丁级词比例、超纲词比例、平均每段禁忌词数、总字符数。

禁忌词指的是涉及民族敏感问题、宗教问题的词汇，这与现代汉语中的禁忌词含义有所不同。段落间平均相似度是利用潜语义分析 LSA 技术计算得到的每篇文章两两段落间相似程度的均值，均值越大，说明文章段落之间的相似程度越高，提供的新信息越有限，文章的内容丰富度便有所欠缺。词汇丰富度为词种比，即词种数 / 总词数，词种数是指文章中所用不重复词语的个数，总词数则是文章所有词语的个数。字种比的计算方法与词种比类似。

为满足以上 27 个文本特征的提取需求，本文使用北京理工大学张华平主持研发的 NLPIR 大数据语义智能分析平台进行分词。为确保特征提取准确无误，189 篇训练集文章在机器分词后再由人工校对分词结果。分词完成后，本文使用 Python 自编程序完成 27 项文本特征的提取工作。

## 3.5 筛选模型的建立

### 3.5.1 文章长度筛选

在文章长度筛选中，本文选择总字符数作为衡量指标，总字符数指文章除标点符号、特殊符号、数学符号以外的字符数，包括中文字符数、数字数以及英文字符数。在已获得可用性等级的 189 篇训练集文本中，可用与不可用文本的字符数描述性统计如表 3 所示：

**表 3 可用与不可用文章总字符数描述性统计**

| 可用性 | 均值 | 极小值 | 极大值 | 标准差 |
|---|---|---|---|---|
| 0 | 939.22 | 271 | 3510 | 617.27 |
| 1 | 1385.19 | 303 | 4707 | 913.99 |

从表 3 可以看出，可用文本的字符数均值为 1385.19，远高于不可用文本的均值字符数。这说明字符数较多的文本被选为命题文本的可能性更大。为了说明可用与不可用文本在字符数这一指标上有显著差异，本文对二者的均值做了独立样本 t 检验，结果如表 4 所示：

**表 4 可用与不可用文本的字符数均值独立样本 t 检验**

<table>
<tr><th rowspan="3">方差假设</th><th colspan="2">方差方程的 Levene 检验</th><th colspan="7">均值方程的 t 检验</th></tr>
<tr><th rowspan="2">F</th><th rowspan="2">Sig.</th><th rowspan="2">t</th><th rowspan="2">df</th><th rowspan="2">Sig.（双侧）</th><th rowspan="2">均值差值</th><th rowspan="2">标准误差值</th><th colspan="2">差分的 95% 置信区间</th></tr>
<tr><th>下限</th><th>上限</th></tr>
<tr><td>假设方差相等</td><td>10.441</td><td>.001</td><td>4.004</td><td>187</td><td>.000</td><td>445.972</td><td>111.394</td><td>226.220</td><td>665.723</td></tr>
<tr><td>假设方差不相等</td><td></td><td></td><td>3.764</td><td>127.668</td><td>.000</td><td>445.972</td><td>118.483</td><td>211.527</td><td>680.416</td></tr>
</table>

从表 4 可以看出，可用与不可用文本的均值差值为 445.972，在方差齐性时差异显著。这说明二者在字符数上有显著差异，字符数较多的文本更有可能被用于命题。依照此思路，我们可以通过设定字符数阈值来进行可用与不可用文本的筛选，只有高于阈值的文本才可进入下一阶段的筛选。

考虑到字数筛选是系统筛选文本的第一个模块，且在回归模型中，文章长度仍为一项重要的影响因素，故在长度筛选模块，本研究决定采用较为宽松的阈限值。若分别以 300 字、350 字和 400 字为阈限，低于此值的可用与不可用文本的数量如表 5 所示：

表 5 不同阈限值下可用与不可用文本数量对比

| 字符数阈限 | 可用文本 | 不可用 |
|---|---|---|
| 300 | 0 | 1 |
| 350 | 1 | 7 |
| 400 | 3 | 14 |

从表 5 可以看出，当阈限为 400 字时，可筛选出的不可用文本数量最多，为 14 篇，但同时会造成 3 篇可用文本被误判。当阈限为 300 字时，可用文本数量为 0，即不会造成误判，但不可用文本仅存 1 篇，阈限设立的意义不大。折中处理，采用 350 字为文章长度筛选的阈限值最合适。

3.5.2 禁忌话题文本筛选

在 142 篇抽样文本中，仅有 1 篇涉及禁忌话题，样本量过小，无法确定筛选阈值，故我们从人民网上补充若干篇文章，最终形成 40 篇数据集。其描述性统计结果与独立样本 t 检验如表 6、表 7 所示：

表 6 平均每段禁忌词数量描述性统计

| 是否涉及禁忌话题 | 数量 | 均值 | 极小值 | 极大值 | 标准差 |
|---|---|---|---|---|---|
| 是 | 18 | 2.01 | 0.57 | 3.86 | 0.95 |
| 否 | 22 | 0.19 | 0.03 | 0.78 | 0.18 |

表 7 平均每段禁忌词数独立样本 t 检验

| 方差假设 | 方差方程的 Levene 检验 | | 均值方程的 t 检验 | | | | | | |
|---|---|---|---|---|---|---|---|---|---|
| | F | Sig. | t | df | Sig.（双侧） | 均值差值 | 标准误差值 | 差分的 95% 置信区间 | |
| | | | | | | | | 下限 | 上限 |
| 假设方差相等 | 23.011 | 0.000 | 8.834 | 38.000 | 0.000 | 1.82 | 0.21 | 1.402 | 2.235 |
| 假设方差不相等 | | | 8.029 | 18.066 | 0.000 | 1.82 | 0.23 | 1.343 | 2.294 |

从表 7 可以看出，涉及禁忌话题与不涉及禁忌话题的文章在平均每段禁忌词数上的均值差值为 1.82，方差齐性时在 0.01 水平上差异显著。这说明使用平均每段禁忌词数这一特征作为禁忌话题的筛选指标是有效的。根据表 6，从极小值来看，涉及禁忌话题的极小值为 0.57，不涉及的为 0.03，二者均未达到 1；从极大值来看，涉及禁忌话题的文章极大值为 3.86，不涉及的极大值为 0.78。因此，应将阈值设为 1，即平均每段禁忌词数不超过 1 个的文本可进入下一模块。

## 3.6 可能性概率回归模型

### 3.6.1 模型建立方法

在可能性概率回归模型建立阶段，先对 25 个文本特征值做相关分析，删去与可用性相关度较低的文本特征；接着通过因子分析降维，得到影响可用性等级的主成分因子与因子表达式，最后将主成分因子作为自变量放入二项 logistic 回归方程中，分别选择进入法、向前 LR 法、向后 LR 法三种方法进行建模，最后选择拟合效果与分类效果较好的方程作为最终可用性概率回归方程。

### 3.6.2 文本特征相关分析

25 个文本特征与可用性的皮尔逊相关系数如表 8 所示：

**表 8 文本特征与可用性的皮尔逊相关系数表**

| 文本特征 | 与可用性的皮尔逊相关系数 | 文本特征 | 与可用性的皮尔逊相关系数 |
|---|---|---|---|
| 总词数 | 0.338** | 平均每句词数 | -0.187* |
| 句子数 | 0.366** | 平均每句字数 | -0.243** |
| 中文字符数 | 0.290** | 段落平均字数 | 0.283** |
| 段落数 | 0.144* | 段落平均词数 | 0.360** |
| 段落间平均相似度 | -0.243** | 连词比例 | 0.146* |
| 甲级词比例 | 0.509** | 平均每段机构团体名数 | -0.134 |

续表

| 文本特征 | 与可用性的皮尔逊相关系数 | 文本特征 | 与可用性的皮尔逊相关系数 |
|---|---|---|---|
| 乙级词比例 | -0.165* | 财经专业词比例 | -0.246** |
| 丙级词比例 | -0.358** | 化学专业词比例 | 0.137 |
| 丁级词比例 | -0.263** | 政治专业词比例 | -0.270** |
| 超纲词比例 | -0.395** | 物理专业词比例 | 0.010 |
| 实体词比例 | -0.301** | 医疗专业词比例 | 0.067 |
| 词汇丰富度 | -0.304** | 生物专业词比例 | 0.048 |
| 字种比 | -0.263** | | |

注：** 表示在 0.01 显著性水平上相关显著，* 表示在 0.05 显著性水平相关显著。

从表 8 可以看出，总词数、句子数、中文字符数、段落数、甲级词比例、段落平均字数、段落平均词数以及连词比例与可用性呈正相关，且相关在 0.05 水平上显著，这与本文的假设一致，可以保留。

乙级词比例、丙级词比例、丁级词比例、超纲词比例、实体词比例、词汇丰富度、字种比、平均每句字数和平均每句词数与文章的可用性呈负相关，但考虑到这些特征仍具有实际意义，选择保留这些特征。

平均每段机构团体名数与可用性呈负相关，相关系数较低且并不显著。考虑到平均每段机构团体名数是唯一体现文章是否有软广嫌疑的特征，故最终保留此特征进行下一步分析。

在 6 个与专业词有关的特征中，只有财经与政治专业词比例与可用性的相关系数在 0.01 水平上显著，其余 4 个特征没有达到显著，且相关较低，这可能与未对专业词的等级做区分有关，计算机无法将考生可以理解的专业词与考生不能理解的专业词区别开来。因此，本文删除化学、物理、医疗、生物专业词比例这 4 个文本特征，仅保留财经、政治专业词比例。最终保留 21 项文本特征。

### 3.6.3 因子分析结果

本研究在训练回归模型之前先进行主成分分析和因子分析，目的是提取出个数较少又能解释大部分变异的几个因子。21 个文本特征的因子分析解释的总方差表如表 9 所示：

表 9 文本特征因子分析解释的总方差表

| 成分 | 初始特征值 | | | 提取平方和载入 | | | 旋转平方和载入 | | |
|---|---|---|---|---|---|---|---|---|---|
| | 合计 | 方差的百分比（%） | 累积百分比（%） | 合计 | 方差的百分比（%） | 累积百分比（%） | 合计 | 方差的百分比（%） | 累积百分比（%） |
| 1 | 5.874 | 27.973 | 27.973 | 5.874 | 27.973 | 27.973 | 5.176 | 24.650 | 24.650 |
| 2 | 3.559 | 16.945 | 44.918 | 3.559 | 16.945 | 44.918 | 3.398 | 16.179 | 40.829 |
| 3 | 2.342 | 11.152 | 56.070 | 2.342 | 11.152 | 56.070 | 2.530 | 12.045 | 52.874 |
| 4 | 1.827 | 8.699 | 64.769 | 1.827 | 8.699 | 64.769 | 2.055 | 9.786 | 62.660 |
| 5 | 1.429 | 6.805 | 71.574 | 1.429 | 6.805 | 71.574 | 1.517 | 7.225 | 69.885 |
| 6 | 1.033 | 4.920 | 76.493 | 1.033 | 4.920 | 76.493 | 1.388 | 6.608 | 76.493 |
| 7 | 0.970 | 4.621 | 81.115 | | | | | | |
| 8 | 0.815 | 3.883 | 84.998 | | | | | | |
| 9 | 0.736 | 3.506 | 88.503 | | | | | | |
| 10 | 0.680 | 3.236 | 91.740 | | | | | | |
| 11 | 0.531 | 2.527 | 94.267 | | | | | | |
| 12 | 0.369 | 1.758 | 96.025 | | | | | | |
| 13 | 0.312 | 1.485 | 97.510 | | | | | | |
| 14 | 0.256 | 1.217 | 98.727 | | | | | | |
| 15 | 0.134 | 0.636 | 99.363 | | | | | | |
| 16 | 0.051 | 0.242 | 99.606 | | | | | | |
| 17 | 0.043 | 0.203 | 99.808 | | | | | | |
| 18 | 0.024 | 0.116 | 99.925 | | | | | | |

续表

| 成分 | 初始特征值 | | | 提取平方和载入 | | | 旋转平方和载入 | | |
|---|---|---|---|---|---|---|---|---|---|
| | 合计 | 方差的百分比（%） | 累积百分比（%） | 合计 | 方差的百分比（%） | 累积百分比（%） | 合计 | 方差的百分比（%） | 累积百分比（%） |
| 19 | 0.011 | 0.050 | 99.975 | | | | | | |
| 20 | 0.004 | 0.017 | 99.992 | | | | | | |
| 21 | 0.002 | 0.008 | 100.00 | | | | | | |

从表 9 可以看出，提取 6 个因子可以解释 76.493% 的总方差变异，在社会科学中，这个比例已经可以接受。故最终确定提取 6 个主成分因子进行下一步分析。

为了使文本特征在不同因子上的载荷更加清晰，本文使用方差极大法对初步抽取的因素载荷矩阵进行正交旋转，旋转后的结果如表 10 所示：

**表 10　文本特征旋转后因素载荷矩阵表**

| 文本特征 | 因子 1 | 因子 2 | 因子 3 | 因子 4 | 因子 5 | 因子 6 |
|---|---|---|---|---|---|---|
| 总词数 | **0.961** | -0.039 | 0.069 | -0.091 | -0.006 | 0.001 |
| 句子数 | **0.915** | -0.091 | 0.006 | -0.202 | -0.024 | -0.044 |
| 中文字符数 | **0.972** | 0.013 | 0.038 | -0.068 | 0.005 | -0.027 |
| 段落数 | **0.806** | -0.025 | -0.464 | 0.027 | -0.109 | 0.061 |
| 段落间平均相似度 | -0.111 | 0.373 | 0.040 | 0.117 | 0.454 | 0.052 |
| 甲级词比例 | 0.258 | **-0.616** | 0.356 | -0.223 | -0.436 | 0.194 |
| 乙级词比例 | -0.219 | **0.574** | -0.151 | -0.044 | 0.021 | 0.463 |
| 丙级词比例 | -0.071 | **0.756** | 0.024 | 0.107 | 0.100 | -0.108 |
| 丁级词比例 | -0.026 | **0.597** | -0.137 | -0.074 | 0.147 | 0.104 |
| 超纲词比例 | -0.199 | 0.178 | -0.420 | 0.019 | **0.559** | -0.509 |
| 实体词比例 | -0.162 | **0.847** | -0.059 | 0.016 | -0.165 | -0.089 |
| 词汇丰富度 | **-0.822** | 0.087 | -0.253 | 0.000 | 0.126 | -0.167 |

续表

| 文本特征 | 因子 1 | 因子 2 | 因子 3 | 因子 4 | 因子 5 | 因子 6 |
| --- | --- | --- | --- | --- | --- | --- |
| 平均每句字数 | -0.124 | 0.134 | -0.111 | **0.959** | 0.098 | -0.068 |
| 平均每句词数 | -0.109 | 0.084 | -0.051 | **0.976** | 0.072 | -0.005 |
| 字种比 | **-0.910** | -0.029 | -0.182 | -0.004 | 0.070 | 0.005 |
| 段落平均字数 | 0.068 | -0.005 | **0.945** | -0.058 | 0.106 | -0.044 |
| 段落平均词数 | 0.102 | -0.096 | **0.938** | -0.092 | 0.062 | 0.001 |
| 连词比例 | 0.103 | -0.241 | -0.030 | -0.047 | -0.041 | **0.835** |
| 平均每段机构团体名数 | -0.015 | -0.039 | 0.218 | 0.066 | **0.810** | -0.031 |
| 财经专业词比例 | 0.121 | **0.483** | 0.003 | 0.156 | 0.123 | -0.113 |
| 政治专业词比例 | 0.232 | **0.727** | 0.162 | 0.059 | -0.119 | -0.302 |

根据不同因子载荷较大的文本特征的特点，我们可以为这 6 个因子重新命名，命名情况如表 11 所示：

**表 11　影响文章可用性的 6 个因子命名表**

| 因子编号 | 因子名称 | 文本特征 |
| --- | --- | --- |
| F1 | 语言丰富程度 | 总词数、句子数、中文字符数、段落数、词汇丰富度、字种比 |
| F2 | 词汇理解难度 | 甲级词比例、乙级词比例、丙级词比例、丁级词比例、实体词比例、财经专业词比例、政治专业词比例 |
| F3 | 段落长度 | 段落平均字数、段落平均词数 |
| F4 | 句子理解难度 | 平均每句字数、平均每句词数 |
| F5 | 内容陌生程度 | 超纲词比例、平均每段机构团体名数 |
| F6 | 逻辑清晰程度 | 连词比例 |

### 3.6.4　二元 logistic 回归模型

以主成分为自变量，可用性为因变量，分别用进入法、向前 LR 法、向后 LR 法训练回归模型。

进入法回归即是强迫所有变量同时进入回归方程，得到的方程如下：

$$P=\frac{1}{1+e^{-(z)}}$$

$z$=0.62*F1−1.597*F2−0.279*F4−1.228*F5+0.701*F6+0.409*F3−3.471

式（3-1）

从方程的解释力度来看，F1（语言丰富程度）、F3（段落长度）和 F6（逻辑清晰程度）的系数为正，说明这三者取值越大，$z$ 值越大，文章可用性概率越高；F2（词汇理解难度）、F4（句子理解难度）和 F5（内容陌生程度）的系数为负，说明这三者取值越大，$z$ 值越小，文章可用性概率越低，这符合命题逻辑。

向前 LR 法回归是依据最大偏似然比统计量值向前逐步选择变量进入方程，用该方法得到的方程如下：

$$P=\frac{1}{1+e^{-(-0.292*F4+0.031*F3+0.927)}}$$ 式（3-2）

从方程的解释力度来看，F3（段落长度）的系数为正，说明段落长度越长，$z$ 值越大，文章可用性概率越高；F4（句子理解难度）的系数为负，说明句子难度越大，$z$ 值越小，文章可用性概率越低，这符合命题逻辑。

用向后 LR 法回归是在初始模块输入全部变量，依据最大偏似然估计值统计量向后逐步剔除贡献率较低的变量，最终得到的方程为：

$$P=\frac{1}{1+e^{-(z)}}$$

$z$=0.592*F1−1.748*F2+0.386*F3−0.212*F4−1.263*F5−4.051　式（3-3）

从方程的解释力度来看，F1（语言丰富程度）和 F3（段落长度）的系数为正，说明语言越丰富，段落越长，则 $z$ 值越大，文章可用性概率越高；F2（词汇理解难度）、F4（句子理解难度）和 F5（内容陌生程度）的系数为负，说明词汇和句子越难，文章内容对考生越陌生，则 $z$ 值越小，文章可用性概率越低，这也符合命题逻辑。

三种方法获得模型的拟合优度检验结果如表 12、13、14 所示：

**表 12 进入法回归模型拟合优度统计量表**

| 步骤 | –2 对数似然值 | Nagelkerke $R^2$ |
|---|---|---|
| 1 | 169.334 | 0.490 |

**表 13 向前 LR 法回归模型拟合优度统计量表**

| 步骤 | –2 对数似然值 | Nagelkerke $R^2$ |
|---|---|---|
| 1 | 216.349 | 0.246 |
| 2 | 198.064 | 0.348 |

**表 14 向后 LR 法回归模型拟合优度统计量表**

| 步骤 | –2 对数似然值 | Nagelkerke $R^2$ |
|---|---|---|
| 1 | 169.334 | 0.490 |
| 2 | 171.871 | 0.479 |

–2 对数似然值越大，说明模型对数据的拟合度越不理想。Nagelkerke $R^2$ 统计量是对 logistic 模型变异中可解释部分的量化。从上面三个表格可以看出，向前 LR 法 –2 对数似然值较大，且只能解释数据 35% 的变异，与进入法和向后 LR 法相比，该方法获得的模型拟合效果较差。

然而，在 logistic 回归中，模型与数据的拟合程度仅作为模型检验的一种参考指标，模型的效果主要靠分类的准确度来衡量。以 0.5 为切割值，三种模型的分类效果统计如表 15 所示：

表 15　进入法回归模型分类效果统计表

| 观测值 / 预测值 | 进入法 | | | 向前 LR 法 | | | 向后 LR 法 | | |
|---|---|---|---|---|---|---|---|---|---|
| | 0 | 1 | 准确率（%） | 0 | 1 | 准确率（%） | 0 | 1 | 准确率（%） |
| 0 | 95 | 14 | 87.2 | 89 | 20 | 81.65 | 94 | 15 | 86.24 |
| 1 | 26 | 52 | 66.7 | 32 | 46 | 58.97 | 28 | 50 | 64.10 |
| 综合准确率（%） | 78.61 | | | 72.19 | | | 77.01 | | |
| 精确率（%） | 78.79 | | | 69.70 | | | 76.92 | | |
| 召回率（%） | 66.67 | | | 58.97 | | | 64.10 | | |

从表 15 可以看出，进入法综合准确率为 78.61%，分类准确程度一般；精确率为 78.79%，效果良好；召回率为 66.67%，模型分类得到的可用文章覆盖率不高。但与其他两种方法相比，进入法的分类效果最为理想，向后 LR 法与进入法相差不大，向前 LR 法效果最差。

在本研究的文本筛选系统中，命题辅助系统会根据文章可用性概率从高到低排列文章，率先向命题员展示可用性概率较高的文章。由此可知，我们最终要达到的目的并不是让计算机准确筛选出所有可用与不可用文本，而是需要 logistic 模型在高切割值下拥有较好的精确率。我们将分类的概率阈值调整为 0.6 和 0.7，重新比对向后 LR 和进入法模型的分类效果，结果如表 16 所示：

表 16　向后 LR 法和进入法模型分类效果对比表

| 切割概率值 | 分类指标 | 进入法 | 向后 LR 法 |
|---|---|---|---|
| 0.6 | 综合准确率（%） | 74.87 | 75.40 |
| | 精确率（%） | **82.98** | 82.00 |
| | 召回率（%） | 50.00 | 52.56 |
| 0.7 | 综合准确率（%） | 74.33 | 74.33 |
| | 精确率（%） | 87.50 | **89.47** |
| | 召回率（%） | 44.87 | 43.59 |

从表 16 可以看出，随着切割值的逐渐增高，进入法和向后 LR 法的精确率均有提高，但向后 LR 法获得的模型在高切割值下的分类精确率要高于进入法。

为了进一步衡量二者的分类效果，我们另外抽样选取 100 篇文章组成测试集，对向后 LR 模型与进入法模型进行分类效果的对比，结果如表 17 所示：

**表 17　向后 LR 法与进入法模型在 100 篇文本上的分类效果对比表**

| 可用性 | 向后 LR 法 | | | 进入法 | | |
|---|---|---|---|---|---|---|
| | 总数量 | 真正可用数量 | 比例（%） | 总数量 | 真正可用数量 | 比例（%） |
| 可用性概率大于 0.5 | 22 | 13 | 59.09 | 24 | 12 | 50.00 |
| 可用性概率大于 0.6 | 17 | 11 | 64.71 | 14 | 8 | 57.14 |
| 可用性概率大于 0.7 | 15 | 9 | 60.00 | 13 | 7 | 53.85 |

从表 17 可以看出，在可用性概率大于 0.5 时，进入法获得模型虽在文章总数量上大于向后 LR 法，但其精确率（真正可用文章的比例）却低于向后 LR 法。在可用性概率大于 0.6 或 0.7 时，向后 LR 模型在文章总数量和精确率上均高于进入法。综合考虑，本文最终选取向后 LR 法获得的方程作为最终回归模型。

## 3.7　MHK（三级）阅读理解命题文本筛选系统的检验与修正

为了检验整个文本筛选系统的性能，本文使用一开始爬虫获取的剩余 2541 篇文章进行测试。在长度筛选阶段，有 126 篇文章被计算机判定为不可用于命题；在禁忌话题文本筛选阶段，有 4 篇文章的平均每段禁忌词数大于等于 1，经人工核验，这些文本均不能用于命题。故我们认为长度筛选模型和禁忌话题文本筛选模型达到了预期要求，没有产生误判。

在可用性概率计算中，本文设立了不同的分类临界值来检验回归模型的性能，结果如表 18 所示：

表 18　可用性概率回归模型整体性能检验表

| 概率临界值 | 总数量 | 真正可用 | 比例（%） |
|---|---|---|---|
| 0.95 | 105 | 43 | 40.95 |
| 0.9 | 167 | 62 | 37.13 |
| 0.8 | 290 | 97 | 33.45 |

从表 18 可以看出，计算机筛选文本的可用比例远低于预期。因此，本研究对筛选系统做出了修正：其一，根据不同频道文本采用率，从文本候选库中删去来自体育与国际这两个频道的文章；其二，对禁忌词表进行扩充，增加了与两性、生育、心理疾病等话题相关的词汇，将禁忌词表词汇扩充到 418 词。

修正后，我们对机器筛选文本的准确性重新进行了估计，结果如表 19 所示：

表 19　系统修正后可用性概率回归模型筛选性能检验表

| 概率临界值 | 总数量 | | 真正可用文章数量 | | 比例（%） | |
|---|---|---|---|---|---|---|
| | 修正前 | 修正后 | 修正前 | 修正后 | 修正前 | 修正后 |
| 0.95 | 105 | 99 | 43 | 43 | 40.95 | 43.43 |
| 0.9 | 167 | 156 | 62 | 62 | 37.13 | 39.74 |
| 0.8 | 290 | 267 | 97 | 97 | 33.45 | 36.33 |

从表 19 可以看出，在对系统进行修正后，临界值条件下筛选出的真正可用文章的比例有所提高。但与 SourceFinder 可以达到 80% 以上的正确率相比，通过本研究得到的 MHK（三级）阅读理解命题文本筛选系统的分类精度还有待提高。

同时，为了进一步衡量计算机筛选文章的性能，本文进行了模拟命题测试。先让一位命题员使用此系统进行模拟命题，从概率临界值大于 0.95 的文章中挑选出 10 篇自己认为可用的文章，再将 10 篇文章交由负责 MHK 命题工作的专家对其质量进行评价，最终有 7 篇被评为“可改”，即文本可用，但还需要进一步打磨。从命题的效率来看，在此次模拟命题中，命题员在1.5 小时之内筛选出 10 篇文章。而在传统的命题方式中，大多数资深命题员表示，寻找 1 篇合适的阅读理解命题文本需要 30 分钟以上。由此可以看出，若使用本研究提供的计算机阅读命题文本自动筛选系统，可以大大提高命题员的命题效率。

# 四 结 论

本文通过实证研究，建立了一套以长度筛选、禁忌话题文本筛选、可用性概率计算为核心的计算机命题文本筛选模型，其流程如图 1 所示：

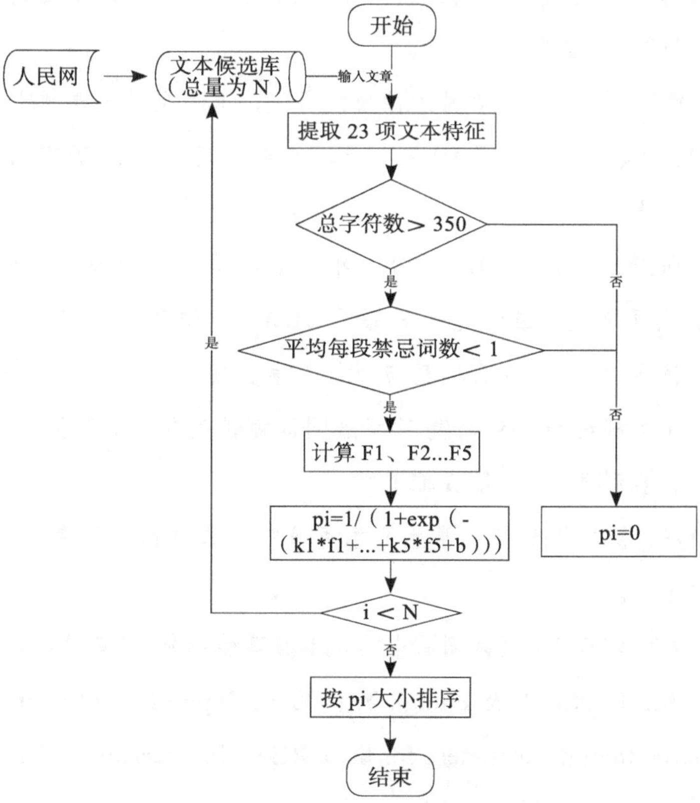


**图 1　文章筛选流程图**

其中长度筛选与禁忌话题筛选效果较好，可用性计算模型的分类精度没有达到理想情况，但作为计算机筛选命题文本的初次尝试，其结果仍可以接受。此外，从筛选出的可用文章来看，文本的质量有一定保证，这说明使用计算机辅助命题可以有效帮助命题员节省命题时间，也能帮助测验开发者从源头上控制命题文本质量，提高命题的科学性与经济性。

## ∷ 参考文献 ∷

陈阿林（2000）神经网络汉语阅读难度量化计算模型及结果比较，《重庆师范学院学报（自然科学版）》第 2 期。

丁文广（2008）略论阅读测试材料的选择问题——从测试效度的视角，《语文建设》第 12 期。

郭望皓（2009）对外汉语文本易读性公式研究，上海交通大学硕士学位论文。

彭恒利（2015）《民族汉考（MHK）与教育测量理论应用研究》，北京：北京语言大学出版社。

彭莹莹、辜向东、黄娟（2017）2016 年高考英语全国卷及分省命题卷阅读理解试题命题质量研究——基于 Bachman 和 Palmer 考试任务特征理论的试卷评析，《教育测量与评价》第 3 期。

邱　劲（2010）从语篇变量看高考英语阅读测试的效度，《重庆邮电大学学报（社会科学版）》第 3 期。

王　蕾（2005）初中级日韩留学生文本可读性公式初探，北京语言大学硕士学位论文。

赵宁宁、韩晓媛（2017）阅读测试中的文本易读性研究，《考试研究》第 4 期。

Sheehan, K. M., Kostin, I. & Futagi, Y. (2007a) Supporting efficient, evidence-centered item development for the GRE verbal measure. ETS GRE Board Research Report No. 03-14.

Sheehan, K. M., Kostin, I. & Futagi, Y. (2007b) *SourceFinder: A Construct-Driven Approach for Locating Appropriately Targeted Reading Comprehension Source Texts*. Princeton, NJ: Educational Testing Service.

Sheehan, K. M., Kostin, I., Futagi, Y., Hemat, R. & Zuckerman, D. (2006) *Inside SourceFinder: Predicting the Acceptability Status of Candidate Reading-Comprehension Source Documents*. Princeton, NJ: Educational Testing Service.

（作者单位：北京语言大学）

# 汉语作为第二语言的标准与测试研究

# 来华留学预科生阅读能力描述语研究

王　爽

**提　要**　预科生阅读能力描述语研究是预科生阅读能力标准研究的重要组成部分，对预科生阅读能力研究具有重要意义。本研究编制了以来华留学预科生阅读能力描述语为基础的调查问卷，对描述语的任务难度和类别进行研究。结果表明，量表的信度系数为0.99，量表和样本的整体适合度也较好。描述语任务难度的logit值范围为-4.30到2.48，描述语任务难度适中，适合初级水平的来华留学预科生。描述语任务难度的分离指数很高，说明区别性非常好，但是描述语的任务难度比例在数量上存在不均衡的问题。我们使用探索性因素分析方法得到来华留学预科生阅读能力描述语的三个因素，经过分析，把这三个因素命名为文本处理能力、阅读理解能力和词汇认读能力。

**关键词**　阅读能力；描述语；预科生；任务难度；探索性因素分析

## 一　引　言

语言能力描述语是语言能力标准（量表）研究中的特定概念，它描述的是在现实生活中，处于不同水平等级的语言使用者能够完成的语言任务与所具备的语言特征（王佶旻，2013）。汉语阅读能力是来华留学预科生获取学科知识的重要途径，是他们能够进入本科进一步学习的重要基础。对来华留学预科生阅读能力描述语的研究能够使我们进一步了解预科生的语言水平，加快预科生阅读能力标准的制定。

研究语言能力量表中的描述语，要关注描述语的能力维度以及描述语的任务难度与等级划分两个方面。描述语的能力维度研究探究预科生的阅读能力由哪几个主要部分构成；描述语的任务难度研究关系着如何划定这些描述语等级以及如何与相应的学习者语言水平相匹配。由于预科生来自不同的国家，语言水平参差不齐，学科背景也不相同，因此预科生的阅读能力描述语研究将会更为复杂。

## 二 文献回顾

### 2.1 阅读能力维度研究

阅读能力描述语的维度研究基于阅读能力维度的研究，阅读能力维度研究已经积累了很多的经验。对预科生进行汉语教学的目的是培养预科生的语言交际能力，预科生的阅读能力就是从书面材料中获取信息的能力，书面材料包括符号、公式以及图片等［《中国大百科全书（普及本）心理学 I》］。

Brown（1996）在模式（Mode）和渠道（Channel）两个层面上区分了四种语言技能。阅读在渠道（Channel）方面属于视觉渠道，在模式（Mode）方面属于理解性模式。现在研究者一般认为，阅读分为解码（词汇识别）和阅读理解两个阶段。解码即词汇识别，而理解则包括对句子进行语法分析、理解句子在语篇中的意义、建构语篇结构以及将这些理解与已有知识整合等（Gough，Ehri & Treiman，1992）。

Krashen（1989）认为大量第二语言词汇是通过阅读习得的。汉语学习者需要掌握的词汇量在《汉语水平等级标准与语法等级大纲》中已有具体说明，《来华留学预科生学习大纲》也对预科生的汉语词汇量做了简单的要求，即在基础汉语部分，预科生应掌握600个汉字、1600个词。

阅读能力一般被认为是阅读理解能力，包含许多子能力。很多研究者试图确定构成阅读理解能力的子能力（Harmer，1983；Grabe，1991），并提出了不同的子能力列表；一些研究者还使用不同的统计方法对阅读理解能力进行实证研究（Buck，Tatsuoka & Kostin，1997；Jang，2009）。不同的文本类型涉及的认知心理过程不同，对读者的态度、阅读策略等也会产生不同的影响。国际阅读评估项目对阅读文本类型进行了详细的分类，已有的一些语言能力量表也对文本类型进行了分类，如ACTFL（American Council on the Teaching of Foreign Languages，简称ACTFL）量表将文本类型分为解读性（Interpretive）文本和人际交往性（Interpersonal）文本。

因此我们在选定阅读描述语时，要考虑到阅读文本类型、阅读过程中所涉及的技能、词汇量和阅读速度等量化指标。另外还要注意，为了达到某种阅读目标，在一定情况下也要考虑阅读学习策略的使用。

## 2.2 语言能力描述语相关研究

描述语言能力的方法有两种，一种是基于真实生活的方法（Real-life Approach，简称“RL方法”），另一种是描述语言交际所需语言能力的方法（Interactional Ability Approach，简称“IA方法”）（Bachman，1990）。

RL方法是用“能做”描述语来描述人们在真实生活中用语言能够完成什么样的交际任务。在这种情况下，语言能力本身没有被定义，只是确定了有实际语言应用的特例构成的范围，在这个范围内，每一个应用特例被认为是特定语言行为的表现（王佶旻，2011）。IA 方法则把语言能力分为若干个子能力，如语法能力、语用能力等，分别对语言能力的各方面进行等级划分甚至定量描述（杨惠中等，2012）。

由于这两种方法各有特点，Bachman（1990）主张把两者结合起来描述语言能力，这样可以满足教学、测试等各方面的需要，具有很强的包容性和实用性。

许多国家制定了语言能力标准来描述不同水平的语言行为表现，如 ACTFL 量表、CLB（Canadian Language Benchmarks，简称 CLB）量表、ALTE（Association of Language Testers in Europe，简称 ALTE）量表、CEFR（Common European Framework of Reference for Languages，简称 CEFR）量表以及《汉语水平等级标准和等级大纲（试行）》等。这些语言量表在口语、听力、阅读、写作技能方面都有相应的能力描述语来描述。如欧洲语言共同参考框架（CEFR）对外语学习者能力水平的界定、划分和描述对欧洲各国的语言教学、学习以及测验编制都起到了纲领和规范的作用。其共同语言能力量表的描述吸取了过去的经验，使用了学习者能做什么的描述语，即 “can-do” 描述。

对于 “can-do” 这种描述模式，朱正才（2016）有更为详细的阐述：“can” 是指一种完全的掌握或者熟练状态，“do” 是一个认知动词，能够显示这个人能用语言完成交际任务的难度，“do” 后面体现了要处理不同文本 “交际任务” 的难度。North（2000）对 CEFR 和 ALTE 共用的 “can-do” 任务描述语进行了锚校验，发现跨语言的语言能力量表之间具有高度的相关性；后来他又采用 Rasch 模型进行验证，发现跨语言的语言能力量表具有显著的稳定性。高度的相关性和显著的稳定性，科学地表明了人的语言能力水平在 “can-do” 即 “能做某事” 上是可比的（刘壮等，2013）。我们采用 “can-do” 描述语模式对预科生阅读能力描述语进行描写，这种模式能够直观地说明具备某种阅读能力的学习者能用怎样的语言、在何种交际场景、完成怎样的阅读任务。

在编制描述语之前，我们首先要学习以往的编制方法，制定描述语编写的一些原则。国内外语言能力描述语在收集过程中一般都需要参考以往的教学经验或研究经验。如为增强描述语描写的科学性与实用性，在编制描述语的过程中，North（2000）指出，含有“一些”“许多”等意思含糊词语的描述语影响描述语使用的一致性，因此要避免使用不定量表述的词语。

在描述语能力维度研究方面，采用因素分析方法已成为主流。在语言能力研究方面，Oller 采用因素分析方法对他研究的语言能力“一元化”假说进行了验证，虽然假说是有缺陷的，但是因素分析方法被广泛应用到了语言测试学界。而在汉语作为第二语言的研究中，也有很多学者（王佶旻，2005；黄春霞，2011；郑序颖，2013）使用了因素分析方法。如杨惠中等（2012）将经过整理、提炼的 65 条描述语分为“语言使用的准确性、丰富性”“话语的衔接、意义的连贯性”“表达的灵活性、得体性、有效性”等 3 个方面，使用探索性因素分析方法得到 3 个公因子，又使用聚类分析方法把 65 条描述语归为 4 个不同的口语水平等级。

## 2.3 描述语任务难度研究

项目反应理论中的 Rasch 模型分析方法能够将我们常用的描述语问卷顺序数据转化为等距数据。基本的 Rasch 模型有考生和题目难度两个侧面，模型定义考生正确作答的概率是考生能力和题目难度之间差异的函数。通过使用对数函数，可以将等级量表上的原始数据转换到线性的等距量表上，该量表的单位被定义为 logit 值。logit 值左侧是题目难度的分布，题目的 logit 值越小，代表题目越容易；题目的 logit 值越大，代表题目越难。在题目 logit 值难度右侧是能够完成某项题目难度的考生数量分布。

描述语的任务难度在现有的量表中大多是采用直觉法或定性法得到的（王佶旻，2013）。而 ALTE 量表以及 CEFR 量表在进行数据处理时则使用了 Rasch 模型来进行统计，得到每条描述语的任务难度值。杨惠中等（2012）使用 Rasch 模型把 65 条描述英语口语能力的描述语分成 4 个等级，与英语口语能力范围相一致。阮婷婷（2012）对 46 条初级口语描述语也使用了多级计分 Rasch 模型进行难度探究，得到的 logit 值范围为 -2.90 到 2.41，并根据难度值把 46 条描述语分成了初级上和初级下两个等级。王佶旻（2013）使用项目反应理论中的多级计分 Rasch 模型对 52 条中级口语描述语的任务难度进行估算，得到的 logit 值范围为 -2.10 到 2.68，总间距为 4.78，发现量表难度适中且难度分布均匀。

## 三　研究方法与结果

### 3.1　样本

本研究所涉及的样本为参加 2015 年中国政府奖学金本科来华留学生预科教育结业考试汉语综合统一考试的考生，共 792 名。其中，男生 533 人，女生 259 人，来自北京语言大学、北京第二外国语学院、首都师范大学、东北师范大学、天津大学、山东大学、南京师范大学、同济大学、华中师范大学等 9 所院校。由 792 名学生的班主任老师完成对这些学生阅读能力的评价。

### 3.2　测量工具

本研究使用的是来华留学预科生阅读能力调查问卷。问卷借鉴了“汉语作为第二语言的能力标准”阅读能力初级描述语，并且在原有文献描述语的基础上，根据来华留学预科生的阅读能力特点进行了整理修订。

第一部分主要是问卷填写说明。第二部分包括总述和 41 条描述语，总述部分对初级水平的阅读能力进行简要说明，包括词汇量、阅读速度等量化指标；41 条描述语则包括文本说明、阅读过程以及阅读策略等方面。

本问卷请参加 2015 年中国政府奖学金本科来华留学生预科教育结业考试汉语综合统一考试的预科生的班主任进行回答，回收有效问卷 792 份。我们将汉语预科统一考试的分数作为调查问卷得分的效标，二者分数显著相关（$r = 0.58$，$p < 0.01$）。

## 3.3 研究结果

### 3.3.1 量表信度、整体适合度和样本整体适合度

41 条描述语组成的量表的信度（Alpha 系数）为 0.99，描述语内部一致性信度非常高。

量表整体适合度检验结果见表 1：

**表 1 量表整体适合度检验**

| ITEMS 41 INPUT, 41 MEASURED | | | | | INFIT | | OUTFIT | |
|---|---|---|---|---|---|---|---|---|
| ITEM INDEX | SCORE | COUNT | MEASURE | ERROR | MNSQ | ZSTD | MNSQ | ZSTD |
| MEAN | 2898.10 | 792.0 | 0.00 | 0.06 | 1.05 | -0.80 | 1.23 | -0.80 |
| S. D. | 425.80 | 0.20 | 1.76 | 0.01 | 0.45 | 5.90 | 0.99 | 4.70 |

SEPARATION 23.70

ITEM ABILITY 0.99

样本整体适合度检验结果见表 2：

**表 2 样本整体适合度检验**

| PERSONS 792 INPUT，792 MEASURED | | | | | INFIT | | OUTFIT | |
|---|---|---|---|---|---|---|---|---|
| SAMPLE INDEX | SCORE | COUNT | MEASURE | ERROR | MNSQ | ZSTD | MNSQ | ZSTD |
| MEAN | 150.00 | 41.00 | 2.02 | 0.34 | 0.97 | -0.40 | 1.16 | -0.10 |
| S. D. | 36.90 | 0.00 | 0.87 | 0.31 | 0.52 | 2.20 | 1.34 | 2.20 |

SEPARATION 5.92

PERSON RELIABILITY 0.97

学生量表原始总分的平均值为 150.0，标准差为 36.9；题目的得分平均

值为 2898.1，标准差为 425.8。从表 1 和表 2 可以看出，量表的题目（描述语）整体适合度 Infit MNSQ 和 Outfit MNSQ 为 1.05 和 1.23，比较接近 1，样本整体适合度 Infit MNSQ 和 Outfit MNSQ 为 0.97 和 1.16，也比较接近 1，符合单维性模型假设，量表和样本的整体适合度均较好。

另外，根据 Winsteps 提供的评估信度的指标 Reliability Index，取值范围为 0—1，item 的信度值为 0.99，被试群体信度为 0.97，由此可见，题目和样本的可靠性都很高。

### 3.3.2 描述语任务难度估算

Rasch 模型将人的能力与题目的难度放在同一个标尺上并相互比较，在题目层面上，该题目的 logit 值越大，表示题目越难；logit 值越小，表示题目越容易。

表 3 是各描述语的难度值，根据其难度大小由难到易排列。最难的描述语需要较高水平的阅读能力才能达到，如 R41，难度值为 2.48；最容易的描述语为 R1，难度值为 -4.30。

**表 3　41 条描述语与任务难度估算表**

| 题号 | 难度值 | 题号 | 难度值 | 题号 | 难度值 |
|---|---|---|---|---|---|
| R41 | 2.48 | R22 | 1.03 | R14 | -0.23 |
| R40 | 2.33 | R24 | 0.87 | R7 | -0.44 |
| R35 | 2.09 | R28 | 0.84 | R11 | -1.06 |
| R37 | 1.90 | R29 | 0.80 | R10 | -1.28 |
| R36 | 1.87 | R27 | 0.72 | R9 | -1.96 |
| R38 | 1.81 | R20 | 0.65 | R8 | -2.18 |
| R39 | 1.63 | R25 | 0.42 | R15 | -2.33 |
| R32 | 1.48 | R19 | 0.40 | R6 | -2.39 |
| R31 | 1.34 | R13 | 0.31 | R5 | -2.51 |
| R33 | 1.34 | R16 | 0.13 | R30 | -3.11 |

**续表**

| 题号 | 难度值 | 题号 | 难度值 | 题号 | 难度值 |
|---|---|---|---|---|---|
| R34 | 1.33 | R17 | 0.09 | R4 | -3.45 |
| R3 | 1.25 | R12 | -0.10 | R2 | -3.60 |
| R21 | 1.11 | R18 | -0.20 | R1 | -4.30 |
| R26 | 1.08 | R23 | -0.21 | Mean & S. D. | 0 & 1.76 |

从表 3 可以看到，41 条描述语任务难度的 logit 值范围为 -4.30 到 2.48，间距为 6.78，难度平均值为 0，标准差为 1.76。总体来说，描述语难度适中，适合初级水平的来华留学预科生。

### 3.3.3 被试的能力值估算

被试原始总分的平均值为 150.0，标准差为 36.9；在 Rasch 模型下的能力平均值（logit 值）为 2.02，标准差为 0.87。被试能力的最大值为 9.24，最小值为 -10.11，全距为 19.35，可以看出，被试的能力分布范围要大于项目难度的分布范围。

### 3.3.4 描述语任务难度分布

计算结果显示，描述语任务难度的分离指数为 24.32，大于 3.0，说明项目的区分性非常好，能够有效区分被试的能力水平。

41 条描述语任务难度的 logit 值范围为 -4.30 到 2.48，总体任务难度跨度为 6.78。因为描述语任务难度 logit 值具有等距的性质，我们得到处于中间任务难度的题目难度为 2.48-6.78/2=-0.91。以 -0.91 为界，可以看出描述语任务难度的分布情况：其中有 11 条描述语居于 -0.91 的左侧，有 30 条描述语居于 -0.91 的右侧。

从中可以看出，任务难度较低的描述语与任务难度较高的描述语的数量存在不均衡的情况，任务难度较低的描述语数量较少。

## 3.4 描述语维度研究结果

我们使用 SPSS 软件对 41 条描述语进行分析，得到描述语的类别信息。

### 3.4.1 可行性检验

在因素分析之前，我们首先需要进行可行性检验。可行性检验需要 KMO 和 Bartlett's 球状检验。检验结果见表 4：

表 4 KMO 与 Bartlett's 球状检验

| KMO 和 Bartlett's 球状检验 | | 检验值 |
| --- | --- | --- |
| 取样足够度的 Kaiser-Meyer-Olkin 度量 | | .982 |
| Bartlett's 球状检验 | 近似卡方 | 54085.346 |
| | DF | 820 |
| | Sig. | .000 |

从结果来看，KMO 值为 0.982，大于 0.9；Bartlett's 球状检验值为 54085.346（自由度为 820），达到显著水平，因此非常适合做因素分析。

### 3.4.2 主成分因子分析

我们采用最常用的主成分因子分析法来提取因素，主成分分析确定因子数目时一般采用 Kaiser 法，即特征值大于 1 的标准。因素的多少主要依据特征值的大小，特征值代表某一因素可解释的总变异量，特征值越大，该因素的解释力越强。方差贡献率指公共因子对实测变量的贡献，是衡量公共因子相对重要性的指标，方差贡献率越大，表明该因子的重要程度越高。

根据提取结果，我们得到了 3 个大于 1 的因素，结果见表 5：

表 5 初始分析结果

| 因素 | 特征值 | 方差贡献（%） | 累计方差贡献（%） |
| --- | --- | --- | --- |
| 1 | 28.178 | 68.726 | 68.726 |
| 2 | 4.663 | 11.372 | 80.098 |
| 3 | 1.193 | 2.910 | 83.009 |

三个大于 1 的因素累计方差贡献百分比达到了 83%，也就是说，用这 3 个因素代替 41 个原始变量，可以概括总信息的 83%。因此我们提取 3 个因素，分别记作因素 1、因素 2、因素 3。

因为各变量在因素上的负荷没有明显区别，因此我们需要对负荷矩阵进行旋转，使负荷系数向 0 和 1 两极分化。前面已经分析过，每条描述语在 3 个因素上的负荷如表 6 所示：

**表 6　旋转成分矩阵**

| 描述语 | 因素 1 | 因素 2 | 因素 3 |
|---|---|---|---|
| 阅读 40 | **.888** | .104 | .188 |
| 阅读 41 | **.871** | .142 | .184 |
| 阅读 38 | **.869** | .155 | .224 |
| 阅读 39 | **.828** | .191 | .259 |
| 阅读 3 | **.856** | .254 | .275 |
| 阅读 34 | **.854** | .213 | .272 |
| 阅读 37 | **.811** | .177 | .189 |
| 阅读 36 | **.878** | .189 | .249 |
| 阅读 33 | **.868** | .240 | .238 |
| 阅读 35 | **.888** | .150 | .253 |
| 阅读 24 | **.764** | .309 | .329 |
| 阅读 32 | **.849** | .260 | .289 |
| 阅读 25 | **.753** | .346 | .349 |
| 阅读 28 | **.813** | .292 | .332 |
| 阅读 31 | **.858** | .241 | .273 |
| 阅读 29 | **.787** | .240 | .322 |
| 阅读 26 | **.803** | .264 | .372 |
| 阅读 27 | **.807** | .285 | .321 |

续表

| 描述语 | 因素 1 | 因素 2 | 因素 3 |
|---|---|---|---|
| 阅读 22 | **.725** | .292 | .467 |
| 阅读 21 | **.676** | .216 | .513 |
| 阅读 19 | **.683** | .274 | .564 |
| 阅读 20 | **.659** | .254 | .589 |
| 阅读 18 | **.608** | .348 | .575 |
| 阅读 13 | **.695** | .311 | .411 |
| 阅读 1 | .089 | **.878** | .076 |
| 阅读 2 | .097 | **.901** | .060 |
| 阅读 15 | .282 | **.809** | .359 |
| 阅读 6 | .293 | **.825** | .309 |
| 阅读 10 | .381 | **.582** | .537 |
| 阅读 9 | .339 | **.700** | .477 |
| 阅读 5 | .309 | **.825** | .256 |
| 阅读 8 | .321 | **.775** | .391 |
| 阅读 4 | .177 | **.900** | .154 |
| 阅读 30 | .157 | **.869** | .138 |
| 阅读 14 | .490 | .422 | **.662** |
| 阅读 12 | .470 | .392 | **.661** |
| 阅读 11 | .404 | .523 | **.585** |
| 阅读 16 | .591 | .317 | **.654** |
| 阅读 17 | .607 | .300 | **.612** |
| 阅读 23 | .489 | .408 | **.683** |
| 阅读 7 | .570 | .369 | **.619** |

提取方法：主成分。

旋转法：具有 Kaiser 标准化的正交旋转法。

a. 旋转在 6 次迭代后收敛。

我们还查看了碎石图，可以更直观地看到一共有 3 个转折点，代表有 3 个公共因子，这与我们之前通过主成分分析得到的结果是一致的。

# 四 综合讨论

## 4.1 描述语任务难度讨论

### 4.1.1 量表质量分析与单个描述语适合度分析

量表的质量取决于 41 条描述语的难度、区分度及总体信度。来华留学预科生阅读能力量表的 Alpha 系数达到 0.99，说明此量表信度非常高。描述语任务的难度平均值为 0，标准差为 1.76，量表的分离指数为 24.32，说明量表总体难度适宜，项目区分度很高。

### 4.1.2 描述语任务难度分布特点

一般来说，题目难度范围越广越好；此外，准确估计不同能力下的人需要有分布较为均匀的题目难度，因此一般希望能尽量减少在难度测量尺度上题目分布的间隔和重叠性。估算结果显示，被试能力 logit 值范围为 -10.11 到 9.24，全距为 19.35，能力平均值为 2.02，标准差为 0.87。

这些描述语的难度间隔不是很均匀，最多有 5 条描述语的难度是重合的。41 条描述语组成的量表分离指数很高，说明题目难度分布范围较广。可能是由于学生之间阅读能力差距较大，描述语难度相对于学生能力值来说范围不够大，存在相对集中的情况。

从难度分布来看，高低难度项目分布不均匀。多数描述语适合阅读水平较高的学生，说明在量表编制过程中，描述语的选择向较高水平倾斜，这提示我们在下一步的量表修订过程中要适当补充任务难度较低的描述语，使描述语的层级分布更加合理。

### 4.1.3 描述语任务难度与学生能力值的关系

通过描述语难度与学生能力值的比较发现，学生能力值平均水平高于项目难度的平均值，学生能力标准差也大于项目难度的标准差，说明学生的能力水平高于项目平均难度水平，学生能力分布范围大于项目难度的分布范围，即相对于描述语的难度分布，学生能力的分布离散程度更大，范围更广。

出现这种情况我们认为有两方面的原因：一是任务难度较低的描述语数量偏少，只占 26.83%，没有足够容易的任务去与低水平学习者的能力相匹配；任务难度较高的描述语数量虽然占 73.17%，但是仍然存在“天花板”效应。因此我们在任务难度较低的描述语数量方面和任务难度较高的描述语难度方面都需要加以补充。二是教师在评判学生能力高低时，存在高估的情况，即学生的阅读能力不能完成某一描述语任务时，教师却认为学生可以完成，因此出现了项目难度的分布范围远小于学生能力分布范围的情况，也造成了描述语任务难度分布不均衡的情况。

## 4.2 描述语维度讨论

### 4.2.1 因子命名

对原始矩阵进行旋转，旋转在 6 次迭代后收敛，我们得到了 3 个因素。

因素 1 的方差贡献率为 68.726%，因素 1 一共包括 24 个变量，其中 R18、R19、R21、R27、R34、R36、R41 是描述阅读日常生活文本与工作文本的情况，R13、R24、R25、R26、R28、R3、R31、R33、R35、R40 是描述阅读记叙文或说明应用文的情况。

阅读文本类型涉及不同的认知心理过程，它会影响读者的阅读过程。来华留学预科生由于专业不同，所涉及的文科、理工、医学、经贸专业阅读材料文本类型也会有差别，因此我们将文本类型作为考查来华留学预科生阅读能力的一个重要方面。经过探索性因素分析得到因素 1，根据上述分析，我们将此因素命名为文本处理能力。但是其余 7 个变量涉及的成分并不能完全把它们归为文本处理能力，如 R39“能找出明白易懂的议论文的主要结论”，此描述语虽然涉及议论文文本类型，但侧重的是总结归纳能力，因此并不能简单地归为文本处理能力。不过因素 1 包含的描述语大部分是关于文本处理能力的，因此我们仍旧把因素 1 命名为文本处理能力。

因素 2 的方差贡献率为 11.372%，因素 2 一共包括 10 个变量，我们认为其中大部分是描述学生能否认读不同情境下的词汇，因此把因素 2 命名为词汇认读能力。

词汇是来华留学预科生进一步进行阅读学习的基础，能够认读汉字以及在不同情境中辨别汉字信息是他们生活和学习的基础。如 R1“能读懂以汉字形式呈现的年、月、日、时等时间信息，学习者能够认识汉字形式的时间信息”。但是还有个别不适宜归为此类的描述语，如 R10“能在销售广告中找到关于商品的细节性信息（如价格、尺寸、颜色等）”，此条描述语主要描述的是学习者在阅读时查找细节的能力。

因素 3 的方差贡献率为 2.910%，因素 3 一共包括 7 个变量，我们认为有 5 个是关于阅读过程的描述，如 R16“能读懂常见的宣传小册子、菜单和时刻表中的关键信息”，此条描述语是描述如何在阅读过程中查找细节的能力。鉴于上述原因，我们把因素 3 命名为阅读理解能力。还有两条描述语（R12、R13）不能完全归为阅读理解能力，如 R13“能读懂简单的通知、指示或其他基本信息”，此条描述语更侧重于对文本类型的理解。

#### 4.2.2　来华留学预科生阅读能力特点

我们通过探索性因素分析研究得到来华留学预科生阅读能力描述语的 3 个因素，从中也可以归纳出预科生阅读的一些特点：

一是来华留学预科生的阅读水平要以词汇认读为基础。词汇认读是阅读的解码阶段，对汉语学习者来说非常重要。来华留学预科生的汉语基础较为薄弱，虽然他们在其国内已具备大量的本学科（理工、医学、经贸、文科）

知识，但是在汉语语言水平方面仍处于初级阶段，因此要学习最基本的词汇知识。预科生在学习汉语词汇时不仅要学习通用的日常生活词汇，还要学习与本学科相关的专业词汇。

二是来华留学预科生要具备一定的阅读理解能力。在阅读过程中，理解阅读材料是掌握一定的词汇量后影响阅读水平的重要因素。处于阅读水平初级阶段的预科生具备的是阅读理解能力中的简单技能，也是他们能够进行基本阅读所需要的技能，如前面描述语所提到的查找特定的细节、理解具体句子的意思等。而如评价鉴赏能力、综合应用能力等技能是高水平阅读者所具备的，因此在这些方面不对预科生做强制要求。

三是来华留学预科生需要接触不同的文本类型。文本类型是影响阅读的重要因素，在生活和工作情景中，预科生需要接触通用类、生活类以及工作类的文本，如酒店房间说明、工作报告等。由于四类预科生专业不同，他们接触的大多是说明、记叙类的文本类型，如小故事、说明书等，难度较大的如散文、议论文则需要高水平的阅读者才能掌握，因此在这方面也不做强制要求，但是预科生仍需要具备基本的文本处理能力。

这也提示我们在进行预科生阅读教学时，要重视词汇，要培养学生阅读的基本能力，如处理不同文本、归纳总结、查找细节等。另外，在培养预科生借助字典或词典学习方面，难度值为 1.90，这也在一定程度上说明此方面未受到教师的重视，因此也提示教师在教学中应关注对预科生此方面能力的培养。

## 五 总 结

本研究主要结论如下：

（1）41 条描述语任务难度的 logit 值范围为 -4.30 到 2.48，描述语任务难度适中，适合初级水平的来华留学预科生。41 条描述语组成的量表内部一致性信度非常高，量表和样本的整体适合度都较好，描述语任务难度区别性非常好，但是描述语的任务难度比例在数量上存在不均衡的问题。

（2）通过探索性因素分析研究得到 3 个因素，分别命名为文本处理能力、阅读理解能力和词汇认读能力。

（3）在词汇认读能力方面，描述语的任务难度存在较低的情况，缺少任务难度较高的描述语。在阅读理解能力方面，描述语的任务难度较为趋中，缺少任务难度较低和任务难度较高的描述语。在文本处理能力方面，描述语任务难度比较集中，普遍较高，缺少任务难度较低的描述语。

通过对来华留学预科生阅读能力描述语的研究，我们发现了这些描述语存在的问题，为进一步改进来华留学预科生阅读能力描述语提供了依据，也有助于下一步对描述语进行分类及构建描述语任务难度和能力维度的体系，为建立来华留学预科生阅读能力描述语数据库以及阅读能力标准奠定了基础。本研究也提醒我们，在进行描述语搜集时不仅要考虑描述语的质量，还要兼顾描述语的任务难易程度，以免出现某类描述语的任务难易不均衡的情况。在研究方法上，本研究采用探索性因素分析与验证性因素分析相结合的方式对描述语的类别进行研究，两者结合可以使描述语的类别考察更加全面、准确、细致。

## ∷ 参考文献 ∷

黄春霞（2011）C.TEST 语言能力的探索性因素分析，《中国考试》第 6 期。

刘　壮、阎　彤、邱　宁（2013）人的语言能力水平是可比的——Can do 理念对汉语能力标准的意义，《语言文字应用》第 4 期。

欧洲理事会文化合作教育委员会编（2008）《欧洲语言共同参考框架：学习、教学、评估》，北京：外语教学与研究出版社。

阮婷婷（2012）汉语作为第二语言的初级口语能力描述语研究，北京语言大学硕士学位论文。

孙　晔等编（1999）《中国大百科全书（普及本）心理学 I》，北京：中国大百科全书出版社。

王佶旻（2005）语言能力自我评价的效度研究，《语言教学与研究》第 5 期。

王佶旻（2011）《语言测试概论》，北京：北京语言大学出版社。

王佶旻（2013）汉语能力标准的描述语任务难度研究——以中级口语能力量表为例，《世界汉语教学》第 3 期。

杨惠中、朱正才、方绪军（2012）《中国语言能力等级共同量表研究：理论、方法与实证研究》，上海：上海外语教育出版社。

郑序颖（2013）汉语水平考试（HSK）不同水平考生听力能力结构差异的研究，北京语言大学硕士学位论文。

中国对外汉语教学学会汉语水平等级标准研究小组编（1988）《汉语水平等级标准和等级大纲（试行）》，北京：北京语言学院出版社。

朱正才（2016）英语能力等级量表描述语量表化的可行性方案探讨，《中国考试》第 4 期。

American Council on the Teaching of Foreign Languages (2012) *ACTFL Proficiency Guidelines 2012*. https://www.actfl.org/resources/actfl-proficiency-guidelines-2012.

Bachman, L. F. (1990) *Fundamental Considerations in Language Testing*. Oxford: Oxford University Press.

Brown, J. D. (1996) *Testing in Language Programs*. Upper Saddle River, NJ: Prentice Hall Regents.

Buck, G., Tatsuoka, K. & Kostin, I. (1997) The subskills of reading: Rule-space analysis of a multiple-choice test of second language reading comprehension. *Language Learning*, 47(3): 423-466.

Council of Europe (2001) *Common European Framework of Reference for Languages: Learning, Teaching, Assessment.* Cambridge: Cambridge University Press.

Department of Immigration and Ethnic Affairs (1984) *Report on the Formal Trialling of the Australian Second Language Proficiency Ratings (ASLPR).* Canberra, Australian Capital Territory: Australian Government Publishing Service.

Gough, P. B., Ehri, L. C. & Treiman, R. (1992) *Reading Acquisition.* Hillsdale, NJ: Lawrence Erlbaum Associates.

Grabe, W. (1991) Current developments in second language reading research. *TESOL Quarterly*, 25(3): 375-406.

Harmer, J. (1983) *The Practice of English Language Teaching.* London: Longman Group UK Ltd.

Jang, E. E. (2009) Cognitive diagnostic assessment of L2 reading comprehension ability: Validity arguments for Fusion Model application to *LanguEdge* assessment. *Language Testing*, 26(1): 31-73.

Krashen, S. (1989) We acquire vocabulary and spelling by reading: Additional evidence for the input hypothesis. *The Modern Language Journal*, 73(4): 440-464.

North, B. (2000) *The Development of a Common Framework Scale of Language Proficiency.* New York: Peter Lang.

（作者单位：洛阳师范学院）

# 基于外语学能及其测验研究对汉语二语听力学能研究的思考

陈　昱

**提　要**　外语学能的研究起源于20世纪20年代。此后至今，学者们一直致力于寻找到外语学能的构成成分并试图制定出包含精确测量每个学生语言学能指标的测量量表。20世纪80年代以来，外语学能研究已经和二语习得研究结合了起来。随着汉语国际教育的发展，汉语及汉文化在国际上得到了更为广泛的传播。在来华留学生数量日益增加的背景下，进一步提高来华留学生的质量，需要有更为量化的指标来评测来华留学生的汉语二语学能。外语学能及其测验研究为这些量化指标提供了研究的理论及实践基础。

**关键词**　语言学能；外语学能测验；个体差异因素；来华留学生

## 一　外语学能的相关概念

### 1.1　语言学能的概念及其发展

语言学能，又称语言学能倾向（Language Aptitude，下文简称为LA），早期被认为是导致不同学习者学习语言时在速度上产生差异的一种语言学习能力（Carroll，1962），国内学界又称其为语言学习能力倾向。

外语学能，又称为外语语言学能（Foreign Language Aptitude，下文简称为 FLA），一般是指人们在学习一门外语时表现出来的相对稳定的专门能力倾向（Carroll，1981）。Carroll 认为个体在学习外语时表现出的特殊才能就是该个体的外语学能，这种特殊才能是影响外语学习最重要的因素之一。本文的语言学能指的就是外语学能，外语学能有时还被简称为语能。

二语学能和外语学能的区别与“二语”和“外语”的区别相关。学界通常认为，“二语”和“外语”最主要的区别在于目的语的学习和使用环境。如果严格区分这两个概念，那么“二语”特指第二语言，指的是学习者“在非本族语国家里学习一种非本族语的语言”，比如来华留学生在中国学习汉语，那么汉语就是来华留学生的“二语”；而“外语”则指学习者“在本民族语国家里学习一种非本族语的语言”（陈昌义，2001；张巧霞，2006），比如中国人在中国学习英语。但是，20 世纪 70 年代以后，“二语”的概念被频繁使用，导致其外延日益扩大，有些学者因此提出了广义的“二语”概念，在这种情况下，“二语”指的是“母语习得后的任何一种公用语言”（束定芳、庄智象，1994）。由上可以看出，“二语”其实有两种不同的用法，并且有包含“外语”内涵的趋势。有鉴于此，在本文中，我们将不严格区分这两个术语。通常来说，当二语是汉语时，称之为汉语二语学能，亦可进一步简称为汉语学能；特指与汉语听力相关的学能时，则称之为汉语二语听力学能，或简称为汉语听力学能。

随着语言学能相关研究的发展，语言学能又被认为是语言学习所需要的认知素质（Robinson，2001），是年龄因素以外最能预测二语学习结果的个体差异因素之一（Dörnyei & Skehan，2003）。

语言学能的概念起源于 20 世纪 20 年代的美国（Spolsky，1995），它的出现和发展与语言学能倾向测试的出现及发展是息息相关的。20 世纪 20 年代至30年代，正是美国测验大繁荣的十年（王佶旻，2011），语言学能倾向测验也是在这个时期发展起来的。当时，由于美国各高中将外语学习纳入高中生的必修科目门类，但同时分配给学生的外语学习时间却很少，外语教师数量也不足，导致外语教学效果整体较差，因此美国教育主管部门委托研究人员研发出一套语言测验，希望通过测验可以给教师们提供一些学习者在语言学习环境中将会如何表现的信息，预先筛选出那些将来可能在外语学习中不及格的学生，以减少师资不足的压力。美国教育主管部门希望编制的测验能达到两个主要的预测目标：一是可以"预测学习者在特定的环境下可能达到什么样的学习水平"，二是可以"预测什么样的人可能在外语教学中获益更多"（戴运财、蔡金亭，2008）。

针对这些目标，1925年至1930年间先后出现了六个预测性测验。这六个预测性测验均以"预后"（Prognosis）或"语言学能"（Language Aptitude）命名，其作者及面世年份依次为Stoddard 和 Vander Beke 1925年编制的艾奥瓦州外语学能测验（Iowa Foreign Language Aptitude Examination）、Luria 和 Orleans 1928年的Luria-Orleans现代语言预后测验（Luria-Orleans Modern Language Prognosis Test）、Rice 1929年的巴里预后语言测验（Barry Prognostic Language Test）、Todd 1929年的语言能力测试（Linguistic Aptitude Test）、Hunt等人1929年的乔治·华盛顿大学语言学能测试（George Washington University Language Aptitude Test）和Symonds 1930年的外语预后测验（Foreign Language Prognosis Test）（Spolsky，1995）。而测验的预测性之所以能够在非常讲究公平性的美国被大众接受，是因为在这之前已经有了被广泛认可和接受的"一般性智商测验可以用来预测学生日后学习效果"的先例。学者们认为，如果一般性智商测验可以用来预测学生学习的整体效果，那么具体到某一种语言学习时，也应该能有类似的测验可以预测学生的语言学习效果。于是，语言学习效果的预测性测验得以编制出来。而语言学能概念的提出，正是得益于这些测验的出现。从这个层面上来看，语言学能的实证研究是先于语言学能概念的提出的。确切地说，语言学能研究始于1925年由Stoddard和Vander Beke编制的第一套语言学能测验的出现。

伴随着语言学能测验的编制，语言学能的概念也得以建立。

### 1.2 语言学能的其他相关概念

个体差异在二语习得研究过程中被认为对学习者第二语言的学习影响很大（Dörnyei，2005；马冬梅，2005；赵子彦、高颖娜，2012；Granena & Long，2013）。尽管语言学能被定义为“语言学习能力”（Dörnyei，2005），被认为是预测外语水平差异的最佳指标（Cooper，2002），但是语言学能的概念从一开始提出，就受到了种种质疑（Henmon，1929）。早期，语言学能和智商、母语习得能力的关系常被探讨，如语言学能是否包含智商，低智商者是否可以成功地学习语言，语言学能和智商的相关性有多少（Henmon，1929；Kaulfers，1931；Spoerl，1939）。在进行了大量智商、母语习得能力与语言学能关系研究的同时（Carroll，1962；Doughty，1991；Sparks et al.，1998），语言学能还常常和学习动机、性格、气质、性别、年龄、情感（包括态度等）、学习习惯等联系在一起，构成学习者个体差异的下位概念（Dörnyei，2005；Granena & Long，2013）。语言学能除了经常与上述概念放在一起作为个体差异的下位概念，被用来进行对比和研究外，还经常与教学环境、学习条件、学习策略等放在一起研究，以找到对学习者二语或外语学习结果的合理解释（Robinson，2001、2002；Dörnyei，2005；Winke，2005；马冬梅，2005；Ilangovan，2006；赵子彦、高颖娜，2012；Bain et al.，2010；Granena，2014）。基于前人的研究，我们结合各家观点，将这些个体差异因素分为以下两大类，见表1：

表 1　个体差异因素

| 主观因素 | 注意 | 动机 | 性格 | 学习习惯/风格 | 态度 | 认知方式 | 交际意愿 | 焦虑感 | 学习者信念 | 自尊 |
|---|---|---|---|---|---|---|---|---|---|---|
| 客观因素 | 工作记忆容量 | 年龄 | 性别 | 智商 | 教育环境 | 学习条件 & 环境 | 语言材料 | 脑半球侧化 | 母语习得能力 | 创造力 |

从语言学能、外语/二语学能、工作记忆、个体差异等概念可以知道，它们和学习者的二语学习结果息息相关，而其中的语言学能被认为是最能预测二语学习结果的个体差异因素之一（Dörnyei & Skehan，2003）。

## 二　国外的外语学能研究阶段概述

国外的语言学能研究从 20 世纪 20 年代开始至今已有大约百年的历史。正如上文所述，国外语言学能研究始于美国教育主管部门对预测性语言测验的编制。由于早期编制的语言学能倾向测验主要预测的是书面语言的分析能力（Pimsleur，1963），并没有考虑口语交际能力的预测性，因此后期引起了语言学界的诸多质疑。一些学者甚至质疑外语学能的存在，认为外语学能就是智力的一部分，是一种一般能力而不是某种特别的能力（Kaulfers，1931）。尽管争议重重，但是 1929 年 Henmon 还是在他的著作 *Prognosis Tests in the Modern Foreign Languages* 中将外语学能构念的预测性内涵建立了起来，并申明外语学能不同于一般能力（Spolsky，1995）。

语言学能研究在 20 世纪三四十年代急剧减少，并几近于无。这可能与当时的世界大环境有关。众所周知，1939 年至 1945 年正值第二次世界大战时期。尽管如此，语言学能研究并没有在二战期间停止，反倒完成了一次预测功能的转变，即从“筛选出外语学习中不及格的学生”逐渐转变为“测量个体在学习某一外语时是否具有相应的潜能”，换言之，语言学能测验在此阶段的编制目标已经逐渐由“排除不合格学生”转变为“寻找语言学习优胜者”。最初，第二次世界大战期间，美国军方以士兵们之前的教育背景作为他们进入强化语言训练课的录取标准，比如说拥有高中文凭是入选条件之一（Spolsky，1995）。二战后，由于军方对进入语言培训项目的士兵需求量增加，为了节约选拔士兵时间和后续投入的高昂培训费用，亟须编制具备更强“选优”性预测功能的语言测试。因此，1950 年 6 月至 1953 年 5 月，美国陆军部资助了由 Roy M. Dorcus 领导的一个小组来进行语言学能测验研发，以期挑选出具有外语语言学能优势的人员参与军事培训，涉及的外语包括以下六种：俄语、匈牙利语、塞尔维亚-克罗地亚语、阿拉伯语、日语和中文。原本预期编制出来的测验要达到很强的“预后”性，即预测受试者后期外语学习成功的能力。遗憾的是，他们研究设计的学能量表并不比早期的测试更具有预测力；更令人沮丧的是，这个语言学能测验的预测性甚至比当时西点军校入学资格考试的预测性还要低（Spolsky，1995）。

20 世纪 50 年代中后期，在 Carroll 和 Sapon 对语言学能的潜心研究下，现代语言能力倾向测验（又称“现代语言天资测试”，Modern Language Aptitude Test，简称 MLAT）面世，标志着现代语言学能研究的开始。Carroll 和 Sapon 于 1951 年在卡内基基金会（Carnegie Foundation）的资助下，在哈佛大学教育研究生院的教学研究实验室对外语学能问题进行了为期五年的系统研究。他们第一次提出了外语学能中声音记忆能力的重要性。为了测到语言学习中最基础的、离散的基本技能（the discrete primary skills），Carroll 首先使用了一个包含 20 个独立测验的初始测试来验证 French 于 1951 年提出的语言能力的五个因素：语言知识（verbal knowledge）、单词流利度——正字法习惯的知识（word fluency — knowledge of orthographic habits）、表达流利度（fluency of expression）、联想记忆（associative memory）和命名（naming）。随后，他们准备了三个不同的测验版本来测量这些因素，并多次向不同的被试施测。如 1954 年 2 月对 111 名耶鲁大学的美国空军士兵施测，并计算了其中四个测验题组“人工语言学习（artificial language learning）、语音联想（phonetic association）、句子中的单词（words in sentences）和配对组合（paired associates）”与外语学习成绩的相关性，得到的相关系数 R 值为 0.74；1954 年 6 月 Carroll 调换了测验中的一些试题，再次计算这四个测验题组的得分与外语学习成绩的相关，得到相关系数 R 值为 0.77。这些数据为 Carroll & Sapon（1959）编制出第一套商业性的语言学能测验 MLAT 提供了有力的证据支撑。几年之后，Carroll（1962）通过大量实证研究提出了外语学能研究史上意义非凡的外语学能构成四要素：语音编码能力（phonetic coding ability）、语法敏感度（grammatical sensitivity）、语言归纳能力（inductive language learning ability）和联想记忆能力（associative memory ability），从而揭开了外语学能研究崭新的一页。

此后，上世纪 70 年代至 21 世纪头十年，外语学能研究稳步发展。而随着认知心理语言学与二语习得等学科的发展，外语学能研究也越来越多。2010 年至 2018 年这九年，相关学术研究成倍增加。以“语言学能（language aptitude）”为关键词随机选取科研文献著作网站“读秀”上相关的英文学术期刊文献，可以看出这样的统计变化，具体见图 1。

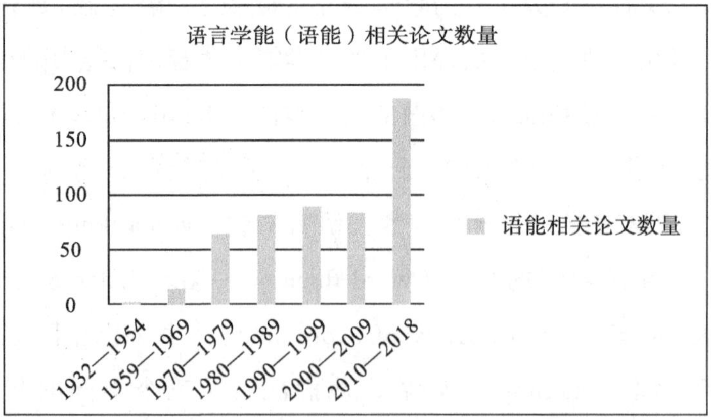


**图 1 语言学能（语能）相关论文数量**

# 三 外语学能研究发展时期概览

## 3.1 外语学能发展的三个时期

纵观一个世纪以来外语学能的发展，围绕“外语学能这种能力的本质到底为何”这个核心问题，大致可以将其发展分为三个时期：

第一个时期：天赋论时期，即20世纪20年代到60年代。外语学能在这一时期被定义为人们在学习一门二语时表现出来的相对稳定的专门能力倾向。“稳定性、专门性”正是对“天赋”二字的有效诠释。此时的外语学能被认为是与生俱来的、很少改变的一种语言能力，是影响二语习得的重要因素甚至决定性因素。但它同时又区别于以下几个概念：第一，学业成绩。大量研究证实，外语学能和学业成绩在课程开始时没有联系，但在课程结束时却有联系，因此学习者的外语学能仅仅指其学习外语的速度和难易程度。第二，学习动机。外语学能和学习动机被认为是两个同时存在的个体差异因素。第三，一般的智商。外语学能被认为是学习者学习第二语言时与生俱来的、专门的一种能力，不同于一般的智力（Carroll，1962），这从早期MLAT被国内学者翻译为“现代语言天资测试”中的“天资”（Language Aptitude中的Aptitude被译为“天资”）二字可以看出。这个翻译用了很长一段时间后，才慢慢地演变为“学能倾向”。

外语学能研究在20世纪70年代经历了一段低潮期，其原因可能主要有三个方面：第一，对语言学能理念的质疑，人们担心学能的存在可能会不利于发挥学习者学习外语的积极性。因为有测试就会有高低分，而如果某个学生在学能测验中拿了低分，“无疑等于在额头上刻着‘语言低能’字样，势必会影响学生的自信心”，这与西方一直倡导的“公平性”原则是相悖的。

第二，外语学能理论不再时兴，众所周知，外语学能理论兴起于20世纪四五十年代，与当时的“听说法”是同步发展起来的，而70年代以后交际法开始盛行，不仅如此，MLAT的形式在应用的二三十年里毫无变化，因此稍显“过时”的外语学能研究自然会受到多方面的质疑（Sawyer & Ranta，2001）。第三，20世纪70年代后期兴起的二语习得过程看起来与语言学能研究毫不相关，当时，Krashen（1981）倡导的监察模式认为，在二语习得中，学习者的“学习”只是次要的，“习得”才是根本核心，而语言学能则恰恰被认为只与有意识的学习，即“学习”相关，这无疑会让外语学能的研究处于“次要”地位（转引自戴运财、蔡金亭，2008）。可以看到，这个阶段的外语学能既不能融于时兴的交际法，也不能融于日益兴盛的二语习得研究，所以，进入低潮期便是其必然的结果。

第二个时期：模块化的认知心理论时期。20世纪80年代至21世纪初，外语学能的构念（construct）受到了认知心理学和二语习得理论发展的双重影响（Robinson，2005）。Peter Skehan改变了外语学能研究低潮的状况，在80年代初最早将外语学能研究引入应用语言学界，并持续不断地推动以Carroll为代表的外语学能理论的发展（温植胜，2005）。Skehan（1998）在肯定Carroll外语学能四项测量指标的同时，提出将其中的语法敏感度、语言归纳分析能力归结为一个因素——语言分析能力，将Carroll的外语学能“四因素”缩减为“三因素”：语音编码能力、语言分析能力和记忆能力。随着研究的深入，Skehan（2002）首次将“三因素”与二语习得过程的各主要阶段结合起来，尝试将外语学能理论和二语习得中的认知过程结合起来。

与此同时，其他学者也从新的角度重新定义外语学能，认为外语学能是指学习者在信息处理过程中获得的认知能力，这种认知能力指的是学习者在不同情境及不同阶段学习中的学习力和表现力（Robinson，2001）。这种理论框架下的外语学能，一方面可以从自上而下的研究角度，通过对信息处理中不同的认知能力（Austin et al.，2000）、基于潜在神经差异的心理计算能力的研究（Garlick，2002），以及二语习得过程中的差异（Chee et al.，2004）来定义外语学能；另一方面也可以从自下而上的角度，通过对二语习得过程中的认知能力和信息处理能力的研究，来检验个体特质差异和个体能动因素的异同，从而对外语学能进行更为宽泛的定义，并建立起多维度的构念模型，以期帮助学习者成功实现二语习得（Ackerman，1999）。二语习得认知过程的融入成为了推动外语学能理论在此阶段发展的新动力。

第三个时期：动态的学能综合体论时期。与传统静态的外语学能测试观点不同，Grigorenko et al.（2000）提出了动态测试理论，他们认为“外语学能不是生来就固定不变的，而是不断发展的一种专门能力”，换言之，他们主张个体的外语学能可以通过训练而改变。紧随其后，de Bot 等人提出语言的发展是一个多重环境、多重资源在多层次中不断互动的动态过程。这种过程既不是单纯的认知心理过程，也不能完全归于社会文化过程，所以其发展轨迹呈非线性，具有不可预测性（de Bot et al. 2007；Diane & Cameron，2008）。受二语习得领域兴起的“动态系统理论”（Dynamic Systems Theory，DST）的影响，Robinson（2005）提出了“学能综合体”（aptitude complexes）模型，该模型充分揭示了外语学能组成因素之间相互连接、层层递进、交相互动的特质，这些特质也是 DST 特征的种种表现。

综上所述可以知道，外语学能概念提出后，国外很多专家学者致力于外语学能结构模型的研究，他们试图找到外语学能的各个内在构成。Carroll 于 1959 年提出的外语学能四因素被认为是现代语言学能经典模型的开始。此后，学者们先后提出了各自关于外语学能的经典结构模型（Sparks & Ganschow，1991；Grigorenko et al.，2000；Robinson，2002、2005；Skehan，2002）。而随着认知心理学的发展，研究者们进一步将认知心理学概念“工作记忆广度”纳入了外语学能的新模型（DeKeyser & Koeth，2011；Linck et al.，2013；Wen & Skehan，2011；Williams & Woodman，2012；Wen et al.，2019）。以上所述各理论模型与假说的发展情况可参考附录一。

从各理论模型与假说的发展情况来看，关于外语学能的结构模型理论趋向于越来越复杂。

## 3.2 外语学能研究与神经科学

随着与神经科学的融合，外语学能也成为神经语言学的热门研究问题之一。其实早在20世纪80年代，研究人员就试图寻找语言学能差异的根源，并认为这些根源集中在学习语言的神经学基础上（Fein & Obler，1988；Schneiderman & Desmarais，1988a、1988b）。

根据Schumann（2004b）的研究，大脑中存在五种不同的来源，导致了情绪倾向的差异，即遗传、发展、经验、退化和个体评价系统。他的观点大部分是基于经典的遗传力理论（Jensen，1997），他认为基因对认知能力有着重要的贡献。由亲本基因引起的儿童遗传变异约占兄弟姐妹间相关性的50%，单卵双胞胎的遗传变异较高（约0.86），异卵双胞胎（0.60）和正常兄弟姐妹（0.48）的遗传变异较低，这意味着基因是影响认知能力发展最重要的因素。第二个原因是发育初期的特定化学环境。因此，人类的大脑结构虽然相似，但在微观结构层面存在显著差异。第三个变异的原因是与环境的相互作用，它们影响着大脑的解剖结构，即神经元的增加和神经元之间的连接。因为每个人都有特殊的环境体验，这些影响会导致神经结构中微观结构的变化。第四种导致大脑变异的过程叫作退化。这个术语描述了两种或两种以上不同的神经系统为同一个目标服务的情况，也就是说，相同的行为可以通过不同的底层过程实现。正是由于这些可以互相替代的系统的存在，不同个体的大脑得以区分开来（Indefrey，2006；Schumann，2004b）。第五个原因是特殊的偏好和厌恶，即个人评价系统（Scherer，1984），个体的经验和情感反应被储存在记忆中，用来评估未来的经验，从而影响个体的选择。此外，人们会不断寻找适合自己基因型的环境，这反过来又影响了他们的能力（Jensen，1997）。

Dörnyei（2005）认为，FL 资质的整个结构是高度复杂和多方面的，外语学能是由许多认知因素构成的综合衡量标准，是掌握一门外语的一般能力。这对外语能力倾向的神经学研究产生了一定的影响，在神经学研究中，一些为语言学习行为服务的认知机制比其他机制得到了更多、更好的研究。例如，程序性记忆和陈述性记忆的神经机制、记忆巩固和注意力（Schumann，2004a）、语音能力以及 L1 和 L2 资质的先天性质（Reiterer et al.，2013）经常被研究。而其他方面，例如语法处理所需的分析能力、学习词汇的能力、注意能力、WM 作为 FL 资质、语用能力和语义流畅性等，仍然被忽视。

神经科学的参与离不开先进科技手段的运用。大多数语言领域的研究都集中在使用 fMRI、EEG 和脑磁图（MEG）等方法进行外语学能的脑功能研究。近 20 年来，由于解剖磁共振成像（aMRI）和弥散张量成像（DTI）等非常先进的技术的发展，有关大脑结构可塑性的研究数量显著增加。常见的各种神经成像的技术手段可参见附录二。

从早期基于纸笔测验的关于外语学能的理论模型的提出，到后期基于神经科学的对外语学能的大脑功能与结构的根源性探索，外语学能的理论性研究与实践性研究的关系日益紧密。关于外语学能的构成因素模型也日益复杂化、精细化，且越来越接近大脑本身的结构与功能。现代化科技手段、方法与仪器设备的应用，也使得关于外语学能构成要素的研究更加接近人类的物理、生理属性。

## 四　外语学能测验发展与量表研究

外语学能测验（Foreign Language Aptitude Test，FLAT），也可简称为“学能测验”，早期又称为“外语学能倾向测验”，是用来测量语言学能构成的测验。如前所述，其中最具代表性和稳定性的语言学能测验为现代语言学能测验（Modern Language Aptitude Test，MLAT，Carroll & Sapon，1959）。MLAT 所测量的语言学能是一系列学习外语的能力的集合体，属于认知能力，这些认知能力是相对稳定的，不会随着教育或培训而产生变化（Carroll，1981）。MLAT 并不是突然间出现的，早在 20 世纪 20 年代就已经有很多语言学能倾向测验面世。初期，学能测验考查的往往侧重于智力即一般能力的测验（Henmon，1929）。随着外语学能研究的发展，学能测验的测试内容和形式也发生了相应的变化，20 年代中后期的几个测验主要采用语法翻译的形式来测量语言学能，比较典型的代表性测验为上文 1.1 提及的六个测验。

我们知道，外语学能不仅仅是语法能力，因此，这些测验所得的分数与学习者最终的外语学习成绩之间的相关性并不显著，即这些测验都没有能够成功预测到外语学能的个体差异，并不是成功的学能测验（Carroll & Sapon，1959）。正因如此，Carroll 和 Sapon 于 1959 年编制出现代语言学能测验（MLAT）时，不再将学能测量的重点放在语法上，而是把和语音相关的能力、语言的分析能力以及机械记忆能力都囊括进来（Carroll，1962）。下面简单介绍一下 MLAT 的情况。

MLAT 由 John Carroll 和 Stanley Sapon 于 1959 年合作研发，适用于高中 9—12 年级及成人。1967 年 Carroll 和 Sapon 又编制了初级水平—现代语言学能测验（Modern Language Aptitude Test-Elementary，MLAT-E），属于 MLAT 家族的小学生版，适用于 8—11 岁的学习者（转引自 Carroll，1990）。

MLAT 最早于 1953 年开始筹备，当时 Carroll 和 Sapon 受美国政府委托，连续 5 年对参加语言学习教程的军人进行大量的成套能力测验，以帮助美国政府和军方选拔具有潜能的优秀外语人才进入集中、密集的语言强化项目加以训练。在测验中，Carroll 和 Sapon 不停修正测验内容，并使用因素分析法（factor analysis），最终归纳出了构成外语学能的四种最重要的能力指标：语音编码能力、语法敏感度、语言归纳能力和记忆能力。语音编码能力考查的是辨认不同的声音，并迅速建立起声音与符号对应关系的能力；语法敏感度是指辨认词语在句子结构中的语法功能的能力；语言归纳能力是指通过语言材料推理、归纳出语言规律的能力；记忆能力指的是快速高效地记忆外语词汇、维持语音与符号对应关系的能力（Carroll，1962）。MLAT分为五个子测验。具体题型和分值分布情况如下：第一部分：数字学习（number learning），共43题，43分，这一部分考查的是语言归纳能力和机械记忆能力。第二部分：语音符号（phonetic script），共30题，30分，这一部分考查的是语音编码能力。第三部分：拼写提示（spelling cues），共50题，50分，要求被试通过错误的拼读形式找到正确的英文单词，然后再找出英文单词的近义词，这一部分考查的是语音编码能力。第四部分：句中词（words in sentences），要求将单句中和例句画线部分语法功能相同的英文单词选择出来，共45题，45分，这一部分考查的是语法敏感度及语言归纳能力。第五部分：联想配对（paired associates），要求被试在2分钟内记忆24个新词及与其对应的英文单词，然后找出新学语言中某个单词所对应的英文单词，共6题，24分，这一部分考查的是机械记忆能力。这五个子测验的分值分布与所测学能构成的对应关系见表2：

**表2　MLAT分测验分布情况**

| 各分测验 | 分值 | 所测学能 | 所占比重 |
|---|---|---|---|
| 第一部分：数字学习 | 43 | 语言归纳＋机械记忆 | 22.9%（语言归纳） |
| 第二部分：语音符号 | 30 | 语音编码 | 41.7%（语音编码） |
| 第三部分：拼写提示 | 50 | | |
| 第四部分：句中词 | 45 | 语法敏感度＋语言归纳 | 11.7%（语法敏感） |
| 第五部分：联想配对 | 24 | 机械记忆 | 23.7%（记忆） |
| 总计 | 192 | 4 | 100% |

自 1959 年 MLAT 首次商业化并面向社会发行，直至今天，美国、加拿大等各政府机关和军方在筛选外语人才时仍常常使用 MLAT（温植胜，2005）。而 MLAT 一直保持最初的题型形式，从未改变过，测试被广泛用于实践和研究目的，测验一般都能成功预测大部分情况下学员参加外语强化课程的学习结果（相关系数达 0.4—0.6 之间），令人折服的预测效度（predictive validity）也使之几乎成为外语学能测试的代名词。

自从 MLAT 面世以来，外语学能测验持续发展，越来越多的研究者加入到语言学能测验编制的队伍中来（Pimsleur，1966；Murakami，1974；Peterson & Al-Haik，1976；Parry & Stansfield，1990；Grigorenko et al.，2000；Meara，2005；Linck et al. 2013）。这些测验各有特色和侧重，面向的对象也不尽相同。比如 Pimsleur（1966）编制的语言能力倾向成套测验（Pimsleur Language Aptitude Battery，PLAB），适用对象为 7—12 年级的学生，相当于中国国内的初高中年龄段，即 13—18 岁的学生。和很多语言学能测验预测功能不同，PLAB 的目标人群偏重于中学生里的差生（underachievers）。Pimsleur（1966）认为，成功预测外语学习成绩的三个指标分别为：言语智力（verbal intelligence）、学习动机（motivation）和听觉能力（auditory ability）。PLAB 共分六个部分，第一部分是学生的年级平均分，由学生自行提供；第二部分测的是学生的语言学习兴趣；后四个分测验所测的语言学能与 MLAT 四个指标类似，依次为词汇、语言分析、声音辨别和声音与符号的联结。Pimsleur 比较重视学习动机，因此他把学习动机也看成外语学能的一个组成成分，而 Carroll 则认为外语学能与动机是不相关的两个概念；此外，Pimsleur 还认为存在言语智力，认为它也是语言学能的一个重要成分，所以把学生的年级平均分当作分测验一来测量学习者的言语智力，而 Carroll 则认为这属于智商部分，和外语学能是两个不同的概念。PLAB“听觉能力”的测量部分则由与 MLAT 四要素所测相同的四个分测验来测量。再比如，Murakami（1974）编制的一套能定义并测量外语学能构成的成套试卷（A Language Aptitude Test for the Japanese，GTT），确定了外语学能的六个测量指标：记忆力（包括词汇记忆力和记忆保持力）、语法规则的感知力、语音辨识力、语言模仿力、注意集中力和耐力。为测量到可以确定外语学能的这六个指标，Murakami 编制了五个子测验，依次为“词汇记忆测试”“语法规则识别测试”“语音识别测试”“口语言语模仿测试”和“记忆保持测试”，至于注意集中能力和耐力这两个指标，则使用已有的 Yadabe-Gilford 和 Uchida-Clipelin “个性特质测试”来进行测量。与 PLAB 类似，Murakami（1974）将“个性特质（personality traits）”也纳入了语言学能的测验。

由于美国军方认为 MLAT 在选择顶尖人才时的区分效度不够，Parry & Stansfield（1990）受美国国防部委托编制了 VORD 测验，以期测试军队中个人学习外语的潜力，挑选出军事语言学家进行培训。VORD 是一种人造语言，在这种人造语言中，VORD 就是“词语”的意思。VORD 语言的句法结构参考了土耳其语的句法结构。VORD 测验面向成人，包括四个分测验：名词识别、短语和句子识别、文章填空、动词识别。它由 126 个多项选择题组成，测试得分可达到 164 分。和 MLAT 不同，VORD 非常强调听力技能，在测试语言归纳能力的部分，也增加了视觉材料（visual materials）。

Grigorenko et al.（2000）编制了二语习得中的创新认知能力测试题 [Cognitive Ability for Novelty in Acquisition of Language（Foreign）Test，CANAL-FT]，他们认为语言习得中的核心认知能力是如何对新语言材料进行编码（即应对新知识的能力）与处理歧义（ambiguity）的能力。因此，CANAL-FT 的目标设定为测量出学习者对语言材料输入的加工和处理歧义的能力。测验有九个部分，主要考查对语言材料的回忆以及推断，条件分为即时与延时两种。测试内容包括五部分：通过上下文学习新词、理解段落意义、联想配对学习、语句推理、语言规则学习。

Meara（2005）研发了 LLAMA（Language-learning Aptitude Test for

MA Students），该测试在MLAT的基础上发展而来，包括五个子测试，依次为：Lat_A、Lat_B、Lat_C、Lat_D和Lat_E，分别对应“语音记忆测试、词汇学习测试、语法推理测试、语音序列记忆测试、语音—符号关联测试”。其中最成功的测试是词汇学习测试Lat_B、语法推理测试Lat_C和语音—符号关联测试Lat_E。LLAMA测试最初是作为斯旺西大学（Swansea University）硕士生研究培训计划的一部分而开发的。近期有不少研究采用了该测试（Granena & Long，2013；Granena，2014）。

Linck et al.（2013）编制了高水平语言学能量表（High-Level Language Aptitude Battery，Hi-LAB）。Linck等认为，在语言关键期之后才开始学习第二语言的一些成年学习者仍然可以达到高级水平，是由于这些学习者的外语学能中“内在感知”与“认知能力”两个指标和其他人不同。Hi-LAB认为语言学能有六个可以测量的指标：工作记忆、机械记忆、长时记忆检索能力、内隐学习能力、处理速度和语音感知敏感度。为测量出这六个指标也都编制了相应的分测验。

从以上各个测验所设置的题型以及所欲测量的语言学能构成来看，有的测验是以MLAT为基础编制的，比如LLAMA；有的测验以MLAT所要测量的四个要素为基础，同时进行了扩展，如PLAB和Hi-LAB；有的测验虽然结合了当下时兴的理论，但是测验中所希望测到的核心要素仍然是MLAT所欲测量的语言学能的构成，比如CANAL-FT，该测验的测试题虽然“体现了动态测试的理念，以语言习得认知理论为基础，吸收了当代动态测试（dynamic testing）的理念”，但它主要考查的依然是“对语言材料的回忆以及推断”以及“对新语言材料进行编码的能力”（Grigorenko et al.，2000），这和MLAT中记忆、编码能力的概念内涵是一致的，而且CANAL-FT并没有通过大样本来检验测试的信度和效度，因此在各研究中较少使用。当然，也有一些测验是对MLAT的加强或补足，比如VORD测验和Hi-LAB就是针对高级水平的成年学习者研发的。

Carroll（1990）曾经坦言，MLAT 试题中的记忆能力部分最值得继续深入研究。就这部分而言，学者们认为将工作记忆增加为外语学能的一个构成（working memory as language aptitude）来进行研究最有可能取得突破性进展（McLaughlin，1995；Miyake & Friedman，1998；Sawyer & Ranta，2001；Erlam，2005）。Sawyer & Ranta（2001）也认为工作记忆可以成为补充甚至代替外语学能来解释二语习得过程的关键所在。

工作记忆是一种复杂的认知能力，这种认知能力特指在完成其他认知任务，如阅读、解决问题或学习时临时储存相关信息的能力（Baddeley & Hitch，1974；Baddeley，2003），在对相关信息进行储存的同时，还需要对信息进行提取和控制（Szmalec et al. ，2012），即需要对信息同时进行保存和加工（温植胜、易保树，2015）。工作记忆包括容量有限的中央处理器（limited-capacity central processor）和分散执行器（decentral executive）。其中，分散执行器包括两个子系统：用于储存和操作语音材料的语音环系统（articulatory loop）和用于操作、保持及控制视觉图像信息的视觉空间板（visuo-spatial scratch-pad）（Baddeley，1983）。视觉空间板又被称为视觉空间工作记忆，语音环又名语音工作记忆（Phonological Working Memory，PWM）（Baddeley et al.，2016）。语音工作记忆与二语学习者的听力水平相关，被认为应该纳入语言学能的范畴（Baddeley，1983、2003；Winke，2005；Hummel，2009；Hummel & French，2016；Wen et al.，2019）。而中央处理器则演变为后来的中央执行器（central executive），并得到了独立的发展，被认为在工作记忆框架中起着至关重要的作用，中央执行器最重要的特征就是对注意控制的特征（Baddeley，2001）。经过多年的发展与研究，这个特征被认为可以通过工作记忆执行广度任务来进行测量（Miyake & Shah，1999）。

工作记忆中哪些成分与语言学习有关，欧洲和北美的认知心理学家们观点并不一致（温植胜、易保树，2015）。欧洲有代表性的认知心理学家 Baddeley 和 Gathercole 认为，工作记忆中的语音工作记忆和二语习得相关，而语音工作记忆包含语音短时存储和发音演练机制两个认知功能（Baddeley et al.，2016），可以用数字复述广度或非词复述广度来测量（Gathercole，2006）；北美认知心理学家则认为，工作记忆中的执行工作记忆（Executive Working Memory，EWM）和二语习得有关，这种执行工作记忆包括信息的保存、更新、任务切换和抑制控制等认知功能（Miyake & Friedman，2012），可以由阅读广度任务（Daneman & Carpenter，1980）或运算操作广度任务（Turner & Engle，1989）来测量。很多实证研究表明，语音工作记忆和执行工作记忆对二语习得的发展以及二语技能的学习都起着非常重要的作用（Winke，2005；Hummel，2009；Hummel & French，2016；Linck et al.，2013）。

虽然"MLAT 所测量的语言学能构成在预测初级水平的外语学习者上效果良好，但在高水平外语学习者上的预测效果则未知"（Carroll，1990），Carroll 的解释是当时很难找到高水平的外语学习者，因此可能 MLAT 的各子测验在高水平外语学习者上的预测效果会有所不同，因为高水平者和初级水平者所需的能力可能会不同。事实也可能如此，Winke（2005）经过实证研究发现，只有语音工作记忆与高水平的学习者有正相关，而语音工作记忆是 MLAT 中未能测量到的。

## 五　外语学能实证性研究

对外语学能的实证性研究主要可以分为以下三大类：

第一类：就某个外语学能倾向测验与传统的外语成绩组成部分或某门外语成绩之间进行相关性研究，比如 MLAT 与语法成绩、阅读成绩、口语成绩等的相关性研究。就外语学能与语法成绩是否相关的问题，学界也一直有不少争议。目前的实证研究结果分为两种：第一种是外语学能和语法成绩呈显著正相关；第二种则是外语学能与语法成绩不相关。

第一种的相关研究有：Abrahamsson & Hyltenstam（2008）以42名西班牙语母语的高水平瑞典二语学习者为调查对象，以听觉、视觉类语法判断任务为测量工具，得出结论：13岁及以上的晚学者的外语学能与语法能力呈正相关。DeKeyser（2010）以希伯来二语学习者为实证研究的对象，使用以色列大学入学申请的学能测试（Scholastic Aptitude Test，简称SAT）为测量工具，得出结论：18岁及以上的晚学者的外语学能和语法成绩呈显著正相关。Granena（2014）在语法判断的任务中加入了时间（限时判断与不限时判断）和语法结构的变量，研究结果发现：3—6岁的西班牙语二语早学者与二语语法水平的相关性受到语法结构的影响。

第二种的相关研究有：Granena & Long（2013）使用Meara（2005）的LLAMA学能测试为测量工具，以65名汉语母语的高水平西班牙二语者为研究对象，考查被试语言学能与语音、语法、词汇及搭配水平的关系，得出结论：大于16岁的晚学者的语音、词汇及搭配水平与外语学能呈显著正相关，而与语法成绩不相关。

第二类：研发编制某个外语学能测验的研究报告。这一类研究主要是作者对自己或团队编制的某个具体的外语学能测验的开发原因、背景、测验性能的验证数据等进行报告。

第三类：对已有的外语学能测验进行信效度研究与分析。进行这一类研究的作者往往自己并不研发或编制新的学能倾向测验，而是利用市面上已有的测验，寻找到自己的被试，然后对原作者测验性能的数据报告进行检验或者对比分析。也有些学者会对两个或两个以上的学能倾向测验的性能进行对比研究。

分析以上三类研究情况可知，对相关外语学能倾向测验的编制与研发是国外外语学能倾向实证性研究的基础和核心，也是语言学能倾向实证性研究的一个重要方面。

# 六 汉语二语听力学能研究

## 6.1 国内语言学能研究现状

相对于国外来说，国内外语学能的相关研究滞后了约60年。国内的外语学能研究一般指针对英语为外语、母语为汉语的中国学生的英语语言学能研究。在我国，直到1982年才首次在《国外外语教学》上翻译了Pimsleur（1966）的《语言能力倾向测验》，并首次在国内学术期刊中使用“语言能力倾向”这个术语，将“语言能力倾向”概念引入国内学术界。这篇文章详细介绍了Paul Pimsleur“语言能力倾向成套测验”（PLAB）的内容，以及PLAB对外语学习成绩预测力的实验论证数据。之后，郑日昌（1999）在学术专著《心理测量学》中第一次使用了“语言学能”这个术语。此后，语言学能的相关研究在国内逐渐兴盛起来。以“语言学能”为关键词，在“中国知网（CNKI）”上检索相关学术文献，如果以十年为计算单位，可以看到文献数量以近乎指数函数的趋势不断上升——从最初的寥寥数篇到近十年来的近300篇。可以说，语言学能的相关研究得到了蓬勃发展。

在我国，外语学能的实证研究自20世纪70年代至21世纪初的二三十年里，“几乎接近空白，甚至连高考英语试题从1988年起也取消了学能测试部分”（温植胜，2005）。21世纪之后，才陆续有学者开始使用或改编一些适合汉语母语者的外语学能测验，与外语学能相关的实证研究也越来越多。实证型文献主要围绕学能测验和外语成绩测验展开，通过各种测验数据，如以外语学能测验结果和英语成绩或英语的某项子技能成绩等相关数据来检验某个外语学能测验的合理性，有的研究还会涉及学习者其他个体差异因素对英语成绩的影响（张向阳、洪淑秋，2000；梁霞，2003；李琳，2005；刘骏、蒋楠，2006；戴运财，2006；顾伟勤，2008；张宏斌、孙艳春，2009；汤晓芬，2011；马拯、王同顺，2011；尚建国，2012；孔凡荣，2013；宋旸，2013；马海亮、韩霜，2014；赵莹，2014；殷培贤，2014；温植胜、易保树，2015；孙婷婷，2017）。例如，张向阳、洪淑秋（2000）通过个案研究的方式得出“外语学能在一定程度上分阶段地对英语语言学习起作用”的结论，他还同时探讨了学习动机对学习成就的影响，认为“学习动机始终制约着学生的学习成就”，并指出“学能和动机两个变量也产生互动”。再如，戴运财（2006）做了一个实证研究来寻找以英语为第二语言的中国大学生的外语学能及相关因素对二语习得的影响，通过数据分析绘制出性别、语言学能和英语学习成绩的路径分析模型图，指出“语言学能与大学生的性别相关，而与学习策略、年级高低没有明显的统计相关”。这类研究在使用学能测验时绝大多数使用的是MLAT的原题或者部分原题，少数研究者也对所使用的学能测验进行了一定程度的改编（梁霞，2003；李琳，2005；刘骏、蒋楠，2006），有的研究者甚至提出应制定适合中国学生的“外语能力倾向量表”（Foreign Language Aptitude Test for Chinese Learners，FLATCL）（刘骏、蒋楠，2006），为高校外语学能研究提供了新的方向。

关于国内语言学能的实证性研究，主要有以下几个特点：

（1）从研究对象来看，大多是母语为汉语、第二语言为英语的大学生，只有极少研究对象是母语为少数民族语言或英语、汉语为第二语言的被试；被试的数量从1个到200个不等。

（2）从研究中所使用的测量工具来看，一般会用到两个及以上的测验作为量表，其中主要有语言学能测验、外语成绩测验或其他个体差异因素的测量量表或问卷，如学习策略量表等。外语成绩测验常使用的是大学英语四、六级或英语专业四级测验，也会使用某个学期或学年的外语课程期末测验。

（3）大多数实证研究进行数据分析时，侧重将语言学能测验的得分与语言子技能的水平成绩或成绩测验得分做相关性分析，也有少量会涉及性别、年龄、学习动机、学习策略等其他个体差异因素与外语水平或外语学能相关关系的探讨。

学界以汉语作为外语或者第二语言的汉语学能研究并不多见，目前所能看到的有少量以理论梳理为主的综述型文献和以数据分析为主的实证型文献。其中，汉语学能研究综述型文献的作者均为国内学者，内容上以理论介绍、分析为主，所提观点一般也是诸如“引进语言学能”测量或提议将汉语二语学习者的语言学能与其他个体差异因素综合起来考虑之类。比如杜桦（2011）提倡要“对高校汉民族语言专业学生进行语言学能测量”，希望研究“能引起民族语言教育者对学习者个体差异的重新思考”，“通过对学生语言学能的测量为调整教学方法、提高学习效率提供可行的理论依据”，将汉语学能与教学结合了起来。

汉语学能的实证型文献只有寥寥数篇，且大多为硕士或博士论文（Winke，2005；常晓晓，2011；胡立忠，2011）。这类研究往往会对语言学能、二语水平和其他个体差异因素中某个方面之间的关系进行探讨。比如Winke（2005）的博士论文以在美国本土学习汉语的133名美国在校大学生为研究对象，使用MLAT测量学习者的语言学能，探讨了语言学能、工作记忆、学习策略及汉语水平之间的关系。再比如常晓晓（2011）的硕士论文，以少数民族双语地区的新疆师范大学语言学院汉语专业大一、大二、大三少数民族学生共计有效被试约200名为研究对象，探讨了语言学能中的“语法敏感度、联想记忆能力和语言分析能力”与汉语成绩的关系，同时还探讨了性别、民族、汉语学习策略和元认知策略与汉语学能、汉语成绩的关系。也有极少数以来华留学生为汉语学能研究对象的，如胡立忠（2011）的硕士论文，以来自美国、英国、加拿大、澳大利亚等英语国家、就读于湖南大学的32名汉语二语学习者为研究对象，通过某个年份的MLAT测量汉语学能，探讨学习者汉语学能与汉语水平之间的关系，并对编班教学提出建议，提倡将汉语学能测验应用于分班。

从上述分析可以看出，国内语言学能的相关研究，尤其是汉语二语学能的研究非常少，而适合汉语学习者的汉语语言学能测试更是几近于无，相对于国外的语言学能研究的数量、深度和广度，尚存在一定的差距。

## 6.2 汉语二语听力学能研究的意义与价值

Carroll（1990）曾对其早年提出的语言学能构成“四要素”进行重新认识与定义，除了对自己早期版本的语音编码能力进行更为细致的分析外，他还表达了对早年编制的 MLAT 第五部分“配对联想题”作为一般记忆的衡量标准的正确性的质疑，认为这个题型用作一般记忆的衡量标准“是不正确的”。Carroll（1990）认为在语音记忆部分应该加入一项关于外语能力记忆能力的新研究，把 Underwood 等人提出的各种与语音记忆相关的测试，以及认知心理学中研究的其他类型的记忆测试，如延迟记忆的测试等也都包含进去。

综合各个年代的外语学能构成要素模型可以知道，在语言学能中，与听力学能相关的有：语音编码能力、联想记忆能力、机械记忆能力和工作记忆能力。相应的，听力学能测验应该包含以下几个题型：语音编码题型、语音联想记忆题型、语音的工作记忆题型和语音的机械记忆题型。

随着近年来中国综合实力的增强以及汉语国际推广的不断发展，学习汉语的外籍人士也在逐年增加，前往中国本土留学的来华留学生队伍也在不断壮大。从早年的短期汉语培训，到后来的汉语专业学习，以及如今其他非汉语专业的学习，来华留学生如果想要轻松愉快地度过在中国学习和工作的时光，汉语的学习是必不可少的。而这其中，汉语听力尤为重要，可以说是交流、学习的第一关，也是必过之关。“听不懂则说不出”已经成为语言学界的共识，如何更好地听、更轻松地听，不仅是来华留学生的需求，也是一线汉语教师想要帮助留学生们解决的问题。如果我们可以追本溯源，根据大脑的结构和功能找到听力学能的构成要素，通过相对简单的测量方式发现造成不同汉语水平群体差异的生理、物理原因，不论是理论上还是实践上，都是意义非凡的。

学界对语言学能的研究侧重点各不相同，有的学者侧重于将语言学能与学习者的母语、第二语言结合起来，有些学者比较注重将语言学能和个体差异中的某些因素相结合来研究二者对学习者外语水平的影响（Skehan，1998；Dörnyei，2005），有些学者认为将语言学能和工作记忆联系起来是一个非常有潜力的研究方向（Baddeley，2003；Dörnyei，2005；Hummel，2013；Wen et al.，2019）。总而言之，学者们都认为语言学能在第二语言学习中起着特别重要的作用（Carroll & Sapon，1959；Carroll，1962、1981、1990；Gardner & MacIntyre，1993；Skehan，1998；Baddeley，2003；Winke，2005；Gu & Wang，2007；Linck et al.，2013；Hummel & French，2016；Wen et al.，2019），语言学能研究被描述为第二语言习得研究中最有前途的领域之一（Dörnyei，2005）。语言学能的经典测验 MLAT 也常常被认为是对二语学习者学习效果的最佳预测测验之一。不过，MLAT 对于母语为英语的人学习与英语非常不同的语言的预测能力较差（Parry & Stansfield，1990）。MLAT 不擅长预测的一种语言是汉语（Carroll，1981）。因此，如果有实验以各语言背景的汉语二语学习者为研究对象，检验对外语听力学习效果具有最佳预测功能的外语学能经典测验 MLAT 在汉语二语听力学习中的效果，可以为语言学能在汉语二语学习上的预测效果提供一定的依据和参考。

另一方面，近年来，将“工作记忆”中与二语习得相关的构成加入语言学能模型，使其成为外语学能构成要素之一的呼声日益高涨，因此，在汉语二语听力学能研究方面也许可以通过对工作记忆的两个与外语学习相关的子成分“工作记忆执行广度”和“语音工作记忆”的相关研究，为外语学能模型的完善与改进提供实证数据或证据，以促进外语学能构成模型研究的发展。

最后，侧重于汉语二语听力学能的构成，以及汉语听力学能与听力水平的关系研究，有望弥补现有语言学能研究领域中汉语学能与汉语二语习得关系研究的不足，促进语言学能和二语习得研究的融合与发展。

从应用上来说，汉语作为第二语言，常常被认为是一种较难学习的语言。Peterson & Al-Haik（1976）就持有这样的观点。他们受美国国防部委托，开发编制了国防语言学能倾向成套测试（Defense Language Aptitude Battery，DLAB）。DLAB 被美国国防部用于挑选军中外语人员，以便让他们接受特殊的外语培训。后来美国联邦调查局也使用该测试。在 DLAB 中，被试受测成绩的分数段不同（具体有 85 分、90 分、95 分、100 分四个分数线），将接受的外语培训也不同。得分越高者，可学习外语的难度越高。其中，85 分以上的，可以学习荷兰语、法语、意大利语、葡萄牙语和西班牙语；90 分以上的可增加学习难度，学习德语；95 分以上的可学习希腊语、希伯来语、波斯语、波兰语、俄语、泰语、土耳其语和越南语；100 分以上的可学习阿拉伯语、日语和汉语。从 DLAB 将可以学习汉语的美国军人划定到最高等级分数段可以知道，他们认为以英语为母语的学习者学习汉语时面临的困难相对其他大多数语言来说是最大的。曾经有研究者使用语言学能测验来诊断“语言学能障碍”（Ganschow et al.，1991）。Pimsleur（1963）认为差生学习外语时最大的困难是听力。因此，通过对汉语听力学能的构成进行研究，有望为诊断出学习者将来在汉语听力学习中可能会遇到哪些方面的学能障碍提供一定的依据，从而在教学中使用适当的方法给予对应的教学指导（Robinson，2002）。

除此以外，有研究者发现，与西班牙语、法语等一些欧洲语言相比，初学汉语的学生更容易受语言焦虑等因素的消极影响，因此汉语作为外语课程的入学率明显偏低（Xiao，2002）。可见除了外语学能因素外，个体差异因素对二语学习者的学习结果也有着非常重要的影响。如果对汉语听力水平与二语学习历史背景因素之间的关系进行研究，可能可以为汉语二语的成功学习找到更多实际有效的影响因素；厘清这些个体差异因素之间的关系，可以帮助汉语教师根据学习者的汉语学习历史背景决定向学习者提供什么样的教学策略或方法，同时帮助汉语二语学习者思考在学习中需要重视或改进哪些方法或策略以提高成功学习的机会和效率。

从以上的研究理论可以知道，我们仍然需要不断地对二语学习者听力学能的构成要素及相关要素进行必要的研究，从而推进外语学能的研究。汉语是联合国六种工作语言之一，汉语研究者也应该做出自己应有的贡献，进一步深入讨论、研究汉语二语听力水平与汉语二语听力学能各个构成要素之间的关系。

## :: 参考文献 ::


常晓晓（2011）新疆少数民族大学生语言学能调查研究，新疆师范大学硕士学位论文。

陈昌义（2001）“外语”与“第二语言”不能混为一谈——由两个术语的讨论引起的思考，《外语界》第3期。

戴运财（2006）语言学能对二语习得的影响，《外语教学与研究》第6期。

戴运财（2014）工作记忆、外语学能与句法加工的关系研究，《外语与外语教学》第4期。

戴运财、蔡金亭（2008）二语习得中的语言学能研究：回顾、现状、思考与展望，《外国语（上海外国语大学学报）》第5期。

杜　桦（2011）浅谈对高校汉民族语言专业学生进行语言学能测量的思考，《科技信息》第29期。

顾伟勤（2008）重谈语言学能——外语学习中个体差异的一个重要构成，

《中国外语》第 6 期。
胡立忠（2011）语言学能研究及其对对外汉语教学的启示，广州大学硕士学位论文。
江　新（1999）第二语言学习的语言能力倾向，《世界汉语教学》第 4 期。
孔凡荣（2013）基于 MLAT 的高职学生英语语言学能研究，《江苏建筑职业技术学院学报》第 1 期。
李　红、马　莉（2016）语言学能研究新进展，《第二语言学习研究》第 2 期。
李　琳（2005）语言学能倾向之机械识记能力的相关性研究，四川大学硕士学位论文。
梁　霞（2003）语言学能倾向语音解码能力测验指标的相关系数法研究，四川大学硕士学位论文。
刘　骏、蒋　楠（2006）中国学生外语学习能力倾向研究，《中国外语》第 4 期。
刘润清（1990）决定语言学习的几个因素，《外语教学与研究》第 2 期。
刘润清、刘　思（2005）语用习得的认知特性和影响因素述评，《外语教学与研究》第 3 期。
刘　涛、刘利民、邓　隽（2005）语言学能倾向中语法敏感性测验指标的相关系数法研究，《西南民族大学学报（人文社科版）》第 10 期。
马冬梅（2005）外语学习能力的实质：认识与再认识——以二语习得研究为视角，《西安外国语学院学报》第 2 期。
马海亮、韩　霜（2014）语言学能对二语习得的影响，《学子（教育新理念）》第 21 期。
马　拯、王同顺（2011）外语学能和工作记忆对外语阅读的影响，《山东外语教学》第 3 期。
Pimsleur, Paul（1982）语言能力倾向测验，李谷诚译，《国外外语教学》第 1 期。
尚建国（2012）语言学能对二语写作水平的影响，《安徽工业大学学报（社会科学版)》第4期。

束定芳、庄智象(1994)外语、第二语言、母语及其它,《外语教学》第2期。

宋　旸(2013)语言学能和英语口语流利度的关系,江南大学硕士学位论文。

孙婷婷(2017)初级水平留学生汉语学习观念性别差异研究——以扬州大学为例,扬州大学硕士学位论文。

汤晓芬(2011)基于MLAT的语言学能倾向研究,《西南农业大学学报(社会科学版)》第11期。

王佶旻(2011)《语言测试概论》,北京:北京语言大学出版社。

温植胜(2005)对外语学能研究的重新思考,《现代外语》第4期。

温植胜、易保树(2015)工作记忆与二语习得研究的新进展,《现代外语》第4期。

殷培贤(2014)语言学能对蒙英双语学生语法习得的影响,《兰州文理学院学报(社会科学版)》第1期。

张宏斌、孙艳春(2009)医科学生语言能力倾向与英语后续教学改革,《陕西教育(高教版)》第10期。

张巧霞(2006)从第二语言与外语概念的差异看语言环境对外语学习的影响,《吉林广播电视大学学报》第3期。

张向阳、洪淑秋(2000)学能、动机与学习成就——专升本英语教育专业学生个案研究,《中国远程教育》第1期。

张亚南(1998)韩国学能考试(CSAT)评介,《课程·教材·教法》第8期。

赵　莹(2014)基于MLAT的高职学生英语语言学能研究,《课程教育研究》第13期。

赵子彦、高颖娜(2012)第二语言习得的个体差异因素分析及对策,《沧州师范学院学报》第4期。

郑日昌(1999)《心理测量学》,北京:人民教育出版社。

郑咏滟、温植胜(2013)动态系统理论视域下的学习者个体差异研究:理论构建与研究方法，《外语教学》第 3 期。

Abrahamsson, N. & Hyltenstam, K. (2008) The robustness of aptitude effects in near-native second language acquisition. *Studies in Second Language Acquisition (SSLA)*, 30(4): 481-509.

Ackerman, P. L. (1999) Traits and knowledge as determinants of learning and individual differences: Putting it all together. In P. L. Ackerman, P. C. Kyllonen & R. D. Roberts (eds.), *Learning and Individual Differences: Process, Trait and Content Determinants*. Washington, DC: American Psychological Association.

Austin, E. J., Hofer, S. M., Deary, I. J. & Eber, H. W. (2000) Interactions between intelligence and personality: Results from two large samples. *Personality and Individual Differences*, 29(3): 405-427.

Baddeley, A. D. (1983) Working memory. *Philosophical Transactions of the Royal Society of London. Series B, Biological Sciences*, 302(1110): 311-324.

Baddeley, A. D. (2001) Is working memory still working?. *American Psychologist*, 56(11): 851-864.

Baddeley, A. D. (2003) Working memory and language: An overview. *Journal of Communication Disorders*, 36(3): 189-208.

Baddeley, A. D. & Hitch, G. J. (1974) Working memory. In G. H. Bower (ed.), *The Psychology of Learning and Motivation* (Volume 8). New York: Academic Press.

Baddeley, A. D., Hitch, G. J., Quinlan, P. T., Bowes, L. & Stone, R. (2016) Doors for memory: A searchable database. *Quarterly Journal of Experimental Psychology*, 69(11): 2111-2118.

Bain, S. K., McCallum, R. S., Bell, S. M., Cochran, J. L. & Sawyer, S. C. (2010) Foreign language learning aptitudes, attitudes, attributions, and achievement of postsecondary students identified as gifted. *Journal of Advanced Academics*, 22(1): 130-156.

Carroll, J. B. (1959) The measurement of meaning. *Language*, 35(1): 58-77.

Carroll, J. B. (1962) Recent eighteenth-century studies. *University of Toronto Quarterly*, 32(1): 98-101.

Carroll, J. B. (1981) Twenty-five years of research on foreign language aptitude. In K. C. Diller (ed.), *Individual Differences and Universals in Language Learning Aptitude*. Rowley, MA: Newbury House.

Carroll, J. B. (1990) Cognitive abilities in foreign language aptitude: Then and now. In T. S. Parry & C. W. Stansfield (eds.), *Language Aptitude Reconsidered*. Englewood Cliffs, NJ: Prentice Hall Regents.

Carroll, J. B. & Sapon, S. M. (1959) *Modern Language Aptitude Test (MLAL): Form A*. New York: The Psychological Corporation.

Chee, M. W., Soon, C. S., Lee, H. L. & Pallier, C. (2004) Left insula activation: A marker for language attainment in bilinguals. *Proceedings of the National Academy of Sciences*, 101(42): 15265-15270.

Cooper, C. (2002) *Individual Differences* (2nd edition). London, UK: Arnold.

Daneman, M. & Carpenter, P. A. (1980) Individual differences in working memory and reading. *Journal of Verbal Learning and Verbal Behavior*, 19(4): 450-466.

de Bot, K., Lowie, W. M. & Verspoor, M. H. (2007) A Dynamic Systems Theory approach to second language acquisition. *Bilingualism: Language and Cognition*, 10(1): 7-21.

DeKeyser, R. M. (2010) Where is our field going?. *The Modern Language Journal*, 94(4): 646-647.

DeKeyser, R. M. & Koeth, J. (2011) Cognitive aptitudes for second language learning. In E. Hinkel (ed.), *Handbook of Research in Second Language Teaching and Learning*. New York: Routledge.

Diane, L. & Cameron, L. (2008) *Complex Systems and Applied Linguistics*. Oxford: Oxford University Press.

Dörnyei, Z. (2005) *The Psychology of the Language Learner: Individual Differences in Second Language Acquisition*. Mahwah, NJ: Lawrence Erlbaum Associates.

Dörnyei, Z. & Skehan, P. (2003) Individual differences in second language learning. In C. J. Doughty & M. H. Long (eds.), *The Handbook of Second Language Acquisition*. Oxford: Blackwell.

Doughty, C. (1991) Second language instruction does make a difference: Evidence from an empirical study of SL relativization. *Studies in Second Language Acquisition (SSLA)*, 13(4): 431-469.

Erlam, R. (2005) Language aptitude and its relationship to instructional effectiveness in second language acquisition. *Language Teaching Research*, 9(2): 147-171.

Fein, D. & Obler, L. K. (1988) Neuropsychological study of talent: A developing field. In L. K. Obler & D. Fein (eds.), *The Exceptional Brain: Neuropsychology of Talent and Special Abilities*. New York: Guilford Press.

French, J. W. (1951) *The Description of Aptitude and Achievement Tests in Terms of Rotated Factors*. Chicago, IL: University of Chicago Press.

Ganschow, L., Sparks, R. L., Javorsky, J., Pohlman, J. & Bishop-Marbury, A. (1991) Identifying native language difficulties among foreign language learners in college: A "foreign" language learning disability?. *Journal of Learning Disabilities*, 24(9): 530-541.

Gardner, R. C. & MacIntyre, P. D. (1993) On the measurement of affective variables in second language learning. *Language Learning*, 43(2): 157-194.

Garlick, D. (2002) Understanding the nature of the general factor of intelligence: The role of individual differences in neural plasticity as an explanatory mechanism. *Psychological Review*, 109(1): 116-136.

Gathercole, S. E. (2006) Nonword repetition and word learning: The nature of the relationship. *Applied Psycholinguistics*, 27(4): 513-543.

Granena, G. (2014) Language aptitude and long-term achievement in early childhood L2 learners. *Applied Linguistics*, 35(4): 483-503.

Granena, G. & Long, M. H. (2013) Age of onset, length of residence, language aptitude, and ultimate L2 attainment in three linguistic domains. *Second Language Research*, 29(3): 311-343.

Grigorenko, E. L., Sternberg, R. J. & Ehrman, M. E. (2000) A theory-based approach to the measurement of foreign language learning ability: The Canal-F theory and test. *The Modern Language Journal*, 84(3): 390-405.

Gu, S. & Wang, T. (2007) Study on the relationship between working memory and EFL listening comprehension. *CELEA Journal*, 30(6): 46-56.

Henmon, V. A. C. (1929) Some significant results of the modern foreign language study. *The Journal of Educational Research*, 19(2): 79-91.

Hummel, K. M. (2009) Aptitude, phonological memory, and second language proficiency in nonnovice adult learners. *Applied Psycholinguistics*, 30(2): 225-249.

Hummel, K. M. (2013) Target-language community involvement: Second-language linguistic self-confidence and other perceived benefits. *The Canadian Modern Language Review*, 69(1): 65-90.

Hummel, K. M. & French, L. M. (2016) Phonological memory and aptitude components: Contributions to second language proficiency. *Learning and*

*Individual Differences*, 51: 249-255.

Ilangovan, P. (2006) Individual differences and instructed language learning (review). *Language*, 82(1): 219-220.

Indefrey, P. (2006) A meta-analysis of hemodynamic studies on first and second language processing: Which suggested differences can we trust and what do they mean?. In M. Gullberg & P. Indefrey (eds.), *The Cognitive Neuroscience of Second Language Acquisition*. Malden, MA: Blackwell Publishing.

Jensen, A. R. (1997) The puzzle of nongenetic variance. In R. J. Sternberg & E. L. Grigorenko (eds.), *Intelligence, Heredity, and Environment*. New York: Cambridge University Press.

Juffs, A. & Harrington, M. (2011) Aspects of working memory in L2 learning. *Language Teaching*, 44 (2): 137-166.

Kaulfers, W. V. (1931) Review. *The Modern Language Journal*, 16(2): 162-163.

Linck, J. A., Hughes, M. M., Campbell, S. G., Silbert, N. H., Tare, M., Jackson, S. R., Smith, B. K., Bunting, M. F. & Doughty, C. J. (2013) Hi-LAB: A new measure of aptitude for high-level language proficiency. *Language Learning*, 63(3): 530-566.

McLaughlin, B. (1995) Aptitude from an information-processing perspective. *Language Testing*, 12(3): 370-387.

Meara, P. (2005) *LLAMA Language Aptitude Tests*. Swansea, UK: Lognostics.

Miyake, A. & Friedman, N. P. (1998) Individual differences in second language proficiency: Working memory as language aptitude. In A. F. Healy & L. E. Bourne (eds.), *Foreign Language Learning: Psycholinguistic Studies on Training and Retention*. Mahwah, NJ: Lawrence Erlbaum Associates.

Miyake, A. & Friedman, N. P. (2012) The nature and organization of individual differences in executive functions: Four general conclusions. *Current Directions in Psychological Science*, 21(1): 8-14.

Miyake, A. & Shah, P. (1999) Toward unified theories of working memory: Emerging general consensus, unresolved theoretical issues, and future research directions. In A. Miyake & P. Shah (eds.), *Models of Working Memory: Mechanisms of Active Maintenance and Executive Control*. Cambridge: Cambridge University Press.

Murakami, K. (1974) A language aptitude test for the Japanese (GTT). *System*, 2(3): 31-47.

Obler, L. K. (1989) Exceptional second language learners. In S. Gass, C. Madden, D. Preston & L. Selinker (eds.), *Variation in Second Language Acquisition: Psycholinguistic Issues*. Clevedon, UK: Multilingual Matters.

Parry, T. S. & Stansfield, C. W. (1990) *Language Aptitude Reconsidered*. Englewood Cliffs, NJ: Prentice Hall Regents.

Peterson, C. R. & Al-Haik, A. R. (1976) The development of the Defense Language Aptitude Battery (DLAB). *Educational and Psychological Measurement*, 36(2): 369-380.

Pimsleur, P. (1963) Predicting success in high school foreign language courses. *Educational and Psychological Measurement*, 23(2): 349-357.

Pimsleur, P. (1966) *Pimsleur Language Aptitude Battery (PLAB)*. New York: Harcourt Brace Jovanovich.

Reiterer, S. M., Hu, X., Sumathi, T. A. & Singh, N. C. (2013) Are you a good mimic? Neuro-acoustic signatures for speech imitation ability. *Frontiers in Psychology*, Volume 4, Article 782: 1-13.

Robinson, P. (2001) Individual differences, cognitive abilities, aptitude complexes and learning conditions in second language acquisition. *Second Language*

*Research*, 17(4): 368-392.

Robinson, P. (2002) *Individual Differences and Instructed Language Learning*. Amsterdam/Philadelphia: John Benjamins.

Robinson, P. (2005) Aptitude and second language acquisition. *Annual Review of Applied Linguistics*, 25: 46-73.

Sawyer, M. & Ranta, L. (2001) Aptitude, individual differences, and instructional design. In P. Robinson (ed.), *Cognition and Second Language Instruction*. Cambridge: Cambridge University Press.

Scherer, K. R. (1984) On the nature and function of emotion: A component process approach. In K. R. Scherer & P. Ekman (eds.), *Approaches to Emotion*. Hillsdale, NJ: Lawrence Erlbaum Associates.

Schneiderman, E. I. & Desmarais, C. (1988a) The talented language learner: Some preliminary findings. *Second Language Research*, 4(2): 91-109.

Schneiderman, E. I. & Desmarais, C. (1988b) A neuropsychological substrate for talent in second-language acquisition. In L. K. Obler & D. Fein (eds.), *The Exceptional Brain: Neuropsychology of Talent and Special Abilities*. New York: Guilford Press.

Schumann, J. H. (2004a) Introduction. In J. H. Schumann (ed.), *The Neurobiology of Learning: Perspectives from Second Language Acquisition*. Mahwah, NJ: Lawrence Erlbaum Associates.

Schumann, J. H. (2004b) The neurobiology of aptitude. In J. H. Schumann (ed.), *The Neurobiology of Learning: Perspectives from Second Language Acquisition*. Mahwah, NJ: Lawrence Erlbaum Associates.

Skehan, P. (1998) *A Cognitive Approach to Language Learning*. Oxford: Oxford University Press.

Skehan, P. (2002) Theorising and updating aptitude. In P. Robinson (ed.), *Individual*

*Differences and Instructed Language Learning*. Amsterdam/Philadelphia: John Benjamins.

Snow, R. E. (1994) Abilities in academic tasks. In R. J. Sternberg & R. K. Wagner (eds.), *Mind in Context: Interactionist Perspectives on Human Intelligence*. New York: Cambridge University Press.

Sparks, R. L., Artzer, M., Ganschow, L., Siebenhar, D., Plageman, M. & Patton, J. (1998) Differences in native-language skills, foreign-language aptitude, and foreign-language grades among high-, average-, and low-proficiency foreign-language learners: Two studies. *Language Testing*, 15(2): 181-216.

Sparks, R. L. & Ganschow, L. (1991) Foreign language learning differences: Affective or native language aptitude differences?. *The Modern Language Journal*, 75(1): 3-16.

Spoerl, D. T. (1939) A study of some of the possible factors involved in foreign language learning. *The Modern Language Journal*, 23(6): 428-431.

Spolsky, B. (1995) Prognostication and language aptitude testing, 1925-62. *Language Testing*, 12(3): 321-340.

Stroop, J. R. (1935) Studies of interference in serial verbal reactions. *Journal of Experimental Psychology*, 18(6): 643-662.

Szmalec, A., Brysbaert, M. & Duyck, W. (2012) Working memory and (second) language processing. In J. Altarriba & L. Isurin (eds.), *Memory, Language, and Bilingualism: Theoretical and Applied Approaches*. Cambridge: Cambridge University Press.

Turner, M. L. & Engle, R. W. (1989) Is working memory capacity task dependent?. *Journal of Memory and Language*, 28(2): 127-154.

Wen, Z. & Skehan, P. (2011) A new perspective on foreign language aptitude research: Building and supporting a case for "working memory as language aptitude". *Ilha do Desterro: A Journal of English Language, Literatures in English and Cultural Studies*, 60: 15-44.

Wen, Z., Skehan, P., Biedroń, A., Li, S. & Sparks, R. L. (2019) *Language Aptitude: Advancing Theory, Testing, Research and Practice*. New York: Routledge.

Williams, M. & Woodman, G. F. (2012) Directed forgetting and directed remembering in visual working memory. *Journal of Experimental Psychology: Learning, Memory, and Cognition*, 38(5): 1206-1220.

Winke, P. M. (2005) Individual differences in adult Chinese second language acquisition: The relationships among aptitude, memory and strategies for learning. Unpublished PhD dissertation, Georgetown University.

Xiao, Y. (2002) The effect of character density on learning Chinese as a foreign language. *Journal of the Chinese Language Teachers Association*, 37(3): 71-84.

## :: 附录一 ::

**表 1 外语学能理论模型与假说**

| 年份 | 代表人物 | 理论名称 | 主要观点 |
|---|---|---|---|
| 1951 | J. W. French | 语言能力的五因素观 | 语言能力的五个因素包括：语言知识、单词流利度（正字法习惯的知识）、表达流利度、联想记忆和命名能力，还包括一项由 Stanley Sapon 开发的语音识别任务 |
| 1959 | J. Carroll & S. Sapon | 四要素模型 | 语言能力包括四种截然不同且可被测量的能力：语音编码能力（phonetic coding ability）、语法敏感度（grammatical sensitivity）、语言归纳能力（inductive language learning ability）和联想记忆能力（associative memory ability） |
| 1991 | R. L. Sparks & L. Ganschow | 语言编码差异假说 | 语言编码差异假说（Linguistic Coding Deficit/Differences Hypothesis，LCDH）认为，如果学习者在学习本国语言时存在口头或书面形式的困难，那么他在学习一门外语时能力会受到影响。其中，语音意识的缺乏是造成母语和外语学习困难一个最主要的原因 |

续表

| 年份 | 代表人物 | 理论名称 | 主要观点 |
| --- | --- | --- | --- |
| 1994 | R. E. Snow | 能力倾向复杂假说 | 在不同条件的二语教学下学习，学习者的认知能力的某些集合或组合会受到影响。能力倾向复杂假说（Aptitude Complex Hypothesis，ACH）认为，一些二语学习者比其他学习者具有更清晰的区分能力，因此，将这些学习者与他们的优势所处的条件相匹配是很重要的 |
| 1996 | I. Deary, V. Egan, G. Gibson 等 | 能力分化假说 | 能力分化假说（Ability Differentiation Hypothesis）认为，一些二语学习者比其他学习者具有更清晰的分化能力，因此，将这些学习者与他们的优势条件相匹配是很重要的 |
| 2000 | R. Sternberg, E. Grigorenko & M. Ehrman | 新奇认知能力模型 | 语言习得中的新奇认知能力模型 [Cognitive Ability for Novelty in Acquisition of Language（Foreign），CANAL-F Theory] 认为，获得 foreign language（FL）所需的核心能力是处理新颖性和模糊性的能力，这种能力是智力经验方面的一部分。外语学习的知识获取过程包括五个方面：（1）选择性编码；（2）偶然编码；（3）选择性比较；（4）选择性转移；（5）选择性组合。学习者需要决定把注意力集中在新接触到的语言材料的哪里以及如何相应地使用它们 |
| 2002 | P. Robinson | 学能综合体 / 能力差异理论 | 学能综合体 / 能力差异理论（Aptitude Complexes/Ability Differentiation Theory）假设了五种能力：注意间隙（aptitude for noticing the gap）、临时言语记忆（memory for contingent speech）、深层语义处理（deep semantic processing）、临时文本记忆（memory for contingent text）和元语言规则练习（metalinguistic rule rehearsal）。这五种能力基于十种认知：感知速度、模式识别、语音工作记忆容量、语音工作记忆的速度、类比、推断词义、文本的工作记忆力、文本的工作记忆速度、语法敏感性和机械记忆力。所有能力都对二语习得过程有着不同的影响 |
| 2002 | P. Skehan | 工作记忆模型 | 工作记忆模型将注意力控制、工作记忆、语言分析、音位编码和自动化等能力倾向成分与二语习得过程的各个阶段相结合。该模型是基于信息处理理论的，其中注意、模式、重组、控制和集成被认为是中心过程。注意所需要的是注意力管理、工作记忆和音位编码能力 |

续表

| 年份 | 代表人物 | 理论名称 | 主要观点 |
|---|---|---|---|
| 2007 | K. de Bot, W. Lowie & M. Verspoor | 动态系统理论 | 在动态系统理论（Dynamic Systems Theory，DST）中，语言学习者被看作是一个社会系统中的动态子系统，这些子系统在众多其他外部动态系统中发挥作用。学习者有自己的认知生态系统，包括意向性、认知、智力、动机、能力倾向、L1、L2等。认知生态系统又与语言接触程度、成熟度、受教育程度等有关，而语言接触程度、受教育程度等又与社会生态系统有关，社会生态系统由个体与个体互动的环境组成。任何系统要成长，都需要最少的力量或资源。语言学习中某一特定领域的问题会影响到其他领域。语言的发展是非线性的 |

## :: 附录二 ::

表 2　神经成像的技术手段

| 技术 | 定义 |
|---|---|
| PET（正电子发射断层扫描） | 用于通过注入放射性示踪剂定位不同神经功能。更活跃的大脑区域有更高的血流量和示踪剂。通过绘制示踪剂分布图，神经科学家可以获得大脑运作的模式。PET 具有很高的空间分辨率 |
| fMRI（功能性磁共振成像） | 与 PET 得到的结果相似，但依赖于测量神经元中水分子质子产生的磁共振信号。fMRI 具有高空间分辨率 |
| ERP（事件相关电位） | ERP 不同于 PET 和 fMRI，它不是基于神经活动的定位，而是基于神经事件的时间。ERP 具有较高的时间分辨率。放置在头皮皮肤上的电极记录了大脑的活动 |
| MEG（脑磁图描记术） | 一种诊断技术，测量由于脑电活动而产生的磁性信号的水平。MEG 具有较高的时间分辨率 |
| aMRI（解剖磁共振成像） | 一种高分辨率技术，可用于描述大脑中灰质和白质结构的形状、大小和完整性 |
| DTI（弥散张量成像） | 可用来绘制白质纤维轨迹 |

（作者单位：浙江师范大学）

# 多模态呈现形式对中高级汉语学习者听力理解表现的影响研究

王向丹

**提　要**　近年来，随着多媒体设备在教学中的应用越来越普遍，教师在教学过程中使用多媒体辅助教学成为了一种趋势。与传统的音频形式相比，视频是一种集图像、声音为一体，融合视觉、听觉两种模态的多模态呈现形式。国内外研究者对视频多模态呈现形式的研究主要集中在英语作为第二语言的听力方面，针对汉语作为第二语言的研究较少，且研究结果因受到被试特征、语料特征等因素的影响而不尽相同。相较于传统的音频听力形式而言，视频作为多模态呈现形式如何影响汉语第二语言学习者在听力理解中的表现，仍有待进一步研究。本文在前人研究基础上，采用2×2×2的混合实验设计，以中级和高级汉语水平留学生为被试，采用一般对话和正式对话两种类型的语料，组成音频、视频两种形式的实验材料，考察多模态呈现方式对汉语学习者的影响，以及语料类型和被试水平对呈现形式效用的影响。研究结果发现：(1)视频多模态呈现形式能够显著提高被试的听力理解表现，且内容视频有利于提高被试在细节题、推断题上的表现，情景视频仅有利于提高被试在推断题上的表现；在主旨题上，被试在内容视频、情景视频和相应的音频上表现没有显著差异。(2) 多模态呈现形式的效用不会受到被试语言水平的影响，视频呈现形式均有利于中级、高级两个水平的被试。(3) 多模态呈现形式的效用不会受到语料类型的影响，视频呈现形式均有利于一般对话和正式对话两种类型的语料。研究结果为听力教师在针对中高级水平汉语学习者的教学过程中如何选择和使用视频材料提供了参考，并且为视频在汉语第二语言听力测试中的使用及题目的选择方面提供了借鉴。

**关键词** 多模态；视频；听力理解；多元方差分析

# 一 引 言

## 1.1 选题缘起

近年来，随着多媒体设备在教学中的应用越来越普遍，教师在教学过程中使用多媒体辅助教学成为了一种趋势。视频材料作为一种集图像、声音为一体的听力素材，在听力教学方面的使用已成为一种普遍现象。视频材料是否有助于提高听力理解，对这一问题的研究结果不尽相同。并且，学界对于视频材料的影响研究主要集中于英语（Gruba，1993；吕美嘉，2005；孙庆祥等，2015 等）作为第二语言方面，在法语（Omaggio，1979）、德语（Mueller，1980）、汉语（李琳，2015）作为第二语言方面研究较少。

在汉语作为第二语言听力教学方面，针对中高级汉语学习者，很多学校专门开设了视听说课程，并且在对外汉语教学领域出现了一系列视听说课程教材，如《走进中国百姓生活》（刘月华等，2006）、《家有儿女》（刘立新、邓方，2009）、《非诚勿扰》（张斌主编，2014）、《秦淮人家》（李菊先、王树锋，2003）等。除此之外，在传统的听力课上，有些老师为了丰富课堂内容，引起学习者的兴趣，也会选择一些视频材料作为教学资料。但是，视频材料对汉语学习者的听力理解表现是否有促进作用，还有待进一步研究。

本文在前人研究的基础上，考察中高级汉语学习者在视频、音频两种语料呈现方式上的听力理解表现，以及被试水平和音频、视频呈现方式以及语料类型之间是否存在交互效应，以期丰富汉语作为第二语言听力理解的相关研究，并为听力教学特别是视听说课程教学设计提供借鉴。

## 1.2 研究问题

本文旨在探究视频、音频两种呈现形式对中高级汉语第二语言学习者听力理解表现的影响，采用2（被试水平）×2（语料类型）×2（呈现方式）的实验设计，研究语料及其视频、音频呈现方式对中高级汉语学习者听力理解表现的影响。具体研究问题如下：

（1）与音频听力语料相比，视频呈现方式是否能提高中高级汉语学习者的听力理解表现？

（2）高级水平汉语学习者在视频、音频两种呈现方式下的表现是否有显著差异？中级水平汉语学习者在视频、音频两种呈现方式下的表现是否有显著差异？视频呈现方式更有利于哪种水平的汉语学习者？

（3）在正式对话语料中，被试在视频、音频两种呈现方式下的表现是否有显著差异？在日常对话语料中，被试在视频、音频两种呈现方式下的表现是否有显著差异？视频更有利于呈现哪种类型的语料？

## 1.3 研究意义

### 1.3.1 理论意义

（1）在理论层面，视频作为多模态听力呈现方式，能够利用视觉模态和听觉模态处理信息，能够丰富双重编码理论、认知负荷理论，特别是多媒体学习的认知理论。

（2）目前对于多模态听力理解的研究主要集中在英语作为第二语言的研究领域，针对汉语作为第二语言的多模态研究少之又少，这一研究结果可以丰富汉语视频多模态听力研究。

（3）本研究结果与英语作为第二语言的多模态听力理解进行了比较，为横向研究多模态在第二语言听力领域的应用提供了依据。

### 1.3.2 实践意义

（1）中高级汉语学习者在多模态听力呈现形式与传统音频听力测试中的表现差异，以及在不同语言水平、不同听力语料类型等方面的不同表现，可以为教师在教学过程中选择听力呈现方式、学习者水平、听力语料类型等提供参考，可以服务和指导教师更加科学、高效、有针对性地进行听力教学。

（2）增加多模态听力在汉语作为第二语言教学领域的研究，同时为未来多模态听力测试的发展提供借鉴。

# 二　文献综述

## 2.1 多模态的界定

在界定“多模态”之前，首先要区分“模态”（mode）和“媒体”（medium）。“模态”与“媒体”二者之间既相互独立又有着千丝万缕的联系，总体来说，杨战礼主编（2014）认为，“模态”是用某种媒体表达信息的特殊方式，媒体是表达信息的物理工具。我们通过眼、耳、鼻、舌以及皮肤等感觉器官产生视觉、听觉、嗅觉、味觉以及触觉。前者为五种感觉器官作为表达信息和感知信息的物理工具，充当着媒介和载体的作用，即为“媒体”；后者为五种人类的感知，通过这五种感知渠道能够产生五种交际模态，即视觉模态、听觉模态、味觉模态、嗅觉模态和触觉模态。莫锦国（2011）认为，“模态”是指人类通过眼、耳、鼻、舌等感觉器官与外部环境中的人、机器、物件、动物之间进行互动的方式，用单个感官进行互动的叫单模态，用两种或两种以上的感官进行互动的叫多模态。日常生活中很少只使用一种模态（单模态）形式进行人与人之间的交往，经常会用到两种及两种以上的感觉器官，因此人类的交流互动经常是“多模态”的。相较而言，“多媒体”是从信息传递的载体来说的。理查德 · E. 迈耶（2006）指出，“多媒体”是指用语词和画面共同呈现材料，“语词”是指视觉的文字和听觉的话语，“画面”是指视觉的图像形式。在汉语作为第二语言听力教学的过程中，经常会用“多媒体”来呈现教学材料，例如，课堂上老师为学生打印的教学材料（文字）以及播放的音频听力材料（话语）为“语词”，听力教材中的插图、图表、照片、地图等静态图片以及教师选取的动画或者视频等动态素材为“画面”。

对“模态”“媒体”的界定以及“多模态”“多媒体”的界定虽然不尽相同，但大都大同小异。“模态”和“媒体”的区别主要在于前者为表达信息的特殊互动方式，特别是通过感觉器官等媒介与外部环境之间产生的互动，而后者是表达、传递、感知信息的媒介，如感觉器官或者语词、画面等媒介。虽然有五种交际模态，但是在这些模态中，有两种模态与人类交际活动中的话语分析关系最密切，即经常用到的视觉模态和听觉模态。视觉、听觉两种模态的结合能够形成更为生动形象的“视听模态”，“视听模态”最为常见和常用的是影视作品和动画视频等，具体的动态图像将抽象概念更加形象生动地表现出来，此时，眼睛这一视觉器官更容易感知并捕捉信息（杨战礼主编，2014）。

在第二语言教学过程中，教师在课堂上越来越多地使用多媒体设备，为学生提供听觉和视觉上的多重感官刺激，将视觉模态和听觉模态结合起来，形成“视听模态”，从而增加感觉器官与教学内容之间的互动，提高学生理解第二语言的能力。同时，多媒体设备的使用，特别是教学材料中的视频、动画、图片等“视听模态”，能够尽可能为学生提供语言使用的真实语境，培养学生的交际意识和相应的语言运用能力，从而有效提高课堂教学效果，进而提高学生理解和使用第二语言的能力。

多模态教学模式具有传统教学模式所不具备的特点，传统教学模式只注重语言文字符号在意义传递和构建中的作用，而多模态教学模式还会同时强调学生的听觉、视觉等多重感官在意义构建过程中的作用，以及视频、图画、文字等视觉、听觉、行为三者紧密结合的非语言文化符号在意义传递和构建中的作用（宁雅南，2017）。

## 2.2 多模态研究的理论基础

### 2.2.1 双重编码理论

双重编码理论由 Paivio（1986）提出，他认为人的认知系统由言语和非言语两套编码系统组成，其中，言语编码系统主要处理文字及与文字相关的信息，非言语编码系统主要处理文字以外的信息（转引自成晓光，2003）。言语编码系统和非言语编码系统之间既相互独立，又相互影响。相互独立是指两个系统都能够单独处理信息，相互影响是指两个系统可以同时平行运作（石小川、闫岩，2016）。赵国庆等（2005）认为信息的视觉形式能够以视频、图像等形式表现出来，帮助和补充理解语言形式信息，降低语言通道的认知负荷；运用视觉和言语形式将信息呈现出来，不仅能够增强对信息的记忆，而且能够增强对信息的识别。在教学领域，双重编码理论强调视频、音频、图片、文字、表格等信息的综合使用能够调动学习者的积极性，提高学习效果（何云欢，2017）。在双重编码理论基础上形成的“图文教学模式”认为，教师在教学资源的筛选和使用过程中，需要注意图像和文字密切相关的视听材料（武雁飞，2013）。

2.2.2 认知负荷理论

澳大利亚心理学家Sweller（1988）提出认知负荷理论，该理论认为人的认知负荷是有限的，考察学习或解决问题等认知活动应该放在学习者可以承受的认知负荷内进行。该理论在教学领域应用广泛，特别是教学设计方面，主要集中在降低外在负荷、降低内在负荷以及增加有效负荷三个方面。在降低外在负荷的过程中，应该考虑“通道效应”。“通道效应”是指以不同的感官通道（主要是视觉、听觉）呈现信息可以扩展工作记忆的负荷（唐剑岚、周莹，2008）。如果能在理解过程中使用视觉、听觉等不同的通道，一方面能够降低外在负荷，另一方面又能让学习者在信息之间建立联系，增加有效负荷。Ginns（2005）认为，想要使外在负荷达到最小，应考虑到各个效应之间的联系，例如，通道效应分析是对视觉和听觉信息进行整合，因此教学过程中信息的呈现应采用视觉和听觉两种形式，但是如果信息不满足时间临近效应和空间临近效应，则将会增加外在负荷，产生分散注意效应。如果学习者对信息有一定的了解之后，仍然采用视听模态，就会发生冗余效应。张同柏（2012）认为认知负荷效应有一定的使用范围，也应符合学习者的水平。例如，学习者同时通过视觉和听觉通道处理信息时，不一定能提高学习效率，有一定的使用范围，比如高年级学生或者低年级学生。在教学设计中，选择视听双通道呈现形式时应该谨慎对待。

2.2.3 多媒体学习的认知理论

Mayer & Moreno（1998）在双重编码理论、认知负荷理论以及生成学习理论和工作记忆模型的基础之上，提出了多媒体学习的认知理论三大假设，即双重通道假设、容量有限假设、主动加工假设。其中，双重通道假设是指人们拥有单独加工视觉和听觉信息的通道；有限容量假设是指人们在每一通道中同时加工的信息数量是有限的；主动加工假设是指人们进行主动学习，包括注意新进入的相关信息，将所选择的信息对应到一致的心理表征，以及将其他知识和心理表征进行整合。

双重通道假说中，人们对视觉表征和听觉表征材料拥有单独的信息加工通道，信息加工过程见图 1。其中语词中的解说、背景音乐、非语言声音等会通过耳朵这一听觉通道进入感觉记忆；而语词中的屏幕文本、打印的文字等会通过眼睛这一视觉通道进入感觉记忆，除此之外，图片、录像、动画等画面同样会通过视觉通道进入感觉记忆。学习者在听觉、视觉每个通道上能够同时加工的信息是有限的，因此学习者在主动学习的过程中，会将注意力集中在有限的资源上，选择有利于理解呈现内容的语词和图像。接下来，学习者将语词和图像组织成一致的言语模型和图像模型。最后，学习者调用长时记忆中与言语模型和图像模型相匹配的先前知识，将三者进行整合。

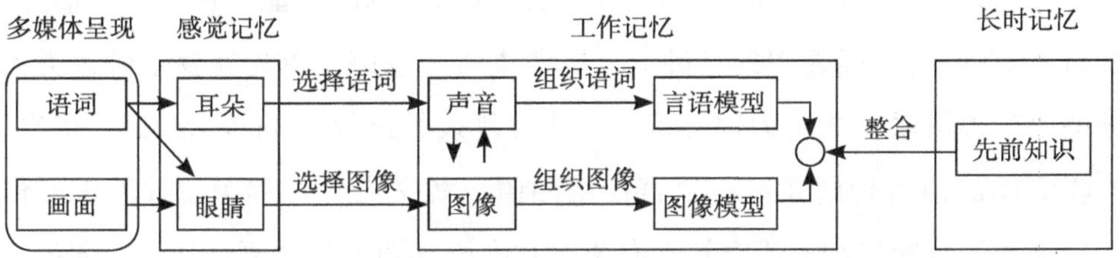


**图 1　双通道信息加工过程**

经过实证研究，Mayer 发现多媒体能够帮助学习者更好地学习，并且在多媒体学习过程中，学习动画加解说的呈现形式比学习动画加屏幕文本的呈现形式效果更好。这是因为当呈现一个带解说的动画时，画面是在视觉通道进行加工的，而语词（即解说）是在听觉通道进行加工的。但是当我们把语词信息以屏幕文本形式而不是解说形式呈现时，语词和画面至少在最初都是在视觉通道进行加工的。这样视觉系统在文本加动画的呈现中比在动画加解说的呈现中更有可能超载，会降低学生对学习内容的记忆效果和理解程度。

本研究的研究问题之一是视频材料对听力理解的影响，相较于音频材料而言，视频材料是一种融合了声音和动态图像两种信息的综合呈现形式。视频呈现形式中的声音信息和动态图像信息分别经过听觉和视觉两个通道，学习者会建立起言语和图像两种形式的心理模型，并建立二者的联系，形成整合的心理模型。而音频的听力材料只能以语音形式进入听觉通道，学习者只能建立言语心理模型，在与长时记忆中的先前知识进行整合的过程中，会降低学习者对学习内容的记忆效果和理解程度。

## 2.3 听力理解研究

Bachman（1990）提出的语言交际能力模型中认为，语言交际能力既包括语言知识（或能力），也包括在语言交际情境中恰如其分地运用这些知识的能力。语言交际能力模型由三部分组成：语言能力、策略能力、心理生理运动机制。其中心理生理运动机制主要是在执行阶段参与语言过程，在理解性的语言应用中，使用者需要调用视觉和听觉的技能（转引自王佶旻，2011）。在语言交际能力的基础上，要考查听力理解，首先就要了解人类大脑的语言理解系统。听力理解是一个非常复杂的过程。Buck（2001）指出，人类大脑的语言理解系统在语言使用和语言意义产生过程中发挥着重要作用，这与语言知识和非语言知识有关，其中语言知识包括语音知识、词汇知识、句法知识、语义知识和篇章结构知识等，非语言知识包括话题知识、语境知识、关于周围世界的一般常识等。在听力理解过程中，由于信息转瞬即逝，并且人类的工作记忆容量是有限的，因此，在处理听力信息的过程中，并不是全部接受，而是只接受处理部分信息。信息处理过程包括“自下而上”和“自上而下”两种。在自下而上的处理过程中，仅选择处理其中的主要成分，如关键词、词组等语言成分；在自上而下的处理过程中，仅选择能够和听者预期相匹配的成分，如能够对说话人的意图进行预测的语境等非语言成分等（潘之欣，2007）。在第二语言听力理解过程中，在自上而下的处理过程中，非语言知识，如语境、表情等信息会为听者提供交谈可能发生的场所、谈话的气氛等，有利于及时让听话人理解说话人的态度以及说话人之间的关系等信息。

在语言交际能力模型下，对于语言的理解需要调动听觉和视觉，两者同时使用能够提高对语言信息的理解。同时，人类大脑在理解语言的过程中，涉及对语言知识和非语言知识的理解，语音、词汇、语法等语言知识与动作、表情、语境等非语言知识的结合能够为理解语言输入提供帮助。在语言理解的各个特定阶段，“自上而下”和“自下而上”同时进行有利于加深理解。

## 2.4 多模态呈现方式研究

多模态呈现形式主要包括静态图片和动态视频两类。国内外学者采用各种方式对静态图片和动态视频两种呈现形式与听力理解表现之间的关系进行研究。主要研究内容有两个方面：一是音频和视频、图片的比较研究，试图确定图片、视频对听力理解的主要影响是积极的还是消极的；二是内容视频和情景视频两种视频类型的比较，探究哪种类型的视频更有利于听力理解。多模态呈现方式对听力理解的作用主要受两个因素影响，即被试的语言水平和语料类型。

### 2.4.1 音频和图片、视频的比较研究

多模态呈现形式对听力理解表现的影响研究主要集中在与音频听力材料的对比上。视频、图片作为听力材料的呈现方式，其作用存在不确定性。目前的研究主要集中在对英语作为第二语言的听力研究中，而在汉语作为第二语言的听力研究中应用较少。多模态呈现方式是否可以提高考生的听力理解表现，研究结果不尽相同。总体说来，多模态呈现形式的作用可能是积极的，也可能没有影响，甚至有可能干扰听力理解。

有研究结果显示，多模态呈现方式会提高被试的听力表现，因为视频画面中的场景，人物，说话人的动作、表情等信息可以为理解内容提供更多的线索，从而促进理解。例如，Ginther（2002）采用嵌套交叉设计，研究了视觉条件（有或者没有场景图片或者内容图片）、刺激类型（对话 / 简短对话、学术讨论和小对话）和语言能力（高或低）对托福网考听力理解题目的

影响，三者之间两两交互作用显著，视觉条件下刺激类型之间的交互作用很弱，并且结果显示，视觉的存在会促进听力。Mayer & Gallini（1990）研究发现，可视材料和音频同时出现时，学习者使用多媒体的效果比二者分开呈现时好。Guichon & Mclornan（2008）为探讨多模态对第二语言听力理解的影响，设计了一项实验，比较法国本科生对英国广播公司视听录音的理解。四组分别是单独接触声音，接触图像和声音，接触图像、声音和第一语言字幕，接触图像、声音和第二语言字幕。实验要求学生根据自己的笔记，用英语写一份详细的书面摘要。结果表明，当学习者以多种模态接触文本时，理解能力就会提高。此外，他们认为第二语言字幕比第一语言更有益，因为它能减少词汇干扰。

同时，也有研究结果显示，多模态呈现形式对被试在听力测试上的表现没有影响。例如，Gruba（1993）对音频和视频在语言测试中的差异进行比较，结果显示，音频组和视频组之间的没有显著性差异，说明呈现方式的不同对听力理解没有什么不同影响。Batty（2015）将包含三个文本类型（独白、对话、演讲）的、完全相同的多项选择听力测验版本给164名日本英语大学生测试，结果发现，视频和音频播放形式对本次测验的作答反应没有影响，并且在形式和文本类型、形式和能力水平之间并没有发现交互作用。Coniam（2001）让一组职前英语教师和在职英语教师接受同一内容的音频和视频版本的测试，两种测试模式的得分表明，两组之间没有显著性差异；并且认为，作为一项针对英语教师的高风险认证测试，听力理解测试应该通过音频模式而不是视频模式进行。张来亮（2013）设计了视频辅助初级汉语听力课堂教学的实验，以便探讨视频辅助对初级汉语学习者听力理解和学习态度的影响，结果发现，实验组在视频辅助下进行的听力测试成绩并未优于音频组。

甚至有研究结果显示，多模态呈现形式会降低被试的听力表现，因为画面会分散注意力，增加认知负荷，更容易造成听力信息的流失。例如，

Mueller（1980）在听力测试中使用简笔画和访谈录音，研究结果表明，场景图片与听者的语言水平成反比关系，但是这也需要进一步研究；同时，他又认为图像本身并不一定能增进理解。

相较于图片而言，视频多模态呈现形式在听力教学中应用更为广泛，因此本文主要针对视频多模态对听力理解的影响进行研究。

2.4.2 内容视频和情景视频的比较研究

视频材料复杂多样，对学习者的听力理解表现会产生不同的作用。视频材料的分类没有统一的标准，研究者往往根据不同的研究目的，依据不同的标准进行分类，但大多以 Bejar et al.（2000）和 Ginther（2002）为基础，根据不同的研究需要对视频材料进行详细划分。

学界主要将视频分为内容视频和情境视频两大类，不同的研究者会有不同的划分标准。邱东林、李红叶（2010）认为，内容视频包含凸显信息的图像，能提供丰富的画面、物品、实景等信息输入，如科教纪录片；场景视频则只显示谈话者形象，如脱口秀等。孔文等（2011）认为，语境视频为听者提供视频材料的场景和谈话人，但视频中的场景基本固定不变；内容视频则不仅提供场景、谈话人，听者还可以通过不断切换的画面大体猜测到主要话题。对视频类型划分最为精细的是刘乃嘉（2015），他提出了划分视频的三个标准，即视频视觉信息与话语内容直接关联的程度、视觉信息对话语冗缺线索的补充程度、视频中有益视觉信息的丰富程度，同时将内容视频进一步分为直接内容视频、间接内容视频，将情境视频进一步分为强解释性情境视频、弱解释性情境视频、单一性情境视频和零情境视频六小类。

虽然将内容视频和情景视频非常明确地区分开是最理想的状态，但是大多数情况下，在一个视频中经常会同时出现情景和内容画面，很难将二者绝对区分开。刘乃嘉（2015）根据视觉信息与话语内容直接关联的程度划分内容视频和情景视频：当视觉信息与视频中语言输入的内容密切相关时，这些视觉材料被称为内容视觉材料，视频同理；在一段时间内，视觉构成和质量不会随着语言输入的变化而发生重大变化，这些视觉被视为情景视觉材料，视频也是如此。但是内容视频包含情景视频、情景视频包含内容视频的情况经常发生。在视频中，如果内容视觉材料处于主导地位，视频被划分为内容视频；如果情景视觉材料占主导地位，视频被划分为情景视频。

本研究主要根据视频中视频画面和音频内容的直接关联程度来划分内容视频和情景视频。内容视频中内容视觉材料占主导，视觉信息与视频中语言输入的内容密切相关，出现音频内容提到的物品、实景等大量信息，视频画面与音频内容密切相关且同步。情景视频中情景视觉材料占主导，在一段时间内，视觉构成和质量不会随着语言输入的变化而发生重大变化，只出现说话人、场景等信息，场景一般固定不变，视频画面与音频内容并不相关或关联程度不高。

内容视频和情景视频对英语第二语言学习者听力理解的影响并不确定。英语二语听力理解研究中，Ginther（2002）对托福机考听力理解中不同类型静态图像的作用进行了研究，结果发现，补充性内容视频和提示话轮转换的语境图像有利于被试的听力表现，只有情景和参与者的语境图像则不能。Ockey（2007）的研究只关注静态图像和语境视频两种输入模式内容。他认为两种呈现方式的选择取决于测验开发者对听力理解概念的界定，如果觉得听力理解只是听觉输入，那么有静态图片的机考可能是最好的选择；如果测验开发者从真实测验的需要角度出发，视频材料可能更合适。邱东林、李红叶（2010）的研究结果显示，内容视频能够显著提高整体理解水平，却干扰了语音和词汇记忆，而场景视频的作用则不显著。王淑琼、孔文（2012）发现，视频组和音频组听力测试各层面上都没有呈显著性差异。孔文等（2011）认为，不同视频类型对学生听力理解的作用不同，内容视频比语境视频更能促进考生的听力理解。张博（2013）发现，身势语视频材料更有利于学习者对关键词的把握，更能判断说话人态度，促使学习者集中注意力；情境视频材料更有利于学习者进行大意总结，但更容易分散其注意力。

刘乃嘉（2015）发现，内容视频对听力理解影响显著，并且在细节辨认题上表现突出，其中直接内容视频在词义推测上也有显著帮助；各类视频均在主旨题、推断题上无显著优势，并且从强解释性情境视频开始，视觉信息对主旨题、推断题的阻碍逐渐明显，视觉线索的语境效应与听力任务及目的呈现出相关性。

总而言之，有研究发现，内容视频能够显著提升整体理解水平，在细节辨认题和词义推测题上有显著帮助，但会干扰词汇、语音记忆；情景性较强的视频有利于总结大意，但会分散注意力，对主旨题、推断题阻碍明显。反之，同样有研究表明，视频类型对听力理解没有显著影响。有关视频类型对汉语第二语言听力理解影响的研究并不多，对于汉语第二语言学习者来说，内容视频、情境视频究竟如何影响听力理解表现，还需要进一步研究。

### 2.4.3 视频呈现方式效用的影响因素

在音频和视频对听力理解的影响研究中，研究结果不尽相同。相较于音频听力材料而言，视频可能会促进或者阻碍听力理解表现，也可能对听力理解表现没有任何影响。本节主要分析被试水平和语料类型两个因素对视频效用的影响。

#### 2.4.3.1 语言水平

语言水平是所有研究中经常要考虑的因素之一，不同语言水平的被试在视频呈现方式上的表现不尽相同，主要有以下两种情况。

第一，视频对听力理解有促进作用，但是作用大小会因被试语言水平的不同而发生变化，并且视频对语言水平较低的学习者促进作用更大，即视频呈现方式更有利于语言水平较低的学习者。如傅小钊（2013）的研究结果显示，在英语第二语言听力中，视频总体上起着积极的作用，并且低水平学习者比高水平学习者受视频影响更大。周光磊、杨世登（2004）发现，视频辅助功能对一般水平和较低水平学生来说都有利，但是语言水平较低的学习者受视频影响更大。王萌、谢小苑（2008）的研究结果显示，音频、视频结合的信息能够提高听力理解，但是语言能力高的学习者能够通过语言和图像理解信息，语言能力低的学生则注意力有限。李琳（2015）的研究结果显示，听力中音频、音视频、音视频配汉语字幕三种方式对不同水平学生的听力成绩影响程度不同，视频更能促进初级班学生对听力材料的理解；汉语字幕作为录音的辅助材料，更能促进中级班学生对听力材料的理解。侯磊（2013）发现，听力测试中视频文本的使用对不同水平被试的表现有不同的影响，平均水平和高级水平被试在视频听力测验上的得分比音频得分都增长了，但是高级水平被试的得分增长程度比平均水平被试高，即视频文本对高级水平的影响大于平均水平的被试。

第二，视频对听力理解表现的作用不受语言水平的影响，即视频呈现方式是否有利于听力理解表现与被试的语言水平无关。Ginther（2002）发现，语言水平对可视材料的有效性无影响，具体说来，当可视材料与音频输入内容互补时，对不同语言水平听者的听力理解会产生一致的促进作用，其效果要好于可视材料与音频分离呈现时的效果，反之则会阻碍理解。孔文等（2011）发现，虽然高分组和低分组的成绩在统计上没有显著差异，但是高分生从视频信息中受益的程度比低分生要少一些，对视频信息依赖较少，而低分生则可从画面中捕获补充信息或冗余信息来弥补其听力的不足。Batty（2015）针对对话、独白、演讲三种不同的语料类型进行研究，发现不同类型的语料不会因为播放形式（视频、音频）的不同而变难或变易，并且 4 个能力水平的被试在音频、视频两个形式条件下并没有表现出不同，同时在形式和文本类型、形式和能力水平之间并没有发现交互作用。

由此看来，视频呈现方式对听力理解表现的影响与被试语言水平之间的关系具有很大的不确定性。本研究中的被试语言水平选取中级和高级两类，主要是因为交际性、真实性较强的视频材料大都在语速、内容等方面对被试有较高的要求，而且汉语作为第二语言的视听说课程大都针对中高级学习者。

2.4.3.2 语料类型

语料即语言材料，是编写题目的前提和依据，对题目的编写来说非常重要（王佶旻，2011）。在视频呈现方式效用的相关研究中，有关语言材料对视频听力影响的研究较少，对听力语料的分类也各不相同，有的研究者将听力材料分为对话、独白、演讲三种（Batty，2015）或者对话、演讲两种（Wagner，2010），也有人分为叙述性故事和对话（王萌、谢小苑，2008）两种。相较于独白而言，对话形式的语料互动性、交际性较强，并且有研究发现，对话视频的观看率比较高。本研究主要选用对话形式，并在总结分析前人研究中听力材料使用情况的基础上，将对话分为正式对话和日常对话两种类型。

有关语料类型对视频影响的实证研究中，Wagner（2010）关注观看视频的比例与对话、演讲两种语料类型之间的关系，结果发现，视频观看率会因语料类型的不同而有很大差异，测试者在对话中观看视频屏幕的比例明显高于演讲。王萌、谢小苑（2008）使用的听力材料为叙述性故事和对话两种，结果发现，高语言水平被试中，视听组和听力组在叙述性故事上没有显著差异，在对话材料上，视听组显著高于听力组；低语言水平组中，视听组都显著高于听力组。由此可见，对话形式的语料对被试的影响更大。但是Batty（2015）研究对话、独白、演讲三种不同类型的语料与播放形式（视频和音频）、被试能力水平三者之间的关系后发现，不同类型的语料不会因为播放形式（视频、音频）的不同而变难或变易，并且在形式和文本类型、形式和能力水平之间并没有发现交互作用。综合考虑，本文主要针对对话形式的语料进行研究，并根据前人研究中材料的使用情况，将对话分为正式对话和日常对话两类。

针对视频效用研究使用的语料来源广泛，但主要有两种，一种是选择已有的资源，如经济学公开课、旅游节目、新闻、访谈、电视剧、电影、纪录片、脱口秀、演讲等（Guichon & Mclornan，2008；杜冰，2010；邱东林、李红叶，2010；孔文等，2011；王淑琼、孔文，2012；刘乃嘉，2015）；另一种是根据自己的研究需要制作听力材料，在制作过程中，研究者首先确定听力内容，然后选择场景进行录制。

大部分研究者采用现有资源，尽可能地还原真实画面和场景。但是采用已有的视频资源进行研究时，不同的视频语料来源不一、画质音质不统一、人物角色复杂多变等各种因素很容易给听者造成干扰。特别是将视频和相应的音频材料进行对比研究时，同样的听力材料，音频组很难区分出说话人，这样的语料对视频组具有很大的偏向性。例如，侯磊（2013）在研究中使用的对话、新闻、演讲三个视频为已有视频资源：对话视频中有六个朋友，三男三女，在讨论去派对的事情；新闻视频讨论的是伊朗难民问题，整个视频将伊拉克作为呈现背景，说话人并没有在视频文本中出现，只有他报告的声音，记者采访这两个人，询问一些和视频文本主题有关的问题；演讲视频中，一个英语母语者站在蓝色背景前报告关于女性健康的调查。从视频语料中我们不难发现以下问题：第一，对话视频中讨论的内容比较日常，而新闻、演讲中的内容比较正式；第二，对话为六人对话，新闻为三人对话，这对只接受音频材料的被试组来说，说话人之间转换太多会给听者造成困惑，从而影响音频组的听力理解；而演讲为单人独白，互动性不强。

有研究者根据自己的研究目的录制相应的视频语料，能够很好地控制音质、画质、人物关系等因素。例如，Wagner（2010）所使用的演讲和对话共 8 个视频是专门为研究设计和制作的，其中演讲都是同一个男性演讲者站在白色背景前，描述或解释一个主题，其目的就像为了教学而向学生做的演讲；四个对话中有两名演员，包括演讲中的一名男性演员和一名以英语为母语的人，谈论的是课堂上发生的事情，演员在每个场景的桌子前就座，目的是为四种不同的视频文本提供大学教室、自习室或休息室的背景。Batty（2015）研究中的独白、对话、演讲是按照已有材料进行录制的，材料的形式和话剧、电视广播很相似，但在录制过程中会尽量使用更贴近自然的语言。其中独白是一人通过电话向对方解释一些事情；对话有两个人物，一男一女，非正式地谈论一个话题；演讲为一个人物用学术语言解释学术话题。他在研究中还指出，要注意交际效果更明显的互动性对话。从研究者自己编制的语料中也可以看出：第一，演讲、学术话题等较为正式，而打电话、谈论上课的事情或其他语料在生活中较为日常；第二，采用根据需求特别制作的视频在研究过程中具有很好的可控性，特别是在人物数量和性别的控制上，能够保证听力材料对视频组和音频组被试来说都是公平的。

因此，本研究中视频组和音频组的听力语料均采用一男一女对话形式，问题由另一位录音员完成。另外，选用正式对话和日常对话两种类型的语料进行研究。为保证语料的统一性，我们根据研究需要，在特定的环境中自行录制。

## 2.5 小结

本节对多模态、多媒体概念进行了界定，指出用两种或两种以上感官进行互动的叫“多模态”；并且阐述了多模态呈现方式研究的三个理论基础，即双重编码理论、认知负荷理论和多媒体学习的认知理论。同时，梳理了国内外对于多模态呈现方式，特别是视频呈现形式的研究，明确了多模态研究的语言水平和语料类型两个影响因素。综合分析之后，笔者认为国内外有关多模态呈现形式的研究可以总结如下：

（1）国外对于多模态呈现形式的研究范围较广，不仅涉及第二语言阅读、听力、写作等方面，而且还涉及英语、法语等语言。同时，针对多模态的静态图片和动态视频两种呈现方式都有研究。在国内，关于多模态的研究主要集中在英语作为第二语言方面，而汉语作为第二语言中对多模态呈现方式的研究较少。

（2）多模态呈现形式的研究集中在音频和视频两种材料的对比上，即视频能否显著提高学习者的听力理解表现。研究结果主要有三种：一是视频能促进听力理解表现，二是视频会阻碍听力理解表现，三是视频对听力理解表现没有影响。因此本文将关注点主要放在视频对听力理解的影响上，探究视频的作用。

（3）听力理解中使用的语言材料对研究结果非常重要。在前人研究中，使用的语言材料来源广泛，内容、形式没有一定的规范和统一标准，从而影响了研究结果。究竟正式对话和日常对话哪种语言材料更有利于视频呈现形式，还有待进一步研究。

（4）有研究发现，对不同语言水平的人来说，视频呈现形式的影响存在差异，视频呈现形式更有利于语言水平较低的人。虽然这一研究结果主要针对英语作为第二语言的听力理解方面，但是对于汉语作为第二语言的学习者来说，语言水平因素也是影响研究的重要因素。

## 三　实验研究

### 3.1　研究设计

本研究采用 2（被试水平）×2（语料类型）×2（呈现方式）的混合实验设计，研究语料及视频、音频呈现方式对中高级汉语学习者听力理解表现的影响。语言水平为被试间变量，分为中级和高级两个水平；呈现方式为被试间因素，包括音频、视频两个水平；语料类型为被试内变量，包括正式对话和日常对话两个水平。

研究中的被试按照年级和学习汉语时长分为中级和高级两个水平，听力语料中正式对话和日常对话各 4 个，根据听力材料进行题目命制，每个材料后有 5 道题目，其中细节题和推断题各 2 个、主旨题 1 个。听力测试试卷分为音频和视频两个版本，所有被试随机参加其中一种测验，音频组为控制组，视频组为实验组。

### 3.2 预实验

先将音频、视频听力测试试卷请朋友或者同事做一遍，检查指导语是否清楚、试题的语言是否可以接受、答案是否唯一，根据建议修改错误。然后对 15 名中国大学本科三、四年级留学生进行试测，分析题目质量，对难度、区分度不高的题目进行修改。同时，检查考试操作程序是否合理、被试完成测验需要多长时间、指导语是否明确、答案是否明确等，以保证正式施测能够顺利进行。

预实验共有 15 人参加，其中 6 人参加视频测验，9 人参加音频测验。本次试卷 40 题的数据分析结果显示，试卷的信度为 0.821，信度较好。根据每个试题的区分度、难度对区分度过低的题目进行修改、调整。

### 3.3 被试

参加本研究正式测试的被试共 110 人，为中高级汉语水平的留学生。其中 2 人未按要求答题，重复播放听力材料，2 人由于做题时过于紧张，前 2 个听力材料全部答错，因此有效被试数量为 106 人。被试主要来自北京语言大学、清华大学、首都师范大学和北京大学。根据留学生在中国大学的年级情况，以及学习汉语时间的长短，将大学本科三年级学生且学习时间在 4 年以下的定义为中级水平，把三年级以上且学习时间在 4 年以上的学生（包括大学四年级及研究生一、二年级）定义为高级水平。中级水平被试共 50 人，其中男生 24 人，女生 26 人；高级水平被试共 56 人，其中男生 14 人，女生 42 人。两个水平被试的分布情况分别见表 1、表 2。

**表 1　中级水平被试分布情况**

| 国家 | 人数 | 比例 |
|---|---|---|
| 吉尔吉斯斯坦 | 2 | 4% |
| 尼泊尔 | 16 | 32% |
| 巴基斯坦 | 4 | 8% |
| 俄罗斯 | 1 | 2% |
| 韩国 | 4 | 8% |
| 马来西亚 | 10 | 20% |
| 孟加拉国 | 6 | 12% |
| 日本 | 4 | 8% |
| 泰国 | 3 | 6% |
| 总计 | 50 | 100% |

**表 2　高级水平被试分布情况**

| 国家 | 人数 | 比例 | 国家 | 人数 | 比例 |
|---|---|---|---|---|---|
| 埃及 | 1 | 1.79% | 尼泊尔 | 1 | 1.79% |
| 巴基斯坦 | 5 | 8.93% | 日本 | 5 | 8.93% |
| 朝鲜 | 1 | 1.79% | 塔吉克斯坦 | 1 | 1.79% |
| 俄罗斯 | 1 | 1.79% | 泰国 | 5 | 8.93% |
| 韩国 | 13 | 23.21% | 土耳其 | 1 | 1.79% |
| 吉尔吉斯斯坦 | 2 | 3.57% | 土库曼斯坦 | 1 | 1.79% |
| 马来西亚 | 10 | 17.86% | 印度尼西亚 | 4 | 7.14% |
| 孟加拉国 | 1 | 1.79% | 越南 | 2 | 3.57% |
| 秘鲁 | 1 | 1.79% | 智利 | 1 | 1.79% |
| 总计 | 56 | | | 100% | |

所有被试都随机参加音频和视频两种不同呈现形式的听力测试，其中音频组为控制组，视频组为实验组。表 3 是控制组和实验组的人数情况。

**表 3　控制组和实验组人数情况**

| 控制组（音频组） | | 实验组（视频组） | |
|---|---|---|---|
| 中级 | 高级 | 中级 | 高级 |
| 28 | 26 | 22 | 30 |
| 54 | | 52 | |

## 3.4　测量工具

听力理解测试采用自编中高级听力测试试卷（见附录 1 和附录 2），分为视频和音频两个版本。二者听力材料内容、测试题目均相同，不同之处在于音频版本无法看到相应的视频图像，只能听到音频。

### 3.4.1　听力材料

本研究中的听力材料共 8 段对话，每段对话都在 2 分钟以内。其中 2

份材料选自实用汉语水平认定考试（中高级），即 C. TEST【A-D 级】中的 J08AD03 和 J07AD01 听力部分，其他 6 份材料为网络采访或讨论。由于材料来源不一，为保证质量，对听力材料进行统一录制。

视频组的听力材料共 8 个视频，包括内容视频和情境视频各 4 个，每个片段时长在 2 分钟以内。音频组的 8 个音频材料与视频组相同，但仅保留视频听力材料的音频形式。内容视频、情景视频、音频之间的区别主要在于是否存在说话场景、说话人、说话人表情，以及与说话内容密切相关的物品、图片、动作。内容视频中的视频画面与音频内容密切相关且同步，并且视频画面中出现音频内容提到的物品、动作、图片等大量信息；情景视频只出现说话人、场景等信息，视频画面与音频内容并不相关或关联程度不高。具体见表 4：

**表 4　音频、情景视频、内容视频的区别**

| 形式 | 场景 | 说话人 | 表情 | 物品 | 动作 | 图片 |
| --- | --- | --- | --- | --- | --- | --- |
| 音频 | × | × | × | × | × | × |
| 情景视频 | ✓ | ✓ | ✓ | × | × | × |
| 内容视频 | ✓ | ✓ | ✓ | ✓ | ✓ | ✓ |

视频录制均采用一男一女对话的形式，语速正常。听力语料的语速参照《汉语水平等级标准与语法等级大纲》（1996）对中高级水平汉语学习者的要求，在实际会话、谈话材料中，正常语速为每分钟 180—220 字。

每个听力材料后有 5 个问题，问题由第三人提出，三位录音员普通话均达到一级乙等。视频录制在专业录音室中进行，具有很好的隔音效果，能够保证录音质量。情景视频在录制过程中会呈现说话人、说话场景、说话人的表情，内容视频在录制过程中除呈现说话人、说话场景以及说话人的表情以外，还会出现物品、图片、说话人的动作等与谈话内容密切相关的信息（具体见表 5）。为了保证说话人面部表情能在视频中清晰呈现，视频录制时只录两个说话人上半身，并且视频画面主视角为话语内容较多的一方，另外一人只录侧面。如果对话双方话语内容较为平均，视频画面中二者所占屏幕比例则大致相同。在视频材料的后期制作过程中，情景视频不做较大改动，内容视频中会加上与视频内容密切相关的图片。为避免文字对听力的影响，所有视频材料中均不含中文字幕。

**表 5　内容视频中与对话内容相关的信息**

| 话题 | | 物品 | | 动作 | | 图片 | |
|---|---|---|---|---|---|---|---|
| | | 关键词 | | 关键词 | 句子 | 关键词 | 句子 |
| | | 主题关键词 | 细节关键词 | 细节关键词 | | 细节关键词 | |
| 学钢琴 | 对话内容 | “钢琴” | “纸键盘” | “头发” | “弹一个音” | 美国、孔祥东、郎朗、音乐、穷 | |
| | 视频呈现 | 电子钢琴 | 自制纸键盘 | 指头发 | 做弹钢琴动作 | 相关图片 | |
| 拼车 | 对话内容 | | “网上” | | “这不如意算盘白打了吗?” | 洗车、油价、拼车族、捧车族、维修费 | 油价涨得太快了 |
| | 视频呈现 | | 用手机给对方看 | | 说话人摊手 | 相关图片 | 相关图片 |
| 手机 | 对话内容 | “手机” | | “视力”“脊柱” | “一直低着头玩儿游戏”“你能别玩儿游戏了吗?” | 低头族、旅游观光、艺术体验、游戏软件、脊柱 | |
| | 视频呈现 | 手机 | | 用手指眼睛、后背 | 男士玩儿手机，女士制止 | 相关图片 | |
| 时尚 | 对话内容 | | “杂志”“花瓶” | | | 时尚、名牌、奢侈首饰、“马拉松” | |
| | 视频呈现 | | 时尚杂志、花瓶 | | | 相关图片 | |

### 3.4.2 听力测试试卷

听力测试试卷根据 8 个听力材料内容出题，每个听力材料后有 5 道选择题，共计 40 题。题目类型包括主旨题、细节题、推断题等。每个题目结束后，被试有 10—15 秒时间作答。其中，视频组试卷中访谈和日常对话两种语料类型的内容视频和情景视频话题相同或相近，从而保证了两者的可比性。将视频和音频两种听力材料以及编制好的试题录入"考试星"在线考试平台，组成两种不同呈现形式的听力测试试卷，生成两个不同的二维码或链接。被试需使用电脑点击链接进入考试，在考试开始前，被试需填写自己的姓名、年级、性别、国籍、汉语学习时长等基本信息。音频版和视频版听力测试试卷构成情况见表 6。

**表 6 音频版、视频版试卷构成情况**

| 名称 | 主题 | 语料类型 | 音频版 | 视频版 |
|---|---|---|---|---|
| 听力一 | 拼车 | 日常对话 | 音频 | 内容视频 |
| 听力二 | 学古筝 | 正式对话 | 音频 | 情景视频 |
| 听力三 | 手机 | 日常对话 | 音频 | 内容视频 |
| 听力四 | 流行时尚 | 正式对话 | 音频 | 情景视频 |
| 听力五 | 租车 | 日常对话 | 音频 | 情景视频 |
| 听力六 | 学钢琴 | 正式对话 | 音频 | 内容视频 |
| 听力七 | 网络 | 日常对话 | 音频 | 情景视频 |
| 听力八 | 时尚 | 正式对话 | 音频 | 内容视频 |

## 3.5 实验过程

正式测试在实验室中进行，采用考试星在线考试系统，申请两个账号分别进行音频、视频题目的录入。在试卷录入结束后，设定考试时长为 30 分钟，考生登录信息中必须填写姓名、性别、国家、学校、年级、学习汉语时长等字段。组卷结束后分别生成音频、视频考试链接，组卷人对两份试卷进行调试，选择最合适的考试模式。调试结束后将考试链接复制到所有实验使用的电脑上，对网速、浏览器、网址等进行测试，减少被试考试时出现突发情况的可能。

在考试开始前，研究人员提前打开测试所用电脑，在电脑上随机打开视频或者音频链接，准备好鼠标、耳机，调整好音量。每个被试进入实验室后随机做音频或视频听力测验中的一种，音频组被试为控制组，视频组被试为实验组。每名被试在考试开始前都会听到详细的考试说明，了解考试过程中的重要注意事项，确保对考试没有疑问。听力测试共 40 题，每题 1 分，满分 40 分，考生在做完听力测试后，点击“提交”按钮即可看到考试分数以及正确率。在测试结束后，研究人员随机对被试进行访谈，了解考生对于本次听力测试试题难度的反馈以及被试对视频听力的看法。测试结束后，从考试星在线考试平台导出两种测试的考生作答反应以及考生信息，然后进行分析。

## 四　研究结果

### 4.1　题目质量分析

#### 4.1.1　信度分析

对于任何一个测验来说，信度指标是测验质量评估非常重要的指标之一。其中，内部一致性信度是指同一测验里的各个题目或各部分题目是否测了同一个东西，即项目的同质性。α 系数在测验内部一致性信度的估计中应用最广泛，并且一般被认为是对信度系数估计的下限，即最为严格的标准（王佶旻，2011）。对本次自编听力测验的内部一致性信度分析结果见表 7。本次听力测试的内部一致性信度达到 0.81，信度良好，测试数据具有可信度。

表 7　试卷信度

| Cronbach's alpha | 基于标准化项的 Cronbach's alpha | 项目数 |
|---|---|---|
| .810 | .824 | 40 |

4.1.2　难度、区分度分析

题目的难度、区分度是题目性能的重要指标。当题目采用二项评分（0/1 评分）时，题目的难度就是被试答对这个题的概率。计算题目区分度的一个重要方法是相关法，即计算题目分数与测验总分数之间的相关性来作为题目区分度的指标。一般的标准是，点双列相关大于 0.2、双列相关大于 0.3 的题目才是区分度好的题目（王佶旻，2011）。本研究所用听力测试试卷中每个题目的难度、区分度情况见附录 3。本次听力测试 40 道题目点双列相关大都在 0.2 以上，区分度较高。但是，第 16 题和第 39 题在 0.1—0.2 之间，第 14 题小于 0.1，这三道题区分度较差。视频、音频听力测试的平均难度均在 0.7 左右，题目难度较为适中。总体来说，题目质量良好。

## 4.2　多元方差分析

本实验采用 2×2×2 的混合实验设计，其中听力语料呈现方式为被试间因素，分为视频、音频两个水平；语料类型为被试内因素，分为正式对话、日常对话两个水平；语言水平为被试间因素，分为中级、高级两个水平。

4.2.1　描述性统计结果

实验数据的描述性统计结果见表 8。

表 8　描述性统计结果

| 对话类型 | 呈现形式 | 水平 | 均值 | 标准偏差 | N |
|---|---|---|---|---|---|
| 日常对话 | 视频 | 中级 | 15.0455 | 2.73387 | 22 |
| | | 高级 | 16.0000 | 2.49136 | 30 |
| | | 总计 | 15.5962 | 2.61414 | 52 |

续表

| 对话类型 | 呈现形式 | 水平 | 均值 | 标准偏差 | N |
|---|---|---|---|---|---|
| 日常对话 | 音频 | 中级 | 13.4643 | 2.82164 | 28 |
| | | 高级 | 15.1923 | 2.77156 | 26 |
| | | 总计 | 14.2963 | 2.90497 | 54 |
| | 合计 | 中级 | 14.1600 | 2.86684 | 50 |
| | | 高级 | 15.6250 | 2.63240 | 56 |
| | | 总计 | 14.9340 | 2.82933 | 106 |
| 正式对话 | 视频 | 中级 | 14.0909 | 2.59870 | 22 |
| | | 高级 | 15.4667 | 2.63574 | 30 |
| | | 总计 | 14.8846 | 2.68368 | 52 |
| | 音频 | 中级 | 12.1786 | 3.23240 | 28 |
| | | 高级 | 14.1154 | 2.77600 | 26 |
| | | 总计 | 13.1111 | 3.14832 | 54 |
| | 合计 | 中级 | 13.0200 | 3.09371 | 50 |
| | | 高级 | 14.8393 | 2.76193 | 56 |
| | | 总计 | 13.9811 | 3.04875 | 106 |

由表 8 可以看出，被试在日常对话和正式对话上的得分分别为 14.93 和 13.98，标准差分别为 2.83 和 3.05；日常对话比正式对话得分略高，但是标准差之间的差别较小。在日常对话中，视频组被试平均得分为 15.60，标准差为 2.61；音频组被试平均得分为 14.30，标准差为 2.90。视频组比音频组平均分略高，但标准差基本一致。在正式对话中，视频组被试平均得分为 14.88，标准差为 2.68；音频组被试平均得分为 13.11，标准差为 3.15。视频组平均分略高于音频组，但标准差较小。总体看来，在日常对话和正式对话两种类型的语料中，视频组平均分均高于音频组平均分。

### 4.2.2 Box's 多元方差齐性检验

Box's 多元方差齐性检验结果见表 9。检验结果表明，数据满足方差齐性的假设，P=0.982>0.05。

**表 9 Box's 多元方差齐性检验结果 [a]**

| | |
|---|---|
| Box 的 M | 2.557 |
| F | .274 |
| df1 | 9 |
| df2 | 95907.023 |
| Sig. | .982 |
| 检验零假设，即观测到的因变量的协方差矩阵在所有组中均相等。 | |
| a. 设计：截距 + 呈现形式 + 水平 + 呈现形式 * 水平<br>主体内设计：语料类型 | |

### 4.2.3 被试内变量多元方差分析

被试内变量"语料类型"的多元方差分析结果见表 10。检验结果表明，语料类型的主效应极显著（P=0.000，P<0.01），说明日常对话和正式对话两种类型的语料之间存在显著差异。结合表 9 两种类型语料的平均数和标准差，发现被试在日常对话上的表现显著优于在正式对话中的表现。语料类型和呈现形式的交互效应不显著（P=0.355，P>0.05），说明音频、视频呈现形式的效果不受语料类型的影响。语料类型和语言水平（P=0.505，P>0.05）之间的交互作用不显著，说明语料类型和语言水平之间并不相互影响；语料类型、呈现形式和语言水平三者之间的交互效应不显著（P=0.822，P>0.05），说明语料类型、呈现形式、语言水平三者之间并不相互影响。

表 10 被试内变量“语料类型”的多元方差分析结果 [a]

| 效应 | | 值 | F | 假设 df | 误差 df | Sig. | 偏 Eta 方 | 非中心参数 | 观测到的幂 [c] |
|---|---|---|---|---|---|---|---|---|---|
| 语料类型 | Pillai 的跟踪 | .141 | 16.758[b] | 1.000 | 102.000 | .000 | .141 | 16.758 | .982 |
| | Wilks 的 Lambda | .859 | 16.758[b] | 1.000 | 102.000 | .000 | .141 | 16.758 | .982 |
| | Hotelling 的跟踪 | .164 | 16.758[b] | 1.000 | 102.000 | .000 | .141 | 16.758 | .982 |
| | Roy 的最大根 | .164 | 16.758[b] | 1.000 | 102.000 | .000 | .141 | 16.758 | .982 |
| 语料类型 * 呈现形式 | Pillai 的跟踪 | .008 | .865[b] | 1.000 | 102.000 | .355 | .008 | .865 | .151 |
| | Wilks 的 Lambda | .992 | .865[b] | 1.000 | 102.000 | .355 | .008 | .865 | .151 |
| | Hotelling 的跟踪 | .008 | .865[b] | 1.000 | 102.000 | .355 | .008 | .865 | .151 |
| | Roy 的最大根 | .008 | .865[b] | 1.000 | 102.000 | .355 | .008 | .865 | .151 |
| 语料类型 * 水平 | Pillai 的跟踪 | .004 | .449[b] | 1.000 | 102.000 | .505 | .004 | .449 | .102 |
| | Wilks 的 Lambda | .996 | .449[b] | 1.000 | 102.000 | .505 | .004 | .449 | .102 |
| | Hotelling 的跟踪 | .004 | .449[b] | 1.000 | 102.000 | .505 | .004 | .449 | .102 |
| | Roy 的最大根 | .004 | .449[b] | 1.000 | 102.000 | .505 | .004 | .449 | .102 |
| 语料类型 * 呈现形式 * 水平 | Pillai 的跟踪 | .000 | .051[b] | 1.000 | 102.000 | .822 | .000 | .051 | .056 |
| | Wilks 的 Lambda | 1.000 | .051[b] | 1.000 | 102.000 | .822 | .000 | .051 | .056 |
| | Hotelling 的跟踪 | .000 | .051[b] | 1.000 | 102.000 | .822 | .000 | .051 | .056 |
| | Roy 的最大根 | .000 | .051[b] | 1.000 | 102.000 | .822 | .000 | .051 | .056 |

a. 设计：截距 + 呈现形式 + 水平 + 呈现形式 * 水平　主体内设计：语料类型

b. 精确统计量　c. 使用 alpha 的计算结果 =.05

### 4.2.4 Levene's 方差齐性检验

Levene's 方差齐性检验结果见表 11。结果表明，日常对话和正式对话方差齐性（P 值均大于 0.05）满足多元方差分析的前提。

表 11 Levene 方差齐性检验结果 [a]

| 对话类型 | F | df1 | df2 | Sig. |
|---|---|---|---|---|
| 日常对话 | .480 | 3 | 102 | .697 |
| 正式对话 | 1.587 | 3 | 102 | .197 |
| 检验零假设，即在所有组中因变量的误差方差均相等。 | | | | |
| a. 设计：截距 + 呈现形式 + 水平 + 呈现形式 * 水平　主体内设计：语料类型 | | | | |

### 4.2.5 被试间变量效应检验

被试间变量效应的检验结果见表 12。结果显示，呈现形式的主效应显著（P=0.005，P<0.01），音频和视频之间存在显著差异；语言水平的主效应显著（P=0.003，P<0.01），不同语言水平之间差异显著；呈现形式、语言水平之间的交互效应不显著（P=0.495，P>0.05）。

表 12 被试间变量效应检验结果 [a]

| 源 | III 型平方和 | df | 均方 | F | Sig. | 偏 Eta 方 | 非中心参数 | 观测到的幂 [a] |
|---|---|---|---|---|---|---|---|---|
| 截距 | 43646.400 | 1 | 43646.400 | 3513.725 | .000 | .972 | 3513.725 | 1.000 |
| 呈现形式 | 104.438 | 1 | 104.438 | 8.408 | .005 | .076 | 8.408 | .819 |
| 水平 | 117.484 | 1 | 117.484 | 9.458 | .003 | .085 | 9.458 | .861 |
| 呈现形式 * 水平 | 5.822 | 1 | 5.822 | .469 | .495 | .005 | .469 | .104 |
| 误差 | 1267.012 | 102 | 12.422 | | | | | |
| a. 使用 alpha 的计算结果 = .05 | | | | | | | | |

## 4.3 独立样本 t 检验

上述结果显示，不同的呈现方式之间存在显著差异。为探究这种差异的产生是否与视频类型、题目类型有关，我们进行了进一步的数据分析。

### 4.3.1 视频类型方面

我们分别对被试在内容视频、音频上的得分以及被试在情景视频、音频上的得分进行比较，使用SPSS进行独立样本t检验，检验结果见表13、表14。

**表13 不同类型视频及相应音频的描述性统计**

| 呈现形式 | N | 均值 | 标准差 | 均值的标准误 |
|---|---|---|---|---|
| 音频 | 54 | 13.0926 | 3.25210 | .44256 |
| 内容视频 | 52 | 15.0192 | 2.76881 | .38396 |
| 音频 | 54 | 14.3148 | 2.80716 | .38201 |
| 情景视频 | 52 | 15.4615 | 2.44518 | .33908 |

**表14 不同类型视频及相应音频的独立样本t检验**

| 方差假设 | | 方差方程的 Levene 检验 | | 均值方程的 t 检验 | | | |
|---|---|---|---|---|---|---|---|
| | | F | Sig. | t | df | Sig.(双侧) | 均值差值 |
| 内容视频和音频 | 假设方差相等 | 2.188 | .142 | -3.278 | 104 | .001 | -1.92664 |
| | 假设方差不相等 | | | -3.288 | 102.478 | .001 | -1.92664 |
| 情景视频和音频 | 假设方差相等 | 2.733 | .101 | -2.239 | 104 | .027 | -1.14672 |
| | 假设方差不相等 | | | -2.245 | 102.982 | .027 | -1.14672 |

表13为各组描述性统计结果，检验结果显示，内容视频的均值为15.02，标准差为2.77，与之对应的音频均值为13.09，标准差为3.25。由此可见，被试在内容视频上的听力理解得分均值比音频高1.93。表14中独立样本t检验结果显示，内容视频和音频之间的差异在0.01水平上显著（P=0.001，P<0.01）。情景视频的均值为15.46，标准差为2.45，与之对应的音频均值为14.31，标准差为2.81。由此可见，被试在情景视频上的听力理解得分均值比音频高1.15。独立样本t检验结果显示，情景视频和音频之间的差异在0.05水平上显著（P=0.027，P<0.05）。

上述结果显示，内容视频与相应的音频之间差异显著，而且情景视频与音频之间的差异也显著。由此可见，与音频材料相比，内容视频、情景视频材料都有利于被试的听力理解表现。

### 4.3.2 题目类型方面

本次实验使用的听力测试试卷共有 8 个片段，每段听力后有 5 道题，其中有 2 道细节题、2 道推断题及 1 道主旨题。我们使用 SPSS 进行独立样本 t 检验，分别分析在细节题、推断题、主旨题三种题目类型上，音频、视频听力理解表现之间的差异，检验结果见表 15、表 16。

**表 15 不同类型题目中视频、音频的描述性统计**

| 题目类型 | 呈现形式 | N | 均值 | 标准差 | 均值的标准误 |
|---|---|---|---|---|---|
| 细节题 | 视频 | 52 | 12.8077 | 2.20551 | .30585 |
| | 音频 | 54 | 11.4259 | 2.52984 | .34427 |
| 推断题 | 视频 | 52 | 11.9423 | 2.20884 | .30631 |
| | 音频 | 54 | 10.6481 | 2.41971 | .32928 |
| 主旨题 | 视频 | 52 | 5.7308 | 1.40189 | .19441 |
| | 音频 | 54 | 5.3333 | 1.70460 | .23197 |

**表 16 不同类型题目中视频、音频的独立样本 t 检验**

| 方差假设 | | 方差方程的 Levene 检验 | | 均值方程的 t 检验 | | | |
|---|---|---|---|---|---|---|---|
| | | F | Sig. | t | df | Sig.（双侧） | 均值差值 |
| 细节题 | 假设方差相等 | 4.170 | .044 | 2.993 | 104 | .003 | 1.38177 |
| | 假设方差不相等 | | | 3.001 | 102.999 | .003 | 1.38177 |
| 推断题 | 假设方差相等 | .466 | .496 | 2.873 | 104 | .005 | 1.29416 |
| | 假设方差不相等 | | | 2.878 | 103.709 | .005 | 1.29416 |
| 主旨题 | 假设方差相等 | .916 | .341 | 1.308 | 104 | .194 | .39744 |
| | 假设方差不相等 | | | 1.313 | 101.541 | .192 | .39744 |

检验结果显示，在细节题上，音频组和视频组被试平均得分分别为 11.43 和 12.81，标准差分别为 2.53 和 2.21，视频组比音频组高 1.38。视

频组和音频组的独立样本t检验结果显示，P=0.003，P<0.01，说明视频组和音频组在细节题上的表现存在显著差异。在推断题上，音频组和视频组被试平均得分分别为10.65和11.94，标准差分别为2.42和2.21，视频组比音频组高1.29。视频组和音频组的独立样本t检验结果显示，P=0.005，P<0.01，说明视频组和音频组在推断题上的表现存在显著差异。在主旨题上，音频组和视频组被试平均得分分别为5.33和5.73，标准差分别为1.70和1.40，视频组比音频组高0.40。视频组和音频组的独立样本t检验结果显示，P=0.194，P>0.05，说明视频组和音频组在主旨题上的表现不存在显著差异。

从分析结果可以看出，在细节题和推断题上，视频组都显著高于音频组的听力理解表现；在主旨题上，视频组略高于音频组，但不存在显著差异。因此，视频有利于学习者对细节的掌握以及对对话中隐含意义的推断，但是在对话的主要内容方面和音频没有显著差异。

由于视频有内容视频和情景视频两种类型，因此，进一步使用SPSS分析，针对细节题、推断题、主旨题等不同类型分析被试对内容视频和相应音频的听力理解表现有何差异，独立样本t检验结果见表17、表18。

**表17 不同类型题目中内容视频、音频的描述性统计**

| 题目类型 | 呈现形式 | N | 均值 | 标准差 | 均值的标准误 |
|---|---|---|---|---|---|
| 细节题 | 内容视频 | 52 | 6.4808 | 1.29085 | .17901 |
| | 音频 | 54 | 5.4630 | 1.53835 | .20934 |
| 推断题 | 内容视频 | 52 | 5.5385 | 1.63853 | .22722 |
| | 音频 | 54 | 4.8889 | 1.57416 | .21422 |
| 主旨题 | 内容视频 | 52 | 3.0000 | .79212 | .10985 |
| | 音频 | 54 | 2.7407 | .82839 | .11273 |

表 18 不同类型题目中内容视频、音频的独立样本 t 检验

| 方差假设 | | 方差方程的 Levene 检验 | | 均值方程的 t 检验 | | | |
|---|---|---|---|---|---|---|---|
| | | F | Sig. | t | df | Sig.（双侧） | 均值差值 |
| 细节题 | 假设方差相等 | 3.090 | .082 | 3.683 | 104 | .000 | 1.01781 |
| | 假设方差不相等 | | | 3.695 | 102.109 | .000 | 1.01781 |
| 推断题 | 假设方差相等 | .217 | .642 | 2.082 | 104 | .040 | .64957 |
| | 假设方差不相等 | | | 2.080 | 103.369 | .040 | .64957 |
| 主旨题 | 假设方差相等 | .791 | .376 | 1.646 | 104 | .103 | .25926 |
| | 假设方差不相等 | | | 1.647 | 103.995 | .103 | .25926 |

检验结果显示，在细节题方面，被试在内容视频上平均得分比相应音频高 1.02，独立样本 t 检验结果显示，$P=0.000$，$P<0.01$，说明被试在内容视频和相应音频细节题上的听力理解表现存在显著差异。在推断题方面，被试在内容视频上平均得分比相应音频高 0.65，独立样本 t 检验结果显示，$P=0.040$，$P<0.05$，说明被试在内容视频和相应音频推断题上的听力理解表现存在显著差异。在主旨题方面，被试在内容视频上平均得分比相应音频高 0.26，独立样本 t 检验结果显示，$P=0.103$，$P>0.05$，说明被试在内容视频和相应音频主旨题上的听力理解表现差异不显著。

从分析结果可以看出，在细节题和推断题上，被试对内容视频的听力理解表现都显著高于相应音频；在主旨题上，内容视频略高于音频组，但差异不显著。因此，内容视频更有利于学习者对细节的掌握以及对对话中隐含意义的推断，但在对话主要内容方面和音频没有显著差异。

除此之外，本文同时分析了在细节题、推断题、主旨题上被试的情景视频和相应音频听力理解表现的差异，独立样本 t 检验结果见表 19、表 20。

表 19　不同类型题目中情景视频、音频的描述性统计

| 题目类型 | 呈现形式 | N | 均值 | 标准差 | 均值的标准误 |
|---|---|---|---|---|---|
| 细节题 | 情景视频 | 52 | 6.3269 | 1.32430 | .18365 |
| | 音频 | 54 | 5.9630 | 1.41372 | .19238 |
| 推断题 | 情景视频 | 52 | 6.4038 | 1.10719 | .15354 |
| | 音频 | 54 | 5.7593 | 1.28761 | .17522 |
| 主旨题 | 情景视频 | 52 | 2.7308 | .93127 | .12914 |
| | 音频 | 54 | 2.5926 | 1.12466 | .15305 |

表 20　不同类型题目中情景视频、音频的独立样本 t 检验

| 方差假设 | | 方差方程的 Levene 检验 | | 均值方程的 t 检验 | | | |
|---|---|---|---|---|---|---|---|
| | | F | Sig. | t | df | Sig.（双侧） | 均值差值 |
| 细节题 | 假设方差相等 | .035 | .852 | 1.367 | 104 | .175 | .36396 |
| | 假设方差不相等 | | | 1.368 | 103.923 | .174 | .36396 |
| 推断题 | 假设方差相等 | 1.490 | .225 | 2.759 | 104 | .007 | .64459 |
| | 假设方差不相等 | | | 2.767 | 102.709 | .007 | .64459 |
| 主旨题 | 假设方差相等 | 2.343 | .129 | .688 | 104 | .493 | .13818 |
| | 假设方差不相等 | | | .690 | 101.741 | .492 | .13818 |

检验结果显示，在细节题方面，被试在情景视频上的平均得分比相应音频高 0.36，独立样本 t 检验结果显示，P=0.175，P>0.05，说明被试在情景视频和相应音频细节题上的听力理解表现差异不显著。在推断题方面，被试在情景视频上平均得分比相应音频高 0.64，独立样本 t 检验结果显示，P=0.007，P<0.01，说明被试在情景视频和相应音频推断题上的听力理解表现存在显著差异。在主旨题方面，被试在情景视频上的平均得分比相应音频高 0.14，独立样本 t 检验结果显示，P=0.493，P>0.05，说明被试在情景视频和相应音频主旨题上的听力理解表现差异不显著。

从分析结果可以看出，在推断题上，被试对情景视频的听力理解表现显著高于相应音频；在细节题和主旨题上，情景视频略高于音频组，但差异不显著。因此，相较于音频听力材料，情景视频有利于学习者对对话中隐含意义的推断，但是在对话细节以及主要内容上和音频没有显著差异。

总体来说，视频有利于学习者对细节的掌握以及对对话中隐含意义的推断，但是在对话的主要内容方面和音频没有显著差异；内容视频有利于学习者对细节的掌握以及对对话中隐含意义的推断，但在对话主要内容方面和音频没有显著差异；情景视频有利于学习者对对话中隐含意义的推断，但是在对话细节以及主要内容上和音频没有显著差异。

# 五　综合讨论

本研究的实验发现，中高级汉语学习者在视频和音频两种呈现形式下的听力理解表现存在显著差异，视频呈现方式下听力理解表现更好，并且被试的水平、语料类型不会影响被试在两种呈现方式中的表现。本研究使用的视频包括内容视频和情景视频两类，内容视频与相应的音频之间、情景视频与音频之间的差异均显著，因此，与音频材料相比，内容视频、情景视频都有利于被试的听力理解表现。

## 5.1　多模态呈现方式对听力理解表现的影响

本研究结果显示，对于中高级汉语第二语言学习者而言，听力语料呈现方式为视频时，被试在听力测验中的得分比只接受音频呈现形式的考生高，并且在统计上具有显著差异。这一研究结果与前人（Mayer & Gallini，1990；Ginther，2002；Guichon & Mclornan，2008；Wagner，2010；傅小钊，2013）相同，但与 Gruba（1993）、Coniam（2001）等人的发现不同。

根据双重编码理论，视频呈现方式能够对被试的听力理解表现产生积极作用，主要是因为被试在加工听力材料语言信息的过程中，视频提供的非语言信息为被试提供了视觉辅助，激活了被试认知系统中的非语言编码系统。语言系统和非语言系统能够同时运行，平行处理刺激信息，从而降低了语言通道的认知负荷，增强了被试对语言信息的识别和记忆。本研究中，视频材料中的非语言成分包括说话人、场景、表情、动作、相关图片等，这些信息能够为被试更好地理解音频信息提供帮助。我们在后期被试的反馈中发现，有些被试表示“图片会帮助理解”“图片有用”“更喜欢视频，因为可以看到他们的表情，更容易了解他们的情况”“图片对一些新词理解有帮助”“里面有图片很有帮助，比如首饰和品牌的图片”。另外，视频还会引起学习者的兴趣，增强好奇心，集中注意力。有被试表示，视频会让自己“有好奇心，比较好奇他们在说什么，只听的话会走神”“视频中的图片对注意力有帮助”“视频更像看电视剧一样，更喜欢视频”。除此之外，实验结果可能会受到被试主观态度的影响，特别是与被试对视频类材料的喜好有关。比如，喜欢视频的被试在日常生活中比较爱看中国综艺节目、电影、电视剧等。

#### 5.1.1 呈现方式效用在视频类型方面的差异

本研究中有两种类型的视频，即内容视频和情景视频。在情景视频中，被试可以看到说话人、说话场景以及说话人的表情，内容视频中还会出现与音频内容密切相关的物品、动作和图片。本研究发现，被试在内容视频、情景视频上的表现均显著优于相应的音频。

这一结果与前人有关情景视频效用的研究不一致。Ginther（2002）发现，对音频输入内容起补充作用的内容图像能提高受试者在听力测试中的表现，而仅提供情景与参与者的语境图像则不能。邱东林、李红叶（2010）的研究结果表明，内容视频能显著提升整体理解水平，而场景视频的作用则不显著。本研究中被试在情景视频上的表现同样显著优于相应的音频。

产生这种差异的原因可能是汉语和英语两种语言本身的差异以及汉语

和英语两种思维方式的差异造成的。国内外研究主要针对英语作为第二语言，而本研究针对汉语作为第二语言，英语和汉语在语音、语法、词汇、篇章等各方面均有不同，从根本上说，这是汉语和英语两种思维方式的差异。英语重抽象思维，汉语重形象思维。例如，汉字起源于象形文字，直接从原始图画发展而来，从最初就具有直观性，其意义以字形与物象的相似为理据，是形象思维的具体体现；和英语相比，汉语词语的直观性很强，容易让人获得“视觉”直感（刘明阁，2009）。本研究中的情景视频提供了说话人、场景、人物表情等较为形象的非语言视觉信息，对汉语第二语言学习者来说，可能更容易受益。

5.1.2 呈现方式效用在题目类型方面的差异

在进行听力练习的过程中，听力课教师经常会让学生带着问题去听。此时，问题的提出和材料的呈现如何更好结合显得尤为重要。本研究中的三种题目类型参照王佶旻（2006）对阅读理解测验试题的分类，即细节题、推断题、主旨题，其中细节题是指那些询问听力材料中有关信息的问题；推断题是指听材料过程中或听完材料后，对某些词句、作者态度、听力材料中的隐含意义等做出推断的试题；主旨题是指就听力材料的主题和主要内容来提问的试题。

本研究的情景视频在制作过程中仅展现了对话双方的形象、表情以及谈话场景，这些视觉信息——特别是表情，对被试推测说话人的态度以及话语中的隐含意义具有重要作用。而内容视频中不仅可以看到说话人的形象、表情、交谈的场景，还能看到双方谈话中所涉及的物品、相关图片，以及说话人的动作等信息，对被试理解谈话细节有重要作用。内容视频、情景视频在对话的主要内容方面与相应的音频均没有差异，这一方面可能是由于主旨题目数量较少，并且为每段话的最后一题，题目顺序会对实验结果产生一定影响；另一方面可能是由于主要内容需要被试对谈话信息进行高度概括和总结，视频提供的信息对其辅助作用较小。

已有研究发现，内容视频更有利于提高被试整体理解水平以及在细节辨认题上的表现（邱东林、李红叶，2010；孔文等，2011；刘乃嘉，2015）；而对情景视频在不同题目上的作用则存在争议，张博（2013）发现情景视频有利于总结大意，而刘乃嘉（2015）则发现情景视频在主旨题和推断题上有阻碍作用。

本文研究结果与已有研究结果之间出现差异的原因可能有以下两点：一是所选用的听力材料来源不同。本研究的视频材料是根据研究需要专门录制的，而邱东林、李红叶（2010），孔文等（2011），刘乃嘉（2015），王淑琼、孔文（2012）所采用的视频均为网络或电视节目中的已有资源。选择的听力材料不同，实验结果也会受到影响。二是对视频类型的分类不尽相同。孔文等（2011）采用的内容视频为新闻，情景视频为讲座；刘乃嘉（2015）采用的内容视频是经济学概念介绍、旅游节目，情景视频采用的是电影、电视剧、采访等。学界对于视频类型的划分没有统一的标准，不同的划分方式可能会影响最终的实验结果，因此这一方面的研究应进一步加强。

## 5.2 被试水平对呈现方式效用的影响

本研究中的被试分为中级和高级两个水平，本文的另一个目的是研究被试水平对呈现方式效用的影响。多元方差分析结果显示，被试水平和呈现方式的主效应均显著，但是被试水平与呈现方式之间交互作用不显著。也就是说，呈现方式在两个语言水平被试上效用一致，视频呈现方式在中级和高级水平汉语学习者中均显著优于音频呈现方式，即视频呈现方式对中级和高级两个水平的汉语学习者均有利。

本研究通过对实验结果进行多元方差分析，发现视频对听力理解的影响并不会因为语言水平的差异而不同，这与 Mueller（1980）、Gruba（1993）、Coniam（2001）、Ginther（2002）、孔文等（2011）、张来亮（2013）的研究结果一致，但是与其他研究结果（周光磊、杨世登，2004；王萌、谢小苑，2008；傅小钊，2013；侯磊，2013；李琳，2015）不同。其中，李琳（2015）研究发现，视频作为录音的辅助材料更能促进初级班学生对听力材料的理解；中级班学生听力成绩中音频视频组与音频组差异并不显著，汉语字幕作为录音的辅助材料更能促进中级班学生对听力材料的理解。侯磊（2013）研究发现，听力测试中视频文本的使用对不同水平被试的表现有不同的影响：高级水平和平均水平被试在视频听力测验上的得分比音频上有所增长；并且，高级水平被试增长的程度比平均水平被试高，即视频文本对高级水平的影响大于平均水平被试。

本研究结果与其他研究结果出现这种差异可能有以下两个方面的原因：一方面是本次测试没有采用能够准确划分被试水平的前测，而是直接根据被试的年级以及学习汉语时间的长短将被试划分为中级和高级两个水平，这一划分标准不够严谨；并且高级水平被试的来源过于复杂，既包括中国大学本科汉语专业四年级学生，又包含中国大学汉语专业一、二年级研究生。另一方面，本研究将中级、高级两个水平被试作为研究对象，但其语言水平差异不够明显，后续研究最好能够针对初级和中级语言水平的学生进行。

## 5.3 语料类型对呈现方式效用的影响

本研究中的语料分为“正式对话”和“日常对话”两种类型，本文的第三个目的是研究语料类型对呈现方式效用的影响。多元方差分析结果显示，语料类型和呈现方式的主效应均显著，但是二者之间的交互作用不显著，即呈现方式在两种类型的语料上效用一致，视频呈现方式在正式对话和日常对话两种类型的语料上均显著优于音频呈现形式，视频呈现形式对正式对话和日常对话均有利。

本研究通过对实验结果进行多元方差分析，发现在呈现形式和语料类型之间没有显著的交互效应，视频对听力理解的影响并不会因为语料类型的差异而不同。这一结果与 Wagner（2010）的研究不同。Wagner 发现，视频观看率会因测试任务和语料类型的不同而有很大差异，测试者在对话中观看视频屏幕的比例明显高于演讲。但是，我们的研究与 Batty（2015）针对对话、独白、演讲三种不同语料类型进行的研究结果一致，他在形式和语料类型、形式和能力水平之间并没有发现交互作用。出现这种情况的原因可能是因为正式对话和日常对话都是对话形式，对话本身的差异和互动性对于被试可能并不明显。在以后的研究中，对于语料的分类应更加规范、明确，可以将语料分为对话、独白等特征差异更为明显的材料进行研究。

## 5.4 本研究对教学和测验的启示

视频在汉语作为第二语言听力教学中的应用已经较为普遍，在教学过程中，对于哪种水平的被试更适合采用哪种语料及呈现形式仍不确定。本研究结果发现，对于中级和高级两个水平的汉语学习者，日常对话和正式对话两种类型的语料采用视频形式有利于提高学习者的听力理解表现。因此，在针对中高级汉语水平学习者的听力教学中，可以多选用视频材料进行练习，教师也可以为学生提供视频资源进行自学。

本文研究结果对汉语第二语言听力教学有一定的借鉴作用。郑艳群（2008）提出在听力教学中，可以采用先视后听、先听后视、视听同步等方式，还可以开展不同层次、不同目的和循环渐进式的听力教学，从而突破“听—讲—练”这种单一的、一步到位的听力训练模式。在此基础上，结合本文的研究结果，针对不同视频材料在听力课堂中的使用，我们提出“先视频，后音频”的听力训练模式。在听力课上使用视频材料时，也可根据视频材料类型，对“先视频，后音频”的听力训练模式进行调整。对于内容视频材料，听力老师可以将视频材料播放两遍，第一遍播放视频，检验学生对于听力材料细节的把握，以及对视频观点、态度以及材料中词句、隐含意义等信息的推测；第二遍将视频窗口隐藏后播放，学生只能听到音频，以此检验学生对于视频主要内容的掌握，避免过量的视觉信息分散学生注意力，增加学生的外在负荷，导致学生只关注视频中的画面信息，忽略音频主要内容。对于情景视频材料，听力老师也可将视频材料播放两遍，第一遍播放视频，检验学生对视频观点、态度以及重点词句、隐含意义等信息的推测；第二遍播放音频材料，检验学生对于视频细节和主要内容的把握。

本次实验采用网考形式进行，与传统的纸笔形式有很大差异，因此在测试后随机对参加视频测验的被试进行了访谈。结果发现，大部分被试没有参加过网考，不喜欢网上答题，主要因为纸笔测验能够做笔记，所以他们比较习惯传统的听力测试模式；也有部分被试表示网考更方便操作。对于听力测试中使用视频形式，大多数被试持否定态度，认为听力考试只要能听、有录音就可以了，不需要看。因此，在听力测试中是否使用视频还有待进一步深入研究。

## 六 结 论

通过多元方差分析呈现方式、语料类型、被试水平对汉语学习者听力理解表现的影响，可以得出以下结论：

音频、视频两种不同的呈现方式对中高级汉语学习者听力理解来说有不同的作用，视频能够显著提高学习者的听力理解表现。并且，对于不同类型的视频来说，内容视频和情景视频与相应的音频之间都存在显著差异。

听力语料的类型以及被试的语言水平虽然主效应显著，但是二者与呈现方式之间的交互作用不显著，音频、视频呈现方式对听力理解的影响不受语言水平和语料类型的影响。

内容视频和情景视频以及相应的音频在不同类型的问题上有不同的表现：内容视频在细节题和推断题上显著优于相应音频，情景视频仅在推断题上显著优于相应音频；在主旨题上，内容视频、情景视频与相应的音频之间不存在显著差异。基于此，本研究提出“先视频，后音频”的视频听力教学模式。

## 七 局限与展望

本研究还存在很多不够完善的地方，有待进一步提高：

首先，在实验设计上虽然对视频进行了分类，但是没有将其作为主要变量进行研究分析。在以后的研究中，如果条件允许，可以将视频类型作为组间变量进行研究，实验分成音频组、内容视频组、情景视频组三个平行组进行。

其次，在被试水平的划分上采用年级和学习时长的方式，不够严谨。在正式实验开始前应实施前测，对被试的水平进行科学划分，从而保证后期实验的科学性和精确性。

再次，由于实验条件限制，实验难以做到在同一时间、同一条件下进行，只能在实验室条件下进行单人实验或多人同时实验，被试做题时的外在环境不一致，其表现也会受到一定程度的影响。

最后，实验采用网考形式，所有试题均在电脑上进行。网考作为一种新型考试方式还没有得到普及，虽然有例题作为示范，但是对电脑的熟悉程度和对网考的主观态度等因素仍然有可能影响实验结果。除此之外，网速、系统等不确定因素作为外在条件也会影响被试的表现。

## :: 参考文献 ::

成晓光（2003）双重代码理论与英语阅读，《外语与外语教学》第3期。
北京语言大学汉语水平考试中心（2008）《C. TEST实用汉语水平认定考试

2007 年真题集》，北京：北京语言大学出版社。

北京语言大学汉语水平考试中心（2009）《C. TEST 实用汉语水平认定考试 2008 年真题集》，北京：北京语言大学出版社。

陈瑜之（2012）视频和字幕对第二语言听力理解的影响，江南大学硕士学位论文。

杜　冰（2010）CALL 环境下情境性视频对英语听力理解的效用性研究，江南大学硕士学位论文。

傅小钊（2013）附加视频材料对于外语学习中听力理解的作用，西安外国语大学硕士学位论文。

国家对外汉语教学领导小组办公室汉语水平考试部（1996）《汉语水平等级标准与语法等级大纲》，北京：高等教育出版社。

何云欢（2017）有关双重编码理论国际研究综述，《今传媒》第 6 期。

侯　磊（2013）视频材料对于中国二语学生听力测试表现的影响，山西大学硕士学位论文。

孔　文、王淑琼、周　芸、陈艳艳（2011）视频信息对 EFL 听力理解影响的实证研究，《外语电化教学》第 5 期。

李菊先、王树锋（2003）《秦淮人家：中高级汉语视听说教程》（上、下），北京：北京语言大学出版社。

李　琳（2015）多模态材料对汉语学习者听力理解的影响，安徽大学硕士学位论文。

理查德·E. 迈耶（2006）《多媒体学习》，牛勇、邱香译，北京：商务印书馆。

刘立新、邓　方（2009）《汉语视听说教程：家有儿女 1（双色版）》，北京：世界图书出版公司。

刘明阁（2009）《跨文化交际中汉英语言文化比较研究》，开封：河南大学出版社。

刘乃嘉（2015）不同类型视频视觉线索对英语听力理解的认知效用性研究，

江南大学硕士学位论文。
刘月华、刘宪民、李金玉（2006）《走进中国百姓生活：中高级汉语视听说教程》，北京：世界图书出版公司。
吕美嘉（2005）视频辅助功能对英语听力课堂学生焦虑感的影响，《长春师范学院学报》第10期。
马冬梅（2010）可视材料在英语听力测试中的应用，《长江大学学报（社会科学版）》第3期。
莫锦国（2011）《外语 E-learning——理论与实践》，上海：上海外语教育出版社。
宁雅南（2017）《微时代背景下外语教学整合研究》，北京：光明日报出版社。
潘之欣（2007）《交际性听力理解考试的开发——全国大学英语四、六级考试听力理解部分改革探索》，上海：上海交通大学出版社。
邱东林、李红叶（2010）多种输入模式对听力理解和词汇记忆的影响，《外语界》第1期。
石小川、闫　岩（2016）汉语语境下双重编码理论适用性检验，《国际新闻界》第10期。
孙庆祥、肖　英、梁正溜、李　樯、贾若君（2015）视频在听力测试中认知度和接受度的实证研究，《复旦外国语言文学论丛》第1期。
唐剑岚、周　莹（2008）认知负荷理论及其研究的进展与思考，《广西师范大学学报（哲学社会科学版）》第2期。
王　皓（2016）论视频材料辅助大学英语听力教学的理论依据，《考试与评价（大学英语教研版）》第3期。
王佶旻（2006）HSK[基础]阅读理解难度的影响因素研究，《云南师范大学学报》第3期。
王佶旻（2011）《语言测试概论》，北京：北京语言大学出版社。
王　萌、谢小苑（2008）视听材料对听力理解和词汇习得的影响，《外语电化教学》第 2 期。
王淑琼、孔 文（2012）基于多媒体测试的学习者心理认知研究，《外语测试与教学》第 2 期。
武雁飞（2013）基于双重编码理论的多媒体图文教学模式，《黑龙江教育学院学报》第 9 期。
杨战礼主编（2014）《英语教师课堂用语》，长春：东北师范大学出版社。
张 斌主编（2014）《非诚勿扰——高级汉语视听说教程》（上、下），南京：南京大学出版社。
张 博（2013）视频材料类型对英语学习者听力态度的影响，《语文学刊（外语教育教学）》第 4 期。
张来亮（2013）视频辅助初级汉语听力教学初探，华中科技大学硕士学位论文。
张同柏（2012）认知负荷理论研究：问题挑战与融合超越，《外国教育研究》第 11 期。
赵国庆、黄荣怀、陆志坚（2005）知识可视化的理论与方法，《开放教育研究》第 1 期。
郑艳群（2008）媒体驱动与多元互动的汉语教学，载《第九届国际汉语教学研讨会论文选》，北京：高等教育出版社。
周光磊、杨世登（2004）视频辅助功能对英语专业学生听力理解的影响，《解放军外国语学院学报》第 3 期。
Batty, A. O. (2015) A comparison of video- and audio-mediated listening tests with many-facet Rasch modeling and differential distractor functioning. *Language Testing*, 32(1): 3-20.
Bejar, I., Douglas, D., Jamieson, J., Nissan, S. & Turner, J. (2000) *TOEFL 2000 Listening Framework: A Working Paper* (TOEFL Monograph Series MS-19). Princeton, NJ: Educational Testing Service.
Brett, P. (1997) A comparative study of the effects of the use of multimedia on

listening comprehension. *System*, 25(1): 39-53.

Buck, G. (2001) *Assessing Listening*. Cambridge: Cambridge University Press.

Coniam, D. (2001) The use of audio or video comprehension as an assessment instrument in the certification of English language teachers: A case study. *System*, 29(1):1-14.

Ginns, P. (2005) Meta-analysis of the modality effect. *Learning and Instruction*, 15(4): 313-331.

Ginther, A. (2002) Context and content visuals and performance on listening comprehension stimuli. *Language Testing*, 19(2): 133-167.

Gruba, P. (1993) A comparison study of audio and video in language testing. *JALT Journal*, 15(1): 85-88.

Gruba, P. (1997) The role of video media in listening assessment. *System*, 25(3): 335-345.

Guichon, N. & Mclornan, S. (2008) The effects of multimodality on L2 learners: Implications for CALL resource design. *System*, 36(1): 85-93.

Li, C.-H. (2012) Are they listening better? Supporting EFL college students' DVD video comprehension with advance organizers in a multimedia English course. *Journal of College Teaching & Learning (TLC)*, 9(4): 277-288.

Mayer, R. E. & Gallini, J. K. (1990) When is an illustration worth ten thousand words?. *Journal of Educational Psychology*, 82(4): 715-726.

Mayer, R. E. & Moreno, R. (1998) A split-attention effect in multimedia learning: Evidence for dual processing systems in working memory. *Journal of Educational Psychology*, 90(2): 312-320.

Moreno, R. & Mayer, R. E. (1999) Cognitive principles of multimedia learning: The role of modality and contiguity. *Journal of Educational Psychology*, 91(2): 358-368.

Mueller, G. A. (1980) Visual contextual cues and listening comprehension: An experiment. *The Modern Language Journal*, 64(3): 335-340.

Ockey, G. J. (2007) Construct implications of including still image or video in computer-based listening tests. *Language Testing*, 24(4): 517-537.

Omaggio, A. C. (1979) Pictures and second language comprehension: Do they help?. *Foreign Language Annals*, 12(2):107-116.

Rahmatian, R. & Armiun, N. (2011) The effectiveness of audio and video documents in developing listening comprehension skill in a foreign language. *International Journal of English Linguistics*, 1(1): 115-125.

Sweller, J. (1988) Cognitive load during problem solving: Effects on learning. *Cognitive Science*, 12(2): 257-285.

Sweller, J. (2005) Implications of cognitive load theory for multimedia learning. In R. E. Mayer (ed.), *The Cambridge Handbook of Multimedia Learning*. Cambridge: Cambridge University Press.

Wagner, E. (2002) Video listening tests: A pilot study. *Studies in Applied Linguistics & TESOL*, 2(1).

Wagner, E. (2008) Video listening tests: What are they measuring?. *Language Assessment Quarterly*, 5(3): 218-243.

Wagner, E. (2010) The effect of the use of video texts on ESL listening test-taker performance. *Language Testing*, 27(4): 493-513.

Wagner, E. (2013) An investigation of how the channel of input and access to test questions affect L2 listening test performance. *Language Assessment Quarterly*, 10(2): 178-195.

Wagner, M. J. (2006) Utilizing the visual channel: An investigation of the use of video texts on tests of second language listening ability. Unpublished PhD dissertation. New York: Teachers College, Columbia University.

# ∷ 附录 1：录音文本 ∷

大家好，欢迎参加本次听力理解测试。本次测试承诺，您的个人信息及考试成绩只用作研究，严格保密，请放心答题。

在本次测试中，您会听到几段对话，每段对话后，都会有五个问题，每个问题都给出了 A、B、C、D 四个备选答案，请您从中选出唯一正确的答案。答完一题后请点击“下一题”，做完所有题目后，点击“提交”，即可获得考试分数。

考试时间为 30 分钟，超过时间后自动交卷。每段录音只能播放一次，每个问题后面都有 10—15 秒的答题时间。

例如：第 9 题，你会听到如下对话：

女：你现在的公司怎么样？

男：论待遇，没说的，就是没什么名气。

女：你不是非要找个大公司吗？

男：此一时彼一时了，再说这么长时间，大家都混熟了，我也舍不得离开了。

根据这段对话会提出问题：

9. 男的现在的公司怎么样？

你会看到四个备选答案：

A 待遇好

B 名气大

C 管理严

D 人数多

根据对话，第 9 题唯一正确的答案是 A。

请大家准备好，听力理解测试正式开始。

听力一

第 1 题到第 5 题是根据下面这段对话：

男：央央，你在学习古筝的过程中，如果遇到困难，一般会怎么做？

女：我经常会告诉自己心态一定要放平。面对困难的时候，如果从山脚下望不到山顶，而不去爬这座山，那你可能就再也看不到那些宏伟的风光。肯定要在高处看下面才能领略到不一样的风景。

男：我们都知道，有时候长期练习一首曲子会特别烦，这种时候你想过放弃吗？

女：肯定是想过放弃的。每当这个时候妈妈会告诉我学音乐的一些好处，她说以后不一定靠这个有个什么作为，最重要的是对自己身心的修养。正是妈妈的坚持，让我慢慢坚持了下来。

男：那段时间，听说你的母亲经常会给你一些展示的机会。

女：是的。亲戚来家里做客的时候，我就会摆上琴，给他们弹一曲。弹完以后受亲戚的表扬，我心里就会特别高兴。我觉得我学了这个东西，真的是有用处的。这样又会引起我的兴趣再往下学。

男：除了妈妈以外，袁老师对你要求应该也很严格吧？

女：嗯。记得有一次去袁老师家，那时候练琴的状态不是特别好，也是比较不认真。袁老师听了我的曲子之后跟我说："你要是再练成这样的话，你就不要再来了。"这句话对我的触动非常大，我回去之后进步很快。真的很神奇，可能老师或者家长的一句话、一些适当的压力会帮助你，就像弹簧一样，压下去了，你才能弹得更高。

男：看来，袁老师对你影响也挺大的。

请回答下列问题：

1. 央央谈到爬山是为了说明什么？

2. 央央不想练曲子的时候，妈妈会做什么？

3. 关于央央的老师，我们知道什么？

4. 老师对央央说“不要再来了”最可能是什么意思？

5. 对话主要讨论了什么？

听力二

第 6 题到第 10 题是根据下面这段对话：

男：李兰，我前两天看见你开了一辆新车，是你买的吗？

女：不是我买的，是我从租车公司租的车。

男：你公司离家那么近，你老公又有车，怎么想起租车了？

女：我前几天租车是为了和家人一起去西藏旅游，因为我们家的车不太适合西藏道路状况。

男：你买车的时候没想到要买适合出行的车吗？

女：哎，别提了。当初就为这事儿，我还跟我老公吵了一架。那时候就不应该听他的，非要买个小轿车。现在好了，就只能在市区开开，路况复杂一点儿就开不了，出去旅游真是太不方便了。

男：买都买了，以前的事儿就不说了。你跟我说说，你们这次租车旅行体验怎么样？

女：虽然是第一次租车自驾游，但是让我再选一次的话，我还是会选择租车去。

男：因为租车比较便宜吗？

女：不是，费用算下来也不便宜，主要是方便。我记得，当时我们在路上发生了一点儿小的交通事故，我就赶紧给租车公司打电话。他们因为和保险公司合作比较多，处理起来非常快。如果是开我们自己的车，就要自己打电话给保险公司来处理，既浪费时间又浪费钱，想想都觉得很麻烦。

男：听着还挺好的。我以前每次和朋友跟团旅游都很受限制，不能自由安排出行时间。自由行的话，坐公交车什么的还要等很长时间，打车又太贵。看来我得向你学习学习了。

女：好啊！你有什么问题可以随时问我。

请回答下列问题：

6. 女士开的车是谁的？

7. 在谈到以前的买车经历时，女士是什么态度？

8. 女士认为开自己的车出行怎么样？

9. 男士以后最有可能选择哪种出行方式？

10. 对话主要讨论了什么内容？

听力三

第 11 题到第 15 题是根据下面这段对话：

女：最近，咱爸都不出去锻炼身体，每天沉迷于电脑游戏，身体素质都已经下降了。我看，这都得怪你女儿，要不是她教爷爷玩儿电脑，也不会这样。

男：你怪孩子干吗？现在就是一个“网络时代”，谁能拒绝网络诱惑？以我们办公室的小王为例，他无论做什么都离不开手机、离不开网络。吃饭的时候看微博，开会的时候偷偷聊微信，甚至连上厕所都要带着手机一起，你不得不说，现在的网络真是无处不在、无时不在了！

女：你说得对！我这样说对孩子也不公平。她应该也没想到爷爷会这么喜欢玩儿游戏，以至于都不出去锻炼了。

男：是啊！现在科技这么发达，真不知道是好还是坏。一方面吧，网络确实给我们的生活带来了很大便利；可另一方面，又给我们带来了很多麻烦。

女：我的不少同事都在为孩子网恋的事情担心不已。你想想看，网络上的信息有几个是真的？这些傻孩子别一个个都被骗了。他们以为自己在网上找到了真爱，其实是将自己的个人信息曝光在网络上，让网络骗子有机可乘，利用他们的信息做坏事。

男：现在骗子真是无处不在。我前几天还收到过信息说，我中了十万块钱，让我先把手续费给他们。这些骗子真厉害，连我的姓名、电话号码都知道。

女：我们得给家里的人打个预防针，告诉他们以后收到关于“钱”的任何信息，都不能相信！

请回答下列问题：

11. 孩子的爷爷怎么了？

12. 男士对网络有什么看法？

13. 女士说要“给家里的人打个预防针”是什么意思？

14. 说话人之间最有可能是什么关系？

15. 对话主要讨论了什么问题？

听力四

第16题到第20题是根据下面这段对话：

男：我有时候很好奇，你们女生在一起聚会的时候会讨论些什么话题呢？

女：最经常讨论的就是化妆啊，衣服鞋子啊，服装搭配啊什么的。比如，今年流行什么颜色、什么款式的衣服等等。

男：我听出来了，主要就是关于流行时尚的一些话题。你是怎么看待流行时尚的？

女：有句话说：“世界上没有完全相同的两片树叶。”人就跟树叶一样都是不同的，每个人都有自己独特的气质、长相、身材。我觉得适合自己的、能体现个人气质与风格的就是时尚的。如果说一味地随大流，人家流行穿什么自己就跟着穿什么，那只是在模仿，失去了个性，没有了自己对于时尚的思考。

男：在我身边，很多学生都在追求名牌、奢侈品。有的学生甚至花父母的血汗钱去买这些东西。你是怎么看待这个问题的？

女：我觉得追逐流行时尚无可厚非，但也要符合自己的经济能力。这些奢侈品还不是他们所能够追求的，毕竟他们还没有稳定的经济来源。

男：看来你在花钱方面还是很传统的嘛。在流行时尚方面，传统的事物是不是就是不流行的？

女：不是的。传统可以和时尚很好地结合在一起。比如，周杰伦在《青花瓷》这首歌曲中巧妙地把现代流行音乐和中国的古典乐器、诗词结合起来，很受大家欢迎。

请回答下列问题：

16. 关于女士，我们可以知道什么？

17. 女士用什么事物来说明“人都是不同的”？

18. 学生买名牌衣物，女士是什么态度？

19. 女士认为《青花瓷》这首歌怎么样？

20. 对话主要讨论了什么问题？

听力五

第 21 题到第 25 题是根据下面这段对话：

女：你母亲怎么会想到让你去学音乐的呢？

男：她自己接受过一段音乐教育和钢琴教育，后来因为各种原因，她的梦被非常粗暴地打断了，她只能希望将来孩子走这条路。其实我走得很累，要去完成母亲的梦想。

女：那你是什么时候就开始变成自发的了？自己喜欢学钢琴而且天赋得到淋漓尽致的展现？

男：喜欢是一直喜欢的，但是一直到十四岁以前，都是被动学习。尽管很想练琴，但是你要知道，每个孩子都是想玩儿的。

女：是啊，孩子就是坐不住嘛！

男：其实让孩子成为音乐家、钢琴家太辛苦了。你看我整天多辛苦，头发都变少了。十年前刚从美国回来的时候，我觉得很多家长很盲目，每个人都要成为孔祥东，要成为郎朗。我觉得这其实是不可能的事情。我看现在的年轻家长们比过去的家长看得要明白多了，艺术熏陶毫无疑问是必须的，但能不能走这条道路，要看机遇，看孩子有没有这个天赋。

女：听说原来你有过很艰苦的一段学琴的经历。

男：非常艰苦，那段时间还是很长的——两三年。因为当时我们家里没琴，家里很穷，所以我母亲就给我画了一个纸钢琴。我在这个纸键盘上面练，弹一个音，唱一个音，第二次唱错的时候我母亲会跟我一起唱。那有时候我想练真的琴怎么办呢？就是求爷爷告奶奶的，看到朋友家里、同学家里有钢琴就去借琴，借五分钟啊、十分钟啊。

女：那时候比现在的条件真是艰苦多了。

请回答下列问题：

21. 关于男士的母亲，我们可以了解什么？

22. 男的谈到自己的头发是想说明什么？

23. 男的认为，现在的家长在孩子的培养方面怎么样？

24. 根据对话，男的在买琴之前最可能怎么练琴？

25. 对话主要谈的是什么？

听力六

第 26 题到第 30 题是根据下面这段对话：

女：王壮，是你啊？好久没见了吧？

男：是有日子了。你这是来洗车？

女：是啊，给车做个美容，然后去接一个一起上班的人。油价太高，我成“拼车族”了。

男：怎么找的？打电话？

女：网上联系的，发个帖子，找搭车同行的。留下你的联系方式、路线和基本要求，就有人跟你联系，然后约好一起走就行了。

男：你的车是新车啊！怎么想起“拼车”的？

女：我当初买车，绝对没想过会让陌生人搭乘。可如今这油价涨的！反正我一个人开也是开，车上要是多几个人，还能够帮我担点儿油钱。这也是没办法啊。

男：你买车的时候就没合计一下吗？

女：当时也做了一些计划，可对油价上涨还是严重地估计不足。油价这么连续地上涨，再加上养路费、维修费、保险什么的，一个月起码得 1500 元。

男：现在好了，有人来帮你分担了。

女：哪儿有那么顺当的事啊？这不，我经过严格筛选，今天约好和我的第一个“同行伙伴”上路，都把车开来美容准备接她了。没想到这才说好的第一位同伴刚刚就来电话，说今天有事不能一起走了。这不如意算盘白打了吗？嗨，不说我这点儿烦心事了。你怎么也在这儿？也是来洗车？

男：嗨，别提了，咱俩其实是同病相怜，不过我还不如你，我今天就要加入“捧车”族了，以后把车“捧”起来闲置，不开了。

请回答下列问题：

26. 女士来这里做什么？

27. 女士是怎么联系坐车的人的？

28. 对于“拼车”，女士是什么态度？

29. 男士和女士共同的观点是什么?

30. 对话主要谈论了什么问题?

听力七

第 31 题到第 35 题是根据下面这段对话:

女：你能别玩儿手机了吗？我们大学毕业以后，好不容易见一次面，你却沉浸在手机的世界里，我看你现在都快成“低头族”了。

男：现在很多年轻人都这样，在我们国家，“低头族”之所以越来越普遍，是有原因的。

女：我看是手机游戏的吸引力太大了吧？你都快要钻到手机里去，眼睛都近视了还想着玩儿。

男：你这两年没在国内，你不知道。近几年国内发展很快，生活节奏也加快了。

女：生活节奏快了就要低头玩儿手机，这怎么说得过去?

男：快节奏的生活让很多人的业余生活越来越少，这才是中国人对手机着迷的主要原因。在我们国家，运动健身、旅游观光、艺术体验、读书学习这些“线下”活动的普及程度，与许多国家和地区存在很大差距。但是各式各样的游戏软件、视频节目、网络购物却层出不穷。

女：你说得很有道理，但是你不知道长期低头玩儿手机对我们的身体健康很有影响吗?

男：你说得有点儿严重了吧？不就是玩儿个手机嘛，能有什么危害?

女：一直低头玩儿手机不但会对我们的视力造成很大损害，而且对人的脊柱伤害也很大。除此之外，还有可能导致失眠。而且，还有的司机边开车边发微信，发生交通事故，太不安全了。

男：看来，为了自己的健康和安全考虑，我得提前预防了。不过，我的生活习惯已经养成了，真不知道应该从哪些方面着手。

请回答下列问题：

31. 说话人之间可能是什么关系？

32. 男士喜欢玩儿游戏，女士是什么态度？

33. 关于女士，哪种说法正确？

34. 男士对自己国家有什么看法？

35. 女士主要想告诉男士什么？

听力八

第 36 题到第 40 题是根据下面这段对话：

男：你今天的发型还有服装都很有个性啊！

女：是吗？谢谢你的夸奖！

男：我不太懂时尚，我同学总说我穿衣打扮太普通，不够时髦。你有什么经验可以跟我分享一下吗？我也想变得时髦一些。

女：你问我算是问对人了，你以后听我的，准没错儿。“时尚”看似比较神秘，其实只要你忙里偷闲多用心观察，你也会跟上潮流，成为时尚达人的。比如说，多看一些杂志，这有助于提高你对时尚的认识。

男：咳！你说的我都知道。其实，我有时候会想，把自己打扮得再帅气又有什么用呢？别人会觉得你只不过是一个“花瓶”罢了。所以，我一直在努力提高自己的个人素质，生怕别人说我没气质。

女：是呀！有些人认为时尚就是要另类，穿名牌衣服，戴各种奢侈的首饰。这样的人难免会有些庸俗！我们不但要追求外在美，还要培养内在美，这样才能更有气质，才是真正的时尚。

男：嗯！现在健身也成为了一种潮流。我身边很多同学都开始跑“马拉松”，我也想试试，却不料没几天就坚持不下来了。

女：你这样盲目跟风简直就是在害自己。追求时尚也应该以自己的身体情况为前提。否则，不光你会受到伤害，你的家人和同学也得替你担心呢！

男：嗯！你说得对！我得调整一下了。

请回答下列问题：

36. 男士想变得时髦，主要是为了什么？

37. 女士给男士提出了什么建议？

38. 男士不喜欢什么样的人？

39. 男的接下来最有可能会做什么？

40. 对话主要讨论了什么问题？

## ∷ 附录 2：听力试卷 ∷

1. A 要锻炼身体
   B 不要怕困难 *
   C 山顶空气好
   D 快乐最重要

2. A 陪她听音乐
   B 让她多休息
   C 给她买玩具
   D 劝她要坚持 *

3. A 他姓什么 *
   B 他的年龄
   C 他的家庭
   D 他的单位

4. A “我”最近非常忙
   B 你学得很好了
   C 你还不够努力 *
   D “我”可以去你家

5. A 学习的状态
   B 师长的影响 *
   C 热情的亲戚
   D 不同的风景

6. A 男士的
   B 女士的
   C 老公公司的
   D 租车公司的 *

7. A 非常得意
B 有点儿后悔 *
C 不好意思
D 觉得有趣
8. A 非常方便
B 费用较低
C 比较麻烦 *
D 事故较多
9. A 开车 *
B 骑车
C 步行
D 打车
10. A 如何选车
B 租车旅行 *
C 安全出行
D 跟团旅游
11. A 用坏了电脑
B 不玩儿游戏了
C 不注意身体 *
D 跟孙女吵架了
12. A 还需要普及
B 优缺点都有 *
C 网速不够快
D 资源太少了
13. A 请医生做身体检查
B 到医院给他们治病
C 让他们努力多赚钱
D 提醒他们不要上当 *
14. A 夫妻 *
B 兄妹
C 同事
D 朋友
15. A 科技带来很多便利
B 网络对生活危害大 *
C 教育孩子要有耐心
D 电脑游戏很受欢迎
16. A 对穿衣打扮感兴趣 *
B 喜欢和朋友旅行
C 非常喜欢流行音乐
D 经常花父母的钱
17. A 鲜花
B 水果
C 树叶 *
D 种子
18. A 不反对
B 不支持 *
C 保持中立
D 没有表态
19. A 不太好听
B 不太出名
C 非常成功 *
D 非常伟大

20. A 正确对待流行时尚 *
B 流行时尚影响广泛
C 老年人的流行时尚
D 流行时尚特征明显
21. A 喜欢弹钢琴 *
B 会制作钢琴
C 在事业上很成功
D 也来接受采访了
22. A 孩子们应该多玩耍
B 自己身体一直不好
C 学音乐对头发不好
D 当音乐家太辛苦了 *
23. A 比较糊涂
B 懂得道理 *
C 讲究民主
D 不够冷静
24. A 借学校的琴练
B 在爷爷家里练
C 到朋友家里练 *
D 租商店的琴练
25. A 她朋友的钢琴
B 他母亲的理想
C 她的友好提问
D 他的钢琴之路 *
26. A 修车
B 洗车 *
C 买车
D 卖车
27. A 写信
B 发短信
C 上网 *
D 打电话
28. A 不得不接受 *
B 认为能赚钱
C 一直很好奇
D 不愿意去试
29. A 对生活要有信心
B 买车、开车应注意安全
C 对朋友别太客气
D 买车、开车成本太高 *
30. A 汽车如何做保养
B 开车技术很重要
C 买车别买太贵的
D 油价上涨怎么办 *
31. A 家人
B 同事
C 父女
D 同学 *
32. A 不支持 *
B 不反对
C 保持中立
D 没有表态

33. A 再过两年就退休
B 最近两年在国外 *
C 在科技公司工作
D 请男士给她帮忙

34. A 生活成本高
B 旅游很方便
C 业余生活少 *
D 艺术家很多

35. A 要更换手机号码
B 要学会修理手机
C 要更新手机软件
D 要合理使用手机 *

36. A 参加毕业晚会
B 找到好的工作
C 和别人不一样
D 得到别人肯定 *

37. A 多逛商场
B 多与人交流
C 多看杂志 *
D 多注意形象

38. A 学习能力较差
B 只是长相好看 *
C 身体不太健康
D 只是说不去做

39. A 坚持每天跑步
B 回去照顾父母
C 改变健身方式 *
D 检查身体情况

40. A 自我保护
B 正确健身
C 时尚观念 *
D 生活习惯

## :: 附录 3：题目质量分析 ::

| 题号 | 区分度 | 难度 | 视频难度 | 音频难度 | 题号 | 区分度 | 难度 | 视频难度 | 音频难度 |
|---|---|---|---|---|---|---|---|---|---|
| 第 1 题 | .315** | 0.83 | 0.88 | 0.78 | 第 21 题 | .414** | 0.83 | 0.88 | 0.78 |
| 第 2 题 | .317** | 0.70 | 0.75 | 0.65 | 第 22 题 | .484** | 0.85 | 0.92 | 0.78 |
| 第 3 题 | .398** | 0.47 | 0.52 | 0.43 | 第 23 题 | .326** | 0.51 | 0.54 | 0.48 |
| 第 4 题 | .371** | 0.85 | 0.92 | 0.78 | 第 24 题 | .289** | 0.64 | 0.75 | 0.54 |
| 第 5 题 | .295** | 0.48 | 0.33 | 0.63 | 第 25 题 | .392** | 0.91 | 0.90 | 0.91 |

续表

| 题号 | 区分度 | 难度 | 视频难度 | 音频难度 | 题号 | 区分度 | 难度 | 视频难度 | 音频难度 |
|---|---|---|---|---|---|---|---|---|---|
| 第 6 题 | .329** | 0.98 | 0.98 | 0.98 | 第 26 题 | .322** | 0.80 | 0.81 | 0.80 |
| 第 7 题 | .453** | 0.90 | 0.92 | 0.87 | 第 27 题 | .220* | 0.68 | 0.73 | 0.63 |
| 第 8 题 | .423** | 0.70 | 0.71 | 0.69 | 第 28 题 | .287** | 0.40 | 0.38 | 0.41 |
| 第 9 题 | .322** | 0.66 | 0.73 | 0.59 | 第 29 题 | .460** | 0.72 | 0.75 | 0.69 |
| 第 10 题 | .462** | 0.78 | 0.87 | 0.70 | 第 30 题 | .400** | 0.25 | 0.33 | 0.19 |
| 第 11 题 | .336** | 0.81 | 0.85 | 0.78 | 第 31 题 | .395** | 0.74 | 0.83 | 0.65 |
| 第 12 题 | .325** | 0.92 | 0.92 | 0.93 | 第 32 题 | .337** | 0.83 | 0.85 | 0.81 |
| 第 13 题 | .457** | 0.88 | 0.90 | 0.85 | 第 33 题 | .435** | 0.78 | 0.87 | 0.70 |
| 第 14 题 | 0.031 | 0.60 | 0.60 | 0.61 | 第 34 题 | .478** | 0.69 | 0.69 | 0.69 |
| 第 15 题 | .333** | 0.83 | 0.88 | 0.78 | 第 35 题 | .426** | 0.98 | 1.00 | 0.96 |
| 第 16 题 | 0.147 | 0.98 | 0.96 | 1.00 | 第 36 题 | .419** | 0.60 | 0.71 | 0.50 |
| 第 17 题 | .299** | 0.87 | 0.88 | 0.85 | 第 37 题 | .444** | 0.85 | 0.94 | 0.76 |
| 第 18 题 | .271** | 0.38 | 0.48 | 0.28 | 第 38 题 | .258** | 0.67 | 0.77 | 0.57 |
| 第 19 题 | .512** | 0.69 | 0.71 | 0.67 | 第 39 题 | 0.128 | 0.58 | 0.60 | 0.57 |
| 第 20 题 | .415** | 0.57 | 0.65 | 0.48 | 第 40 题 | .451** | 0.73 | 0.77 | 0.69 |

注：

（1）区分度为点双列相关，** 在 0.01 水平（双侧）上显著相关，* 在 0.05 水平（双侧）上显著相关。

（2）总体平均难度为 0.72，视频组平均难度为 0.76，音频组平均难度为 0.69。

（作者单位：北京语言大学）

# 汉语作为第二语言学习者离合词掌握模式的诊断性研究

金英姿

**提　要**　本研究参考离合词的现有研究成果，确定要考查的离合词的8种离析形式，并在此基础之上编制了一份针对汉语作为第二语言学习者是否掌握离合词离析形式的诊断性测验。研究运用DINA模型，根据被试在测验中的作答反应估计被试对不同属性的掌握概率，然后根据估计出的结果对被试进行分类，最后为被试提供离合词掌握情况的诊断性报告。研究结果显示：（1）DINA模型与实测数据具有较好的拟合度，所编制的汉语离合词诊断性测验能够用来考查不同水平汉语学习者离合词离析形式的掌握情况。（2）高水平组的被试离合词离析形式掌握情况明显好于低水平组。（3）对被试来说，掌握8种属性由易到难的顺序为：K3 → K6 → K1 → K7 → K4 → K8 → K5 → K2。

**关键词**　离合词；诊断性评价；DINA模型

## 一 引 言

在对外国留学生的教学过程中，我们发现不管是在他们的口语表达还是书面表达中，常常会出现“他生气我”“我结婚她”这样的偏误。而像“生气”“结婚”这样的语言单位，学界最为广泛的称谓是“离合词”。离合词是现代汉语中一种特殊的双音节词，其“可离可合”的性质使它身跨词汇和语法两个范畴，离合词有合的形式和离的形式，对于合的用法，留学生掌握起来并不是很困难，但是对于离合词离析形式的使用则有非常多的偏误。因此本文对合的形式暂不做研究，只研究汉语作为第二语言学习者掌握离合词离析形式的情况。

学界对于离合词的研究主要集中在离合词的命名、属性、界定、类型、扩展形式、偏误研究、教师教学和教材编写等几个方面。我们还没有看到从诊断性评价方面对离合词进行研究的文章，因此，本文希望对汉语作为第二语言学习者的离合词习得情况做一个具体的描述，我们将运用认知诊断模型中的 DINA 模型，考察留学生对离合词离析形式的习得情况。我们通过文献整理，梳理出要测的属性，在此基础上，设计了一份旨在考察汉语作为第二语言学习者离合词离析形式掌握情况的诊断性测验。这份测验中每道题目的设计都与我们所归纳出的属性相对应，这样可以通过分析被试对试题的作答反应，推论出其认知过程和知识结构的可能状态。

## 二 离合词相关研究

离合词的结构分类有动宾式、主谓式、动补式、偏正式、联合式等类型。学界的意见从一种到五种不等，而动宾结构是学界所公认的，构成了离合词的主体。因时间所限，也为了使研究焦点更加集中，本文只研究动宾式离合词（以下如无特殊说明，离合词均指动宾式离合词）。

本文要研究的是汉语作为第二语言学习者掌握动宾式离合词离析形式的情况，动宾式离合词的扩展方式非常之多，关于如何分类，学界尚未形成统一的看法。对于动宾式离合词离析形式的划分，主要依据是 VO 中间插入成分的属性，各位学者的不同分类形式主要是因为对“V+ 插入成分 +O”中插入成分的划分粗细不同造成的，有的详细划分，有的简要概括。我们在确定本研究测验内容特别是所测属性时，以学界对离析形式的分类为基础，以习得研究成果为依据，综合考虑离合词离析形式的常用性、习得顺序、教学重点难点以及偏误情况，最终确定了 8 种要考察的属性。

在最终确定要测的属性之前，我们首先要确定离合词离析形式的分类方式。这里我们借用王海峰（2008）的分类方式，把离合词离析形式分为 13 类。如表 1 所示：

**表 1　离合词离析形式一览表**

| 分类 | 离合词离析形式 | 举例 |
|---|---|---|
| ① | A+ 了（+ 其他形式）+B，包括：<br>A+ 了 +B<br>A+ 了 + 数量词 +B<br>A+ 了 + 名词 / 代词 + 数量词 +B<br>A+ 了 + 数量词 + 形容词 +B<br>A+ 了 + 名词 / 代词（的）+B<br>A+ 了 + 名词 / 代词（的）+ 形容词 +B<br>…… | 帮了忙<br>帮了一个忙<br>帮了他一个忙<br>帮了一个小忙<br>帮了他的忙<br>帮了他的大忙 |
| ② | A+ 补语 +B | 帮完忙<br>帮起忙来 |
| ③ | A+ 名词 / 代词（的）+B | 帮老师忙<br>帮他的忙 |
| ④ | A+ 数量词 +B | 帮一回忙<br>帮两个忙 |

续表

| 分类 | 离合词离析形式 | 举例 |
| --- | --- | --- |
| ⑤ | A+过（+其他形式）+B，包括：<br>A+过+B<br>A+过+数量词+B<br>A+过+名词/代词（的）+B<br>A+过+形容词（的）+B<br>A+过+名词/代词（的）+形容词+B<br>…… | 帮过忙<br>帮过一个忙<br>帮过他的忙<br>帮过大忙<br>帮过他的大忙 |
| ⑥ | 前置B+A | 忙帮了<br>连忙都不帮<br>把字签了 |
| ⑦ | A+着（+其他形式）+B，包括：<br>A+着+B<br>A+着+名词/代词（的）+B<br>A+着+量词+B<br>A+着+形容词+B | 帮着忙<br>帮着他的忙 |
| ⑧ | A+的+B | 帮的忙 |
| ⑨ | A+个+B | 帮个忙 |
| ⑩ | A+形容词（+的）+B | 帮大忙 |
| ⑪ | A重叠+B | 帮帮忙<br>鼓了鼓掌 |
| ⑫ | A+数词+B | 睡一觉<br>见两面 |
| ⑬ | A+动词性成分（+的）+B | 吃管闲事儿的亏 |

王铁利（2001）对大型语料库的研究成果表明，最常用的离析形式有8种，对应王海峰的分类，这8种形式是：①中的“A+了+B”、②、③、④、⑤中的“A+过+B”、⑥、⑧、⑪。

从离合词二语习得为数不多的研究成果来看，大部分研究，如孙书姿（2004）、马萍（2008）对离合词离析形式习得顺序的研究表明，⑥“前置B+A”是留学生最难习得的。偏误研究也表明，⑥的使用常常出现偏误。考虑到对于二语习得者而言，形式⑥难度过大，因此本研究暂不考察。

我们要考察的属性是实际学习和生活中使用频率高、难度适中的，最终确定的 8 种属性如表 2 所示：

**表 2　离合词离析形式测验所考察的属性**

| 分类 | 离合词离析形式 | 举例 |
|---|---|---|
| A1 | A+ 了 / 过 +B | 帮了忙<br>帮过忙 |
| A2 | A+ 的 +B | 帮的忙 |
| A3 | A+ 数量词 +B | 帮一个忙 |
| A4 | A+ 补语（结果补语、程度补语、趋向补语等，如“完 / 不完、起、得了 / 不了”）+B | 帮完忙 |
| A5 | A 重叠 +B（包括 AAB、A 了 AB、A 一 AB） | 帮帮忙<br>帮了帮忙<br>帮一帮忙 |
| A6 | A+ 名词 / 代词（的）+B | 帮老师（的）忙<br>帮他的忙 |
| A7 | A+ 了 / 过 + 数量词 +B | 帮了一个忙<br>帮过一次忙 |
| A8 | A+ 了 / 过 + 名词 / 代词（的）+B | 帮了我的忙<br>帮过我的忙 |

本研究在参考王海峰（2008）总结的 207 个离合词的基础上，考察了《汉语水平等级标准与语法等级大纲》（以下简称《大纲》）、孙德金（2002）《汉语语法教程》中的现代汉语常用离合词，以及杨庆蕙主编（1995）的《现代汉语离合词用法词典》。考虑到测验的难度，《大纲》中的丁级离合词不在本测验的考察范围内。

其中，王海峰总结的 207 个离合词中，属于《大纲》甲、乙、丙三级的离合词总共有 92 个；而这 92 个离合词中，与《汉语语法教程》中的现代汉语常用离合词、《现代汉语离合词用法词典》中的离合词重合的共有 52

个；在这52个离合词中，结合我们要测的离析形式、离合词的口语常用性以及离析频率，最终确定要测的离合词是以下38个：

| | |
|---|---|
| 甲级（10个）： | 洗澡、见面、劳驾、睡觉、照相、上学、游泳、有名、开学、着急 |
| 乙级（24个）： | 干杯、帮忙、吃惊、打针、上当、敬礼、鼓掌、结婚、生气、理发、伤心、离婚、聊天、放心、报名、请客、拼命、出院、道歉、担心、住院、失业、毕业、动身 |
| 丙级（4个）： | 吃亏、操心、吵架、打架 |

## 三　认知诊断模型的选择

在认知诊断研究中，有大量的认知诊断模型被开发并应用于认知诊断中。在众多的模型中，有两个基础模型，一个是Fischer提出的线性逻辑斯蒂克测验模型（Linear Logistic Test Model，LLTM），另一个是Tatsuoka提出的规则空间模型（Rule Space Model，RSM）。现在运用得比较多的融合模型、统一模型、DINA模型均是从这两种模型的基础上发展出来的。在选择模型的时候，我们综合考虑过融合模型、DINA模型和规则空间模型，这三种模型均比较成熟且运用广泛。规则空间模型强调属性之间的层级关系，但我们所要测的离合词的8种属性并没有明确的层级关系；而融合模型要求被试的数量不能少于200个，本次研究的被试数目没有达到此要求，因此我们选择了同样成熟却更加精简的DINA模型。DINA模型（Deterministic Inputs，Noisy "and" Gate Model）是认知诊断潜在分类模型中的一种，是一个简单的随机连接模型（stochastic conjunctive model）。使用DINA模型可以实现三个目的：第一，得到两个参数，即猜测参数和失误参数；第二，直接得到被试的知识状态；第三，得到总体的属性值。

# 四　实证研究

## 4.1　研究目的

我们希望通过本研究达到以下三个目的：

（1）编制出一套汉语作为第二语言学习者离合词离析形式的诊断性评价测验。

（2）离合词是二语习得者的一个老大难问题，我们希望通过 DINA 模型有效地诊断出学习者对离合词离析形式的掌握情况，为被试提供一份认知诊断评价报告，为离合词离析形式的教学和学习提供一定的参考。

（3）进一步探索 DINA 模型在第二语言测验领域应用的可行性和诊断效果，为后续研究提供一定的参考和借鉴。

## 4.2　测量工具

本研究使用的测量工具是自编的诊断性测验。由前可知，我们确定了 38 个要考察的离合词及 8 种属性，然后我们据此编制离合词离析形式诊断性测验的题目。本测验的卷面结构和题型如表 3 所示：

**表 3　汉语作为第二语言学习者离合词离析形式测验试题结构**

| 题型 | 题数 | 分值 | 计分方式 | 考试时间 |
|---|---|---|---|---|
| 正误判断 | 18 | 18 | 0/1 计分 | 20 分钟 |
| 多项选择 | 16 | 16 | 0/1 计分 | 20 分钟 |
| 连字成句 | 14 | 14 | 0/1 计分 | 20 分钟 |
| 总计 | 48 | 48 | 0/1 计分 | 60 分钟 |

整套试卷共有 48 个题目，旨在均衡考察各个属性，8 种属性的具体分布见表 4：

表 4　项目考察属性分配

| 离析形式 | 第一部分 | 第二部分 | 第三部分 | 题量总计 |
|---|---|---|---|---|
| A+ 了 / 过 +B | 2 | 2 | 2 | 6 |
| A+ 的 +B | 2 | 2 | 2 | 6 |
| A+ 数量词 +B | 2 | 2 | 2 | 6 |
| A+ 补语 +B | 2 | 2 | 2 | 6 |
| A 重叠 +B | 4 | 2 | 0 | 6 |
| A+ 代词（的）+B | 2 | 2 | 2 | 6 |
| A+ 了 / 过 + 数量词 +B | 2 | 2 | 2 | 6 |
| A+ 了 / 过 + 名词 / 代词（的）+B | 2 | 2 | 2 | 6 |
| 题量总计 | 18 | 16 | 14 | 48 |

## 4.3　被试构成

本研究共收回有效试卷 73 份，73 名被试所属国别众多，学习时间从 1 年到 5 年不等。本次测验不考虑被试的母语背景以及性别等因素对作答反应的影响。我们把 73 名被试按照他们学习汉语的时间和 HSK 水平分为低水平和高水平两类。学习汉语时间为 3 年及以上或 HSK 水平在五级及以上的被试归为高水平组，其余归为低水平组。见表 5。

表 5　被试基本情况

| 被试水平 | 人数 |
|---|---|
| 低水平组 | 33 |
| 高水平组 | 40 |
| 总计 | 73 |

## 4.4 基于经典测量理论的测验质量分析

我们运用自编程序对本次测验的题目质量进行以下三方面分析：(1) 测验总体质量分析；(2) 按属性分组的题目质量分析；(3) 方差分析。

### 4.4.1 测验总体质量分析

对 73 名被试施测后，我们用自编的质量检测程序对离合词诊断性测验的质量进行分析，结果如表 6 和表 7 所示：

表 6 测验质量分析

| 题号 | 答对率 | 点双列 | 题目质量 | 偏态值 | 峰值 | α 系数 | 标准误 | rpb 显著性 |
|---|---|---|---|---|---|---|---|---|
| 1 | 0.5068 | 0.1642 | × | 0.1977 | -0.1804 | 0.8711 | 2.99 | - |
| 2 | 0.726 | 0.3404 | ✓ | 0.1977 | -0.1804 | 0.8711 | 2.99 | - |
| 3 | 0.8356 | 0.0531 | × | 0.1977 | -0.1804 | 0.8711 | 2.99 | - |
| 4 | 0.589 | 0.2606 | ✓ | 0.1977 | -0.1804 | 0.8711 | 2.99 | - |
| 5 | 0.5479 | 0.0477 | × | 0.1977 | -0.1804 | 0.8711 | 2.99 | - |
| 6 | 0.8904 | 0.3018 | ✓ | 0.1977 | -0.1804 | 0.8711 | 2.99 | - |
| 7 | 0.7123 | 0.2233 | ✓ | 0.1977 | -0.1804 | 0.8711 | 2.99 | - |
| 8 | 0.5205 | 0.1309 | × | 0.1977 | -0.1804 | 0.8711 | 2.99 | - |
| 9 | 0.3151 | 0.3195 | ✓ | 0.1977 | -0.1804 | 0.8711 | 2.99 | - |
| 10 | 0.5205 | 0.3186 | ✓ | 0.1977 | -0.1804 | 0.8711 | 2.99 | - |
| 11 | 0.4932 | 0.1812 | × | 0.1977 | -0.1804 | 0.8711 | 2.99 | - |
| 12 | 0.3151 | 0.1389 | × | 0.1977 | -0.1804 | 0.8711 | 2.99 | - |
| 13 | 0.3836 | 0.4784 | ✓ | 0.1977 | -0.1804 | 0.8711 | 2.99 | * |
| 14 | 0.6986 | 0.2209 | ✓ | 0.1977 | -0.1804 | 0.8711 | 2.99 | - |
| 15 | 0.8904 | 0.1491 | × | 0.1977 | -0.1804 | 0.8711 | 2.99 | - |
| 16 | 0.3836 | 0.3329 | ✓ | 0.1977 | -0.1804 | 0.8711 | 2.99 | - |
| 17 | 0.5342 | 0.1734 | × | 0.1977 | -0.1804 | 0.8711 | 2.99 | - |
| 18 | 0.5753 | 0.1767 | × | 0.1977 | -0.1804 | 0.8711 | 2.99 | - |

续表

| 题号 | 答对率 | 点双列 | 题目质量 | 偏态值 | 峰值 | α 系数 | 标准误 | rpb 显著性 |
|---|---|---|---|---|---|---|---|---|
| 19 | 0.7671 | 0.4196 | ✓ | 0.1977 | -0.1804 | 0.8711 | 2.99 | * |
| 20 | 0.2466 | 0.6185 | ✓ | 0.1977 | -0.1804 | 0.8711 | 2.99 | * |
| 21 | 0.6301 | 0.499 | ✓ | 0.1977 | -0.1804 | 0.8711 | 2.99 | * |
| 22 | 0.7534 | 0.4464 | ✓ | 0.1977 | -0.1804 | 0.8711 | 2.99 | * |
| 23 | 0.6575 | 0.4788 | ✓ | 0.1977 | -0.1804 | 0.8711 | 2.99 | * |
| 24 | 0.4795 | 0.4322 | ✓ | 0.1977 | -0.1804 | 0.8711 | 2.99 | * |
| 25 | 0.6301 | 0.5365 | ✓ | 0.1977 | -0.1804 | 0.8711 | 2.99 | * |
| 26 | 0.2877 | 0.3182 | ✓ | 0.1977 | -0.1804 | 0.8711 | 2.99 | - |
| 27 | 0.4932 | 0.428 | ✓ | 0.1977 | -0.1804 | 0.8711 | 2.99 | * |
| 28 | 0.3973 | 0.6059 | ✓ | 0.1977 | -0.1804 | 0.8711 | 2.99 | * |
| 29 | 0.4384 | 0.2345 | ✓ | 0.1977 | -0.1804 | 0.8711 | 2.99 | - |
| 30 | 0.2877 | 0.3 | ✓ | 0.1977 | -0.1804 | 0.8711 | 2.99 | - |
| 31 | 0.2192 | 0.4548 | ✓ | 0.1977 | -0.1804 | 0.8711 | 2.99 | * |
| 32 | 0.6575 | 0.5655 | ✓ | 0.1977 | -0.1804 | 0.8711 | 2.99 | * |
| 33 | 0.6301 | 0.4547 | ✓ | 0.1977 | -0.1804 | 0.8711 | 2.99 | * |
| 34 | 0.5479 | 0.4939 | ✓ | 0.1977 | -0.1804 | 0.8711 | 2.99 | * |
| 35 | 0.6712 | 0.6091 | ✓ | 0.1977 | -0.1804 | 0.8711 | 2.99 | * |
| 36 | 0.411 | 0.3781 | ✓ | 0.1977 | -0.1804 | 0.8711 | 2.99 | * |
| 37 | 0.7397 | 0.4954 | ✓ | 0.1977 | -0.1804 | 0.8711 | 2.99 | * |
| 38 | 0.726 | 0.6466 | ✓ | 0.1977 | -0.1804 | 0.8711 | 2.99 | * |
| 39 | 0.6849 | 0.4348 | ✓ | 0.1977 | -0.1804 | 0.8711 | 2.99 | * |
| 40 | 0.7808 | 0.5592 | ✓ | 0.1977 | -0.1804 | 0.8711 | 2.99 | * |
| 41 | 0.7534 | 0.4846 | ✓ | 0.1977 | -0.1804 | 0.8711 | 2.99 | * |
| 42 | 0.4932 | 0.4379 | ✓ | 0.1977 | -0.1804 | 0.8711 | 2.99 | * |
| 43 | 0.1781 | 0.5584 | ✓ | 0.1977 | -0.1804 | 0.8711 | 2.99 | * |

续表

| 题号 | 答对率 | 点双列 | 题目质量 | 偏态值 | 峰值 | α 系数 | 标准误 | rpb 显著性 |
|---|---|---|---|---|---|---|---|---|
| 44 | 0.9589 | 0.261 | ✓ | 0.1977 | -0.1804 | 0.8711 | 2.99 | - |
| 45 | 0.5753 | 0.4596 | ✓ | 0.1977 | -0.1804 | 0.8711 | 2.99 | * |
| 46 | 0.5342 | 0.4999 | ✓ | 0.1977 | -0.1804 | 0.8711 | 2.99 | * |
| 47 | 0.5479 | 0.5402 | ✓ | 0.1977 | -0.1804 | 0.8711 | 2.99 | * |
| 48 | 0.5479 | 0.4509 | ✓ | 0.1977 | -0.1804 | 0.8711 | 2.99 | * |

表 7 试卷难易度

| | |
|---|---|
| 第一部分难易度 | 0.5799 |
| 第二部分难易度 | 0.5077 |
| 第三部分难易度 | 0.6145 |
| 平均难易度 | 0.5659 |
| 总点双列相关系数 | 0.3883 |

从表 6 和表 7 可以看出，汉语离合词离析形式诊断性测验分为三种试题类型，全卷的平均难易度是 0.5659，说明本测验难度适中，略偏易。第一部分正误判断题的难易度为 0.5799，第二部分多项选择题的难易度是 0.5077，第三部分连字成句的难易度为 0.6145。可见，第一、二部分难度适中，第三部分相对最容易。在 48 道题目中，有 9 道题的点双列相关系数低于 0.2，即区分度不高。测验的总点双列相关系数是 0.3883，说明该测验的整体区分度比较理想。本测验的 α 系数是 0.8711，这说明本测验的内部一致性信度较高。为了更加清楚地展现测验题目的难度和质量，除了整体质量分析以外，我们还对测验中题目的答对率和点双列相关系数做了一个分段统计，结果如表 8 和表 9 所示：

表 8　汉语离合词离析形式诊断测验题目答对率分段统计结果

| 答对率 | 题数及具体题目 | 所占比例 |
| --- | --- | --- |
| <0.5 | 16（43、31、20、26、30、9、12、13、16、28、36、29、24、11、27、42） | 33.3% |
| 0.5—0.6 | 12（1、8、10、17、46、5、34、47、48、18、45、4） | 25.0% |
| 0.6—0.8 | 16（21、25、33、23、32、35、39、14、7、2、38、37、22、41、19、40） | 33.3% |
| >0.8 | 4（3、6、15、44） | 8.3% |

表 9　汉语离合词离析形式诊断测验题目点双列相关系数分段统计结果

| 点双列 | 题数及具体题目 | 所占比例 |
| --- | --- | --- |
| <0.1 | 2（5、3） | 4.2% |
| 0.1—0.2 | 7（8、12、15、1、17、18、11） | 14.6% |
| 0.2—0.3 | 5（14、7、29、4、44） | 10.4% |
| >0.3 | 34（30、6、26、10、9、16、2、36、19、27、24、39、42、22、48、33、31、45、13、23、41、34、37、21、46、25、47、43、40、32、28、35、20、38） | 70.8% |

表 8 答对率的分段统计结果表明：本次测验中过易（>0.8）的题目很少，只有 4 道题，占题目总数的 8.3%；过难的题目偏多（<0.5），占题目总数的 33.3%；而中等偏易（0.5—0.8）的题目所占比例最大，为 58.3%。表 9 点双列相关系数的分段统计结果则表明：本次测验中区分度极差（<0.1）的题目只有 2 个，占题目总数的 4.2%；区分度较差（0.1—0.2）的题目也较少，只有 7 个，占题目总数的 14.6%；区分度较好（0.2—0.3）和非常好（>0.3）的题目数量所占比例最大，分别占题目总数的 10.4% 和 70.8%。我们发现，点双列相关系数小于 0.2 的 9 道题目全部是测验第一部分的判断题，而第二部分和第三部分题目的点双列相关系数都在 0.2 以上，其中大部分都在 0.3 以上。这个结果表明，在本次测验中，第二部分和第三部分的题

目具有更好的区分度，而第一部分的区分度较差。其原因除了判断题本身猜测因素较大之外，还与测验题目句子难度较大有关。

4.4.2 按属性分组的题目质量分析

前面的测验题目质量分析是按照题型安排的，为了考察被试对 8 种属性的作答情况，我们将题目按照属性重新进行了分组，K1 到 K8 的属性依次对应表 2 中总结的 A1 到 A8 这 8 个属性。属性和题目之间的对应关系如下：

K1：1、11、19、27、35、42

K2：3、14、20、28、36、43

K3：2、12、21、29、37、44

K4：4、13、22、30、38、45

K5：8、9、10、18、23、31

K6：5、15、24、32、39、46

K7：6、16、25、33、40、47

K8：7、17、26、34、41、48

按照 8 种属性重新分组后，我们把测验分成了 8 个独立的部分，每个部分 6 道题。我们用自编程序分析了这 8 个属性的平均难易度，结果见表 10：

**表 10　8 个属性的平均难易度**

| 属性 | K1 | K2 | K3 | K4 | K5 | K6 | K7 | K8 |
|---|---|---|---|---|---|---|---|---|
| 难易度 | 0.57 | 0.44 | 0.65 | 0.55 | 0.47 | 0.63 | 0.64 | 0.56 |

总体来说，这 8 种属性都不算容易，其中属性 K2（A+ 的 +B）和属性 K5（A 重叠 +B）偏难，另外 6 种属性相对较容易。对于被试来说，这 8 种属性由易到难的顺序是：

K3（A+ 数量词 +B）→ K7（A+ 了 / 过 + 数量词 +B）→ K6（A+ 名词 / 代词 +B）→ K1（A+ 了 / 过 +B）→ K8 [A+ 了 / 过 + 名词 / 代词（的）+B] → K4（A+ 补语 +B）→ K5（A 重叠 +B）→ K2（A+ 的 +B）

### 4.4.3 方差分析

为了进一步讨论不同汉语水平的被试在测验成绩上是否存在显著性差异，我们对实测数据进行了单因素组间方差分析，其中汉语水平是一个组间因素（自变量），分为两个水平（低水平和高水平），测验成绩是因变量，方差分析结果见表 11：

**表 11（1） 不同水平的方差描述性统计量**

| 序号 | N | 均值 | 标准差 | 标准误 | 均值的 95% 置信区间 | | 极小值 | 极大值 |
|---|---|---|---|---|---|---|---|---|
| | | | | | 下限 | 上限 | | |
| 1 | 33 | 24.91 | 6.779 | 1.180 | 22.51 | 27.31 | 9 | 37 |
| 2 | 40 | 29.03 | 9.178 | 1.451 | 26.09 | 31.96 | 11 | 47 |
| 合计 | 73 | 27.16 | 8.385 | 0.981 | 25.21 | 29.12 | 9 | 47 |

**表 11（2） 方差齐性检验**

| Levene 统计量 | df1 | df2 | 显著性 |
|---|---|---|---|
| 3.012 | 1 | 71 | 0.087 |

**表 11（3） Anova 方差分析结果**

| 统计项 | 平方和 | df | 均方 | F | 显著性 |
|---|---|---|---|---|---|
| 组间 | 306.325 | 1 | 306.325 | 4.573 | 0.036 |
| 组内 | 4755.702 | 71 | 66.982 | | |
| 总数 | 5062.027 | 72 | | | |

方差齐性检验结果表明，$P>0.05$（$P=0.087$），方差齐；高水平被试与低水平被试的测验成绩存在显著差异（$F=4.573$，$P=0.036<0.05$），高水平被试的测验成绩（$M=29.03$，$SD=9.178$）显著地高于低水平组被试的成绩（$M=24.91$，$SD=6.779$）。

为了进一步讨论被试8种属性在测验成绩上是否存在显著性差异，我们对实测数据进行了重复测量组内方差分析，对被试在8种属性上的得分进行检验，结果如表12所示：

表12（1） 描述性统计量

| 因子1 | 平均值 | 标准误 | 95%置信区间 | | 标准差 |
|---|---|---|---|---|---|
| | | | 下限 | 上限 | |
| 1 | 3.425 | .175 | 3.075 | 3.774 | 1.499 |
| 2 | 2.658 | .175 | 2.309 | 3.006 | 1.493 |
| 3 | 3.918 | .135 | 3.649 | 4.187 | 1.152 |
| 4 | 3.315 | .180 | 2.957 | 3.673 | 1.535 |
| 5 | 2.808 | .184 | 2.442 | 3.174 | 1.569 |
| 6 | 3.795 | .187 | 3.422 | 4.167 | 1.598 |
| 7 | 3.863 | .183 | 3.498 | 4.228 | 1.566 |
| 8 | 3.384 | .174 | 3.037 | 3.731 | 1.487 |

表12（2） 交叉比较

| (I) 因子1 | (J) 因子1 | 均值差 (I–J) | 标准误 | Sig.[b] | 95%置信区间 | |
|---|---|---|---|---|---|---|
| | | | | | 下限 | 上限 |
| 1 | 2 | .767* | .174 | .000 | .420 | 1.114 |
| | 3 | -.493* | .180 | .008 | -.852 | -.134 |
| | 4 | .110 | .175 | .533 | -.239 | .459 |
| | 5 | .616* | .205 | .004 | .207 | 1.025 |
| | 6 | -.370 | .197 | .065 | -.764 | .024 |
| | 7 | -.438* | .188 | .023 | -.813 | -.063 |
| | 8 | .041 | .183 | .823 | -.325 | .407 |
| 2 | 1 | -.767* | .174 | .000 | -1.114 | -.420 |

续表

| (I) 因子 1 | (J) 因子 1 | 均值差 (I–J) | 标准误 | Sig.b | 95% 置信区间 | |
|---|---|---|---|---|---|---|
| | | | | | 下限 | 上限 |
| 2 | 3 | -1.260* | .152 | .000 | -1.564 | -.956 |
| | 4 | -.658* | .165 | .000 | -.986 | -.329 |
| | 5 | -.151 | .165 | .365 | -.480 | .179 |
| | 6 | -1.137* | .188 | .000 | -1.513 | -.761 |
| | 7 | -1.205* | .161 | .000 | -1.526 | -.885 |
| | 8 | -.726* | .195 | .000 | -1.115 | -.337 |
| 3 | 1 | .493* | .180 | .008 | .134 | .852 |
| | 2 | 1.260* | .152 | .000 | .956 | 1.564 |
| | 4 | .603* | .164 | .000 | .276 | .930 |
| | 5 | 1.110* | .198 | .000 | .716 | 1.503 |
| | 6 | .123 | .194 | .527 | -.264 | .510 |
| | 7 | .055 | .180 | .761 | -.303 | .413 |
| | 8 | .534* | .184 | .005 | .167 | .901 |
| 4 | 1 | -.110 | .175 | .533 | -.459 | .239 |
| | 2 | .658* | .165 | .000 | .329 | .986 |
| | 3 | -.603* | .164 | .000 | -.930 | -.276 |
| | 5 | .507* | .204 | .015 | .101 | .913 |
| | 6 | -.479* | .212 | .027 | -.902 | -.057 |
| | 7 | -.548* | .151 | .001 | -.849 | -.247 |
| | 8 | -.068 | .174 | .695 | -.415 | .278 |
| 5 | 1 | -.616* | .205 | .004 | -1.025 | -.207 |
| | 2 | .151 | .165 | .365 | -.179 | .480 |
| | 3 | -1.110* | .198 | .000 | -1.503 | -.716 |
| | 4 | -.507* | .204 | .015 | -.913 | -.101 |

续表

| (I) 因子 1 | (J) 因子 1 | 均值差 (I–J) | 标准误 | Sig.[b] | 95% 置信区间 | |
|---|---|---|---|---|---|---|
| | | | | | 下限 | 上限 |
| 5 | 6 | -.986* | .258 | .000 | -1.501 | -.471 |
| | 7 | -1.055* | .214 | .000 | -1.481 | -.629 |
| | 8 | -.575* | .222 | .012 | -1.019 | -.132 |
| 6 | 1 | .370 | .197 | .065 | -.024 | .764 |
| | 2 | 1.137* | .188 | .000 | .761 | 1.513 |
| | 3 | -.123 | .194 | .527 | -.510 | .264 |
| | 4 | .479* | .212 | .027 | .057 | .902 |
| | 5 | .986* | .258 | .000 | .471 | 1.501 |
| | 7 | -.068 | .181 | .707 | -.430 | .293 |
| | 8 | .411* | .187 | .031 | .038 | .784 |
| 7 | 1 | .438* | .188 | .023 | .063 | .813 |
| | 2 | 1.205* | .161 | .000 | .885 | 1.526 |
| | 3 | -.055 | .180 | .761 | -.413 | .303 |
| | 4 | .548* | .151 | .001 | .247 | .849 |
| | 5 | 1.055* | .214 | .000 | .629 | 1.481 |
| | 6 | .068 | .181 | .707 | -.293 | .430 |
| | 8 | .479* | .181 | .010 | .119 | .840 |
| 8 | 1 | -.041 | .183 | .823 | -.407 | .325 |
| | 2 | .726* | .195 | .000 | .337 | 1.115 |
| | 3 | -.534* | .184 | .005 | -.901 | -.167 |
| | 4 | .068 | .174 | .695 | -.278 | .415 |
| | 5 | .575* | .222 | .012 | .132 | 1.019 |
| | 6 | -.411* | .187 | .031 | -.784 | -.038 |
| | 7 | -.479* | .181 | .010 | -.840 | -.119 |

表 12（3） 组内因素检验

| Source | | Type III 平方和 | df | 均方 | F | Sig. |
|---|---|---|---|---|---|---|
| 因子 1 | Sphericity Assumed | 112.971 | 7 | 16.139 | 12.477 | .000 |
| | Greenhouse-Geisser | 112.971 | 5.629 | 20.069 | 12.477 | .000 |
| | Huynh-Feldt | 112.971 | 6.161 | 18.336 | 12.477 | .000 |
| | Lower-bound | 112.971 | 1.000 | 112.971 | 12.477 | .001 |
| Error（因子 1） | Sphericity Assumed | 651.904 | 504 | 1.293 | | |
| | Greenhouse-Geisser | 651.904 | 405.292 | 1.608 | | |
| | Huynh-Feldt | 651.904 | 443.602 | 1.470 | | |
| | Lower-bound | 651.904 | 72.000 | 9.054 | | |

结果表明，8 种属性成绩差异非常显著（P<0.001）。经过各属性之间的 28 次交叉比较，结果发现：属性 1 跟属性 2、3、5、7 差异显著，属性 2 跟属性 1、3、4、6、7、8 差异显著，属性 3 跟属性 1、2、4、5、8 差异显著，属性 4 跟属性 2、3、5、6、7 差异显著，属性 5 跟属性 1、3、4、6、7、8 差异显著，属性 6 跟属性 2、4、5、8 差异显著，属性 7 跟属性 1、2、4、5、8 差异显著，属性 8 跟属性 2、3、5、6、7 差异显著。综合来说，不存在与其他属性差异不显著的属性。

## 4.5 认知诊断评价

本研究运用 de la Torre（2009）编写的 DINA 模型数据处理程序进行参数估计和被试知识状态的估计，步骤如下：（1）确定所测属性并建立 Q 矩阵和 A 矩阵；（2）参数估计及模型拟合度检验；（3）知识状态估计。前文中我们已经确定了要考察的属性，这里不再说明。下文将结合实测数据，按照上述四个步骤逐项展开讨论。

### 4.5.1 建立 Q 矩阵与 A 矩阵

使用 DINA 模型的前提是建立 Q 矩阵与 A 矩阵。根据题目和属性的关系，我们可以建立 J×K 的 Q 矩阵。这里，J=48，表示测验有 48 道题目；K=8，表示测验考察了 8 种属性。当 q=1 时，表示正确作答题目 j 需要被试掌握属性 k；当 q=0 时，则表示正确作答题目 j 不需要被试掌握属性 k。本测验的 Q 矩阵（以题目 J1、J2 为例）如表 13 所示：

表 13　离合词离析形式测验 Q 矩阵

| 题目 | 属性 | | | | | | | |
|---|---|---|---|---|---|---|---|---|
| | K1 | K2 | K3 | K4 | K5 | K6 | K7 | K8 |
| J1 | 1 | 0 | 0 | 0 | 0 | 0 | 0 | 0 |
| J2 | 0 | 0 | 0 | 0 | 0 | 0 | 0 | 0 |

建立了 Q 矩阵以后，我们还需要建立一个 A 矩阵，A 矩阵就是被试作答反应的 0/1 矩阵。本次测验共有被试 73 名、48 道题，因此 A 矩阵就是一个 73×48 的 0/1 矩阵。

#### 4.5.2　参数估计及模型拟合度检验

在运行 DINA 模型时，我们并没有对猜测参数和失误参数的最大值进行限定，我们得到的参数估计值包括猜测参数和失误参数的估计值与标准误，见表 14：

表 14　DINA 模型参数估计结果

| 项目 | 猜测度 | 标准误 | 失误度 | 标准误 | IDI | 1–s |
|---|---|---|---|---|---|---|
| 001 | 0.4517 | 0.1013 | 0.4647 | 0.0724 | 0.0836 | 0.2558 |
| 002 | 0.6813 | 0.0679 | 0.1852 | 0.0818 | 0.1335 | 0.5277 |
| 003 | 0.5651 | 0.1138 | 0.0564 | 0.0343 | 0.3785 | 0.7079 |
| 004 | 0.4364 | 0.0971 | 0.3194 | 0.0702 | 0.2442 | 0.6996 |
| 005 | 0.5894 | 0.1023 | 0.4723 | 0.0717 | -0.0617 | 0.3426 |
| 006 | 0.7243 | 0.0894 | 0.0211 | 0.0209 | 0.2546 | 0.5353 |
| 007 | 0.7183 | 0.0853 | 0.2921 | 0.0731 | -0.0104 | 0.3208 |

续表

| 项目 | 猜测度 | 标准误 | 失误度 | 标准误 | IDI | 1–s |
|---|---|---|---|---|---|---|
| 008 | 0.3912 | 0.0736 | 0.2542 | 0.0887 | 0.3546 | 0.5262 |
| 009 | 0.2992 | 0.0688 | 0.6574 | 0.0954 | 0.0434 | 0.4201 |
| 010 | 0.2453 | 0.0690 | 0.0000 | 0.1361 | 0.7547 | 0.8148 |
| 011 | 0.4289 | 0.1010 | 0.4738 | 0.0725 | 0.0973 | 1.0000 |
| 012 | 0.4635 | 0.1150 | 0.7442 | 0.0620 | -0.2077 | 0.5464 |
| 013 | 0.1117 | 0.0622 | 0.4535 | 0.0749 | 0.4348 | 0.9593 |
| 014 | 0.6981 | 0.0668 | 0.3004 | 0.0954 | 0.0015 | 0.6447 |
| 015 | 0.7489 | 0.0893 | 0.0407 | 0.0285 | 0.2104 | 0.6328 |
| 016 | 0.3150 | 0.0943 | 0.5799 | 0.0722 | 0.1051 | 0.6806 |
| 017 | 0.4015 | 0.0920 | 0.3672 | 0.0777 | 0.2313 | 0.9789 |
| 018 | 0.4150 | 0.0743 | 0.1454 | 0.0734 | 0.4396 | 0.5190 |
| 019 | 0.5120 | 0.1018 | 0.1015 | 0.0450 | 0.3865 | 0.7458 |
| 020 | 0.0000 | 0.0875 | 0.2636 | 0.1016 | 0.7364 | 0.7099 |
| 021 | 0.2853 | 0.1089 | 0.2322 | 0.0602 | 0.4825 | 0.6575 |
| 022 | 0.4850 | 0.0979 | 0.0857 | 0.0427 | 0.4293 | 0.9436 |
| 023 | 0.4951 | 0.0753 | 0.0596 | 0.0576 | 0.4453 | 0.8985 |
| 024 | 0.1298 | 0.0698 | 0.3503 | 0.0688 | 0.5199 | 0.6271 |
| 025 | 0.3609 | 0.0977 | 0.2264 | 0.0618 | 0.4127 | 0.7736 |
| 026 | 0.0431 | 0.0410 | 0.5307 | 0.0794 | 0.4262 | 0.4693 |
| 027 | 0.3897 | 0.0993 | 0.4536 | 0.0723 | 0.1567 | 0.9143 |
| 028 | 0.2021 | 0.0612 | 0.2149 | 0.0855 | 0.5830 | 0.5465 |
| 029 | 0.2363 | 0.0969 | 0.4810 | 0.0707 | 0.2827 | 0.8546 |
| 030 | 0.2324 | 0.0830 | 0.6792 | 0.0700 | 0.0884 | 0.9412 |
| 031 | 0.0520 | 0.0354 | 0.4897 | 0.1008 | 0.4583 | 0.9404 |
| 032 | 0.1671 | 0.0795 | 0.1037 | 0.0446 | 0.7292 | 0.5103 |

续表

| 项目 | 猜测度 | 标准误 | 失误度 | 标准误 | IDI | 1–s |
|---|---|---|---|---|---|---|
| 033 | 0.2507 | 0.0895 | 0.1676 | 0.0553 | 0.5817 | 0.8380 |
| 034 | 0.0979 | 0.0614 | 0.1179 | 0.0602 | 0.7842 | 0.7105 |
| 035 | 0.0490 | 0.0531 | 0.0083 | 0.0239 | 0.9427 | 0.7678 |
| 036 | 0.2869 | 0.0659 | 0.3425 | 0.1019 | 0.3706 | 0.6497 |
| 037 | 0.3454 | 0.1135 | 0.1028 | 0.0437 | 0.5518 | 0.5319 |
| 038 | 0.2690 | 0.0910 | 0.0000 | 0.1456 | 0.7310 | 0.8972 |
| 039 | 0.3704 | 0.1009 | 0.1620 | 0.0528 | 0.4676 | 0.8324 |
| 040 | 0.3695 | 0.1008 | 0.0000 | 0.1220 | 0.6305 | 0.7851 |
| 041 | 0.5005 | 0.0938 | 0.0588 | 0.0397 | 0.4407 | 1.0000 |
| 042 | 0.2331 | 0.0874 | 0.3729 | 0.0702 | 0.3940 | 0.7501 |
| 043 | 0.0000 | 0.0960 | 0.4681 | 0.1075 | 0.5319 | 0.8963 |
| 044 | 0.8560 | 0.0776 | 0.0000 | 0.1412 | 0.1440 | 1.0000 |
| 045 | 0.3508 | 0.0935 | 0.2901 | 0.0688 | 0.3591 | 0.7364 |
| 046 | 0.0908 | 0.0611 | 0.2499 | 0.0627 | 0.6593 | 1.0000 |
| 047 | 0.2429 | 0.0864 | 0.2895 | 0.0672 | 0.4676 | 0.8821 |
| 048 | 0.4177 | 0.0935 | 0.3553 | 0.0762 | 0.2270 | 0.9917 |
| 均值 | 0.35 | 0.08 | 0.27 | 0.07 | | |

从表 14 可以看出，猜测参数估计值最小为 0.0000，最大为 0.8560，均值为 0.35；猜测参数标准误最小为 0.0354，最大为 0.1150，均值为 0.08；失误参数估计值最小为 0.0000，最大为 0.7442，均值为 0.27；失误参数标准误最小为 0.0209，最大为 0.1456，均值为 0.07。g 参数和 s 参数的标准误都比较小，这说明参数估计较为精确。IDI 是模型拟合的项目区分度指标（Item Discrimination Index），对于题目 j，IDI=1-g-s，IDI 值越大，表示题目的质量越好。表 14 中，IDI 值最小为 -0.2077，最大为 0.9427。整体而

言，本研究选用的试题在 DINA 模型采用的参数方面表现良好。

4.5.3 被试知识状态估计

DINA 模型为我们提供了 8 个属性的总体属性值（estimate of attribute prevalence），即掌握某种属性的人数占总人数的比例。此外，它还对全体被试知识状态进行了归类，如表 15 和表 16 所示：

表 15 全体被试属性掌握情况

| 属性 | 总属性值估计 |
|---|---|
| K1 | 0.6600 |
| K2 | 0.3344 |
| K3 | 0.7148 |
| K4 | 0.6252 |
| K5 | 0.3648 |
| K6 | 0.6727 |
| K7 | 0.6527 |
| K8 | 0.5745 |

从表 15 可以看出，被试对这 8 种属性的掌握比例不算太高，属性 2 和属性 5 的掌握情况较差。这与经典测量理论的分析结果是一致的。

表 16 全体被试知识状态归类

| 类别 | 属性掌握模式 | 被试分布比例 | 类别 | 属性掌握模式 | 被试分布比例 |
|---|---|---|---|---|---|
| 01 | 0 0 0 0 0 0 0 0 | 0.1200 | 14 | 0 0 1 0 0 1 1 0 | 0.0523 |
| 02 | 1 0 0 0 0 0 0 0 | 0.0182 | 15 | 0 0 0 0 0 1 1 1 | 0.0290 |
| 03 | 0 1 0 0 0 0 0 0 | 0.0280 | 16 | 1 0 1 1 0 1 0 0 | 0.0440 |
| 04 | 1 0 0 1 0 0 0 0 | 0.0266 | 17 | 0 0 0 1 0 1 1 1 | 0.0121 |
| 05 | 0 1 0 0 0 0 1 0 | 0.0141 | 18 | 1 0 1 1 1 1 1 0 | 0.0057 |
| 06 | 0 0 1 0 1 0 0 0 | 0.0163 | 19 | 1 0 1 1 1 0 1 1 | 0.0124 |
| 07 | 0 0 0 0 1 0 0 1 | 0.0125 | 20 | 1 0 1 1 0 1 1 1 | 0.1705 |

续表

| 类别 | 属性掌握模式 | 被试分布比例 | 类别 | 属性掌握模式 | 被试分布比例 |
|---|---|---|---|---|---|
| 08 | 11000100 | 0.0148 | 21 | 0101111 | 0.0136 |
| 09 | 10101000 | 0.0140 | 22 | 1111110 | 0.0445 |
| 10 | 10100010 | 0.0270 | 23 | 11110111 | 0.0538 |
| 11 | 10100001 | 0.0142 | 24 | 10111111 | 0.0241 |
| 12 | 10000101 | 0.0146 | 25 | 11111111 | 0.1936 |
| 13 | 00110001 | 0.0242 | 其他 | | 0 |

通过表 16 可以发现，73 名被试的知识状态被归为 25 类，远远小于属性的全部组合方式，其原因可能与样本太小有关。这 25 类状态中，每一类的被试分布都差不多，并不存在特别多的知识状态类型。

由于被试人数较多，我们用随机抽样程序从两个水平组中各抽取 5 名被试，他们的知识状态如表 17 所示：

**表 17　随机抽样的 10 名被试的知识状态**

| 低水平 | | 高水平 | |
|---|---|---|---|
| 被试 | 知识状态 | 被试 | 知识状态 |
| 01 | 11111110 | 04 | 11111110 |
| 02 | 11000100 | 05 | 11111111 |
| 03 | 10110111 | 06 | 11111110 |
| 07 | 10110111 | 08 | 11111111 |
| 09 | 00100110 | 10 | 10110111 |

以被试 07 为例，其知识状态（10110111）表明该被试已经较好地掌握了属性 K1（A+ 了 / 过 +B）、K3（A+ 数量词 +B）、K4（A+ 补语 +B）、K6（A+ 名词 / 代词 +B）、K7（A+ 了 / 过 + 数量词 +B）和 K8 [A+ 了 / 过 + 名词 / 代词（的）+B]，而在属性 K2（A+ 的 +B）和 K5（A 重叠 +B）的掌握上较弱。

我们统计了全体被试的知识状态，得出了两个水平的被试和总体被试在这 8 个属性上的掌握人数和百分比，如表 18 所示：

**表 18 低水平、高水平被试及总体被试在各个属性上的掌握人数和百分比**

| 属性 | 总体 | | 低水平 | | 高水平 | |
|---|---|---|---|---|---|---|
| | 掌握人数 | 百分比（%） | 掌握人数 | 百分比（%） | 掌握人数 | 百分比（%） |
| K1 | 48 | 66 | 21 | 63 | 27 | 68 |
| K2 | 24 | 33 | 8 | 24 | 16 | 40 |
| K3 | 51 | 70 | 21 | 63 | 30 | 75 |
| K4 | 47 | 64 | 20 | 60 | 27 | 68 |
| K5 | 27 | 37 | 9 | 27 | 18 | 45 |
| K6 | 49 | 67 | 18 | 54 | 31 | 78 |
| K7 | 48 | 66 | 17 | 51 | 31 | 78 |
| K8 | 42 | 58 | 14 | 42 | 28 | 70 |

表 18 统计了 73 名被试对这 8 个属性的掌握情况。以 K1 为例，我们可以看到共有 48 名被试掌握了 K1（A+ 了 / 过 +B）属性，约占总人数的 66%。其中低水平被试中掌握该属性的有 21 人，占低水平组总人数的 63%；高水平被试中掌握该属性的有 27 人，占高水平组总人数的 68%。为便于观察，我们将表中数据绘制成折线图，如图 1 所示：

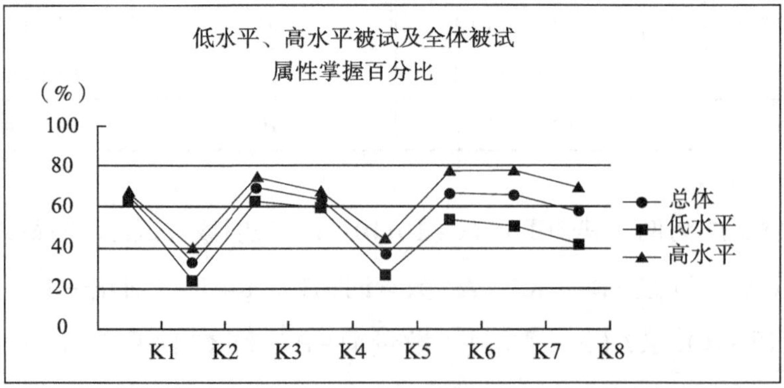


**图 1 低水平、高水平被试及全体被试属性掌握百分比**

从图 1 可以看出，低水平组、高水平组及全体被试属性掌握情况的变化趋势是一致的，其中高水平组的属性掌握情况要好于低水平组和全体组，这说明离合词离析形式的习得情况跟被试的汉语水平有很大的关系，离合词是区分留学生汉语水平的一个重要标志。汉语水平越高的学生，对离合词的掌握情况就越好。对于高水平组的被试和总体被试而言，最难掌握（<50%）的是 K2（A+ 的 +B）和 K5（A 重叠 +B）；而对于低水平组的被试来说，除 K2、K5 外，K8 [A+ 了 / 过 + 名词 / 代词（的）+B] 也较难掌握。

# 五 讨 论

## 5.1 答对率和属性值

由上文可知，被试的总体属性估计值从低到高依次为：

K2 < K5 < K8 < K4 < K7 < K1 < K6 < K3

即对于被试来说，掌握这 8 种属性从易到难的顺序为：

K3 → K6 → K1 → K7 → K4 → K8 → K5 → K2

结合前文经典测量理论对 8 种属性的难易度结果（由易到难）：

K3 → K7 → K6 → K1 → K8 → K4 → K5 → K2

可以看出，二者总体相似，出入不大。这显示了 DINA 模型的诊断结果与传统方式的诊断结果具有较高的一致性。这一方面显示了本次测验具有较高的内部效度，另一方面稳定的诊断结果也说明了 DINA 模型比较适用于离合词的诊断性评价。

## 5.2 被试知识状态的对比分析

传统测验理论阶段的测验只能从宏观角度提供单一的测验总分或能力

值，但具有相同分数或能力值的学生的认知结构并不一定相同。诊断性评价恰恰就能解决这个问题。被试 004 和被试 024 的得分都是 28 分，被试 003 的得分是 26 分，而被试 007 的得分是 35 分。如果按照传统的测量理论，被试 004 和被试 024 对离合词这 8 种属性的掌握情况是一样的，被试 003 和被试 007 的掌握情况则不一样。四名被试的知识状态见表 19：

**表 19　四名被试的知识状态**

| 被试 | 知识状态 |
| --- | --- |
| 004 | 1 1 1 1 1 1 1 0 |
| 024 | 0 0 0 1 0 1 1 1 |
| 003 | 1 0 1 1 0 1 1 1 |
| 007 | 1 0 1 1 0 1 1 1 |

从表 19 我们可以看出，被试 004 和被试 024 虽然得分相同，但是他们的知识状态却是不同的；而被试 003 和被试 007 虽然得分不同，但是他们的知识状态却是相同的。

所以，在教学活动中，我们不应简单地以分数来评判学生的掌握程度，而是可以利用诊断性评价来对学生进行有针对性的教学。以上面四名被试为例，尽管被试 003 和被试 007 得分不同，我们却可以把这两名被试归为一类，采用相同的教学方法展开有针对性的教学；对于得分相同的被试 004 和 024，则应采取不同的教学措施。

### 5.3　被试属性掌握情况讨论

根据前文的研究成果可以知道，8 个属性之间存在显著性差异。根据 DINA 模型的属性值估计结果，我们已经知道属性 K3 掌握得最好，属性 K2 掌握得最差：K3（A+ 数量词 +B）> K6（A+ 名词 / 代词 +B）> K1（A+ 了 / 过 +B）> K7（A+ 了 / 过 + 数量词 +B）> K4（A+ 补语 +B）> K8

[A+ 了 / 过 + 名词 / 代词（的）+B] > K5（A 重叠 +B）> K2（A+ 的 +B）。

下面我们来分析原因。掌握得最好的是 K3 和 K6。我们知道，在汉语教学中，数量词的用法比较简单，而且在初级阶段就已经展开教学了，所以被试对 K3（A+ 数量词 +B）掌握得好也就不奇怪了。对于 K6（A+ 名词 / 代词 +B）这种扩展形式，前文我们提到过，学生经常会出现“我生气她”“我结婚他”这样的偏误，但在课堂教学中，这种离合词后面直接带宾语的偏误是教师经常强调要改正的，尽管学生在平时的表达中还是会经常出现这样的偏误，但是大部分学生客观题的作答表现还是比较好的。K1（A+ 了 / 过 +B）的掌握程度仅排在第三位，对于“A+ 了 / 过 +B”的离合词扩展形式来说，很多时候，“A+B+ 了 / 过”也是对的。而且后者才是外国留学生更为熟悉的形式。在掌握好 K1 和 K3 的基础上，学生对 K7（A+ 了 / 过 + 数量词 +B）才能掌握得比较好，所以 K7 的难度排在 K1 后面是很合理的。同理，只有在掌握好 K1 和 K6 后，才能掌握好 K8 [A+ 了 / 过 + 名词 / 代词（的）+B]，所以 K8 的难度排在第六位也很合理。至于 K4（A+ 补语 +B）对于外国留学生来说难度中等，笔者认为跟汉语补语本身的多样性不无关系。与林丹丹（2008）的分析结果一样，我们也认为重叠形式是外国留学生非常容易混淆的一种形式。因为汉语词语重叠的特殊性和重叠形式的不一致性，导致学生虽然知道汉语的一些词语可以重叠，但是容易混淆应该用哪种重叠形式。无论是经典测量理论分析还是 DINA 模型估计结果，K2（A+ 的 +B）都是最难掌握的一种形式，其难点在于“是……的”这个语法点的干扰，学生更熟悉后者的形式，从而认为“A+ 的 +B”是错误的。

## 六 结 论

（1）本研究尝试将 DINA 模型应用到汉语离合词的诊断性评价中。所有数据及分组数据的参数估计结果均显示模型与数据拟合较为良好，说明DINA模型比较适合本研究中对考生个人及群体的诊断性评价。根据估计得出的被试知识状态，笔者分析了考生总体的属性掌握情况，为每位考生提供了相应的诊断报告，并且为考生个人的学习、离合词的教学和试题的编写提供了参考意见。

（2）从DINA模型的分析结果中我们发现，对于汉语作为第二语言的学习者，在我们考察的离合词的8种属性中，“A+数量词+B”的掌握比例最高，“A+的+B”和“A重叠+B”的掌握比例最低。

（3）离合词运用得好坏是能区分汉语学习者水平的。高水平学习者对离合词的掌握要明显好于低水平的学习者。在教学过程中，我们应当重视离合词的教学，而不应该采取回避的态度。

## ∷ 参考文献 ∷

丁慧明（2012）HSK（初、中等）考生听力理解的诊断性评价研究，北京语言大学硕士学位论文。

段业辉（1994）论离合词，《南京师大学报（社会科学版）》第2期。

李清华（1983）谈离合词的特点和用法，《语言教学与研究》第3期。

林丹丹（2008）离合词的特点和对外汉语离合词教学——以《汉语教程》离合词的问卷调查与分析为例，厦门大学硕士学位论文。

刘声涛（2005）认知诊断理论和技术新进展，载《第十届全国心理学学术大会论文摘要集》。

吕文华（1999）短语词的划分在对外汉语教学中的意义，《语言教学与研究》第3期。

马　萍（2008）留学生动宾式离合词习得研究——以统计学为视角，《汉语学习》第5期。

孙德金（2002）《汉语语法教程》，北京：北京语言大学出版社。

孙书姿（2004）韩国留学生习得汉语双音节 VO 型离合词的言语加工策略，北京语言大学硕士学位论文。

涂冬波、戴海崎、漆书青、丁树良（2006）新一代测量理论下四大认知诊断模型述评，载《全国教育与心理统计测量学术年会论文摘要集》。

王海峰（2008）现代汉语离合词离析形式功能研究，北京语言大学博士学位论文。

王瑞敏（2005）留学生汉语离合词使用偏误的分析，《语言文字应用》第 S1 期。

王施媛、戴海琦（2012）小学生乘法计算能力的认知诊断及补救教学，《考试研究》第 2 期。

王铁利（2001）现代汉语离合词问题研究，中国社会科学院研究生院硕士学位学位论文。

杨庆蕙主编（1995）《现代汉语离合词用法词典》，北京：北京师范大学出版社。

杨　翊（2011）基于 DINA 模型的汉字应用水平测试（HZC）认知诊断研究，北京语言大学硕士学位论文。

赵顶位、戴海琦（2012）4~8 年级学生几何类比推理问题解决认知诊断，《心理学探新》第 1 期。

周上之（2006）《汉语离合词研究——汉语语素、词、短语的特殊性》，上海：上海外语教育出版社。

de la Torre, J. (2009) DINA model and parameter estimation: A didactic. *Journal of Educational and Behavioral Statistics*, 34(1): 115-130.

de la Torre, J. & Douglas, J. A. (2004) Higher-order latent trait models for cognitive diagnosis. *Psychometrika*, 69(3): 333-353.

（作者单位：北京语言大学）

# 测试技术研究

# 主观性试题误差来源研究

赵越洋

**提　要**　笔试测验中的主观题因测查范围广泛，在大规模考试中的地位越来越受到重视，但学界对主观题误差来源及信度估计尚未能进行全面系统的研究。本研究通过文献梳理法，在概化理论和结构方程模型的基础上构建了主观题误差来源分析的流程及方法，并采用MHK（三级）作文测验的评分数据进行了定量分析。结果显示，MHK（三级）作文测验分数的变异来源主要有三部分：74.85%的分数变异来自考生间的差异；19.04%的变异来自评分员自身的差异；6.11%的变异来自评分员间的差异。最后估计得出的信度为0.98，信度值较高。研究表明，本研究提出的主观题误差来源分析流程及方法是有效可行的，既可以获得有关主观题误差来源更为全面的研究结果，又能为主观题的信度估计提供借鉴。

**关键词**　主观题；误差；经典测量理论；概化理论；结构方程模型

# 一 引 言

当今社会，考试越来越成为选拔人才的主要依据。考试的分数常被用作高风险决策或有效划分能力层次的依据，此时我们必须保证分数的高度可靠。信度作为评价考试质量的重要指标之一，对于任何一项考试来说，其研究不仅必要而且非常重要。

戴海崎等主编（2011）指出，信度是指测量结果的稳定程度，反映了测量过程中随机误差的大小。一个好的测验必须稳定可靠，即多次测量的结果保持一致，否则便不可信。测验结果的“稳定程度”主要受误差影响，因此，信度估计的前提是探究影响测验结果变化的误差来源。

与客观题不同，主观题没有固定答案，评分常采用多级计分的方式，考生作答的正确与否需要由评分员依据既定的标准答案和评分标准做出判断。因此，主观题的测量误差不仅来源于试题、考生和其他因素，还会在评分过程中产生较多的评分误差，包括不同评分员、评分标准、评分方式等引起的误差。而且，随着计算机及网络技术的不断发展，主观题的评分技术与评分模式经历了由纯人工评阅到网上评阅的变革，这也对主观题误差来源研究提出了新的要求。

目前，国内外专门针对主观题误差来源的研究相对薄弱。从主观题的信度估计可以看出，对于报告经典测量理论下 α 系数的研究来说，是将主观题的各种误差当作了一个整体，并未对其进行细致划分；对于用评分员信度来估计主观题信度的研究来说，显然也有偏颇，因为他们只考虑了评分带来的误差（Liao & Wei，2010）。

因此，无论是用一个笼统的指标还是用单一片面的指标来刻画受多种因素影响的主观题误差，都是难以令人信服的。寻求可以厘清各种误差来源及其大小的方法，进而完整地估计主观题测量信度，是测量理论和方法研究上亟待解决的一个重要问题。

## 二 不同测量理论下的误差来源与信度估计

经典测量理论、概化理论和项目反应理论是教育测量学界的三大类理论，它们经过长期的发展，形成了各自完整的统计分析理论和操作方法。由于项目反应理论与其他测量理论的信度分析结果属于不同的范畴体系，其信度指标与其他测量理论的信度指标不具备可比性（杨婷，2015），因此，本研究将重点探讨经典测量理论和概化理论的信度观及其估计方法。

### 2.1 经典测量理论下的误差来源与信度估计

经典测量理论认为，测量的误差来自测量工具、测量目标和实测过程三个方面。经典测量理论以真分数理论为基础，将真分数定义为考生的真实能力水平，而通过测量获得的实际分数则是包含了真分数和误差分数的观察分数，其数学模型表示为：$X=T+E$，其中 X 指观察分数，T 指真分数，E 指测量误差。

在此基础上，经典测量理论提出了信度的概念——同一测验对同一对象反复施测所得分数的一致性、可靠性程度。经典测量理论认为，尽管系统误差会使考生分数偏离其真分数，但是系统误差不会对测验结果的稳定性造成太大影响，因此在经典测量理论中，信度是刻画测验随机误差大小的指标，用信度指数 $\rho_{XT}$ 表示，其公式表示为 $\rho_{XT}=\sigma_T/\sigma_X$，其中 $\sigma_T$ 指真分数的标准差，$\sigma_X$ 指观察分数的标准差。

经典测量理论下的信度分为重测信度、复本信度、内部一致性信度、评分员信度等。重测信度是指测验跨越时间的稳定性和一致性程度，常用两次测验分数的相关系数来估计，但重测信度容易受记忆、练习效应的影响。复本信度采用平行试卷施测，主要反映的是因题目不同而带来的误差。内部一致性信度测验题目之间的一致性程度，常用分半信度、α 系数等方法估计，但分半信度易受题量影响，α 系数易受题量和样本同质性的影响。评分员信度是指多位评分员对同一组考生的作答反应进行评分的一致性程度，可以通过相关系数、肯德尔和谐系数 W 来估计。

### 2.2 概化理论下的误差来源与信度估计

概化理论认为，不能将测量误差粗糙地归结为随机误差和系统误差，每个测量面都是系统误差的来源，而测量目标自身的稳定性以及各种因素间的交互作用均是随机误差的来源（杨志明、张雷，2003：39）。方差是反映分数变异的指标，概化理论利用实验设计和方差分析的技术可以将其进行分解，即考生观察分数的方差是可以分解为多个方差分量的。

运用概化理论进行信度估计的基本过程主要包括两部分，即概化研究（G 研究）和决策研究（D 研究）。其中，G 研究是在确定测量对象和目标的基础上运用方差分析技术估计出各种变异来源对分数总变异所做的贡献；D 研究是根据样本值估计全域分数，并指出全域分数所适用的概化全域以及相应的信度值。

概化理论不仅可以量化地估计出影响测量信度的各种误差来源及其大小，弥补经典测量理论对误差来源无法进行分解的缺陷（刘婧，2006），还可以针对不同的情境来估计特定的误差，对误差的解释更具有针对性。

### 2.3 不同误差来源及信度估计方法小结

上面对经典测量理论和概化理论关于测量误差来源、信度估计方法进行了梳理，现将这两种理论的差异总结如表 1：

**表 1　经典测量理论和概化理论关于误差来源与信度估计的差异**

| 比较项 | 经典测量理论 | 概化理论 |
|---|---|---|
| 对观察数据总体方差的分解 | $\sigma^2_{观察分数}=\sigma^2_{真分数}+\sigma^2_{误差分数}$ | $\sigma^2_{观察分数}=\sigma^2_{测量目标主效应}+\sigma^2_{测量侧面主效应}+\sigma^2_{各种交换效应}$ |
| 对误差的认识 | 随机误差 | 相对误差和绝对误差 |
| 对误差方差的认识 | 误差方差是一个表示随机误差的总量，记为 $\sigma^2_{误差分数}$ | 各测量侧面对测量目标的干扰程度、各测量侧面对测量目标的交互干扰程度，分别记为 $\sigma^2_{测量侧面主效应}$、$\sigma^2_{各种交换效应}$ |
| 对信度的定义 | $\dfrac{\sigma^2_{真分数}}{\sigma^2_{真分数}+\sigma^2_{误差分数}}$ | $\dfrac{\sigma^2_{测量目标主效应}}{\sigma^2_{测量目标主效应}+\sigma^2_{(相对/绝对)误差}}$ |

首先，经典测量理论和概化理论对误差的认识不同。在经典测量理论中，误差方差作为误差指标，被定义为一个单一笼统的总量，尽管各种信度估计指标也从不同角度来估计信度，但只能反映不同测量条件下所形成的测验结果的误差，没有将多种测试条件共同引起的信度变化反映出来（陈社育、余嘉元，2001）。另外，经典测量理论下的信度观主要反映的是随机误差对测量结果的影响程度，并不能反映出测量中可能存在的系统误差。

概化理论认为，不同的测验情境下，测量误差的结构不同，各种误差在误差总量中所占的比例也不同。测量目标、测量侧面、测量侧面各水平的变化均会引起测验误差来源、测验误差大小、测验信度的变化，由此，概化理论明确地揭示了引起测验分数变化的各种误差来源。

其次，经典测量理论对信度的定义无助于信度估计，因为在定义中，真分数方差和误差分数方差都无从求取。虽然之后根据平行测验的概念，可推演出若干信度的公式，但严格的平行测验并不存在，由此可能造成实际估计的信度精度不高。

概化理论通过方差分析技术，可以求出不同误差的占比情况，然后针对不同的测量情境，估计出相应的测验结果的信度。其中，概化理论 G 研究中分析测量误差来源、估计变异分量的观点值得借鉴，这是一种适用于主观题这种误差来源较多的题型的研究方法。

## 三 主观题误差来源及信度估计的研究现状

近年来，主观题因其自身独特的优势，逐渐成为测验中必不可少的一部分。但目前国内外测量学界鲜有学者专门针对主观题的信度估计进行探索，也极少有研究者明确指出究竟哪种方法适用于主观题的信度估计，学者们多是出于自己研究目的的需要来估计主观题的信度。

Rajaratnam et al.（1965）用分层 α 系数（stratified alpha）来估计托业考试（TOEIC）口语、写作测验的信度，但写作测验因不满足计算分层 α 系数的要求，只能计算其重测信度。Bridgeman（2016）对 GRE 中的分析性写作测验进行了信度、效度分析。由于写作中的两道题从严格意义上来说是不等价的，不能通过 α 系数和相关来估计信度，他提出用重测信度来估计这类考试的信度。但本研究认为，如果重测样本不具代表性，那么总体信度的推论可能会有失偏颇。

也有研究者意识到主观题和客观题的误差来源有差异，这导致了两种情况。一种情况是，研究者过度关注评分因素造成的误差，而忽略了其他方面的误差来源，对测验结果的信度估计不够全面。如柴省三（2003）对 HSK（高等）口试的评分信度研究，主要估计评分员的一致性程度。另一种情况是，研究者尝试从多个角度对测量误差的来源进行分析，但采取的方法有一定的局限。例如国内对国考申论信度的研究，采用的是目前运用最广泛的信度指标——α 系数及复本信度，并对评分员的动态评分过程进行分析。

综上所述，目前国内对主观题的信度估计研究存在两方面的不足：一是对主观题的信度估计研究认识不足，导致专门针对主观题的信度估计研究探索不够，未能有效利用现有方法对主观题的信度估计进行全面研究；二是经典测量理论下的信度估计方法在估计主观题信度时存在局限，未能展现主观题误差来源的全貌以及量化分析各误差来源的大小及所占比重。基于此，本研究首先对不同测量理论的信度观及其信度估计方法进行梳理，再从信度的本质出发，明确客观题和主观题在信度估计方面的差异，从而探索适合主观题的信度估计方法。

## 四　对主观题误差来源的认识

### 4.1　信度的本质

关于信度的本质，可以从以下两个角度来理解：

（1）信度是反映测验结果稳定程度、可靠性程度的指标。

从某种方面来讲，信度是用同一方法、相隔一定时间、测量相同客体所得结果的一致性程度（尹晓盼，2014）。

（2）信度是反映测验结果受测量误差影响程度的指标。

考试分数作为评价考生能力的标准，在理想情况下，我们希望考试分数的变异均由考生之间能力水平的差异引起，这样，考生所得分数就可以完全解释其能力，此时的测验结果是完全可靠的。但在实际考试中，分数除了反映考生的能力以外，还反映了许多无关因素的影响，这些因素就是测量误差的来源。明确影响测验结果变化的误差来源是信度估计的基础。从可操作性的角度来看，信度实际上是反映测量误差大小的指标。

此外，主观题的测验结果除了反映考生能力和试题方面的因素以外，还包括了评分因素。这些因素以及因素间的交互作用共同影响着考生的得分，使得测验误差的来源变得复杂多样。此时如果仍用经典测量理论来估计主观题的信度，就会显得比较粗糙，还会存在诸多局限。

基于此，有研究发现，主观题测验由于测量情境的不同，测量误差的来源及其大小也存在差异，这启发我们在对主观题误差来源进行研究时，不能一概而论，而要从考生因素、试题因素、评分因素等角度入手，具体分析特定测量情境下的测量误差来源并对其大小进行估计，甚至估计出同一类误差来源中每个个体的误差贡献量，使主观题误差来源分析更具体、精确。最后，根据测验结果所要做出的决策，可以进一步求出主观题的信度估计值。

## 4.2 主观题误差来源分析的可行性探索

### 4.2.1 用方差分析的思想估计主观题误差来源的大小

在对测验分数的信度进行研究时，经典测量理论一次仅能考虑一个影响因素，误差项也仅有一项。概化理论可以同时处理多个影响因素，还可以将误差分解，估计出各误差对总误差的贡献率，为后续调整设计、减小误差、提高决策的可靠性提供参考。由此看来，概化理论与我们对信度本质的第二种理解高度契合。那么，我们可以尝试用概化理论来研究主观题的误差来源。

### 4.2.2 用结构方程模型估计测量侧面各水平对分数变异的影响

结构方程模型整合了因素分析与路径分析两种统计方法，可以同时检验模型中包含的观察变量、潜在变量、干扰或误差变量之间的关系，进而获得自变量对因变量影响的直接效果、间接效果或者总效果。

图 1 显示了由一个观察变量和一个潜在变量组成的测量模型图。图中带箭头的线条称为路径，表示变量间的因果关系和方向，变量间的直接影响程度可以通过模型估计，并在路径上显示出来，称为路径系数。

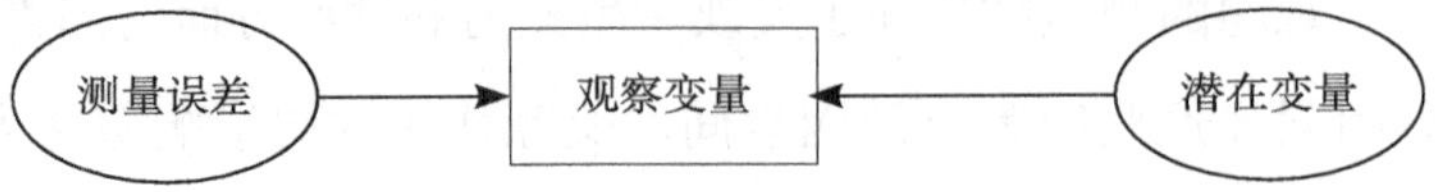


**图 1 测量模型图**

如果在概化理论的基础上，借助结构方程模型中的路径分析，探究测量侧面各水平与测验分数变异之间的关系，那就不仅可以较为全面地分析主观题的误差来源，还可以更深层次地研究各误差来源的大小，从而找出控制误差的方向。

#### 4.2.3 用主观题和客观题的相关进行验证

主观题能够反映考生解答问题的思维过程和对问题的理解程度，它对客观题考查不到的范围可以起到查缺补漏的作用，最大限度地实现对考生能力水平的全面考查。当测验的客观题和主观题测量的是同一种特质时，考生在这两种题型上的表现应该是一致的，此时可以说明，对于主观题而言，评分因素对测验结果的影响程度较小。因此，通过计算主观题与客观题的相关，可以从侧面对主观题测量误差来源进行探索性验证。

## 五 实证研究

### 5.1 主观题误差来源研究流程框架图

本研究针对主观题的特点，在概化理论和结构方程模型的基础上，借助框架图表的形式把主观题误差来源研究的整个流程表示出来（见图 2），以此尝试对主观题的误差来源进行较为全面的研究。

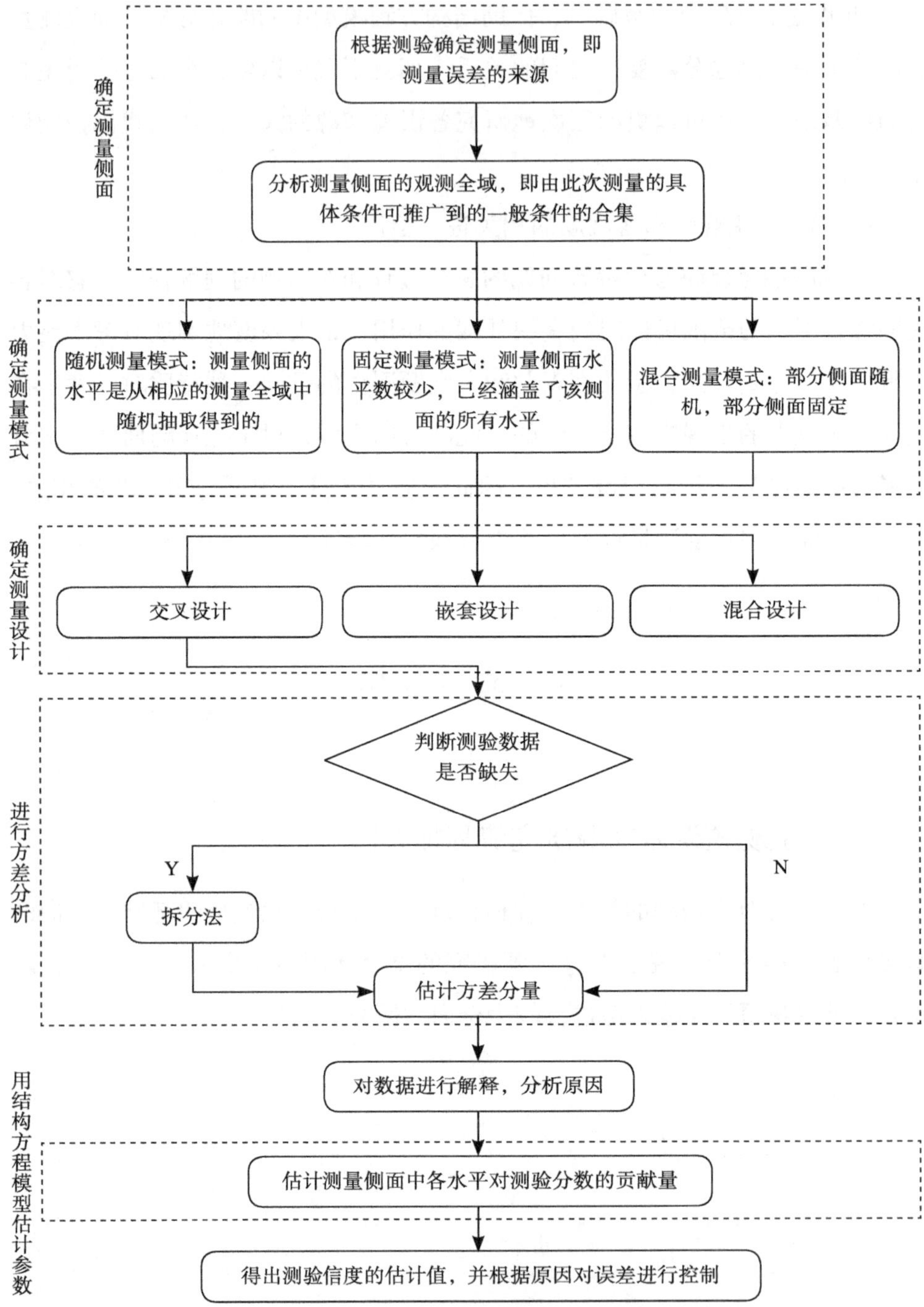


**图 2　主观题误差来源研究流程框架图**

## 5.2 研究设计

### 5.2.1 研究数据

本研究选取 MHK（三级）作文（1 道主观题）和国家公务员录用考试申论（第 5 题）的评分数据，对前面提出的主观题误差来源研究的流程及方法进行验证，并用申论第 5 题的数据对主观题误差来源研究流程中提到的拆分法的有效性进行验证。

目前研究采集到的数据包括某次 MHK（三级）作文考试的实际评分数据和某年国家公务员录用考试申论第 5 题重新评分的数据。其中，实际参加本次 MHK（三级）作文考试的有效人数为 3909 人。考试结束后，组织 22 位评分员（其中有 1 位是复评员）对这些考生的作答进行评分。研究中涉及的国家公务员录用考试申论第 5 题的数据是从某年国考中依据正态分布的原则随机抽取 100 名考生的作答，由 4 位评分员依据分项评分的方法分别从立意、内容、结构、语言四方面对所有考生的作答重新评分后获得的。

### 5.2.2 研究内容

本研究内容包括三个方面：

研究一：借鉴 Chiu & Wolfe（2002）提出的拆分法，对影响 MHK（三级）作文考试得分的误差来源进行量化估计，并通过主观题与客观题的相关及申论第 5 题的数据进行验证。

研究二：采用结构方程模型构建出 21 位评分员（不包括复评员）和考生分数之间的关系模型，估计得出评分员侧面各水平对考生分数变异的贡献量，进而根据评分员评分的分数分布情况和有效阅卷量情况，对模型估计结果提供多角度验证。

研究三：估计特定概括全域上整个测验的概化系数和可靠性指数，作为测验结果的信度指标。

## 5.3 研究结果与分析

### 5.3.1 研究一的结果与分析

研究一主要是运用方差分析的思想对影响 MHK（三级）作文考试的误差来源进行量化估计；用考生在 MHK（三级）作文测验上得分和在客观题测验上得分的相关进行验证。

为了充分利用数据信息，本研究用拆分法把数据分为 201 组，分别对每组数据的方差分量进行估计。根据方差分量占比的不同，将 201 个小组进行分类，如表 2 所示。

**表 2　201 个小组的分类情况**

| 方差分量占比情况 | 考生效应≥评分员效应≥交互效应 | 考生效应 > 交互效应 > 评分员效应 | 交互效应 > 考生效应≥评分员效应 |
|---|---|---|---|
| 组数 | 20 | 172 | 9 |

从表 2 可以看出，所有小组中引起分数变异的来源均主要由三个效应构成，即考生效应、评分员效应和评分员与考生的交互效应，且“考生效应 > 交互效应 > 评分员效应”的情况最多，即大部分小组中考生分数的变异是由考生间水平的差异造成的，这正是测验研发者期望的结果。

由于数据分组较多，这里从以上 3 种情况中分别随机抽取 1 个小组来进行具体分析。分析情况如表 3、表 4 和表 5 所示。

**表 3　第 138 组 MHK（三级）作文方差分量估计表**

| 变异来源 | 自由度 | 均方 | 变异分量估计值 | 变异分量占比情况 |
|---|---|---|---|---|
| 考生效应（p） | 13 | 0.728 | 0.319 | 44.76% |
| 评分员效应（r） | 1 | 4.321 | 0.302 | 42.46% |
| 交互效应（p×r） | 13 | 0.091 | 0.091 | 12.79% |

表 4　第 19 组 MHK（三级）作文方差分量估计表

| 变异来源 | 自由度 | 均方 | 变异分量估计值 | 变异分量占比情况 |
|---|---|---|---|---|
| 考生效应（p） | 22 | 3.314 | 1.548 | 83.59% |
| 评分员效应（r） | 1 | 2.174 | 0.085 | 4.59% |
| 交互效应（p×r） | 22 | 0.219 | 0.219 | 11.83% |

表 5　第 66 组 MHK（三级）作文方差分量估计表

| 变异来源 | 自由度 | 均方 | 变异分量估计值 | 变异分量占比情况 |
|---|---|---|---|---|
| 考生效应（p） | 2 | 0.167 | 0.000 | 0.00% |
| 评分员效应（r） | 1 | 0.167 | 0.000 | 0.00% |
| 交互效应（p×r） | 2 | 0.167 | 0.375 | 100.00% |

从表 3 可以看出，第 138 组中测验研发者期望的有效变异占比较小，大部分误差都是评分过程中产生的，尤其是评分员之间评分不一致带来了较多误差。从表 4 可以看出，第 19 组考生的分数变异绝大部分是由考生水平差异的有效变异造成的。从表 5 可以看出，第 66 组考生分数的全部变异都是由评分员自身评分不一致造成的。这样的结果可能是真实存在的，也可能是因为第 66 组考生样本容量较少所导致的估计误差。对于造成此结果的原因，有待通过研究二来进一步探究。

根据对 201 个小组的方差分量估计，可以得出 MHK（三级）作文考试整体的方差分量估计值，如表 6 所示。

表 6　MHK（三级）作文方差分量估计汇总表

| 变异来源 | 自由度 | 变异分量估计值 | 变异分量占比情况 |
|---|---|---|---|
| 考生效应（p） | 3908 | 0.007 | 74.85% |
| 评分员效应（r） | 21 | 0.001 | 6.11% |
| 交互效应（p×r） | 82068 | 0.002 | 19.04% |

从表 6 可以看出，MHK（三级）作文考试分数的变异来源主要有三部分：74.85% 的分数变异是由考生间差异引起的；19.04% 的分数变异是评分员自身差异引起的；6.11% 的分数变异来自评分员之间的差异。总体来看，考生分数的变异大部分是考生之间的差异造成的，属于有效变异，少数变异来自评分过程产生的评分误差，说明此次考试能够反映考生的能力水平。

为进一步验证方差分析的结果，本研究对考生在 MHK（三级）作文上的得分和在客观题测验上的得分进行了相关性检验，结果如表 7 所示。

**表 7　MHK（三级）作文和客观题测验的相关分析**

| | |
|---|---|
| **Pearson 相关性** | .586** |
| **显著性（双侧）** | .000 |
| **N** | 3909 |

注：** 表示在 .01 水平（双侧）上显著相关。

从表 7 可以看出，MHK（三级）作文和 MHK（三级）客观题测验的相关系数为 0.586，P 值小于 0.01，具有统计学意义。MHK（三级）作文和 MHK（三级）客观题测验存在显著的正相关关系，说明 MHK（三级）作文的分数反映了考生的写作能力水平，这与方差分析的结果一致。

为确保使用拆分法来估计缺失数据方差分量的可行性和有效性，本研究采用申论第 5 题的数据，分别估计了完整与非完整版数据下的方差分量，并把方差分量估计值与方差分量真值的比较结果以图表的形式表示出来，如图 3 所示。

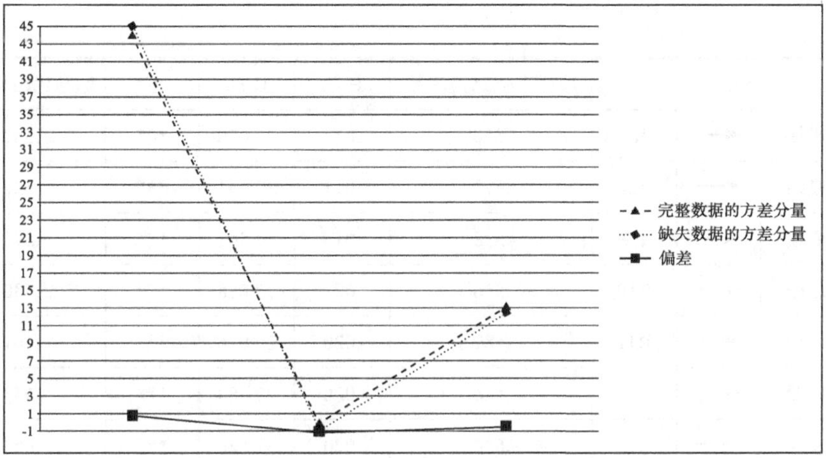


**图 3　基于拆分法所得方差分量估计值与方差分量真值的比较图**

从图 3 可以发现，拆分法对各方差分量的估计与方差分量真值的偏差基本与横轴持平，说明二者的差异相对较小，即通过拆分法来估计存在缺失数据的方差分量的做法是行之有效的。

5.3.2　研究二的结果与分析

研究二主要是运用结构方程模型来估计测量侧面（评分员侧面）中各水平对分数变异的贡献量，用评分员评分的分数分布情况和有效阅卷量情况对模型估计结果进行多角度验证。

本研究将 21 位评分员的模型参数估计结果进行汇总，如表 8 所示。

**表 8　结构方程模型参数估计结果表**

| 路径 | | | 非标准化路径系数 | S.E. | C.R. | P | 标准化路径系数 |
|---|---|---|---|---|---|---|---|
| 最终成绩 | ← | R1 | .274 | .021 | 12.915 | *** | .308 |
| 最终成绩 | ← | R2 | .458 | .015 | 31.067 | *** | .492 |
| 最终成绩 | ← | R3 | .455 | .018 | 25.880 | *** | .514 |
| 最终成绩 | ← | R4 | .374 | .041 | 9.137 | *** | .458 |
| 最终成绩 | ← | R5 | .591 | .026 | 22.490 | *** | .640 |
| 最终成绩 | ← | R6 | .536 | .022 | 23.869 | *** | .597 |

续表

| 路径 | | | 非标准化路径系数 | S.E. | C.R. | P | 标准化路径系数 |
|---|---|---|---|---|---|---|---|
| 最终成绩 | ← | R7 | .560 | .013 | 41.670 | *** | .582 |
| 最终成绩 | ← | R8 | .572 | .021 | 27.791 | *** | .622 |
| 最终成绩 | ← | R9 | .538 | .016 | 34.561 | *** | .591 |
| 最终成绩 | ← | R10 | .556 | .021 | 27.088 | *** | .530 |
| 最终成绩 | ← | R11 | .589 | .020 | 29.076 | *** | .601 |
| 最终成绩 | ← | R12 | .586 | .026 | 22.584 | *** | .643 |
| 最终成绩 | ← | R13 | .634 | .020 | 31.620 | *** | .653 |
| 最终成绩 | ← | R14 | .524 | .016 | 33.654 | *** | .528 |
| 最终成绩 | ← | R15 | .296 | .015 | 19.670 | *** | .378 |
| 最终成绩 | ← | R16 | .429 | .045 | 9.468 | *** | .428 |
| 最终成绩 | ← | R17 | .423 | .018 | 23.381 | *** | .457 |
| 最终成绩 | ← | R18 | .547 | .014 | 39.272 | *** | .581 |
| 最终成绩 | ← | R19 | .425 | .018 | 24.208 | *** | .449 |
| 最终成绩 | ← | R20 | .527 | .021 | 25.618 | *** | .582 |
| 最终成绩 | ← | R21 | .544 | .020 | 27.432 | *** | .569 |

注：*** 表示在 0.05 水平上显著。

结构方程模型常用标准化路径系数表示因素对变量的影响程度，即效果大小。标准化路径系数越大，表示因素对变量的影响越大。Cohen（1988）指出，在显著水平下，当标准化路径系数的范围在 0—0.1 时，表示小效果的因果，0.1—0.5 表示中等程度效果的因果，0.5—1 表示较强的因果关系。一般情况下，常要求显著水平下的标准化路径系数要达到 0.5 及以上。

根据表 8 可知，大部分评分员的标准化路径系数在 0.5—0.7 之间，说明大部分评分员对考生分数变异的贡献量较大。个别评分员（评分员 R1、R2、R4、R15、R16、R17 和 R19）的标准化路径系数在 0.5 以下，说明他们对考生分数变异的贡献量较小。R1 和 R4 两位评分员对考生分数变异的贡献量较小，这在某种程度上和研究一中对第 66 组考生分数变异的分析结果相吻合。

为了对模型估计结果进行多角度验证，本研究分析了对考生分数贡献量较小的七位评分员的评分分数分布情况以及有效阅卷量情况。结果显示，七位评分员评分的分数分布情况或多或少地存在一些问题，而且他们的有效阅卷量较低。这些分析结果与结构方程模型的分析结果较为一致，这为本研究使用结构方程模型来估计测量侧面各水平对分数变异的影响，进而对主观题误差来源进行深入研究提供了有力支持。

### 5.3.3 研究三的结果与分析

研究一估计得出了考生在特定条件下 MHK（三级）作文的表现水平，通常来说，测验使用者希望通过考生在某个特定测量条件下的表现水平，来推测他在一般条件下的行为表现水平。因此，研究三在 p×r 随机单面交叉设计方差分析的基础上，根据概化理论中各因素均方值、各因素变异分量的计算公式，又估计得出了不同评分员样本容量下引起考生分数变异的各方差分量，具体情况如表 9 所示。

**表 9　不同评分员样本容量下各方差分量的变化情况**

| 评分员样本容量 | 15 | 17 | 19 | 21 | 23 |
|---|---|---|---|---|---|
| 考生效应（P） | 97.81% | 98.06% | 98.26% | 98.43% | 98.56% |
| 评分员效应（R） | 0.53% | 0.47% | 0.42% | 0.38% | 0.35% |
| 交互效应（P×R） | 1.66% | 1.47% | 1.32% | 1.19% | 1.09% |

测验使用者在对 MHK（三级）作文分数进行解释时，常通过测验分数来评价考生对具体知识和技能的掌握程度，而不会过分强调考生在某一考生团体中的相对地位。基于此，本研究估计了 MHK（三级）作文的绝对误差，并计算了可靠性指数作为测验分数的信度指标。当评分员人数为 22 人时，

MHK（三级）作文测验的信度为 0.98。研究进一步对不同评分员样本容量下的信度进行估计，具体结果如表 10 所示。

表 10　以 p×r 为基础的 P×R 设计之 D 研究结果

| 评分员样本容量 | 15 | 17 | 19 | 21 | 23 |
|---|---|---|---|---|---|
| 绝对误差 | 0.02% | 0.01% | 0.01% | 0.01% | 0.01% |
| 可靠性指数 | 0.97809 | 0.98062 | 0.98262 | 0.98425 | 0.98560 |

从表 10 可以看出，评分员样本容量的变化会对 MHK（三级）作文测验结果的信度造成一定的影响。随着评分员人数的增加，信度也会随之提高，但是可靠性指数的增幅变化越来越小，说明当评分员人数达到 15 人左右时，测验结果的信度已经趋于稳定。因此，可以依据 MHK（三级）作文阅卷工作量的大小来决定评分员人数。

## 六　结　论

本研究的目的主要有两点：一是通过对不同测量理论下测量误差来源和信度估计的梳理，探讨信度的本质，并在此基础上，借鉴现有的理论和方法，尝试构建主观题误差来源分析的流程及方法；二是以实际考试评分数据为例进行实证研究，验证所构建的主观题误差来源分析流程的可行性与有效性。综上，本研究得出如下结论：

研究发现，主观题和客观题的误差来源存在一定差异，而且二者的信度估计方法也有所区别。本研究在概化理论和结构方程模型的基础上构建了主观题误差来源研究的流程及方法，可以使我们获得有关主观题误差来源更全面的研究结果。其中，通过方差分析将测验分数的变异进行分解，可以获得各变异分量的大小，进而估计出被试变异占测验分数总变异的比重，作为测验分数的信度，以此来观察测验分数能解释考生真实能力水平的程度；通过结构方程模型，可以估计出测量侧面各水平对测验分数变异的贡献量，从而找出减少测验误差的方向；通过概化理论的 D 研究，可以估计出不同测量情境下的测验信度，为测验使用者做出不同决策提供可靠的依据。

本研究采用 MHK（三级）作文测验的真实数据，对主观题误差来源研究的流程及方法进行了验证，且实证研究部分的三个研究结果相对一致，说明所提出的主观题误差来源研究流程及方法是可行的、有效的。

## :: 参考文献 ::

柴省三（2003）汉语水平口试信度的理论与实证研究，《语言教学与研究》第 4 期。

陈社育、余嘉元（2001）经典真分数理论与概化理论信度观评析，《心理学动态》第 3 期。

戴海崎、张　锋、陈雪枫主编（2011）《心理与教育测量》（第 3 版），广州：暨南大学出版社。

刘　婧（2006）运用概化理论分析作文分数的变异，北京语言大学硕士学位论文。

杨　婷（2015）基于混合方法的行政职业能力测验信度的回溯研究，北京语言大学硕士学位论文。

杨志明、张　雷（2003）《测评的概化理论及其应用》，北京：教育科学出版社。

尹晓盼（2014）高校德育评估的信度研究，杭州电子科技大学硕士学位论文。

Bridgeman, B. (2016) Can a two-question test be reliable and valid for predicting academic outcomes?. *Educational Measurement: Issues and Practice*, 35(4): 21-24.

Chiu, C. W. T. & Wolfe, E. W. (2002) A method for analyzing sparse data matrices in the generalizability theory framework. *Applied Psychological Measurement*, 26(3): 321-338.

Cohen, J. (1988) *Statistical Power Analysis for the Behavioral Sciences* (2nd edition). Hillsdale, NJ: Lawrence Erlbaum Associates.

Liao, C. & Wei, Y. (2010) Statistical analyses for the TOEIC speaking and writing pilot study (TOEIC Compendium TC-10-09). https://www.ets.org/Media/Research/pdf/TC-10-09.pdf.

Rajaratnam, N., Cronbach, L. J. & Gleser, G. C. (1965) Generalizability of stratified-parallel tests. *Psychometrika*, 30(1): 39-56.

（作者单位：北京语言大学）

# 汉语作文计算机自动评分雷同卷的评分研究
## ——以 MHK（三级）作文为例

张晨妹

**提　要**　现在计算机自动评阅技术的应用愈加广泛，在 MHK（三级）作文计算机自动评分的实验中发现，疑似抄袭的雷同卷被计算机拒评，直接影响了评分的效率。通过文献梳理和借鉴前人经验，本研究分三个阶段进行。研究一根据考试分数的分布情况、对评分员的出声思维访谈和专家的经验，结合雷同卷的分类和特点，制定出三类雷同卷的计算机评分规则。研究二在研究一的基础上，对雷同卷进行计算机自动评分，结果显示，以上规则效果良好。为进一步提高机评的效能，研究二对上述评分规则进行改进，并确定机评的评分区间和复评规则。研究三是对研究二改进后的评分规则的验证，结果表明，改进后的评分规则比原评分规则更加准确。

**关键词**　计算机自动作文评分；雷同卷；评分规则

# 一 引 言

主观题需要借助人来评分。尽管有评分标准的限定，并且在阅卷前对评分员进行了严格的培训，但人工评分毕竟是人的主观思维判断，不可避免地存在个性差异和疲劳效应，所以主观题分数的客观性、一致性和可靠性偏低。随着计算机技术的发展，特别是手写体识别、自然语言处理和人工智能等技术的相继突破，计算机自动评分系统发展迅速，由试验、检测逐步进入实际的评分应用。计算机自动评分系统具有一致性高、稳定性好、准确性好、安全性高、客观性强等优势。而且，计算机自动评分系统可以把疑似抄袭的作文筛选出来，同时会对疑似抄袭的作文做出分类并显示其雷同率。由于现有的评分标准没有确定和细化雷同卷的评分细则，计算机自动评分系统缺乏相应的评分规则，对于检测出来的疑似抄袭的各类作文，计算机自动评分系统会自动拒评，转入人工评分系统由评分员进行评分。而评分员在评分时，受到随机分配策略的影响，不能有效地判别和区分疑似抄袭的雷同卷，从而不可避免地高估被试的写作能力，打出高于被试实际写作水平的分数，导致考试信度和公平性受到影响。如果计算机能够对疑似抄袭的雷同卷直接评分，则可提高评分的效率和质量。

# 二 计算机作文自动评分

国外很早就开始对主观题自动评分这个难题展开了广泛的研究并取得了一些成果，开发出了 PEG（Project Essay Grade）、IEA（Intelligent Essay Assessor）、E-rater 和 IntelliMetricTM 等作文评分系统。

PEG 作文自动评分系统忽略了作文的语义信息，过多地注重作文的结构，并不能正确地进行自动评分。IEA 作文自动评分系统依托的是潜伏语义分析（Latent Semantic Analysis）理论和技术，该技术会减少维数来过滤掉自然语言中大量的干扰信息，从而提取出数据中的潜在语义结构。E-rater 是一个使用基于微软自然语言处理工具包来分析文章的自动评分系统，自 1999 年起，为 GMAT 考试评阅了大量作文。该系统将作文的词性、句法结构以及篇章结构考虑在内，依据人工评分的作文集，得到待评分文章的分值。IntelliMetricTM 是第一套基于人工智能的作文自动评分系统，集合了人工智能、自然语言处理和统计技术之长，能够内化专家评分员的智慧，模仿人工评分员评卷，对作文的内容、形式、组织和写作风格进行评分。

国内自动评分技术的突破大多是从英语开始的（彭恒利，2019）。梁茂成（2005）构建了中国学生英语作文自动评分模型，任春艳（2004）曾经对汉语水平考试（HSK）高等作文的评分进行研究，张晋军、任杰（2004）对 MHK（三级）作文的计算机评分进行了实验研究，Write on 作文自动评分系统、句酷批改网和“冰果英语智能作文评阅系统”等也进行了自动评分的应用。

在新疆 MHK（三级）作文评分中，由科大讯飞股份有限公司研发的汉语作文计算机自动评分技术已经在多项指标方面达到甚至超过人工评分水平，具备在一人一机评分模式中实际应用的能力。此外，它还具备相似内容检测的功能，能够将疑似抄袭的作文检测出来。

## 三 第二语言的主观题评分

在当前的写作测试人工评分过程中，评分员的评分容易受到评分方法、评分标准、评分规则、测试任务以及评分风格等多方面的影响（Weigle，2002）。

在写作测试中，所使用的评分标准往往是考试的理论依据，评分过程由评分标准来指导，评分结果也由评分标准来报告，因此，确定评分方法、制定评分方法各个等级的描述项，对评估的有效性是至关重要的。

Fulcher & Davidson（2007）主张，有两种设计评分标准的方法：基于直觉式（intuition-based）和基于实验数据式（data-based）。基于直觉式的方法是指相关专家基于他们的经验和理论决定评分标准；基于实验数据式是比较受欢迎的方法，该方法通过分析包含被试语言行为样本的话语或语篇，得到被试的语言行为特征，或采用让评分员评价被试语言行为的方法，对语言行为特征进行归纳。对二语写作测试来说，基于实验数据式的方法表现为两种模式：（1）文本特征模式（text characteristics model），该模式是通过实验研究来归纳可以反映被试写作能力的文本特征；（2）读者—作者互动模式（reader-writer model），该模式是从评分员的评分行为中去归纳评分员在评阅作文时关注了被试的哪些文本特征。当代高风险、大规模写作测试，如新托福的写作评分标准（Cumming et al.，2001）和新雅思的写作评分标准等，都是基于实验数据设计评分标准的，具体方法有：评分员间信度分析、通过问卷调查或半结构化访谈解释评分者能够在多大程度上可靠地区分量表等级、描述性统计、相关分析、多面 Rasch 模型分析等。针对评分标准的使用，孙晓敏、张厚粲（2007）和孙海洋、魏梅（2012）运用多面 Rasch 模型来分析分数段的合理性和等距性，这一方法是基于评定等级量表使用的两点假设：一是评定量表的等级之间是等距的；二是能力水平越高的被试，得到的等级越高 。

# 四　实证研究

## 4.1　研究设计

本研究采用2017年和2018年两年的MHK实测数据，分为三个阶段：制定雷同卷的评分规则、评分规则的验证和改进、改进后的评分规则的验证。

### 4.1.1　研究一：制定雷同卷的评分规则

在2017年11月MHK（三级）作文阅卷被计算机拒评的雷同卷中，抽取作文样本，请专家评分员对样本重新评分。根据评分标准，结合重评分数分布情况，制定评分规则。

### 4.1.2　研究二：评分规则的验证和改进

在研究一的基础上，使用计算机自动评分系统对2018年11月MHK（三级）作文雷同卷进行自动评分。通过对评分结果的统计分析，对研究一制定的评分规则进行验证和改进。

### 4.1.3　研究三：改进后的评分规则的验证

用研究二中改进后的评分规则再次进行雷同卷的计算机自动评分，并对改进后的评分规则进行验证和评价。

## 4.2　研究过程

### 4.2.1　研究一：制定雷同卷的评分规则

2017年11月MHK（三级）作文雷同卷可分为三类：套作范文、抄写作文提示和阅读理解材料、互相套作。其中，“互相套作”指套作了网络文本库中没有的范文，一般是汉语教师将相关范文、素材和模板进行整合形成的材料。

从每类作文中用分层按比例方法随机抽取作文50篇，共150篇，交由四位有经验的评分员进行重新评分。评分员可以看到每篇作文的类型、雷同程度和雷同部分的内容，雷同内容不参与评分，属于无效表达，只按作文的有效表达部分给分。

对人工重评分数进行描述性统计、相关分析和 Facets 分析：评分员对每个分数段的把握比较精准，基本符合评分标准；评分都较为可信，评分员基本合格；但评分员的评分结果有很大差异，且差异比较显著。

虽然评分员间的一致性不强，宽严度不一致，但观察四位评分员的实际评分情况后发现，由于重评分数都在 3 分以下，1 分最多，一名评分员与另外三名评分员之间相差超过阈值（2 分）的仅有 3 篇作文，说明评分员的分数仍然是可用的。但因为每位评分员间的宽严度不一致，所以不采取剔除某一评分员评分的方式。为避免更大的评分误差，在确定每篇作文的最终重评分数时，采取以下办法：

1. 若四位评分员所评分数一致，最终重评成绩取一致的分数；

2. 若三位评分员所评分数一致，最终重评成绩取一致的分数；

3. 若两两一致且分差不超过 1，最终重评成绩取较高分与较低分的均值；

4. 若两位评分员所评分数一致，另外两位所评分数分差超过 1，最终重评成绩取一致的分数。

对以上阐述的最终重评成绩确定规则进行应用举例，详见表 1：

**表 1　2017 年 11 月考试最终重评成绩确定规则示例**

| 序号 | R1 | R2 | R3 | R4 | 最终重评成绩 |
|---|---|---|---|---|---|
| 1 | 1 | 1 | 1 | 1 | 1 |
| 2 | 2 | 1 | 1 | 1 | 1 |
| 3 | 2 | 2 | 1 | 1 | 1.5 |
| 4 | 3 | 1 | 2 | 2 | 2 |

用以上办法确定样本中每篇作文人工重评的最终重评分数后，对实评分

数与重评分数之间的差值进行统计，形成差值分析图（见图 1）。根据图 1，差值区间为 [-0.5，3.5]，几乎所有的作文实评分数均高于重评分数，这说明在实际阅卷评分中，评分员会高估雷同卷考生的实际写作水平。

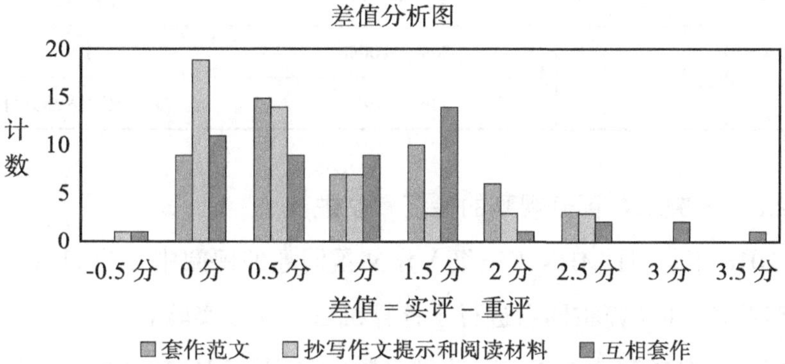


**图 1　2017 年 11 月考试人工实评与重评差值分析图**

对每篇作文的最终重评分数进行统计，发现三类作文重评分数中，1 分所占比重在 80%—92% 之间，1.5 分的比重在 6%—10% 之间，2 分所占比重极小，在 2%—8% 之间。

对这 150 篇雷同作文进行评阅前后，专家评分员对雷同卷进行讨论并接受访谈。专家评分员一致认为，雷同部分不应纳入语言能力水平的评判中，雷同程度较高的作文中，有效表达部分所占比重小，对每类雷同卷中雷同程度高的作文可直接给 1 分。

由于样本量较小，因此对某些雷同作文在制定评分规则时比较宽泛。研究初定的自动评分规则见表 2：

**表 2　评分规则**

| 类型 | 雷同程度 | 策略 |
|---|---|---|
| 套作范文 | 90%—100% | 1 分 |
| | 60%—89% | 按有效表达部分评分 |

续表

| 类型 | 雷同程度 | 策略 |
|---|---|---|
| 抄写作文提示和阅读理解材料 | 60%—100% | 1分 |
| | 40%—59% | 按有效表达部分评分 |
| 互相套作 | 80%—100% | 1分 |
| | 60%—79% | 按有效表达部分评分 |

### 4.2.2 研究二：评分规则的验证和改进

在2018年11月MHK（三级）作文雷同卷的评阅中，我们用雷同卷评分规则对共计5869篇雷同卷进行了计算机自动评分实验。

人工实评分数集中在1分，机评分数中除雷同程度较高直接评为1分的作文外，2分作文居多，及格分更少于人工实评分数。MHK作文评分等级为1—6，只要考生进行了作答，且所答内容不涉及考生个人信息和敏感内容，最低给1分。但实际中出现了机评分数为0分但卷面有作答的情况，针对这一问题，计算机评分规则中应加入新的要求：在有作答内容的情况下，最低分为1分。

在计算机评分包含0分的情况下，各类雷同卷人机评分完全一致的占33%，人机评分差值可以接受的（≤1分）作文占96%，这一结果大体上是可以接纳的。

我们从2018年11月MHK（三级）作文雷同卷中抽取400篇作文，由五位评分员进行重新评分。评分员在评分时可查看该篇作文的雷同类型和雷同程度，以及雷同部分文字的来源，并在评分结束后填写一份问卷。

五位评分员打得最多的分数和最小值都是1分。评分员面分析见表3。根据表3，R1评分最为宽松，其次是R3；R4评分最严格，R2和R5次之。对五位评分员的评分进行相关性计算，发现评分员之间的评分一致性一般。评分员对每个分数段的把握比较精准，基本符合评分标准。R4的Infit值超过了可接受的范围，其评分一致性较差，其余四位评分员的评分都较为可信，基本合格，但宽严度差异很大。最宽的评分员 R1 和最严的 R4 之间相差了 9.15 个洛基值。

表 3　2017 年 11 月考试评分员面分析

| Obsvd | Obsvd | Fair — M | | Model | Infit | | Outfit | | Estim | | |
|---|---|---|---|---|---|---|---|---|---|---|---|
| Count | Average | Average | Measure | S.E. | MnSq | ZStd | MnSq | ZStd | Discrm | N | raters |
| 57 | 2.0 | 1.99 | -2.82 | 0.31 | 1.01 | 0.10 | 0.99 | 0.00 | 1.02 | 1 | R1 |
| 57 | 1.8 | 1.90 | -3.97 | 0.31 | 0.73 | −1.70 | 0.78 | −0.80 | 1.31 | 3 | R3 |
| 57 | 1.3 | 1.21 | -7.39 | 0.42 | 1.07 | 0.30 | 2.40 | 1.70 | 0.81 | 2 | R2 |
| 57 | 1.3 | 1.16 | -7.76 | 0.43 | 0.83 | −0.60 | 0.37 | −0.80 | 1.22 | 5 | R5 |
| 57 | 1.1 | 1.00 | -11.97 | 0.83 | 1.88 | 1.40 | 0.66 | 2.00 | 0.53 | 4 | R4 |
| RMSE (Model) .50　Adj S.D. 3.18　Separation 6.36　Separation Reliability .98 | | | | | | | | | | | |
| Fixed (all same) chi — square: 201.3　d.f.: 4　significance: .00 | | | | | | | | | | | |

观察五位评分员的实际评分情况后发现，由于重评分数基本在 4 分以下，1 分最多，且每篇作文的评分中，评分员之间的分数差值都没有超过阈值（2 分），说明评分员的分数可用。但因每位评分员间的宽严度不一致，所以不采取剔除某一评分员的评分的方式。为避免更大的评分误差，在确定每份作文的最终重评分数时，采取以下办法：

1. 若五位评分员所评分数一致，最终重评成绩取一致的分数；

2. 若四位评分员所评分数一致，最终重评成绩取一致的分数；

3. 若两位评分员所评分数一致，另外三位评分员所评分数一致，且分差不超过 1，则计算五位评分员评分的平均分，最终重评成绩为平均分中靠近 1—1.5—2……—6 这 11 个分数中的一个；

4. 其余情况下，计算五位评分员评分的平均分，最终重评成绩为平均分中靠近 1—1.5—2……—6 这 11 个分数中的一个。

对以上阐述的最终重评成绩确定规则进行应用举例，详见表 4：

**表 4　2017 年 11 月考试最终重评成绩确定规则示例**

| 序号 | R1 | R2 | R3 | R4 | R5 | 最终重评成绩 |
|---|---|---|---|---|---|---|
| 1 | 1 | 1 | 1 | 1 | 1 | 1 |
| 2 | 2 | 2 | 2 | 1 | 2 | 2 |
| 3 | 2 | 2 | 1 | 1 | 2 | 1.6 → 1.5 |
| 4 | 3 | 1 | 2 | 1 | 1 | 1.6 → 1.5 |
| | 3 | 2 | 2 | 1 | 1 | 1.8 → 2 |
| | 3 | 2 | 2 | 1 | 2 | 2 |
| | 3 | 2 | 3 | 1 | 2 | 2.2 → 2 |
| | 4 | 2 | 3 | 1 | 3 | 2.6 → 2.5 |
| | 4 | 3 | 3 | 2 | 2 | 2.8 → 3 |

重评分数避免了评分一致性较差和宽严度差距大的影响。以重评分数作为效标，机评分数与其进行比较，可用来评价计算机评分的有效性。统计结果显示，计算机评分与重评分数之间的相关系数为 0.535，中度相关，且相关显著（见表 5）。

**表 5　2018 年 11 月考试雷同卷样本分数的 Pearson 相关**

| Pearson 相关系数 | 实评分数 | 机评分数 | 重评分数 |
|---|---|---|---|
| 实评分数 | 1 | | |
| 机评分数 | .551** | 1 | |
| 重评分数 | .583** | .535** | 1 |

** 在 .01 水平（双侧）上显著相关。

在 MHK（三级）作文全国卷集中阅卷结束后，五位评分员对 400 篇雷同卷样本进行了重新评分，评分结束后填写了一份问卷。

所有评分员都认同对雷同卷只按有效表达部分评分这一评分规则，评阅雷同卷的速度比正常卷快。题目一是 2017 年 11 月 MHK（三级）命题作文：以“网络时代的读书生活”为题写作。题目二是 2018 年 11 月 MHK（三级）材料作文，要求考生结合给定内容和线索展开想象，对中间省略的部分进行补充。所有评分员都认为，题目一更容易套作关于网络和读书的作文素材、模板，但在评分时会用更多的时间和精力理清作文的逻辑和结构，所以评分更难，耗时更长。

在雷同卷阅卷中，使用雷同卷的评分规则（此处指未改进的评分规则）评分与使用原评分标准评分会形成分数差，所有评分员都认为，使用评分规则会将雷同卷筛选出来，分差会因评分规则的使用而变大。

4.2.2.1 雷同卷样本分数分布及差值分析

（1）雷同卷样本的分数分布

重评分数是较为准确的分数，其分布区间为 [1，3] 。其中 1 分作文比重最大，占总量的 91%。除了套作范文 90%—100%、抄写作文提示和阅读理解材料 40%—59% 外，其余几类作文的评分全部为 1 分。2 分以上的作文占 7.5%，数量极少。

计算机评分的作文分数分布区间同为 [1，3]。其中 1 分最多，全部是三类雷同卷中雷同程度较高的作文，占总量的 71%；2 分次之，占 21%；3 分最少，占 8%。

人工实际评分的作文分数分布区间是 [1，4.5]。其中 1 分最多，占 72%；1—4.5 分依次减少，3 分以上的极少。

从重评分数和机评分数的分布来看，根据表 2 的评分规则，此次评分中，三类雷同卷中雷同程度高的作文计算机直接评为 1 分是准确的，而人工实际评分则不够准确，所以，对原评分规则进行调整，确定评分规则（1）：套作范文 90%—100%、抄写作文提示和阅读理解材料 60%—100%、互相套作 80%—100% 的作文，由计算机直接评为 1 分，人工评分员不参与评分。

重评分数和机评分数的分布区间同为［1，3］，所以计算机对雷同卷的评分在 [1，3] 比较准确，且在作文有作答内容的情况下不能给 0 分，最低给 1 分。就此对原评分规则进行调整，确定评分规则（2）：套作范文 60%—89%、抄写作文提示和阅读理解材料 40%—59%、互相套作 60%—79% 的作文，计算机和人工评分员均按照有效表达部分评分，计算机评分区间为 [1，3]，在作文有作答内容时最低为 1 分。

（2）差值分析

人工重评、人工实评和计算机评分中，根据最终重评成绩的确定规则确定的人工重评分数是最准确的，所以本部分对人工实评分数与人工重评分数、机评分数与人工重评分数之间的差值进行分析。

实评分数与重评分数差值区间为［-0.5，2.5］，其中差值为 0 的雷同作文占 73%，差值在可接受范围内的（≤ 1 分）占 94%；套作范文和抄写作文提示与阅读理解材料的雷同作文的评分更准确；雷同程度高的作文评分更准确。

机评分数与重评分数的差值区间为［-0.5，2］，其中差值为 0 的雷同作文占 72%，差值在可接受范围内的（≤ 1 分）占 95%；雷同程度高的作文评分更准确；且三者相互之间均呈中度显著相关，说明此次雷同作文评阅整体效果较好。

计算机评分和人工评分对雷同程度高的三类雷同作文评分均较准确，计算机对雷同程度高的作文的评分更准确，雷同程度低的作文人工评分更准确。

4.2.3.2 雷同卷样本人机差值较大的作文分析

将样本中实评分数与机评分数差值较大（>1 分）的 15 篇作文筛选出来，对其进行文本分析，结果见表 6：

表 6　2018 年 11 月考试雷同卷样本实评与机评差值较大的作文概况

| 代号 | 重评分数 | 实评分数 | 机评分数 | 差值 = 实评 – 机评 | 雷同类型 | 雷同率 | 作文概况 |
|---|---|---|---|---|---|---|---|
| 1 | 1 | **2.5** | 1 | 1.5 | 抄写作文提示和阅读理解材料 60%—100% | 70% | 抄写题干两遍 |
| 2 | 1 | **2.5** | 1 | 1.5 | 互相套作 80%—100% | / | 不到 300 字，抄写题目两遍，没有有效表达 |
| 3 | 1 | **2.5** | 1 | 1.5 | 抄写作文提示和阅读理解材料 60%—100% | 72% | 抄写题干两遍 |
| 4 | 1.5 | **3.5** | 2 | 1.5 | 抄写作文提示和阅读理解材料 40%—59% | 42% | 300 字左右，抄写题干一遍，有效表达部分少，语言、条理和内容差 |
| 5 | 1.5 | 1.5 | **3** | -1.5 | 抄写作文提示和阅读理解材料 40%—59% | 43% | 篇幅较短（不到 300 字），一半是抄写题干，另一半是有效表达，语言、条理和内容较差 |
| 6 | 1 | 1 | **3** | -2 | 套作范文 60%—89% | 64% | 篇幅长（500 字左右），抄写大段与题目不相关的范文，抄写题干一遍 |
| 7 | 2 | **4** | 2 | 2 | 抄写作文提示和阅读理解材料 40%—59% | 40% | 300 字左右，抄写题干一遍，有效表达部分在语言、条理和内容上一般 |
| 8 | 1 | 1 | **3** | -2 | 抄写作文提示和阅读理解材料 40%—59% | 47% | 篇幅较短（200 字左右），一半左右为题干内容，语言、条理和内容很差 |
| 9 | 1 | 1 | **3** | -2 | 抄写作文提示和阅读理解材料 40%—59% | 40% | 篇幅很长（600 字左右），抄写大段与题目不相关的阅读理解材料，抄写题干一遍 |
| 10 | 1 | 1 | **3** | -2 | 抄写作文提示和阅读理解材料 40%—59% | 42% | 篇幅很长（600 字左右），全部为与题目不相关的阅读理解材料 |
| 11 | 1 | 1 | **3** | -2 | 抄写作文提示和阅读理解材料 40%—59% | 41% | 篇幅很长（600 字左右），抄写题干和小篇幅阅读理解材料，并重复此格式 |

续表

| 代号 | 重评分数 | 实评分数 | 机评分数 | 差值＝实评－机评 | 雷同类型 | 雷同率 | 作文概况 |
|---|---|---|---|---|---|---|---|
| 12 | 1 | 1.5 | **3** | -1.5 | 抄写作文提示和阅读理解材料 40%—59% | 42% | 篇幅长（500 字左右），将与题干不相关的范文和题干杂糅在一起，几乎没有有效表达 |
| 13 | 1 | 1 | **3** | -2 | 套作范文 60%—89% | 71% | 篇幅长（500 字左右），抄写的是与题干不相关的范文 |
| 14 | 1 | 1 | **3** | -2 | 套作范文 60%—89% | 86% | 篇幅长（500 字左右），抄写的是与题干不相关的范文 |
| 15 | 2.5 | **4.5** | 3 | 1.5 | 抄写作文提示和阅读理解材料 40%—59% | 44% | 篇幅很长（600 字左右），抄写题目和抄写阅读理解材料占一半篇幅，剩下的有效表达部分在语言、条理和内容上尚可 |

注："实评分数"和"机评分数"中加粗的数字为评分不准确的分数。

从表 6 可以看出，人工评分不准确的作文是：1、2、3、4、7、15。根据调整后的评分规则（1），代号为 1、2、3 的三篇作文直接由计算机评为 1 分，人工评分员不参与评分；代号 4、7、15 的三篇作文人工评分偏高，与机评分数差值较大，应进入复评环节。

计算机评分不准确的作文是：5、6、8、9、10、11、12、13、14，其评分都是 3 分，且高于人工实际评分和重评分数。对这类计算机评分不准确的雷同卷，可以进入人工复评。由于人工评分倾向于高估雷同作文的分数，若机评分数高于人评分数，评分就会更不准确。所以除了复评，可再设置一条策略，让计算机评分不高于人工实际评分。由于当前的评分模式是计算机评分在前，人工评分在后，所以"计算机评分不高于人工实际评分"这一方法无法在评分时应用，但可以在质检环节对人机差值较大的作文的机评分数进行调整，使机评分数≤人工实评分数。

#### 4.2.3.3 雷同卷评分规则改进

根据 2018 年 11 月 MHK（三级）雷同卷阅卷实况，对原评分规则进行改进，见表 7：

**表 7　改进后的评分规则表**

<table>
<tr><th>类型</th><th>雷同程度</th><th>计算机评分</th><th>最终得分</th></tr>
<tr><td>套作范文</td><td>90%—100%</td><td rowspan="3">评分规则（1）：<br>计算机直接评为 1 分，人工不参与评分</td><td rowspan="3">1 分</td></tr>
<tr><td>抄写作文提示和阅读理解材料</td><td>60%—100%</td></tr>
<tr><td>互相套作</td><td>80%—100%</td></tr>
<tr><td>套作范文</td><td>60%—89%</td><td rowspan="3">评分规则（2）：<br>按有效表达部分评分，分数区间 [1，3]，考生有作答时最低 1 分，最高 3 分</td><td rowspan="3">人机差值可接受的雷同卷，最终得分 =（计算机评分 + 调整后的人工实际评分）/2；<br>人机差值较大的雷同卷，采用评分规则（3）：<br>数量少时小组长复评；数量多时计算机质检，策略为：计算机评分≤人工实际评分</td></tr>
<tr><td>抄写作文提示和阅读理解材料</td><td>40%—59%</td></tr>
<tr><td>互相套作</td><td>60%—79%</td></tr>
</table>

### 4.2.3　研究三：改进后的评分规则的验证

在研究三中，使用改进后的评分规则对 2018 年 11 月 MHK（三级）雷同作文进行第二次计算机评分验证。研究二中的计算机评分是现场测试人员进行的（以下称为“现场评分”），研究三中的验证是由讯飞 AI 研究院的工作人员依据改进后的评分规则调整了自动评阅系统，用新系统进行的再次评分（以下称为“验证评分”）。

对两次计算机评分进行描述性统计，验证评分整体偏低，1 分作文较多，呈现正偏态分布。2018 年 11 月 MHK（三级）雷同作文样本的重评分数较为准确，分布区间为 [1，3]，其中 1 分作文比重最大，占总量的 91%，2 分以上的作文数量极少。因此，验证评分更接近人工重评分数的分布。

对人工实评分数与两次机评分数的差值进行分析和对比，现场评分中人工实评分数低于现场机评分数的作文占 48.13%，高于现场机评分数的作文占 18.54%；在验证评分中，比重分别是 7.80% 和 28.16%，这也说明验证评分较现场评分偏低，更接近重评分数分布。

验证评分中人工实评分数与机评分数完全一致的比重更大，达到了 64.03%，现场评分中只有 33.33%；两次计算机评分中，差值在可接受范围内的作文数量相差不多，分别是 96.47% 和 94.04%。所以，验证评分比现场评分更准确。

无论从分数完全一致还是从差值可接受的数量来看，验证评分都比现场评分与重评分数的差值更小，验证评分比现场评分更准确，更接近人工重评分数，说明改进后的评分规则比原评分规则更准确。

#### 4.2.4 改进建议

2017 年 11 月 MHK（三级）作文“网络时代的读书生活”是一道给材料的话题作文，材料通俗易懂，“网络”与“读书”贴近考生生活，让考生有话可说、有内容可写。2018 年 11 月 MHK（三级）作文是一道给材料的作文题，属于续写类的记叙文。两次考试中计算机识别的雷同卷占比分别是 11.80% 和 5.28%。从两次考试的作文题解、问卷和雷同卷的比重三个方面来看，在作文命题时将考生的套作行为考虑进去，命制不容易套作的作文题目，从根源上限制考生套作从而减少雷同卷，是解决雷同卷评分最有效的办法。

在 400 篇雷同卷样本中筛选出人工实评分数与重评分数差值 >1 的作文共 24 篇，占 6%。核查后发现，这些作文的无效表达部分都可以由人工直接识别出来，评分员在实际阅卷时评分不准确。因此，建议在评分培训时，针对雷同卷，要强调考生套作与作文要求无关的内容为无效表达，作文字数不是衡量考生水平的标准。

# 五 结 论

（1）对于雷同卷，计算机可以依据分类和雷同卷的比率确定评分规则和策略，实现自动评分。

（2）综合考虑题型的因素，经过实评检验，确定MHK（三级）作文计算机自动评分的规则和策略为：对雷同程度高的作文，计算机直接评为1分，人工评分员不参与评分；其余作文，计算机和人工评分员均按照有效表达部分评分，且计算机评分区间为[1，3]；对实评分数与机评分数差值较大的作文，可由小组长进行复评，数量较大时可进行质检，质检策略为机评分数不高于实评分数。

（3）采用MHK（三级）作文计算机自动评分的规则和策略后，人机评分完全一致的占64%，人机评分差值在可接受范围内（≤1分）的作文占94%。

（4）对于容易套作的作文，人工评分员识别雷同卷的难度较大，评分容易偏高。采用本研究提出的雷同卷计算机自动评分规则，无论是容易套作还是套作困难的作文，计算机的评分均较人工评分员准确。

（5）采用雷同卷的计算机自动评分规则和策略后，对于雷同度高的作文不再需要人工评分，评分效率会明显提高。

## ∷ 参考文献 ∷

陈俊文（2015）作文自动评分关键技术研究，哈尔滨工业大学硕士学位论文。
关丹丹（2008）主观题与客观题辨议，《中国考试（研究版）》第7期。
黄光扬（2009）表现性测验评价的理念、方法及应用，《教育与考试》第3期。
孔　明（2007）国外计算机自动评分研究现状述评，《中国考试（研究版）》

第 5 期。
李　斌（2009）基于文本分类技术的英语作文自动评分研究，苏州大学硕士学位论文。
李清华、孔　文（2011）二 / 外语写作测试评分研究综述，《外语测试与教学》第 4 期。
梁茂成（2005）中国学生英语作文自动评分模型的构建，南京大学博士学位论文。
梁茂成、文秋芳（2007）国外作文自动评分系统评述及启示，《外语电化教学》第 5 期。
刘　伟、亓子森（2016）主观题自动测评研究，《北京邮电大学学报（社会科学版）》第 4 期。
彭恒利（2005）中国少数民族汉语水平等级考试，《中国考试》第 10 期。
彭恒利（2015）《民族汉考（MHK）与教育测量理论应用研究》，北京：北京语言大学出版社。
彭恒利（2019）计算机自动评分技术在高利害考试中应用的前景分析，《内蒙古教育》第 2 期。
任春艳（2004）HSK 作文评分客观化探讨，《汉语学习》第 6 期。
孙海洋、魏　梅（2012）口语测试评分标准的现代测试学分析，《外语与外语教学》第 6 期。
孙晓敏、张厚粲（2007）结构化面试评定量表的现代测量学分析，《应用心理学》第 3 期。
王佶旻（2011）《语言测试概论》，北京：北京语言大学出版社。
王佶旻（2012）制定汉语作为第二语言的能力标准的初步构想，《语言文字应用》第 1 期。
王莺莺（2012）《新视野大学英语》作文自动评分系统的效度研究，《当代教育理论与实践》第 4 期。

谢贤春（2010）英语作文自动评分及其效度、信度与可操作性探讨，《江西师范大学学报（哲学社会科学版）》第 2 期。

张晋军、任　杰（2004）汉语测试电子评分员实验研究报告，《中国考试》第 10 期。

赵琪凤（2009）国内语言测试写作评分标准理论与应用发展述评，《中国考试（研究版）》第 8 期。

周　群（2007）主观题评分标准研究，《考试研究》第 1 期。

邹　申主编（2005）《语言测试》，上海：上海外语教育出版社。

Cumming, A., Kantor, R. & Powers, D. E. (2001) *Scoring TOEFL Essays and TOEFL 2000 Prototype Writing Tasks: An Investigation Into Raters' Decision Making and Development of a Preliminary Analytic Framework.* Princeton, NJ: Educational Testing Service.

Fulcher, G. & Davidson, F. (2007) *Language Testing and Assessment.* London & New York: Routledge.

Weigle, S. C. (2002) *Assessing Writing.* Cambridge: Cambridge University Press.

（作者单位：北京语言大学）

# 汉语作文计算机自动评分高分段趋中评分控制研究

## ——以 MHK（三级）作文为例

杜　蒙

**提　要**　计算机自动评分在大规模考试评分中的应用逐步扩大，优势诸多。如要将作文自动评分技术应用到 MHK（三级）作文的实评中，必须首先解决高分段的趋中评分问题。本研究提出以客观题分数为特征值，依据客观题与主观题的相关调整作文分数的策略。同时，采用多元回归的统计方法，基于模型融合的思想确立了分段回归模型与全域回归模型共同评分的作文自动评分方案，并依次从人工评分与自动评分的相关性、一致性、分数分布三项指标对评分方案进行验证。结果表明，该自动评分方案与人工评分的相关性、一致性均较好；且与人工评分相比，高分段的评分比例提高了 15% 以上。

**关键词**　MHK；计算机自动评分；高分段；趋中评分；分段回归

# 一 引 言

目前，作文题作为主观题中重要的考查题型，早已被广泛应用于各种大规模考试中，譬如国外的雅思考试（IELTS）、德语水平考试（TestDaF），国内的汉语水平考试（HSK）、中国少数民族汉语水平等级考试（MHK）等一系列高利害考试中均设有作文题。然而，作文题也有自身的缺陷，有命题难、阅卷费时费力、评分误差大等问题。特别是在阅卷过程中，由于过度追求评分的一致性，评分员的评分可能存在打“保险分”的倾向，由此带来了评分趋中（Centralized Rating）的问题。与传统的人工评分方式相比，计算机自动评分具有诸多优势。遗憾的是，计算机自动评分与人工评分一样，也存在评分趋中的问题，而且这一问题在高分区更为明显。本研究以 MHK（三级）作文评分为例，进行了多次计算机自动评分实验。数据显示：计算机自动评分系统给出的 6 分与人工评分员给出的 6 分数量相差数倍。为了解决这一困境，实现对教学的积极反馈，使计算机自动评分系统能尽快投入到实评之中，汉语作文在高分区存在评分趋中这一问题必须得到解决。

# 二 作文计算机自动评分的发展

项目短文评定系统（Project Essay Grade，PEG）被称为作文自动评分系统界的“开创者”，是历史最为悠久的一个系统（Heaton，1988）。另外两个具有代表性的作文自动评分系统是智能评分系统（Intelligent Essay Assessor，IEA）和电子评分员（E-rater）。IEA 的核心技术是潜在语义分析（Latent Semantic Analysis，LSA），而 E-rater 既能从语言上评判作文的质量，又能依靠句法、语言和修辞、内容和观点组织这三个模块，从内容上评判作文的质量。

国内的作文自动评分研究起步较晚。句酷批改网是国内最早出现的一批基于语料库和云计算（Cloud Computing）技术的英语作文自动批改在线系统，在学生点评及互评等方面具有开创性。张晋军、任杰（2004）以 MHK 为自变量，以各项数据为因变量，进行逐步回归分析，建立了 MHK（三级）作文的 5 参数回归方程，发现其对高水平考生作文的评判错误率较高。李亚男（2006）对汉语作文计算机自动评分模型进行探索，提出了在进行多元线性回归分析时应根据研究的需要选择提取自变量的方法。蔡黎、彭星源、赵军（2011）专门针对少数民族汉语考试进行作文辅助评分，在使用多元线性回归方法进行模型建构时，加入了样本分数分布的特征和一位评分员的评分分数分布等信息，提出了分段回归模型，这一做法在国内的模型建构方面具有首创性，也引发了学界的思考。何屹松等（2018）探索了人工智能评测技术在大规模作文阅卷中的应用，它集同步、后台、离线、智能、应用五大特点于一身，是一次突破性的创新和实验。不过，此研究本身也存在一定的问题：在低、中、高三个分段的机器评分与人工评分一致性方面，高分段作文两者的一致性不太理想。

和国外的计算机自动评分研究相比，国内的相关研究起步较晚，且大部分研究都集中在对计算机自动评分系统的探讨上，对计算机自动评分的模型建构及其特征选取研究较少。

## 三 趋中评分

在大规模的标准化考试中，主观性试题的评分往往会出现趋中现象。“趋中评分”指在作文评分等主观性评价中，评分员较少给出高分或低分，分数多集中在评分量表中间段的现象。系统梳理后发现，大部分研究主要集中在对人工趋中评分的判定上：俞韫烨、谢小庆（2012）通过计算残差标准差以及运用多面 Rasch 模型估算 Infit 值、评分员期望得分的峰度值等指标，来综合探查趋中评分员；彭恒利、余韫烨（2013）在此基础上提出了校验卷法和统计指标综合判定法相结合的方式，点面结合，解决了在评分过程中对评分员不能进行实时监控的问题；丁文、裴赟（2008）提出在评卷过程中尝试借鉴并设立“外卡”机制，这一做法极具创新性，但可行性如何尚待考证。同时我们也不难发现，学界对趋中评分的控制研究鲜有涉猎，再加上计算机自动评分的趋中与人工评分的趋中存在着显著区别，因此，本研究从实际出发，为提高 MHK（三级）作文自动评分的评分质量，对其在高分段存在趋中评分这一问题进行控制研究。

# 四　实证研究

## 4.1　研究设计

为了解决 MHK（三级）考试中的趋中评分问题，本研究分两部分进行尝试。研究一旨在基于主客观题相关关系，尝试将客观题作为一个特征值，依据客观题分数，对处于中间值附近的机评分数进行微调。研究二旨在构建计算机自动评分模型并确定最优评分方案。具体三种方案如下：

方案 1：使用全域回归模型对全部样本进行评分。

方案 2：使用该样本所在人工成绩对应的分段回归模型进行评分。

方案 3：先使用全域回归模型对全部样本进行评分，再使用样本所在人工成绩对应的分段回归模型进行评分，最后对两个自动评分求平均值。

通过计算各方案的自动评分与人工评分的相关性、一致性以及各方案的具体评分情况，最终确立能够有效解决高分段评分趋中且适合记叙文体裁的最优计算机自动评分方案。

## 4.2 研究一：基于主客观题相关的作文分数调整策略

研究一随机选取了2016、2017两年新疆考区MHK（三级）考试的客观题及作文评分数据，并从客观题与主观题的相关关系和以往的评分结果两方面对作文分数调整策略进行分析评价。首先使用老版系统进行机器评分，然后再使用新版系统（在老版系统的基础上加入了依据客观题评分信息的作文分数调整策略）进行机器评分，最终将两个版本的机器评分与人工评分进行比较分析。为保证评分效果最优化，我们只取真实机器评分试卷进行分析、实验、统计，不包括空白卷、抄袭卷、拒评卷。

表1为历次客观题与作文的皮尔逊相关情况：

**表1　2016—2017年MHK（三级）客观题与作文的皮尔逊相关系数**

| 试题 | 数量 | 与客观题的相关系数 | | | |
|---|---|---|---|---|---|
| | | 听力理解 | 阅读理解 | 书面表达 | 客观题 |
| 201605 | 105764 | .495 | .507 | .442 | .532 |
| 201611 | 61971 | .448 | .426 | .400 | .479 |
| 201705 | 108629 | .481 | .470 | .417 | .508 |
| 201711 | 91141 | .462 | .493 | .437 | .519 |

观察表1可知，四次MHK（三级）考试的作文评分无论与各个分测验还是与客观题总体都呈现出中等程度的正相关。基于两者的相关关系，我们对数据进行了反复的观察、统计及实验。经过不断的实验，在确保评分系统调整后F值等指标控制在合理范围内的前提下，最终找出了依据客观题评分信息的作文分数调整策略：

（1）听力理解大于等于34分，阅读理解大于等于30分，书面表达大于等于12分，机评分4分，调整为5分；

（2）客观题原始总分大于 75 分，机评分 3 分，调整为 4 分；

（3）客观题原始总分大于 85 分，机评分 5 分，调整为 6 分；

（4）客观题原始总分小于 50 分，机评分 4—6 分，分别降 1 分。

表 2 依次为 2016 年 5 月至 2017 年 11 月四次考试的实验结果统计：

**表 2　2016—2017 年 MHK（三级）考试的实验结果统计**

| 试题编号 | 实验类型 | 平均分差 | 相关系数 | 评分一致率 | 三甲率 /5 分（%） | 三甲率 /6 分（%） |
|---|---|---|---|---|---|---|
| 201605 | 人工评分 | .778 | .573 | .845 | 11.00 | 1.17 |
| | 老版系统 | .842 | .453 | .833 | 1.32 | 0.01 |
| | 新版系统 | .832 | .474 | .837 | 4.54 | 0.52 |
| 201611 | 人工评分 | .917 | .412 | .783 | 10.48 | 1.20 |
| | 老版系统 | .845 | .454 | .828 | 12.52 | 0.60 |
| | 新版系统 | .869 | .473 | .818 | 17.19 | 2.10 |
| 201705 | 人工评分 | .885 | .434 | .801 | 9.70 | 1.09 |
| | 老版系统 | .794 | .474 | .851 | 6.16 | 0.04 |
| | 新版系统 | .856 | .488 | .824 | 15.41 | 1.75 |
| 201711 | 老版系统 | .802 | .414 | .849 | 5.50 | 0.06 |
| | 新版系统 | .918 | .420 | .805 | 15.52 | 3.09 |

实验结果显示，采用基于客观题相关方式进行作文分数的微调，新版系统的人机双评相关得到了提高。在评分一致率上，新版系统虽较老版系统有轻微下降，但影响不大，可以忽略。在高分段的比例上，新版系统的高分段比例均有提高，三甲获证率明显提升，5 分的涨幅在 3.22%—10.02%，6 分的涨幅在 0.51%—3.03%。由此看来，在评分一致率未受影响的情况下，使用该作文分数调整策略可简单高效地提升高分段作文比例。

为了进一步验证作文分数调整策略的可靠性，我们又选用了 2018 年 11 月 MHK（三级）作文的 320 份小样本数据进行分析评价。表 3 为 2018 年 11 月 MHK（三级）考试人工评分及新老系统的具体评分情况：

表 3　2018 年 11 月 MHK（三级）考试的实验结果统计（N=312）

| 实验类型 | 具体评分情况（个） | | | | | | 三甲率 /5 分（%） | 三甲率 /6 分（%） |
|---|---|---|---|---|---|---|---|---|
| | 1 分 | 2 分 | 3 分 | 4 分 | 5 分 | 6 分 | | |
| 人工评分 | 24 | 2 | 13 | 108 | 134 | 31 | 42.9 | 9.9 |
| 老版系统 | 23 | 6 | 11 | 69 | 110 | 93 | 35.3 | 29.8 |
| 新版系统 | 23 | 6 | 1 | 34 | 91 | 157 | 29.2 | 50.3 |

研究结果显示，新版系统较之未经优化的老版系统，其与客观题总体及各分测验的皮尔逊相关系数更大，相关程度更高。与人工评分的具体评分情况相比，机器评分系统的低分段几乎没有变化，3 分、4 分数量明显减少，高分的数量显著增加，这说明机器评分在一定程度上可以解决人工评分的高分趋中问题。从三甲获证率来看，新版系统比老版系统高出了 14.4%。这说明新版系统在进行策略优化后，机器评分的高分趋中问题明显得到改善，高分段的比例显著提升，实现了机器敢打高分的目的。这也进一步说明，基于 MHK（三级）考试中主客观题间的相关关系，将客观题评分信息运用到作文自动评分模型构建的设想是切实可行的。

## 4.3　研究二：模型构建及自动评分方案的确定

### 4.3.1　整理样本

研究二的样本是从 2018 年 11 月新疆维吾尔自治区进行施测的 MHK（三级）作文中随机抽取的 325 份作文答卷。作文的体裁属于续写类记叙文，是一道给材料的作文题。因此，本研究拟解决记叙类作文的高分段评分趋中问题。

### 4.3.2　自动分词

自动分词采用的是中国科学院计算技术研究所研发的 ICTCLAS 汉语词法分析系统。该系统基于多层隐马尔科夫模型，分词正确率高达 97.58%，基于角色标注的未登录词识别能取得高于90%的召回率，分词和词性标注处理速度为543.5KB/s。

#### 4.3.3 特征抽取

本研究的可量化指标共计38个，我们以自动分词结果为依据，提取可量化指标，形成了一个作文文本的原始数据库。具体指标如下：

（1）字总数（包含标点符号）（zzs）（2）词总数（czs）

（3）不重复词总数（bczs）（4）不重复词占作文总词数的比率（cjpl）

（5）关键词数（gjcs）（6）关键词占不重复词的比率（gbpl）

（7）段落数（dls）（8）错别字词数（ccs）

（9）陈述句数（csjs）（10）实词数（scs）

（11）实词类数（scls）（12）虚词数（xcs）

（13）虚词类数（xcls）（14）名词数（ns）

（15）动词数（vs）（16）形容词数（as）

（17）区别词数（bs）（18）数词数（ms）

（19）量词数（qs）（20）副词数（ds）

（21）代词数（rs）（22）拟声词数（os）

（23）叹词数（es）（24）时间词数（ts）

（25）处所词数（ss）（26）方位词数（fs）

（27）状态词数（zs）（28）介词数（ps）

（29）连词数（cs）（30）助词数（us）

（31）语气词数（ys）（32）前缀数（hs）

（33）后缀数（ks）（34）字符串数（xs）

（35）听力理解分测验原始分（lskgt）（36）阅读理解分测验原始分（rskgt）

（37）书面表达分测验原始分（cskgt）（38）客观题原始总分（zskgt）

#### 4.3.4 数据处理

在建立回归方程前，我们要对数据进行整理。为了使模型的准确率更高，我们应保证数据的完整性及各特征值与人工分数的相关度。因此，我们去除了样本中 9 份客观题缺考的考生样本，并对剩余可用的 316 份考生样本中人工评分和各种可量化特征之间的皮尔逊相关程度进行了统计。结果显示：大部分可量化特征与人工评分都呈现出中等程度的相关，少部分呈现高相关，但也有一些可量化特征与人工评分呈弱相关关系。在建模前，我们剔除了 9 个与人工评分呈弱相关关系的特征值，包括错别字词数（ccs）、关键词占不重复词的比率（gbpl）、拟声词数（os）、时间词数（ts）、状态词数（zs）、字符串数（xs）、前缀数（hs）、叹词数（es）、处所词数（ss）。通过对数据的进一步整理，最终确立了研究的总样本为 316 份考生作文，特征包括 29 个可量化因素。

接下来，我们将 316 份考生作文分为 4 个小样本，用于全域回归模型及分段回归模型的建立。各样本具体样本量如下：

样本 1：316 份考生作文（用于建立全域回归评分模型）。

样本 2：34 份低分段考生作文（用于建立低分段回归评分模型）。

样本 3：208 份中分段考生作文（用于建立中分段回归评分模型）。

样本 4：74 份高分段考生作文（用于建立高分段回归评分模型）。

研究将 29 个可量化因素作为自变量，以此次作文的人工分数（score）为因变量，进行多元线性回归，共得到 4 个有效的回归方程。具体如下：

score_a=1.215+0.012 × scs+0.06 × rskgt-0.161 × scls-0.037 × qs-0.023 × rs+0.012 × czs-0.007 × zzs+0.016 × gjcs

score_l=4.744+0.933 × xcls-0.449 × scls+0.417 × bs-0.081 × rs-0.081 × ds-0.055 × fs

score_m=1.933+0.011 × vs+0.034 × rskgt+0.013 × ns

score_h=5.728+0.022 × as-0.201 × xcls

### 4.3.5 阈限确定

在建立回归方程后，我们就要对“阈限”进行确定。阈限指的是分段的界限，这个概念在本研究中指的是多个特征值取值范围的集合，并不是一个确定的值。待评作文根据阈限进入到各个分数段的分段模型中进行评分。我们将低、中、高各分数段的各因素取值范围放到一起，构成一个集合，这个集合就是我们需要的分段阈限。

## 4.4 研究结果与分析讨论

### 4.4.1 三种方案的计算机自动评分与人工评分的相关分析

我们得到的 4 个回归方程经过方差分析检验都具有显著性。

首先，用样本 1 的方程和样本 2 的方程同时对低分段的作文进行打分，记作 score_al、score_l，再计算 score_fl（全域回归模型与低分段回归模型所给出的平均值），随后计算 score_l、score_al、score_fl 与 score（作文的人工分数）的皮尔逊相关（分别是 0.943、0.679 和 0.717），以及斯皮尔曼相关（分别是 0.996、0.597 和 0.774），都达到了显著性水平，见表 4 和表 5：

**表 4　score_l、score_al、score_fl 与 score 评分的皮尔逊相关**

| 皮尔逊相关 | | score_l | score_al | score_fl | score |
|---|---|---|---|---|---|
| score_l | 皮尔逊相关性 | 1.000 | .675** | .752** | .943** |
| | 显著性（双尾） | . | .000 | .000 | .000 |
| | 个案数 | 34 | 34 | 34 | 34 |
| score_al | 皮尔逊相关性 | .675** | 1.000 | .964** | .679** |
| | 显著性（双尾） | .000 | . | .000 | .000 |
| | 个案数 | 34 | 34 | 34 | 34 |
| score_fl | 皮尔逊相关性 | .752** | .964** | 1.000 | .717** |
| | 显著性（双尾） | .000 | .000 | . | .000 |
| | 个案数 | 34 | 34 | 34 | 34 |
| score | 皮尔逊相关性 | .943** | .679** | .717** | 1.000 |
| | 显著性（双尾） | .000 | .000 | .000 | . |
| | 个案数 | 34 | 34 | | |

** 在 0.01 级别（双尾）相关性显著。

表 5 score_l、score_al、score_fl 与 score 评分的斯皮尔曼相关

| 斯皮尔曼相关 | | score_l | score_al | score_fl | score |
|---|---|---|---|---|---|
| score_l | 相关系数 | 1.000 | .601** | .782** | .996** |
| | 显著性（双尾） | . | .000 | .000 | .000 |
| | 个案数 | 34 | 34 | 34 | 34 |
| score_al | 相关系数 | .601** | 1.000 | .818** | .597** |
| | 显著性（双尾） | .000 | . | .000 | .000 |
| | 个案数 | 34 | 34 | 34 | 34 |
| score_fl | 相关系数 | .782** | .818** | 1.000 | .774** |
| | 显著性（双尾） | .000 | .000 | . | .000 |
| | 个案数 | 34 | 34 | 34 | 34 |
| score | 相关系数 | .996** | .597** | .774** | 1.000 |
| | 显著性（双尾） | .000 | .000 | .000 | . |
| | 个案数 | 34 | 34 | 34 | 34 |

** 在 0.01 级别（双尾）相关性显著。

然后，用样本 1 的方程和样本 3 的方程同时对中等分段的作文进行打分，记作 score_am、score_m，再计算 score_fm（全域回归模型与中间分段回归模型所给出的平均值），随后计算 score_m、score_am、score_fm 与 score（作文的人工分数）的皮尔逊相关（分别是 0.379、0.463 和 0.346），以及斯皮尔曼相关（分别是 0.378、0.449 和 0.350），都达到了显著性水平，见表 6 和表 7：

表 6 score_m、score_am、score_fm 与 score 评分的皮尔逊相关

| 皮尔逊相关 | | score_m | score_am | score_fm | score |
|---|---|---|---|---|---|
| score_m | 皮尔逊相关性 | 1.000 | .695** | .900** | .379** |
| | 显著性（双尾） | | .000 | .000 | .000 |
| | 个案数 | 208 | 208 | 208 | 208 |

续表

| 皮尔逊相关 | | score_m | score_am | score_fm | score |
|---|---|---|---|---|---|
| score_am | 皮尔逊相关性 | .695** | 1.000 | .755** | .463** |
| | 显著性（双尾） | .000 | | .000 | .000 |
| | 个案数 | 208 | 208 | 208 | 208 |
| score_fm | 皮尔逊相关性 | .900** | .755** | 1.000 | .346** |
| | 显著性（双尾） | .000 | .000 | | .000 |
| | 个案数 | 208 | 208 | 208 | 208 |
| score | 皮尔逊相关性 | .379** | .463** | .346** | 1.000 |
| | 显著性（双尾） | .000 | .000 | .000 | |
| | 个案数 | 208 | 208 | 208 | 208 |

** 在 0.01 级别（双尾）相关性显著。

表 7　score_m、score_am、score_fm 与 score 评分的斯皮尔曼相关

| 斯皮尔曼相关 | | score_m | score_am | score_fm | score |
|---|---|---|---|---|---|
| score_m | 相关系数 | 1.000 | .668** | .903** | .378** |
| | 显著性（双尾） | . | .000 | .000 | .000 |
| | 个案数 | 208 | 208 | 208 | 208 |
| score_am | 相关系数 | .668** | 1.000 | .735** | .449** |
| | 显著性（双尾） | .000 | . | .000 | .000 |
| | 个案数 | 208 | 208 | 208 | 208 |
| score_fm | 相关系数 | .903** | .735** | 1.000 | .350** |
| | 显著性（双尾） | .000 | .000 | . | .000 |
| | 个案数 | 208 | 208 | 208 | 208 |
| score | 相关系数 | .378** | .449** | .350** | 1.000 |
| | 显著性（双尾） | .000 | .000 | .000 | . |
| | 个案数 | 208 | 208 | 208 | 208 |

** 在 0.01 级别（双尾）相关性显著。

最后，用样本 1 的方程和样本 4 的方程同时对高分段的作文进行打分，记作 score_ah、score_h，再计算 score_fh（全域回归模型与高分段回归模型所给出的平均值），随后计算 score_h、score_ah、score_fh 与 score（作文的人工分数）的皮尔逊相关（分别是 0.317、0.182 和 0.008），以及斯皮尔曼相关（分别是 0.310、0.185 和 0.018）。其中，score_ah、score_fh 与 score 的皮尔逊相关和斯皮尔曼相关均未达到显著性水平，见表 8 和表 9：

**表 8　score_h、score_ah、score_fh 与 score 评分的皮尔逊相关**

| 皮尔逊相关 | | score_h | score_ah | score_fh | score |
|---|---|---|---|---|---|
| score_h | 皮尔逊相关性 | 1.000 | .009 | .226 | .317** |
| | 显著性（双尾） | | .937 | .052 | .006 |
| | 个案数 | 74 | 74 | 74 | 74 |
| score_ah | 皮尔逊相关性 | .009 | 1.000 | .347** | .182 |
| | 显著性（双尾） | .937 | | .002 | .120 |
| | 个案数 | 74 | 74 | 74 | 74 |
| score_fh | 皮尔逊相关性 | .226 | .347** | 1.000 | .008 |
| | 显著性（双尾） | .052 | .002 | | .949 |
| | 个案数 | 74 | 74 | 74 | 74 |
| score | 皮尔逊相关性 | .317** | .182 | .008 | 1.000 |
| | 显著性（双尾） | .006 | .120 | .949 | |
| | 个案数 | 74 | 74 | 74 | 74 |

** 在 0.01 级别（双尾）相关性显著。

* 在 0.05 级别（双尾）相关性显著。

**表 9　score_h、score_ah、score_fh 与 score 评分的斯皮尔曼相关**

| 斯皮尔曼相关 | | score_h | score_ah | score_fh | score |
|---|---|---|---|---|---|
| score_h | 相关系数 | 1.000 | -.006 | .226 | .310** |
| | 显著性（双尾） | . | .962 | .052 | .007 |
| | 个案数 | 74 | 74 | 74 | 74 |

续表

| 斯皮尔曼相关 | | score_h | score_ah | score_fh | score |
|---|---|---|---|---|---|
| score_ah | 相关系数 | -.006 | 1.000 | .291* | .185 |
| | 显著性（双尾） | .962 | . | .012 | .114 |
| | 个案数 | 74 | 74 | 74 | 74 |
| score_fh | 相关系数 | .226 | .291* | 1.000 | .018 |
| | 显著性（双尾） | .052 | .012 | . | .879 |
| | 个案数 | 74 | 74 | 74 | 74 |
| score | 相关系数 | .310** | .185 | .018 | 1.000 |
| | 显著性（双尾） | .007 | .114 | .879 | . |
| | 个案数 | 74 | 74 | 74 | 74 |

** 在 0.01 级别（双尾）相关性显著。

* 在 0.05 级别（双尾）相关性显著。

### 4.4.2 三种方案的计算机自动评分与人工评分的一致性分析

在本小节中，我们分别对三个方案的计算机自动评分与人工评分的一致性进行了统计分析。我们选取机器学习领域较为通用的一致性评价指标，包括精确率、召回率和 F1 值。通俗地讲，精确率指的是自动评分预测的准确率，自动评分的精确率越高，其与人工评分的一致性越好；召回率指的是自动评分能有多大的概率将人工评分正确预测出来，自动评分的召回率越高，其与人工评分的一致性越好；F1 值是综合评价指标，也是最常用的模型评价指标。

各方案一致率具体情况见表 10 至表 12：

**表 10　三种方案的自动评分结果在各分段上的精确率（P）**

| | 方案 | 低分段 | 中分段 | 高分段 |
|---|---|---|---|---|
| 精确率 P | 方案 1 | 1.00 | 0.79 | 0.63 |
| | 方案 2 | 1.00 | 1.00 | 1.00 |
| | 方案 3 | 1.00 | 0.97 | 0.58 |

表 11　三种方案的自动评分结果在各分段上的召回率（R）

| | 方案 | 低分段 | 中分段 | 高分段 |
|---|---|---|---|---|
| 召回率 R | 方案 1 | 0.76 | 0.91 | 0.42 |
| | 方案 2 | 1.00 | 1.00 | 1.00 |
| | 方案 3 | 0.79 | 0.75 | 1.00 |

表 12　三种方案的自动评分结果在各分段上的 F 值（F1）

| | 方案 | 低分段 | 中分段 | 高分段 |
|---|---|---|---|---|
| F1 | 方案 1 | 0.86 | 0.85 | 0.50 |
| | 方案 2 | 1.00 | 1.00 | 1.00 |
| | 方案 3 | 0.88 | 0.85 | 0.73 |

上面三个表为各方案自动评分与人工评分的一致率情况。观察可知，方案 2 的各项指标均为最好。由于精确率和召回率相互影响，我们主要关注自动评分方案的 F1 值。在 F1 值这一指标上，数据显示，方案 2 优于方案 3 和方案 1。

接下来，我们又对三种方案的自动评分与人工评分在各个作文样本上的具体分差进行了统计分析，如表 13 所示：

表 13　三种方案的自动评分与人工评分的分差统计

| 自动评分情况 | 人工评分 – 自动评分 | 方案 1（份） | 方案 2（份） | 方案 3（份） |
|---|---|---|---|---|
| 高估 | ≤ -2 | 3 | 0 | 3 |
| | ＞ -2 且＜ 0 | 82 | 70 | 103 |
| 一致 | 0 | 117 | 176 | 120 |
| 低估 | ＞ 0 且＜ 2 | 114 | 70 | 90 |

从表 13 可以看出，方案 2 自动评分与人工评分的一致性最好，没有出

现高估 2 分的情况，且与人工评分完全一致的共有 176 个，远远高于方案 1 和方案 3 的自动评分结果。方案 3 略优于方案 1。

### 4.4.3 三种方案的计算机自动评分分数分布对比分析

在本小节中，我们分别采用全域回归模型和分段回归模型对 316 份考生样本进行评分，并对三种方案的自动评分结果进行了对比分析，见表 14：

**表 14 三种方案的自动评分与人工评分在各分段上的对比统计**

| 分段 | 方案 1 的自动评分结果及占比（份 /%） | 方案 2 的自动评分结果及占比（份 /%） | 方案 3 的自动评分结果及占比（份 /%） | 人工评分结果及占比（份 /%） |
|---|---|---|---|---|
| 低分段 | 26（8.23） | 34（10.76） | 27（8.54） | 34（10.76） |
| 中分段 | 241（76.27） | 208（65.82） | 162（51.27） | 208（65.82） |
| 高分段 | 49（15.51） | 74（23.42） | 127（40.19） | 74（23.42） |
| 合计 | 316 | 316 | 316 | 316 |

注：方案 2 的自动评分结果与人工评分结果的分数分布存在差别。

从表 14 中的数据可以清晰地看出，与人工评分的结果相比，方案 1 的自动评分结果在低分段和高分段的比例有所降低，中分段的比例有所提高，加剧了趋中评分的问题；方案 2 的自动评分结果没有变化；而方案 3 的自动评分结果在高分段的比例比人工评分高出了 16.77%，大大增加了高分段的考生比例，有效地控制了高分段的趋中问题。

## 五 结 论

以客观题分数为特征值，在确保评分系统调整后 F 值等指标控制在合理范围内的前提下，可以依据客观题与主观题的相关对高分段作文分数进行微调。调整的结果表明：高分段的趋中得到了明显改善，与人工评分相近，获证率提高，分数分布更加合理。

采用分段回归评分模型提出的三种评分方案，其评分效果有明显的差异：

在自动评分与人工评分的相关性方面，皮尔逊相关及斯皮尔曼相关分析结果显示，相关性程度依次是：方案 1 ＞方案 2 ＞方案 3。

在自动评分与人工评分的一致性方面，三种方案的自动评分与人工评分的一致性程度依次是：方案 2 ＞方案 3 ＞方案 1。方案 2 和方案 3 的自动评分与人工评分的一致性更好，方案 1 的自动评分结果与人工评分的一致性稍差。

在三种自动评分方案的分数分布情况中，方案 1 加剧了趋中评分的问题；方案 2 的自动评分结果没有变化；而方案 3 的自动评分结果在高分段的比例为 40.19%，大大增加了高分段的考生比例，有效地控制了高分段的趋中问题。这一高分段自动评分结果远大于 23.42% 的人工评分高分段比例。

我们认为，方案 3 既有效地提升了高分段的比例，同时在与人工评分的相关性、一致性方面均较好。对于高分段的趋中评分控制，采用方案 3 的自动评分方案最为理想。

## :: 参考文献 ::

蔡　黎、彭星源、赵　军（2011）少数民族汉语考试的作文辅助评分系统研究，《中文信息学报》第 5 期。

丁　文、裴　赟（2008）评分趋中性现象的初步分析，《中国考试（研究版）》第 8 期。

何屹松、孙媛媛、汪张龙、竺　博（2018）人工智能评测技术在大规模中英文作文阅卷中的应用探索，《中国考试》第 6 期。

李亚男（2006）汉语作为第二语言测试的作文自动评分研究，北京语言大学硕士学位论文。

彭恒利、俞韫烨（2013）主观性试题网上评阅趋中评分控制研究初探，《中国考试》第6期。

俞韫烨、谢小庆（2012）基于多面 Rasch 模型的作文网上评卷“趋中评分”判定研究，《中国考试》第1期。

张晋军、任　杰（2004）汉语测试电子评分员实验研究报告，《中国考试》第10期。

Heaton, J. B. (1988) *Writing English Language Tests*. London: Longman Group UK Ltd.

（作者单位：北京语言大学）